国际商务谈判（第二版）

International Business Negotiation

刘园　主编

图书在版编目(CIP)数据

国际商务谈判/刘园主编. —2 版. —北京:北京大学出版社,2016. 3
(21 世纪经济与管理规划教材 · 国际经济与贸易系列)
ISBN 978 - 7 - 301 - 26722 - 6

Ⅰ. ①国… Ⅱ. ①刘… Ⅲ. ①国际商务—商务谈判—高等学校—教材 Ⅳ. ①F740. 41

中国版本图书馆 CIP 数据核字(2016)第 000353 号

书　　名 国际商务谈判(第二版)
GUOJI SHANGWU TANPAN
著作责任者 刘　园　主编　周　扬　林天晨　丁　宁　罗东燕　副主编
策划编辑 李　娟
责任编辑 刘誉阳
标准书号 ISBN 978 - 7 - 301 - 26722 - 6
出版发行 北京大学出版社
地　　址 北京市海淀区成府路 205 号　100871
网　　址 http://www. pup. cn
电子信箱 em@ pup. cn　　QQ:552063295
新浪微博 @北京大学出版社　@北京大学出版社经管图书
电　　话 邮购部 62752015　发行部 62750672　编辑部 62752926
印 刷 者 三河市博文印刷有限公司
经 销 者 新华书店
787 毫米×1092 毫米　16 开本　19 印张　427 千字
2011 年 1 月第 1 版
2016 年 3 月第 2 版　2019 年 5 月第 4 次印刷
印　　数 10001—13000 册
定　　价 39. 00 元

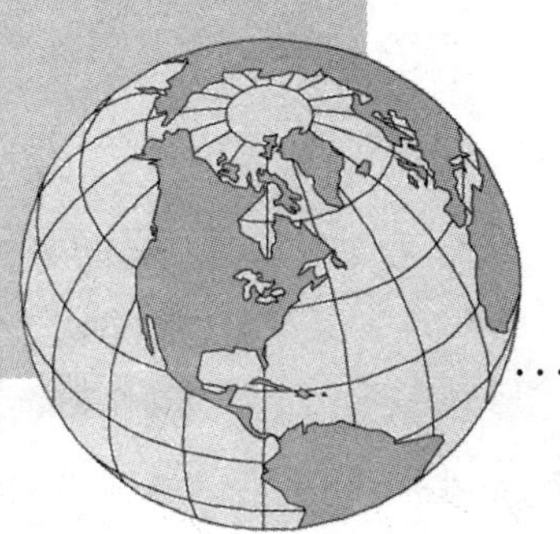

第二版前言

进入2016年,包括中国在内的所有新兴市场国家的经济运行均遇到了严峻挑战,即本币贬值、资本快速流出、通货紧缩与通货膨胀同时到来的新一轮经济危机的考验。在充满了地缘冲突、国际恐怖事件和自然环境、气候不断恶化的大背景下,财富的转移、企业的并购、市场的震荡、均衡的改变甚至宗教间的冲突,成为全球经济运行的主旋律。国家和地区之间矛盾的频生、冲突的加剧、分化的深入,使得飞速变革的世界更加需要国家、企业和个人坐到谈判桌前,以实现人类共同的福祉与和谐。

本书在第一版的基础上,重点为读者提供了全新的经典案例,并补充了对国际商务谈判风格的深度剖析,以期为读者展现国际商务谈判的最新变化,使其从中体会商务谈判的基本规律。

本版仍由对外经济贸易大学国际经贸学院博士生导师刘园教授主编,周扬、林天晨、丁宁、罗东燕担任副主编,陈浩宇、李捷嵩、张冬平、贺晓东、张伟、王琪、宋婷、张嘉茜、许云帆、许晓嫣等均对本书的最后成稿做出了贡献,在此一并感谢。

刘　园

2016年1月于北京

第一版前言

与许多学科明显不同的是，国际商务谈判既是一门科学，又是一门艺术，在人类的经济生活中几乎无处不在。

国际商务谈判作为国与国之间、企业与企业之间经济交往的重要环节，在很大程度上决定着交易的成败、企业的兴衰和国家的富强。商场如战场，谈判桌上的风云变幻、波澜起伏，不仅会使缺乏谈判经验的谈判者穷于应付，即便老练的谈判工作者有时也不免束手无策。而谈判本身，特别是国际商务谈判，更成为浩瀚商海甚至是国家利益输赢博弈的“战略制高点”。

近年来国际经济环境和中国经济都发生了巨大变化。本书根据国内外形势的新变化、新特点和广大读者提出的建议和希望，系统介绍了国际商务谈判的重要理论、技巧和策略，并根据谈判的具体进程，深入详尽地向读者展示了成功谈判的谋略和其中蕴含的文化、历史和社会等内在动因，同时加入了大量新的、中外驰名的成功谈判案例，以更好地分析、论证商务谈判的基本原则、基本概念、基本方法、基本技巧等，为读者揭示了国际商务谈判的内在逻辑，提供了国际商务谈判的真实图景。

本书理论与实务并举，知识性与趣味性并重，中外成功谈判案例兼顾，可作为高等院校国际贸易、市场营销、公共关系、企业管理等专业的本科生和研究生教材，也可作为政府部门和企业培训高级谈判人才的参考用书。

本书由对外经济贸易大学博士生导师刘园教授担任主编，李砚琪、宓雯、万山峰、樊菊隐担任副主编。此外，韩斌、许迪荻、袁博、安倩、龚美若、江迪、张雪都对本书的最后成稿做出了贡献，在此一并致谢。

书中疏漏难免，恳请业内专家和广大读者不吝赐教。

刘　园

2010年4月于北京

目 录

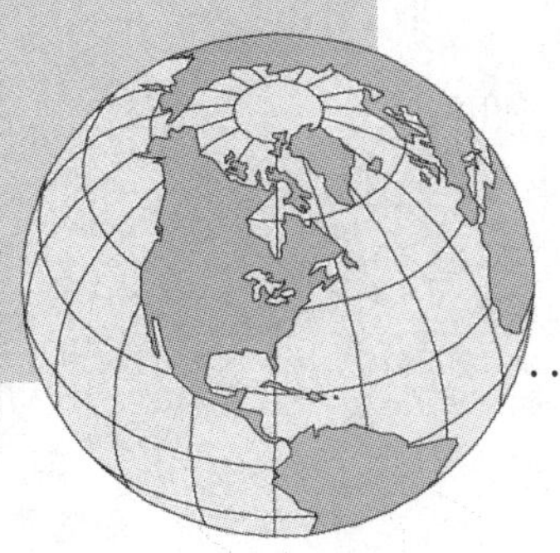

第一章

国际商务谈判概述

【导语】

谈判是国际商务活动最重要的环节之一。谈判是一个过程,在这个过程中,利益双方就共同关心、感兴趣的问题进行磋商、协调和调整各自的立场,求同存异,从而达成一致,促成合作。在国际商务活动的整个流程中,凡涉及有关交易价格和其他交易条件的内容,都要经过谈判予以确定,换言之,谈判的结果直接关系着企业的微观利益和国家的宏观利益。那么,国际商务谈判和一般谈判的区别在哪里?究竟如何进行国际商务谈判?国际商务谈判的基本程序是什么?影响国际商务谈判的因素有哪些?我国谈判工作者在国际商务谈判中应遵循哪些基本原则?所有这些问题,你都能在学习本章后找到答案。

【教学目的】

学习本章后,你应掌握:

- 国际商务谈判的概念与特点;
- 国际商务谈判的主要形式;
- 我国国际商务谈判的基本原则。

【关键词】

国际商务谈判　主场谈判　客场谈判　中立地谈判　让步型谈判　立场型谈判　原则型谈判

引导案例

智慧的父亲

在现代社会生活中,矛盾和纷争可以说无时不在、无处不在,它充斥着我们生活的角角落落,人们所经历的谈判可以说形形色色、数不胜数。有一个颇有意味的小故事,是关于一位父亲面对孩子纷争时的裁决。

以下是这位父亲的描述:最近,我的两个儿子为了分一个苹果而争吵不休,两个都坚持要得到较大的一块,无论怎么劝说两人都不同意。最后,我建议他们,由其中一个人切开苹果,然后由另一个人挑选切开的半块苹果。兄弟俩都觉得这一办法很合理,他们都认为这是公平、合理的分法。

谈判的双方就像两个人分一个苹果,谁都想要得到较大的一块,占对方一点便宜。若让第三者来切苹果,这个人也难以切得均匀;若采用我们通常用的"抓阄"方法,碰碰各自的运气,抓到大的一块的会高兴,抓到小的一块的就会扫兴。

那么,如何使两人分吃的苹果尽量均匀,而又都感到满意呢?这位父亲建议由其中一个人切,首先他获取了主动权,但他只获得了仅仅一半的权力。而挑选苹果的权力则在另一方,另一方分享了主动权。切苹果的一方绝不会马虎,他力求切得两半大小均匀,生怕自己吃亏;而挑选苹果的一方,当然要选他认为大的一块。如果切开的苹果有大有小,便宜让对方占去了,他也心甘情愿,因为他已经尽自己最大的本领来切苹果了。

由此看来,这位父亲分吃苹果的建议,使兄弟两人做到了利益均沾,各有所取,皆大欢喜,可以说是最公平、合理的分法了。

这是一个典型的日常生活谈判的案例,兄弟两人在父亲的斡旋下,逐步找到互利合作的"成交"契合点,最后成功合作。

随着全球经济一体化进程的不断加快,我国企业参与世界分工、开展国际商务的格局在深度和广度上都迅速扩展。无论是进行国际间的货物买卖、技术引进还是外资引进,都不可避免地需要经过一个中外双方就所拟进行的业务进行磋商,以求达成协议的过程,这就是我们所说的谈判过程。

实践证明,谈判是我们进行对外经济贸易活动的一个极其重要的环节。凡涉及有关交易价格和其他交易条件的内容,都要通过谈判予以确定。也就是说,买卖双方在一笔交易中的权利及义务将通过谈判确定下来,双方在这方面所达成的决议具有法律约束力,不得轻易改变。所以,谈判的结果直接关系着国家的宏观利益和企业的微观利益。

第一节 国际商务谈判的概念及特点

国际商务谈判是指在对外经济贸易活动中,买卖双方为了达成某笔交易而就交易的各项条件进行协商的过程。谈判是对外经济贸易工作程序中不可缺少的一环。在整个对外经济贸易活动中,怎样谈判并提高谈判效率以达到自身的目的,已作为一门学问引起了买卖双方的普遍关注。

一、国际商务谈判的定义

（一）谈判

所谓谈判（negotiation），是指参与各方基于某种需要，进行信息交流、磋商协议，旨在协调其相互关系，赢得或维护各自利益的行为过程。

美国谈判协会会长、著名律师杰勒德·I. 尼尔隆伯格（Gerard I. Nierenberg）在《谈判的艺术》（*The Art of Negotiating*）一书中所阐述的观点非常明确："谈判的定义最为简单，而涉及的范围却最为广泛，每一个要求满足的愿望和每一项要求满足的需要，至少都是诱发人们展开谈判过程的潜因。只要人们为了改变相互关系而交换观点，或为了取得一致而磋商协议，他们就是在进行谈判。"

谈判是一个过程，在这个过程中，利益双方就共同关心或感兴趣的问题进行磋商，协调和调整各自的经济、政治或其他利益，谋求妥协，从而使双方都感到其是在有利的条件下达成协议，促成均衡。谈判的目的是协调利害冲突，实现共同利益。

谈判作为协调各方关系的重要手段，广泛应用于政治、经济、军事、外交、科技等各个领域。

（二）商务谈判

商务谈判（business negotiation）主要集中在经济领域，是参与各方为了协调、改善彼此的经济关系，满足贸易的需求，围绕标的物的交易条件，彼此通过信息交流、磋商协议达到交易目的的行为过程。这是市场经济条件下流通领域最普遍的活动之一。

商务谈判具体包括商品买卖、投资、劳务输出输入、技术贸易、经济合作等。

（三）国际商务谈判

国际商务谈判（international business negotiation）是指处于不同国家或地区的商务活动当事人为了达成某笔交易，彼此通过信息交流，就交易的各项要件进行协商的行为过程。国际商务谈判是国际商务活动的重要组成部分，是国际商务理论的主要内容，是国内商务谈判的延伸和发展。可以说，国际商务谈判是一种在对外经贸活动中普遍存在的、解决不同国家的商业机构之间不可避免的利害冲突、实现共同利益的一种必不可少的手段。

由于谈判双方的立场不同，所追求的具体目标各异，谈判过程充满了复杂的利害冲突和矛盾。正是这种冲突，使谈判成为必要。而如何解决这些冲突和矛盾，正是谈判人员所承担的任务。

二、国际商务谈判的特点

国际商务谈判既具有一般商务谈判的共性，又具有其自身的特殊性。

（一）国际商务谈判具有一般商务谈判的共性

1. 以经济利益为谈判的目的

人们之所以要进行各种谈判，是因为需要实现一定的目标和利益。国际商务谈判的目的集中而鲜明地指向经济上的利益，虽然参与商务谈判的双方要受政治、外交等因素的制约，但他们考虑的却是如何在现有政治、外交关系的格局下取得更多的经济利益。

2. 以经济利益作为谈判的主要评价指标

商务谈判本身就是经济活动的组成部分，或其本身就是一项经济活动，而任何经济活动都要讲求经济利益。谈判者不仅要核算从谈判中能获得多少经济利益，还要核算谈判的三项成本，即谈判桌上的成本、谈判过程的成本和谈判的机会成本。

3. 以价格作为谈判的核心

虽然商务谈判所涉及的项目和要素不仅仅是价格，价格只是谈判内容的一个部分，谈判者的需要和利益也不仅仅表现在价格上，但是几乎所有的商务谈判都以价格为核心内容。这不仅是因为价格的高低最直接、最集中地表明了谈判双方的利益切割，而且由于谈判双方在其他条件，诸如质量、数量、付款形式、付款时间等利益要素上的得与失，在很多情况下都可以折算为一定的价格，并通过价格的升降而得到体现或予以补偿。

（二）国际商务谈判的特殊性

1. 具有较强的政策性

国际商务谈判既是一笔交易的商洽，也是一项涉外活动。谈判双方之间的商务关系是一国同别国或地区之间的经济关系的一部分，并且常常涉及一国同该国或地区之间的政治关系和外交关系。国际商务谈判必须贯彻执行国家有关的方针政策和外交政策，同时还应注意国别政策，遵循对外经济的一系列法律和规章制度。

2. 应按国际惯例办事

国际商务谈判商讨的是两国或两个地区的企业之间的商务关系，因此在适用的法律方面就不能完全以任何一方所在国家或地区的经济法为依据，而必须以国际经济法为准则，按国际惯例行事。当需要仲裁时，仲裁地点与仲裁所适用的规则直接相关。一般来说，规定在哪一国仲裁，往往就要遵循该国的有关仲裁规则和程序。

3. 谈判涉及面很广

受供求关系的影响，加之国际市场价格变化多端，竞争十分激烈，因此必须特别重视调查研究工作。通过调查研究，了解国外的经济情况和市场情况。进出口业务都应了解国内外市场的供求状况。对不同国家和地区，还应根据国别政策区别对待。

4. 影响谈判的因素复杂多样

由于谈判者来自政治、经济体制和社会文化背景不同的国家和地区，其价值观念、思维方式、行为方式、语言及风俗习惯各不相同，从而使影响谈判的因素大大增加，导致谈判更为复杂。

5. 谈判的内容广泛复杂

由于谈判结果会导致有形或无形资产的跨国转移，因而要涉及国际贸易、国际金融、会计、保险、运输等一系列复杂的问题，这就对从事国际商务谈判的人员在专业知识方面提出了更高的要求。

第二节　国际商务谈判的形式

一、按参加谈判的人数规模来划分

根据参加谈判的人数规模的不同,可以将谈判分为谈判双方各只有一人参加的一对一的个体谈判,以及各方都有多人参加的集体谈判。一般来说,关系重大而又比较复杂的谈判大多是集体谈判。

谈判的人数规模不同,导致谈判人员的选择、谈判的组织与管理也有很大的不同。例如,在人员的选择上,如果是一对一的个体谈判,那么所选择的谈判人员必须是全能型的。也就是说,他必须具备本次谈判所涉及的各个方面的知识和能力,如国际金融、国际贸易、商品、技术和法律等方面的知识。因为在谈判中只有他一个人独自应付全局,难以得到他人的帮助。虽然在谈判前的准备工作中,他可以得到同事的支持和协助,在谈判过程中也可以得到领导的指示,但整个谈判过程始终是以他一个人为中心来进行的。他必须根据自己的经验和知识做出分析、判断和决策。个体谈判尽管有谈判人员不易得到他人帮助的不足,但它也有有利之处,这就是谈判人员可以及时、有效地把自己的谈判设想和意图贯彻到谈判中去,不存在集体谈判时内部意见协商困难的现象以及某种程度上的内耗问题。

二、按参加谈判的利益主体的数量来划分

根据参加谈判的利益主体数量的不同,可以将谈判分为双方谈判(两个利益主体)以及多方谈判(两个以上的利益主体)。

很显然,双方谈判的利益关系比较明确具体,也比较简单,因而容易达成一致意见。相比之下,多方谈判的利益关系则要复杂得多,难以协调一致。例如,在建立中外合资企业的谈判中,如果中方是一家企业,外方也是一家企业,两家企业之间的意见就比较容易协调。如果中方有几家企业,外方也有几家企业,谈判将困难得多。这是因为中方几家企业之间存在着利益上的不一致,需要进行协商谈判;同样,外商几家企业之间也存在利益上的矛盾,需要进行谈判,然后才能在中外企业之间进行协商谈判。这样,矛盾的点和面就大大增加和扩展了,关系也就更为复杂。

三、按谈判双方接触的方式来划分

根据谈判双方接触的方式不同,可以将谈判分为面对面的口头谈判与间接的书面谈判两种。口头谈判是双方的谈判人员在一起,直接地进行口头交谈协商。这种谈判形式的好处是便于双方谈判人员交流思想感情。双方谈判人员随着日常的直接接触,会由“生人”变为“熟人”,产生一种所谓的“互惠要求”。因此,在某些谈判中,有些交易条件的妥协让步完全是出于感情上的原因。一般情况下,在面对面的谈判中,实力再强的谈判人员也难以保持整个交易立场的不可动摇性,或者拒绝做出任何让步。面对面的谈判还可以通过观察对方的面部表情、姿态动作,借以审查对方的为人及交易的诚实可靠性。

书面谈判是谈判双方不直接见面,而是通过传真、电报、互联网、信函等方式进行商谈。这种谈判方式的好处在于:第一,在阐述自己的主观立场时,用书面形式比口头形式显得更为坚定有力;第二,在向对方表示拒绝时,书面谈判要比面对面的谈判方式方便得多,特别是在双方人员已经建立起个人交往的情况下更是如此;第三,书面谈判方式比较节省费用。书面谈判的缺点是不便于谈判双方相互了解,由于信函、电报、传真、电子邮件等通信媒介所能传递的信息量有限,因此,这种谈判方式只适用于交易条件比较规范、明确,内容比较简单,谈判双方比较了解的情况,而不适用于一些内容比较复杂多变且双方缺少必要了解的谈判。

随着现代通信技术和互联网技术的发展,通过视频进行谈判的方式也日益增多。但由于国际商务谈判的复杂性,通过视频谈判的方式仍然不够普及。

四、按谈判进行的地点来划分

根据谈判进行的地点不同,可以将谈判分为主场谈判、客场谈判、中立地谈判三种。

所谓主场谈判,是指对谈判的某一方来讲谈判是在其所在地进行,他就是东道主;相应地,对谈判的另一方来讲就是客场谈判,他是以宾客的身份前往谈判的。所谓中立地谈判,是指在谈判双方所在地以外的其他地点进行的谈判。在中立地进行谈判,对谈判双方来讲就无宾主之分了。

不同的谈判地点使得谈判双方具有不同的身份(主人身份和客人身份,或者无宾主之分)。谈判双方在谈判过程中都可以借此身份和条件,选择运用某些谈判策略和战术来影响谈判,争取主动。

五、按谈判中双方所采取的态度与方针来划分

根据谈判中双方所采取的态度,可以将谈判划分为三种类型:让步型谈判(或称软式谈判)、立场型谈判(或称硬式谈判)、原则型谈判(或称价值型谈判)。

(一) 让步型谈判法

让步型谈判者希望避免冲突,随时准备为达成协议而让步,希望通过谈判签订一个皆大欢喜的协议。采取这种谈判方法的人,不是把对方当作敌人而是当作朋友。他们的目的是要达成协议而不是获取胜利。因此,在一场让步型谈判中,一般的做法是:提议、让步、信任对方、保持友善,以及为了避免冲突对抗而屈服于对方。

如果谈判双方都能以宽大及让步的心态进行谈判,那么达成协议的可能性、达成协议的速度以及谈判的成本与效率都会比较令人满意,并且双方的关系也会得到进一步的加强。然而,由于利益的驱使,加上价值观及个性方面的不同,并非人人在谈判中都会采用这种谈判方法。而且,这种方法并不一定是明智的、合适的,在遇到强硬的谈判者时,让步型谈判者极易受到伤害。因而在实际的商务谈判中,采取让步型谈判的人是极少的,一般只限于双方的合作关系非常友好并有长期业务往来的情况。

(二) 立场型谈判法

立场型谈判者把任何情况都看作一场意志力的竞争和搏斗,认为在这样的竞赛中,

立场越强硬者，最后的收获也就越多。

在立场型谈判中，双方把注意力都放在如何维护自己的立场、否定对方的立场上，而忽视双方在谈判中真正需要的是什么以及能否找到一个兼顾双方需要的解决方法。

立场型谈判者往往在谈判开始时提出一个极端的立场，进而固执地加以坚持。只有在谈判难以为继、迫不得已的情况下，才会做出极小的让步。在双方都采取这种态度和方针的情况下，必然导致双方的关系紧张，增加谈判的时间和成本，降低谈判的效率。即使某一方屈服于对方的意志而被迫让步、签订协议，其内心的不满也是显而易见的，因为在这场谈判中，他的需要没能得到应有的满足。这会导致他在以后协议履行过程中的消极行为，甚至是想方设法阻碍和破坏协议的执行。从这个角度来讲，立场型谈判没有真正的胜利者。

总之，立场型的谈判因双方陷入立场性争执的泥潭而难以自拔，不注意尊重对方的需要和寻求双方利益的共同点，所以很难达成协议。

（三）原则型谈判法

原则型谈判法要求谈判双方首先将对方作为与自己并肩合作的同事对待，而不是作为敌人来对待。也就是说，首先要注意与对方的人际关系。但是，原则型谈判法并不是像让步型谈判法那样只强调双方的关系而忽视利益的获取，它要求谈判双方尊重对方的基本需要，寻求双方利益上的共同点，设想各种使双方各有所获的方案。当双方的利益发生冲突时，则坚持以公平的标准来做决定，而不是通过双方意志力的比赛一决胜负。

与立场型谈判相比，原则型谈判注意调和双方的利益而不是双方的立场。这样做常常可以找到既符合自己利益又符合对方利益的替代性立场。

原则型谈判法认为，在谈判双方对立立场的背后，存在着某种共同性利益和冲突性利益。我们常常因为对方的立场与我们的立场相对立而认为对方的全部利益与我方的利益都是冲突的。但是，事实上在许多谈判中，深入地分析双方对立立场背后隐含的或代表的利益，就会发现双方的共同性利益要多于冲突性利益。如果双方能认识到并看重共同性利益的话，调解冲突性利益也就比较容易了。

原则型谈判法强调通过谈判所取得的价值。这个价值既包括经济上的价值，也包括人际关系的价值，因而是一种既理性又富有人情味的谈判，为世界各国的谈判研究人员和实际谈判人员所推崇。

上述三种方法都是比较理论化的谈判方法，现实中的谈判往往与上述三种方法有所差别，或者是三种方法的综合。影响和制约上述方法运用的因素有四个方面：

1. 今后与对方继续保持业务关系的可能性

如果一方想与另一方保持长期的业务关系，并且具有这样的可能性，那么就不能采取立场型谈判法，而要采取比较注意建立和维护双方关系的原则型谈判法与让步型谈判法；反之，如果是一次性的、偶然的业务关系，则可以适当地考虑使用立场型谈判法。

2. 对方的谈判实力与己方的谈判实力的对比

如果双方实力接近，可以采取原则型谈判法；如果己方的谈判实力要比对方强许多，则可以考虑适当采用立场型谈判法。

3. 该笔交易的重要性

如果该笔交易很重要,则可以考虑采用原则型谈判法或立场型谈判法。

4. 谈判在人力、物力、财力和时间方面的限制

如果谈判的花费很大,在人力、物力、财力上支出较多,谈判时间过长,必然会使谈判者难以负担,故应考虑采用让步型谈判法或原则型谈判法。

第三节　影响国际商务谈判的因素

谈判不是在真空中进行的,而是在一定的法律制度下和某一特定的政治、经济、社会、文化环境中进行的,这些环境因素会对谈判产生直接或间接的影响。

谈判的环境因素包括谈判双方国家的所有客观因素,如政治法律、社会文化、经济建设、自然资源、基础设施、气候条件与地理位置等。谈判人员必须对上述环境因素进行全面系统的调研与分析评估,才能制定出相应的谈判方针和策略。

一、政治状况因素

一个国家或地区与谈判有关的政治状况因素主要有以下几个方面:

(一) 国家对企业的管理程度

这主要涉及企业自主权的大小问题。如果国家对企业管理的程度较高,则谈判过程中政府就会干预谈判内容及进程,对于关键性的问题也是由政府部门的人员做出决策。因此,成败不取决于企业本身,而主要在于政府的有关部门。相反,如果国家对企业的管理程度较低,企业有较为充分的自主权,则谈判的成败完全取决于企业自身。

(二) 经济的运行机制

计划经济体制下,企业间的交易往来主要看有没有列入国家计划,列入国家计划的企业就是已争取到了计划指标,与他们的谈判才是可行的。在市场经济条件下,企业有充分的自主权,可以决定谈判对象、谈判内容以及交易本身。

(三) 政治背景

谈判对手对该谈判项目是否有政治兴趣,如果有,程序如何、哪些领导人对此感兴趣、这些领导人各自的权力如何,这些都是有关谈判项目的政治背景因素。一般情况下,业务往来谈判是为了实现经济目的,但如果有政府或政党的政治目的掺杂其中,就会使影响因素变得复杂多样。在多数情况下,如果谈判中掺杂有政府或政党的政治目的,那么这场谈判的最终结果则主要取决于政治因素的影响,而不是经济或技术方面的因素。发达国家对发展中国家的贸易往来常出现这种情况。一些较为落后的发展中国家集权程度较高,在与这些国家进行业务洽谈时,其谈判项目的决定及洽谈结果往往取决于领导人的政治地位和权力。

(四) 政局稳定性

谈判对方政府的稳定程度如何,在谈判项目履行期间,政府局势是否稳定,总统大选的日子是否定在谈判协议履行期间、总统大选是否与所谈项目有关、谈判对方与邻国的

关系如何、是否处于较为紧张的敌对状态、有无战争爆发的可能等，这些政治因素都将影响谈判。其中，战争风险的危害性最大，下面的案例充分说明了这一点。

小链接

20世纪70年代初期，伊朗希望将大量空燃的天然气利用起来，生产化学制品，但苦于缺少技术及管理经验。经过选择后，伊朗决定向日本求助。对当时严重依赖中东石油的日本来说，这是一个树立形象并巩固与产油国关系的良机。经过“周密”的可行性研究，日本决定全力投入这项工程，要将其建成一个中东地区最大的石化生产基地。

1973年4月，日本三井物产、三井东庄化学、东洋曹达等100多家公司组织的伊朗化学开发股份公司，与伊朗当地的伊朗国有石化公司合资建立了合营企业——伊日石化公司。公司总资产为7300亿日元，其中日方占4300亿日元，伊朗方面出资的3000亿日元中由日方贷款近900亿日元，公司预计年产30万吨乙烯等产品。

经过近3年包括勘探、规划、设计在内的准备工作，1976年1月，公司在伊朗南部佩鲁峡打下了第一根桩，工程的一切都按预定计划进行。1978年年末，伊朗突然爆发动乱，国内政局不稳，经济运行中断，工程遂陷入瘫痪状态，到1979年3月，85%的工程已完全停止。不仅如此，霍梅尼政权一再声称对西方国家的企业要实施国有化措施，日方已投入的1000多亿日元资产面临巨大的损失威胁。

幸好，伊朗政府也期望这项巨大的工程能尽早发挥效益以利于经济发展，便要求日本政府与企业尽快复工，并保证该工程不在国有化之列。对于日本投资者而言，这无异于死里逃生，日方企业又经深入调查，确信了霍梅尼政权地位已巩固之后，同意于1979年11月复工并计划再追加1300亿日元的款项。不巧，开工之前发生了伊朗学生占领美国大使馆并扣留人质的事件，伊朗内阁辞职，政局再次陷入混乱，工程继续延期。直至1980年3月，日方28亿日元贷款到位；5月，工程启动，60名技术人员进入工地；9月，工程全面展开，日方700人开始工作。

但是，灾难再次降临。1980年9月末，两伊战争爆发。建设中的石化生产基地自然成为主要的攻击目标，1个月之内，伊拉克空军5次轰炸该工程，对其造成严重破坏，全体工作人员被疏散至外地。日方人员乘飞机去泰国避难，347名日籍技术人员全部返回东京。

1981年3月和7月，伊朗和日本的投资者互访并视察破坏后的工地，探讨有无修复的可能性。但1981年10月，伊拉克飞机对工程的第6次轰炸使这一希望破灭了。

伊朗石化工程涉及日本800多家企业，直接参与建设的日方管理者、技术专家、作业者为3548人，此外，又由日方雇用了韩国、菲律宾、中国、印尼、印度等外籍施工人员793人，日方已投入了3000亿日元的资金，主要的加工设备均已制造完毕，除了在轰炸中摧毁的之外，大批尚未运出的安装设备也可能无法得到赔偿。

长期以来,日伊双方就工程损失问题进行了艰难的谈判。伊朗处于战争时期,不可能拿出巨款补偿日方,因工程损失是战争行为,属人力无法抗拒的因素,日方作为投资人应承担风险。这场国家风险的官司涉及了投资者、贷款人、出口人、保险人、当地政府等众多当事人,产生了一系列拒付、转移支付、债务重组等风险问题。

(五) 政府间的关系

如果A国政府与B国政府有政治矛盾,而B国与C国是很好的贸易伙伴,那么A国就有可能不愿与C国做生意。如中东的一些阿拉伯国家有时就拒绝同那些与以色列有政治、经济关系的国家及其企业进行商务往来。

此外,是否将一些军事性手段运用到商业竞争中也非常重要,值得关注。在国际、国内商务竞争较为激烈的今天,有些国家往往利用一些军事性手段,如在客人房间安装窃听器、偷听客人电话、暗录谈话内容等,以达到其商业目的。

二、宗教信仰因素

众所周知,宗教对人们的思想行为是有直接影响的。信仰宗教的人与不信仰任何宗教的人的思想行为不同,而信仰不同宗教的人的思想行为也会有差异。因此,宗教信仰对人们思想行为的影响是客观存在的,是环境因素分析中的重要环节。

宗教信仰会对下列事务产生重大影响:

(1) 政治事务。如宗教信仰对该国的党政方针、国内政治形势等的影响。

(2) 法律制度。如在某些受宗教影响很大的国家,其法律制度的制定就必须依据宗教教义。一般情况下,人们的行为如果符合法律原则与规定,就能被认可,而受宗教影响较大的国家,对人们行为的认可还要看是否符合该国家宗教的精神。

(3) 国别政策。由于宗教信仰的不同,某些国家依据本国的外交政策,在经济贸易制度上制定带有歧视性或差别性的国别政策,以便对某些宗教信仰一致的国家及企业给予方便与优惠,而对另外一些国家及企业则做出种种限制。

(4) 社会交往与个人行为。存在宗教信仰的国家与那些没有宗教信仰的国家间,在社会交往与个人行为方面存在着差别。

(5) 节假日与工作时间。宗教活动往往有固定的活动日,而且不同国家的工作时间也各有差别,这在制订具体谈判计划及日程安排时必须予以考虑。

三、法律制度因素

一个国家或地区与商务谈判有关的法律制度因素主要有以下几个方面:

(一) 该国法律基本概况

该国的法律制度是什么;它是根据何种法律体系制定的;是属于英美体系(判例法体系)还是属于大陆法系(成文法体系);它包括哪些内容。

(二) 法律执行情况

实际生活中,有的国家法律制度较为健全,而且执行情况良好;有的国家因为本身法律制度不健全，从而可能出现无法可依的情况；而有的国家在执行过程中，不完全是依法办事，而是取决于当权者，即与当权者的关系如何将直接影响法律制度的执行。

（三）司法部门的影响

该国法院与司法部门是否独立，司法部门对业务洽谈的影响程度如何。

（四）法院受理案件的时间长短

法院受理案件时间的长短将直接影响业务洽谈双方的经济利益，谈判双方的交易过程及以后的合同执行过程中难免会发生争议，一旦诉诸法律，就要由法院来审理。如果法院受理案件速度很快，那么对交易双方的经营影响不大；反之，如果时间很长，旷日持久，对双方来讲都是难以忍受和难以负担的。

（五）执行其他国家法律的裁决时所需要的程序

对于跨国商务活动而言，一旦发生纠纷并诉诸法律，自然会涉及不同国家之间的法律适用问题。因此，必须弄清在本国的裁决是否在对方国家具有同等法律效力。如果不具有同等法律效力，或者根本无效，那么需要什么样的条件和程序才能生效，才能得到有效执行。

四、商业习惯因素

一个国家或地区与商务谈判有关的商业习惯因素主要有以下几个方面：

（一）企业的决策程序

美国企业的决策是只要高级主管拍板即可，而日本企业的决策必须向上下左右沟通，达成一致意见后再由高级主管拍板。因此，必须弄清谈判对手所在国家企业的决策程序，决策程序的差异将导致决策时间与谈判风格的不同。

（二）文本的重要性

在不同国家，文字的重要性如何、是不是做任何事情都必须见诸文字、合同具有何等重要的意义、文字协议的约束力如何等都存在差异。有些国家习惯上以个人的信誉与承诺为准，而有些国家则只以合同文字为准，其他形式的承诺一概无效，这也是必须了解的商业习惯之一。

（三）律师的作用

例如，美国人在参与业务洽谈时，总要有律师出场，当洽谈进入签订合同阶段时，要由出场律师来全面审核整个合同的合法性，审核完毕后要签字确认，这是美国的习惯做法。

（四）谈判成员的谈话次序

在正式的谈判会见场合，对方领导及陪同人员的说话次序如何也是需要了解的。如果陪同成员只有在问及具体问题时才能讲话，则说明对方的高级领导人已经介入谈判之中；反之，如果陪同成员的职权很大，说明这个正式场合并非专为双方领导所安排。

（五）商业间谍问题

该国企业在进行业务洽谈时，有没有商业间谍活动，如果有，则应该研究如何保护机密文件以及其他防范措施。

(六)是否存在贿赂现象

在某些国家的交易中,贿赂和受贿是违法行为,法律对此要严格追究。但在有的国家,交易中的行贿受贿是正常现象,不行贿就做不成交易,因此,有人称行贿是交易的润滑剂,是必不可少的。我们不赞成靠行贿来做生意,但是,我们一定要搞清楚谈判对方有关这方面的商业做法,以便我们采取对策。

(七)竞争对手的情况

该国是否允许对一个项目的洽谈同时选择几家公司作为谈判对手,以便从中选择最优惠的条件达成协议。在几家公司同时竞争一笔生意时,谈判是最复杂、最艰难的,因而必须紧紧抓住影响交易成功的关键性因素,围绕关键性因素来开展洽谈工作,这才有可能取得成功。

(八)翻译及语言问题

该国业务洽谈的常用语种是什么,如果作为客场谈判而使用当地语言,有没有安全、可靠的翻译,合同文件能否用两国文字表示,如果可以,那么两种语言是否具有同等的法律效力。谈判离不开语言的交流,这对谈判双方来讲都是很重要的,因此,必须选择好合适的交流语言。如果在签订合同时使用双方文字,那么两种语言应该具有同等法律效力;如果为了防止可能产生的争议而使用第三国文字来签订协议,那么对谈判双方来讲都是公平的。否则,一般都规定双方的文字具有同等效力。

五、社会习俗因素

不同国家或地区有着不同的习俗,这些习俗都可能在一定程度上影响业务谈判活动。对此,我们应该很好地加以了解和把握。例如,在某个国家或地区,称呼及衣着方面合乎规范的标准是什么;对业务洽谈的时间有没有固定的要求;业余时间谈业务对方会不会反感;社交场合对于妻子的相伴有何看法;娱乐活动通常在哪里进行;赠送礼品及赠送方式有什么习俗,等等。如与阿拉伯商人接触,千万别送酒类礼品,因为他们禁酒最为严格;不能单独给女主人送礼,也别送东西给已婚女子,忌送妇女图片及妇女形象的雕塑品。在意大利,手帕不能送人,因为手帕象征亲人离别,是不祥之物;红玫瑰表示对女性的一片温情,一般不送。在西方国家,送礼忌讳“13”这个数字,因为它代表厄运。

此外,在公共场合人们对当面批评是否能够接受、人们如何对待荣誉及名声等、妇女在业务活动中的地位如何等,这些社会习俗都会影响双方意见交流的方式及所采取的对策,是谈判前必须了解的环境因素。

六、财政金融状况因素

国际商务谈判的结果使得洽谈双方的资产形成跨国流动,这种流动是与洽谈双方的财政金融状况密切相关的。从一个国家或地区来看,与业务谈判有关的财政金融状况主要包括以下几个方面:

（一）外债状况

如果对方国家的外债过高，虽然双方有可能很快达成协议，但在协议履行过程中，有可能因为对方外债偿还问题而无能力支付本次交易的款项。

（二）外汇储备情况

如果一国外汇储备较多，则表明该国有较强的对外支付能力；相反，如果一国外汇储备较少，则说明该国的对外支付存在困难。另外，还要看该国出口产品的结构如何，因为一个国家的外汇储备与该国出口产品的结构有着密切的关系。通常情况下，如果一国出口产品以初级产品为主，附加价值低，则换汇能力就比较差。通过分析，可以很好地把握与该国所谈项目的大小，防止由于对方支付能力的局限而造成大项目不能顺利完成的经济损失。

（三）货币的自由兑换

如果该国货币不能自由兑换，那么有何限制条件、汇率变动情况及其趋势如何等问题都是交易双方的敏感话题。很明显，如果交易双方国家之间的货币不能自由兑换，那么就要涉及如何完成兑换的问题，同时还要涉及选择什么样的货币来实现支付，等等。汇率变化对交易双方来说都存在一定风险，如何将汇率风险降到最低，需要双方协商决定。

（四）支付信誉

在国际市场上，该国支付方面的信誉如何，是否有延期支付的情况，原因是什么。此外，要想取得该国的外汇付款，需要经过哪些手续和环节，这也是必须弄清楚的问题。

（五）税法方面的情况

该国适用的税法是什么，征税的种类和方式如何，有没有签订过避免双重征税的协议。如果签订过，是与哪些国家签订的。

所有这些问题均会直接影响到双方最终获利的大小。此外，该国对外汇汇出是否有限制以及其他问题都应分析清楚。

七、基础设施及后勤供应状况因素

一个国家或地区的基础设施与后勤供应状况也会影响业务洽谈活动。例如，该国的人力、物力、财力情况如何，有无必要的熟练工人和有经验的专业技术人员，有无充足的建筑材料、建筑设备及维修设备，有无雄厚的资金等。另外，当地的通信、运输条件如何，具体包括邮电及通信能力、港口的装卸设备状况、公路铁路的运载能力、航空运输能力等。

一个国家或地区的气候状况也会间接地对业务洽谈活动产生影响。例如，该国的雨季长短及雨量的大小、全年平均气温状况、冬夏季的温差、空气平均湿度状况、地震情况，等等。

第四节 我国国际商务谈判的基本原则

根据我国对外经济贸易的一贯政策,在谈判中应遵循如下基本原则。

一、平等互利原则

平等互利原则的基本含义是:在商务活动中,不论双方的实力强弱,在相互关系中应处于平等的地位;在商品交换中,自愿让渡商品,等价交换;谈判双方应根据需要与可能,有来有往,互通有无,做到互惠互利。

平等互利原则作为我国对外经贸关系中的一项基本准则,必须贯彻于国际商务谈判的各个方面。

(1) 在我国与各国的商务交往中,必须根据双方的需要与可能,在自愿的基础上进行交易,绝不能强人所难,强塞给对方不需要的商品或强要对方无力供应的商品。

(2) 我国与各国进行贸易时,反对以任何借口、附带任何政治条件去谋求政治上和经济上的特权。同时,我国也决不接受任何不平等的条件和不合理的要求。

(3) 在对外贸易作价中,我们应当坚持按照国际市场价格水平,确定商品进出口价格。绝不能违反价值规律,脱离实际情况,不顾对方利益凭主观决定。

(4) 在外贸交往中,必须"重合同,守信用"。合同是贸易双方共同协商后产生的一种契约,它体现了双方的权利与义务,代表了双方的利益。任何一方违反合同,都会给另一方带来损失。因此,在签订合同以前必须慎重对待,合同一经签订,必须严格履行,反对各种形式的违约行为。

二、灵活机动原则

在国际商务谈判中要灵活运用多种谈判技巧以使谈判获得成功。谈判过程是一个不断思考并适时调整的过程,需要灵活掌握各种谈判技巧,猜测出对方内心的想法与计策,使自己在谈判中始终占据比较有利的位置。总之,在谈判过程中,在不放弃重大原则的前提下,要充分掌握灵活机动的原则,特别是要根据不同的谈判对象、不同的市场竞争情况、不同的销售意图,采用灵活的谈判技巧,才能促使谈判成功。

三、友好协商原则

在国际商务谈判中,双方必然会就协议或合同条款发生这样或那样的争议。不管争议的内容和分歧程度如何,双方都应以友好协商的原则来解决争议。切忌使用要挟、欺骗或其他强硬手段。如果遇到几经协商仍无望获得一致意见的重大分歧,则宁可终止谈判,另择对象,也不能违反友好协商的原则。终止谈判的决定一定要慎重,要全面分析谈判对手的实际情况,看其是否缺乏诚意,或者确实不可能满足我方的最低要求,因而不得不放弃谈判。只要尚存一线希望,就要本着友好协商的精神,尽最大努力达成协议。谈判不可轻易进行,也切忌草率终止。

四、依法办事原则

对外谈判最终签署的各种文件都具有法律效力。因此，谈判当事人的发言，特别是书面文字，一定要符合法律的规定和要求。一切语言、文字应具有双方一致承认的明确的合法内涵。必要时应对用语加以具体明确的解释并写入协议文件，以免因解释条款的分歧，导致在执行过程中发生争议。按照这一原则，主谈人的重要发言，特别是协议文件，必须经由熟悉国际经济法、国际惯例和涉外经济法规的律师进行细致的审定。

五、原则和策略相结合原则

谈判过程是一个调整双方利益以求得妥协的过程。由于谈判双方的立场不同，利益不同，冲突和斗争在所难免，讨价还价在谈判过程中是很自然的，而且是大量存在的。问题是应持什么态度、根据什么原则、采用什么办法来妥善解决这些困难，争取通过谈判达到最佳效果。

在国际商务谈判中，我们既要坚持原则，又要留有余地。凡涉及我国对外经贸活动的政策法令及国家或企业根本利益的原则问题，我们必须寸步不让，据理力争，但又要避免简单粗暴，一定要以不卑不亢的态度，从实际出发，耐心地反复说明立场，争取对方接受。对某些非原则性的问题，必要时则可以在不损害根本利益的前提下做出某些让步。在合同条款的谈判中，有时也可以在某些条款上做出一些让步，以换取对方在其他条款上接受我方的意见。总之，无论是原则问题还是非原则问题的讨论，我们都应该自始至终地坚持贯彻“有理、有利、有节”的方针，以理服人。

本章提要

1. 谈判是国际商务活动最重要的环节之一。谈判是一个过程，在这个过程中，利益双方就共同关心、感兴趣的问题进行磋商、协调和调整各自的立场，求同存异，从而达成一致，促成合作。

2. 国际商务谈判既有一般的商务谈判的共性，又有国际商务谈判本身的特殊性。

3. 国际商务谈判可以根据谈判的实际需要以多种方式进行，其形式可以按参加谈判的人数规模、参加谈判的利益主体的数量、谈判双方接触的方式、谈判进行的地点、谈判中双方采取的态度与方针来划分。

4. 影响国际商务谈判的因素主要包括政治、宗教信仰、法律制度、商业习惯、社会习俗、财政金融状况、基础设施及后勤供应状况等。

5. 我国在谈判中应遵循以下原则：平等互利原则、灵活机动原则、友好协商原则、依法办事原则、原则和策略相结合原则等。

讨论与思考

1. 国际商务谈判不同于一般商务谈判的主要特点有哪些？

2. 国际商务谈判的基本原则是什么?
3. 影响国际商务谈判的环境因素有哪些?

案例分析

哈默炫耀投标独占两块租地

众所周知,在石油大王哈默的经营史中,最成功的一次交易发生在利比亚。无论是哈默本人,还是西方石油公司的3万名职员及公司35万名左右的股东,一提起这件事,他们都会赞叹不已。

在伊德里斯国王统治的年代,利比亚就像得克萨斯州当年最初发现石油时那样,吸引着石油资本家。只要沙漠的干风没有把黄沙刮得遮天蔽日,那里每天就充满了买进卖出、赢钱和输钱的气氛,的黎波里和班加西这两个互相竞争的大都市看上去像是巨大的集市,到处都在进行掷骰子赌博。参加赌博的人是各类石油经营者,其中有来自各国政府的、大型石油公司的以及独立公司的,也有企图涉足石油业的,如带着随从的内阁部长们、带着旧日部下的前任内阁们、妄图通过装模作样地与一个政客握手而接近国王的穷流浪汉们,还有冒牌的法国将军、曾在哥伦比亚大学工作过的著名美国科学家等,都纷纷拿着租借地、地质勘探资料以及形形色色的消息秘闻和内幕情况做着交易。

当哈默的西方石油公司来到利比亚时,正值利比亚政府准备进行第二轮出让租借地的谈判。出租的地区大部分都是原先一些大公司放弃了的利比亚租借地。根据利比亚的法律,石油公司应尽快开发它们租得的租借地,如果开采不到石油,就必须把一部分租借地归还给利比亚政府。

第二轮谈判中包括已经打出若干孔“干井”的土地,但也有若干块与产油区相邻的沙漠地。来自9个国家的40多家公司参加了这次投标,有些参加投标的公司的情况显然比空架子也强不了多少,它们希望拿到租借地之后,再转手给资金实力雄厚的公司,以交换一部分生产出来的石油;另有一些公司,其中包括西方石油公司,虽然财力不足,但至少具有经营石油的经验。利比亚政府允许一些规模较小的公司参加投标,因为它们首先要避免的是遭受大石油公司和大财团的控制,其次才会去考虑资金是否充足。

哈默尽管曾于1961年受肯尼迪总统的委托到过利比亚,与伊德里斯国王建立了私人关系,且伊德里斯一世在托布鲁克王宫一次欢迎会上真诚地对哈默说:“真主派您来到了利比亚!”这比别人稍稍有利。但在第二轮租借地的争夺战中,与资金雄厚的大公司相比,哈默无异于小巫见大巫,只不过是一名讨价还价的商人而已。此刻,在灼热的利比亚,同那些一举手就可以把他推翻的石油巨头们进行竞争,同时还要分析估量那些自称可以使国王言听计从的大言不惭的中间商们所说的话到底有多少真实性,这对哈默来说的确很不利。但哈默就是哈默,绝对不会因此而气馁,善罢甘休不是他的作风。作为一个年轻时就曾远涉重洋与列宁打过交道的人,哈默明白,为能在第二轮租借地谈判中挫败实力雄厚的竞争对手,只能巧取,不能豪夺,而唯一可行的方案就是暗中向利比亚政府申请:如果西方石油公司能够得到租借地,将给予政府诸多好处,也请利比亚政府给予西方石油公司比其他竞争对手更优惠的条件。

哈默在随后的投标上，来了个“明修栈道”，即采取了与众不同的方式：他的投标书采用羊皮证件的形式，卷成一卷后用代表利比亚国旗颜色的红、绿、黑3色缎带扎束。

在投标书的正文中，哈默加上了这样一条：西方石油公司愿从尚未扣除税款的毛利中取出5%供利比亚发展农业之用。此外，投标书还允诺在库夫拉图附近的沙漠绿洲中寻找水源，而库夫拉图恰巧就是国王和王后的出生地，国王父亲的陵墓也坐落在那里。挂在招标委员会鼻子前面的还有一根“胡萝卜”，即西方石油公司将进行一项可行性研究，一旦在利比亚采出石油，该公司将同利比亚政府联合兴建一座制氨厂。

1966年3月，哈默的暗度陈仓果然成功，同时得到两块租借地，其中一块四周都是产油的油井，共有17人投标竞争这块土地，且多是实力雄厚的知名公司，可结果个个名落孙山，唯有西方石油公司独占鳌头；另一块地也有7人投标，但最终还是归于西方石油公司名下。第二轮谈判招标的结果使那些显赫一时的竞争者大为吃惊，不明其所以然，深深为哈默高超的谈判手段和技巧而叹服。夺得这两块租借地后，西方石油公司凭着独特、有效的经营管理，使之成为其财富的源泉。

实力弱小的西方石油公司，之所以能在强手如林的众投标者中独占鳌头，一举夺得两块租借地，关键在于哈默在明修栈道、引人瞩目的大动作下，还有暗度陈仓的小动作，致使利比亚政府在哈默提供的利益诱逼下，天平倾向于西方石油公司。哈默取得了招商谈判的巨大成功，使招商竞标的结果大大出人意料。

问题：哈默在谈判中表现的过人之处在哪里？

资料来源：〔美〕阿芒·哈默.哈默自传[M].雷鸣夏，译.广东：广州文化出版社，1987。

延伸阅读

2014年中韩国际贸易争端第一案

曾被国内外多家媒体报道的江苏茂源经贸集团（以下简称“汇苏茂源”）因世界五百强、韩国支柱企业浦项制铁集团子公司香港浦亚实业有限公司（以下简称“浦亚实业”）涉嫌伪造证据无故扣除货款而在南京举行新闻发布会，决定依法维权。发布会上，江苏茂源董事长曹勇宣布对浦亚实业侵权索赔1亿元人民币。

引人注意的是该次新闻发布会的主持人是国内著名打假维权人、动作演员、武林高手杨鸿，他以江苏茂源董事长特别助理、法务安保部长身份参与并执行该跨国维权案件，完成了他作为打假维权人在身份上质的飞跃。国内媒体对杨鸿很不陌生，他在2000—2003年创造了“三年打赢173场官司，每三天就上一次媒体”的罕见记录。包括中央电视台、《南方周末》等众多媒体均曾对杨鸿的打假维权新闻进行采访报道。他是《中华人民共和国产品质量法》施行10周年“十大维权新闻人物”，还被媒体称为“国内著名维权活动家”。

目前有关该事件的最新进展是南京市鼓楼区人民法院在2014年的最后一天，正式受理了江苏茂源起诉浦亚实业侵犯名誉权一案。

这是一场国际钢铁巨头与国内民营企业的纷争。

2014年的新年刚过，杨鸿就赶到北京向中国国际经济贸易仲裁委员会（以下简称“仲裁委”）递交了一份仲裁申请书。在这份仲裁申请书里，江苏茂源向浦亚实业索赔1 000万元人民币的名誉损失。

这场纷争，始于2013年的一场造假风波。

造假风波

时间退回至2013年3月13日。当天，浦亚实业和江苏茂源签订了一份供货合同。根据江苏茂源提供给记者的合同复印件，合同的主要内容是：浦亚实业以每吨2 157美元的价格向江苏茂源采购900吨金属硅，合同总金额为194.13万美元。这批货将分三批、每次300吨运往目的地韩国浦项港。浦亚实业采购部经理千峰和江苏茂源金属硅业务部副总经理金永斌分别是合同双方的授权代表。

令双方没想到的事情很快出现了。本应于2013年5月底运抵韩国浦项港的第一批300吨金属硅由于船务公司原因滞留在了港口，没能按时运出。

杨鸿提供给记者的江苏茂源外贸业务员王倩所写的“情况经过”显示，2013年5月24日，她将出现的问题汇报给了金永斌。金永斌告诉她，公司先抓紧解决；如果实在解决不了，再告诉千峰。5月25日，问题没能解决，金永斌让她将实际情况告诉了千峰。5月28日，千峰给她打电话说：“做一份海关查验单和报关单给他，他发给总部就可以了。”随后，她请示了金永斌，金永斌说：“按照客人的意思做一份海关查验单和报关单。”于是，王倩经办伪造了一份江苏茂源委托物流公司于2013年5月22日呈报给大连海关的300吨金属硅报关单和一份大连海关于2013年5月27日发给物流公司的货物查验通知单。这两份伪造的公文最终由千峰发给了浦项制铁。之后，第一批货物于2013年6月3日登船运往了韩国。

“我本以为这件事就这么过去了，没想到6月初大连海关给我们总经理打电话，说浦项制铁法务部对我提供的报关单和查验通知单提出了质疑，要我公司派人过去解释。”金永斌2013年7月5日在接受大连市公安局开发区分局五彩城派出所询问时陈述道。

在这份江苏茂源提供的询问记录复印件中，对于伪造国家机关公文的动机，金永斌阐述道，千峰得知情况后，曾给他打电话说：“如果推迟交货造成韩国总部（浦项制铁）误工，我们中国办事处的压力会很大，你们也要赔付每天千分之一的货款违约金。唯一能合理解释延迟交货又算不违约的办法只有证明是由不可抗力导致的，如地震、洪水等自然灾害或者海关查验。”此外，金永斌还表示，违约的后果是江苏茂源将赔付近6 000美元的违约金，自己的奖金也会随之取消；更重要的是浦项制铁可能会怀疑该公司的实力，他将损失一个大客户。综合考虑后，他让王倩根据千峰的意思伪造了国家机关公文。

记者将上述江苏茂源反映的情况向浦亚实业进行了核实，该公司全程参与该案的法律顾问、中伦律师事务所律师姜喆否定了上述说法。他在回复《中国商报》记者相关问题时说道，江苏茂源所称情形与事实不符。千峰是否涉及伪造国家机关公文应由有关部门做出判断，而不是江苏茂源。记者了解到，大连市公安部门曾于2013年8月23日对千峰依法进行了询问。对此，姜喆回应称，虽然有关部门曾经介入调查，但并没有发现千峰存在任何问题。再说，浦亚实业作为买方没有理由协助卖方伪造卖方在出口港所需的海关文件。这对买方没有任何好处，没有必要，也不符合常理。姜喆还强调，千峰不存在违法违规行为，目前他仍正常任职。

那么，金永斌和王倩是不是受千峰所指使？这成了造假风波的焦点所在。

2014年1月17日，记者拨打了金永斌和王倩的手机，但是金永斌在得知记者的身份后，立即挂断了电话。记者向他发短信他也没有回复。而王倩的手机号已经变成了空号。同日，记者向大连市有关公安部门核实相关事实时，对方则以没有领导许可不能对外公布为由，拒绝了记者的采访。

检测单之争

伪造国家机关公文的案件发生后，江苏茂源就对金永斌、王倩两人做了停职配合警方调查的处理。据杨鸿介绍，江苏茂源对金永斌和王倩两人做出停职处理不久后，金永斌、王倩在该公司毫不知情的情况下先后“开溜了”。

在金永斌、王倩离开后没几天，江苏茂源接到了浦亚实业的货物索赔要求，原因是质量不合格，粒度超标。“索赔的正是900吨金属硅中第一批出现时间延误以及涉及伪造海关公文的货物。”杨鸿说。按照合同约定，如果浦亚实业认为金属硅质量不合格，必须出具正式的浦项检验机构的质检报告。“不能他们说不合格就不合格。”杨鸿说。杨鸿进一步介绍，经过江苏茂源多次催促后，浦亚实业以邮件形式发来了质检报告。但是这个报告上面没有落款，也没有盖章，更没有注明什么时候为哪批货做的质检，因此根据该报告无法确定是不是江苏茂源的第一批货质量不合格。“更令人生疑的是，浦亚实业两次发给江苏茂源的检测报告还自相矛盾。”杨鸿说。

对于上述问题，记者再次向浦亚实业核实。姜喆回答说：“第一批货物的质检结果是根据双方之间的合同约定提供的，符合合同约定，同时完全符合双方过去(2012年开始就有交易)一贯的交易惯例。”姜喆还表示，浦项制铁作为世界知名的钢铁生产商，其产品质量及公信力均得到了业界的广泛认可。因此，向浦项制铁供应货物的大部分供应商都认可并同意以浦项检验机构出具的检验结果为准。本案中，浦亚实业与江苏茂源均同意并在合同中明确约定，如果浦项检验机构出具的质检结果与合同约定的质量之间存在差异，则浦亚实业有权向江苏茂源进行索赔。而且，浦亚实业与江苏茂源也不是第一次做交易，在此前的交易中，均以浦项检验机构出具的检验结果为准，江苏茂源也都认可了。

但杨鸿并不认同姜喆的说法。杨鸿强调，浦亚实业提供的质检报告只能证明有浦项检验机构这个单位存在，但目前不能说明该机构给江苏茂源的第一批300吨金属硅做了质检报告。因此，江苏茂源怀疑浦亚实业造假，于是拒绝认可浦亚实业对第一批货物质量不合格的定论。

杨鸿说，其实根据合同约定，即使浦项检验机构真的检测了产品，如果对检测结果存在争议，也就是说卖方没有认可。那么，江苏茂源仍可要求找出一家双方都认可的第三方国际检测机构再次对第一批货物做检测。何况浦亚实业连质检报告都没能提供。浦亚实业没有经过江苏茂源同意，就自行寻找了一家日本机构于9月14日在韩国某仓库进行了“第三方质检”，并以所谓结果扣除江苏茂源总计6万多美元的货款，对此江苏茂源不能认同。

谁在违约?

“对于浦亚实业单方面选择第三方检测机构,试图掩盖其未按合同约定由‘浦项检测机构’检测产品而涉嫌虚构检验环节借机扣钱敛财的重大商业诈骗行为。江苏茂源已经以涉嫌合同诈骗向当地公安部门报了案。”杨鸿告诉记者。

为何浦亚实业会单方面寻找第三方检测机构进行复检?姜喆告诉记者,首先,关于第三方复检机构选定和复检具体安排等事宜,并不是浦亚实业单方面决定的。浦亚实业与江苏茂源之间有过多次沟通,当时江苏茂源同意选择第三方复检机构做检验。

姜喆表示,浦亚实业曾多次发函征求过江苏茂源对复检机构选定的意见,浦亚实业还向江苏茂源提议过三家国际公认的知名检验机构作为备选,并给了江苏茂源合理的考虑时间。但是,由于江苏茂源不予配合及协助,而货物积压不处理将会导致损失进一步扩大,浦亚实业在多次催促无果之后,不得已从备选机构中选择了一家国际公认的日本检验机构——OMIC(中文名为“日本海外货物检查株式会社”)进行了复检。

“与此同时,浦亚实业还将具体的复检时间、地点等详细信息通知了江苏茂源,邀请其参加复检过程,但江苏茂源始终没有正面回应。”姜喆说。

对此,杨鸿表示,浦亚实业所找的第三方检测机构,江苏茂源并没有同意,怎么可能过去参加该公司的复检过程。况且,寻找第三方检验机构介入的前提条件为货物经过浦项的检测机构检验并且出具有效检验文件,若还有异议,双方方可进行协商。浦亚实业在没有出具有效文件的前提下,却一再回避供货商的合理诉求,有违常理。

记者了解到,江苏茂源在向仲裁委递交的仲裁申请书中,除要求浦亚实业退还被扣除的6万多美元外,还要求索赔高达1 000万元人民币的名誉损失。

“与浦亚实业的合同纠纷,赔偿款事小,关键是这关系到我公司的名誉。因为受对方员工唆使后,我公司员工犯法伪造了国家机关公文,海关将会给我公司降级,这不是用钱所能衡量的。所以,这次我们是为名誉而战。”杨鸿告诉记者,这也是公司索赔1 000万元人民币的原因。

江苏茂源于2014年年底向南京市鼓楼区法院提起诉讼,状告浦亚实业侵害名誉权,称至今浦亚实业也没有出具合格的浦项制铁检验机构的质检报告,但是该公司却对包括《中国商报》等多家媒体声称江苏茂源供货的金属硅有质量问题,严重损害了自身名誉,请求法院判决被告停止侵权并赔礼道歉。江苏茂源方面还举证称,此前相关消息被人转发到西祠等网站,几天中有一百多人留言评论,网络上不知情的网友对此几乎一边倒的留言讥讽其“质量有问题还想索赔,很无耻行径”“想钱想疯了”“丢人现眼”“流氓行为”“根本就是敲诈”,等等。这严重损害了其企业声誉!一些客户因此也暂停了跟江苏茂源的业务合作。

江苏茂源诉称,被告浦亚实业以供货质量不合格为由却不能出具合格证据,明知接受记者采访会有新闻报道,仍以不实之词向媒体供述,致使虚假信息流出,导致不明真相的网友攻击原告,使原告企业声誉严重下降。被告不负责任的行为严重损害了原告的名誉。原告曾邮件被告,要求其更正,但未果。特此诉讼,请求公正判决,维护江苏企业合法权益!至于侵权损害,原告保留另案诉讼要求赔偿的权利。

记者了解到,南京市鼓楼区法院接到江苏茂源的诉状后,根据法院受理程序,要求江苏茂源提供浦亚实业工商登记资料以确认被告真实存在，江苏茂源派人前往香港通过当地有关部门获取了浦亚实业的工商资料发回南京，南京鼓楼区法院遂于2014年12月30日正式受理。不过在送达法律文书问题上又出意外，江苏茂源根据此前的联系模式，向法院提供了发生业务纠纷后一直通过邮件联系的浦亚实业北京负责人金世权的联系方式以及办公地址。鼓楼区法院法官电话联系了金世权，不料金世权电话中称自己跟浦亚实业没有关系，自己是浦亚中国投资公司的人，并非浦亚实业员工。鼓楼区法院把情况告知了江苏茂源，江苏茂源十分意外，找出了此前跟金世权联系的来往邮件，此人一直就是以浦亚实业北京负责人的身份处理纠纷，从未否认自己是浦亚实业员工。江苏茂源惊讶中感觉不对劲，分析后打算报案，控告金世权涉嫌冒用浦亚实业名义实施诈骗行为，导致江苏茂源被扣款7万多美元。

根据鼓楼区法院新的要求，江苏茂源维权执行人杨鸿飞往香港，按照当初网签的《供货合同》中记载的浦亚实业注册地址——香港湾仔港湾道18号中环广场5508室拍了一些照片并进行了证据固定。记者听了江苏茂源方面用国粤语联系浦亚实业的证据，浦亚实业明确称金世权就是浦亚实业的人员。

南京市鼓楼区法院根据杨鸿提供的最新材料，决定按照程序提请江苏省高级法院通过法律方式向香港浦亚实业公司送达法律文书。江苏茂源在《民事起诉状》中要求，判令被告停止侵权、公开赔礼道歉并承担本案诉讼费用。

2014年5月21日上午，备受关注的浦项制铁遭江苏企业索赔一事再生波澜。在韩国有关方面迟迟没有回复之后，江苏茂源召开新闻发布会，将索赔金额从1 000万元人民币上升到1亿元人民币。

资料来源：作者根据网络资料整理。

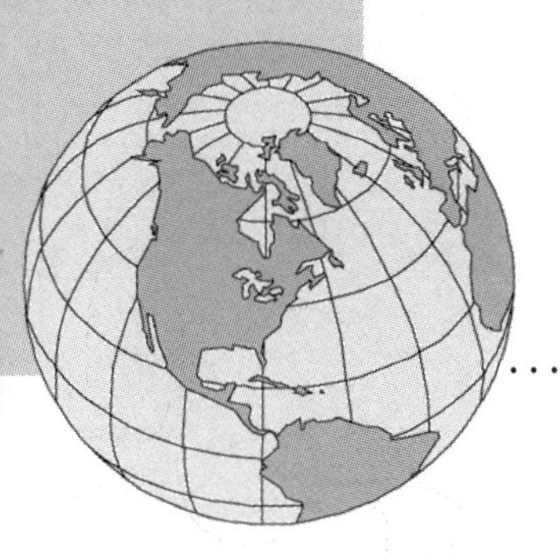

第二章

国际商务谈判理论

【导语】

在《孙子兵法》中，不战而屈人之兵为战争取胜的最高境界。兵不血刃，化险为夷，无论对百姓还是士兵，都是莫大的福祉，因为人世间没有什么比人的生命更宝贵。而不战即可屈人之兵，这其中谈判者的作用很关键。所谓“诸葛亮舌战群儒”“甘罗出使，不辱使命”，这些成功谈判的例子被广为流传。在国际商务谈判这个没有硝烟的战场上，谈判者本身所具有的学识、素质和综合能力，是其国家、企业的水平代表。如何让正确的理论指导国际商务谈判的实践？如何让实践的检验结果丰富谈判的理论，以便更好地指导新的实践？如何从实践中总结和提炼谈判所蕴含的内在规律，以便使普通的谈判者成长为一代谈判大师？这正是本章内容所要回答的问题。

【教学目的】

学习本章后，你应掌握：

- 实力结构理论在国际商务谈判中的应用；
- 需求理论在国际商务谈判中的应用；
- 行为学理论在国际商务谈判中的应用；
- 心理学理论在国际商务谈判中的应用；
- 博弈论在国际商务谈判中的应用；
- 谈判的理性和非理性内涵。

【关键词】

实力结构理论　需求层次　行为学　心理学　弗洛伊德理论　荣格理论　博弈论　理性谈判　显著性误区　排他利益　BATNA

引导案例

打赢心理战，销售获佳绩

某年，我国南方某省的茶叶丰收了，茶农们踊跃地将茶叶交到了茶叶收购处，这使得本来库存量就不小的茶叶进出口公司更增加了库存，形成了积压。

如此多的茶叶让该公司的业务员很犯愁，怎样才能设法销出去呢？正在这时，有外商前来询问。公司感到这是一个极好的机会，一定要利用这个机会，既把茶叶卖出去，还要设法卖个好价钱。为此，公司人员做了周密的布置。

在向外商递盘时，我方将其他各种茶叶的价格按当时国际市场的行情逐一报出，唯独将红茶的价格报高了。外商看了报价，当即提出疑问："其他茶叶的价格与国际市场行情相符，为什么红茶的价格那么高？"我方代表坦然地说道："红茶报价高是因为今年红茶收购量低，库存量小，加上前来求购的客户很多，所以价格只得上涨。中国人有句古话叫'僧多粥少'，就是这个意思。"外商对我方所讲的话将信将疑，谈判暂时中止了。随后的几天，又有客户前来询盘。我方照旧以同样的理由、同样的价格回复了他们。

虽然外商对红茶报价高心存疑问，但他们只能通过间接的途径去了解。而所谓间接的途径，就是向其他客户询问，可询问的结果与自己得到的信息是一致的。于是外商赶快与公司关于购销红茶一事签订了合同，唯恐晚一点就无货了。这样一来，其他客户纷纷效仿，积压的红茶不仅在很短的时间内被抢购一空，而且还卖了个好价钱。

在西方发达国家，各种研究谈判学的论著不断涌现，其中一些具有代表性的谈判理论已日益成为指导谈判实践的依据。随着谈判学的进一步发展和完善，各种理论的优缺点也日益凸显出来，这不仅引起了理论界对各种谈判理论探讨的兴趣，更引起了实际工作者对谈判理论的重视。

第一节　结构理论

一、谈判结构理论的主要内容

谈判结构理论的代表人物是乔治·马什（George Marsh）和大卫·斯科特（David Scott）。其中，马什通过对谈判结构的研究，提出了一套纵向谈判结构理论。马什认为，一次商务谈判通常由6个阶段构成，即计划准备阶段、开始阶段、过渡阶段、实质性谈判阶段、交易明确阶段、谈判结束阶段。谈判者在谈判的各个阶段，应充分运用心理学、对策论、经济学和法学的知识及其分析方法对谈判进行系统的分析，并根据谈判计划、原则、策略和目标的要求，采用一切可能的措施、技巧和手段，实现自己的谈判目标。

斯科特则从横向方面提出一套谈判结构理论。他认为，任何一次商务谈判实际上就是一次运用谈判技巧的实践，而谈判技巧则是谈判者以心理学、管理学、社会学、经济学、政治学、法学等为指导，并在长期的实践中逐渐形成的，以丰富实践为基础的本能行为或能力，此种本能行为会被一定的谈判方针所规范和驱动。谈判方针则主要表现为三种，即谋求一致的方针、皆大欢喜的方针和以战取胜的方针。所谓谋求一致的方针，是指谈判气氛友好，当事人共同努力，以寻求互惠互利的最佳谈判结果为目的的谈判方针；所谓皆大欢喜的方针，是指当事人以寻求各方都能接受的、折中的谈判结果为目的的谈判方针；所谓以战取胜的方针，是指当事人一方以战胜对方为最终目的的谈判方针。

斯科特认为，谈判方针要依靠一系列相应的谈判策略、方法和技巧来实现，而同一谈判策略、方法和技巧又可以为不同的谈判方针及不同的目的服务，谈判各方对于谈判策略、方法和技巧的运用是一个斗智的过程。因此，谈判者即使是为了某一特定的谈判方针或目的，在运用有关谈判策略、方法和技巧时，也应随时根据实际情况进行必要而又及时的调整。从这个意义上说，谈判策略、方法和技巧的运用不单是一个实施的过程，也是一个调整的过程。

二、谈判结构理论在国际商务谈判中的应用

马什的纵向谈判结构理论和斯科特的横向谈判结构理论被广泛运用，众多的谈判工作者也都十分推崇两人的理论，他们在实际工作中往往将两者结合起来，即首先按照马什的纵向结构理论将谈判划分为若干个阶段，然后在各个阶段按照斯科特的横向结构理论制定基本的谈判方针，并根据基本的谈判方针规范和驱动各阶段的谈判。

第二节　实力结构理论

谈判的实力结构理论是约翰·霍普金斯大学教授威廉姆·扎特曼提出的。威廉姆·扎特曼认为，现有的谈判理论过于强调谈判者的性格因素，虽然谈判者的性格对谈判的过程及其结果有重要的影响，但在谈判中起决定性作用的往往是谈判的结构，尤其是谈判的实力结构，正是谈判的实力结构决定了谈判的形式和结果。

一、谈判实力结构理论的主要内容

谈判实力结构理论主要分析了谈判双方的实力处在不同结构下的可能结果，在这里，“实力”指的是“行为者 A 在与行为者 B 谈判的过程中，利用其掌握的资源，以图导致产生一些变化，得到自己希望结果的方式”，或“某一方为促使另一方采取某种行为所采取的行动”。这说明，实力是与时间和金钱不一致的一种要素。当然，在任何谈判中，就基本否决权来讲双方在其中一项事情的实力上是对称的，就是双方都有权否决谈判协议或合同。

（一）实力结构对称模型

威廉姆·扎特曼认为，谈判双方实力对称或均等是一种最简单的结构模型。当然，所谓实力均等是相对而言的。在这种情况下，如果双方在磋商过程中形成僵局，任何一方作为单方面力量都无法解决问题，必须借助于谈判才能化解僵局。所以，谈判者为克服认识到的或即将来临的僵局以及打破僵局所做的努力，实际上就是反对结构平等和寻求不需要通过谈判就可以达成协议的过程。在这种情况下，实力实际上就是某种形式的自我识别，它是指那些谈判者的洞察力。这些谈判者在行使否决权之前会做出一些让步

以尽量打破僵局,并且能在回顾过去或展望未来的过程中对僵局有一个正确的认识。

实力均等是一种静态环境,它并不能告诉我们该如何打破谈判僵局。互惠则是对实力均等的动态解释。尽管互惠不能解决所有的问题,但它仍然是一种行为规则。谈判方在起点公平的基础上进行谈判,并希望能在程序平等的基础上做出让步,最后找到一个公平合理的解决方案。互惠是一种先利人后利己的行为,是实力均等的双方努力使其从谈判中得到最大收益的结果。即使并不是谈判方的每一方让步都能使对手做出相应的让步,谈判双方也会希望,就最终的结果来看,他们是互惠的。先做出让步的谈判者希望谈判对手也能够以让步作为回报,如若不然,他们就会有一种被欺骗的感觉,从而最后拒绝签署谈判合同。更进一步地说,即使除了基本否决权之外,谈判者的实力并不均衡,但是他们仍然希望通过互惠实现动态平衡。

当然,无论从谈判双方还是从谈判结果看,都很难对平等进行衡量。但是其普遍含义仍然十分明确,即当谈判者觉得平等时,往往能够使谈判得到最有效的结果。而且,当他们认为谈判过程和结果非常公平时,往往会得到最满意的谈判结果。由于和完全平等的谈判双方一样,完全公平的结果在现实中几乎不可能存在,因此,从对称得出的结论表明,当谈判者将个别的讨价还价变为整体协商的时候,他们仍然会尽最大努力将讨价还价的边界推向最优的交换结果,尽量从谈判中得到最大的收益。实际上,谈判的实力结构平等可以使双方免于纠缠立场平等问题,而把精力专注于为平等的结果创造更大的收益蛋糕。也就是说,要得到整体收益为正的结果,最重要的不是绝对平等地分配蛋糕,而是进行平等的交换。

(二)实力结构不对称模型

如果谈判双方的实力结构不对称,即一方实力相对较强而另一方相对较弱,比较普遍的观点认为实力较强者会是最后的胜利者。威廉姆·扎特曼认为,实力来自某些资源,拥有这些资源的谈判方可以因为另一方的某些行为或不行为而对其进行惩罚或奖励;或者,它也有可能来自某些要素,这些要素决定了另一方容易受上述奖励或惩罚影响的敏感程度。在最简单的情况下,我们可以把正在谈判的合同本身作为一种奖励进行分析,这种奖励同等地适用于谈判双方。然后,我们可以根据双方对达成这个合同的迫切程度而不是他们对收益分配的影响力做出区分。由于谈判双方对达成合同的迫切程度不同,从而导致他们对另一方否决权的敏感程度不一样。那么,如何来衡量谈判一方对另一方否决权的敏感程度呢?威廉姆·扎特曼提出了一个安全点标准,我们也可以把它叫作次优标准,即通过对谈判一方可以选择的替代方案进行评价,并将替代方案的价值转变为谈判结果,谈判者可以改变谈判对手的立场。相对而言,替代方案的价值较高的谈判者具有更强的谈判实力,而谈判者的金钱实力对谈判实力的影响并不是最重要的。

威廉姆·扎特曼的研究结果表明,一般来说,在谈判的开始阶段或谈判过程中,实力较强的一方可以将实力转化为获胜的行为,而实力较弱的一方将承受较大的损失。此时,实力较弱的一方可以通过从实力较强的一方那里获取支持,或者从外部团体那里获取实力的方法,使双方的谈判实力趋于均等。当然,实力较弱的一方究竟应该采取哪些措施以摆脱困境,仍然存在很大的争议。

二、谈判实力结构理论在国际商务谈判中的应用

谈判双方的实力完全对称或均等在现实交易中是很难出现的，更多的情况是谈判双方的实力结构并不对称。根据谈判实力结构理论，衡量谈判双方实力的标准并不是金钱、公司规模等要素，而是对交易所要达成的合同的迫切程度。由于在讨价还价中谈判实力较强的一方通常拥有较大的影响力，实力较弱的一方在谈判的准备阶段就应该采用适当的谋略，比如，通过制造竞争、借助外力干预等增强本方实力。

第三节　需求理论

一、需求层次理论的主要内容及其在国际商务谈判中的作用

（一）需求层次理论的主要内容

需求层次理论是由心理学家 A. 马斯洛（A. Maslow）提出来的，这是一个受到广泛关注的理论。他于 1943 年在《人的动机理论》一文中，把人的需要分成生理需要、安全需要、友爱和归属的需要、尊重的需要、自我实现的需要五个层次；1954 年，他又在《激励与个性》一书中，在尊重的需要后面增加了求知的需要和求美的需要，把人的需要分成七个层次。按其重要性依次是：

（1）生理需要。这是维持人类自身生命的基本需要，如食物、衣着、水、住所和睡眠。马斯洛认为，在这些需要还没有被满足到足以维持生命之前，其他的需要都不能起到激励人的作用。

（2）安全需要。这些需要是避免人身危险和不受丧失职业、财产、食物和住所等威胁。

（3）友爱和归属的需要。当生理及安全的需要得到满足后，友爱和归属的需要便占据主导地位。因为人类是有感情的动物，人们希望与别人交往，避免孤独；希望与同事和睦相处，关系融洽；希望归属于一个团体以得到关心、爱护、支持、友谊和忠诚，并为达到这个目的而做出努力。

（4）尊重的需要。当一个人的第三层次的需要得到满足以后，他通常不只满足于做群体中的一员，而是开始产生尊重的需要，包括自尊和受人尊重两个方面。自尊意味着在现实环境中希望自己有实力、有成就、能胜任和有信心，以及要求独立和自由。受人尊重是指要求有名誉或威望，可看成希望得到别人对自己的尊重、赏识、关心、重视或高度评价。自尊需要的满足使人产生一种自信的感情，觉得自己在这个世界上有价值、有实力、有能力、有用处。而这些需要一旦受挫，就会使人产生自卑感、软弱感、无能感。

（5）求知的需要。人有知道、了解和探索事物的需要，而对环境的认识则是好奇心作用的结果。

（6）求美的需要。人都有追求匀称、整齐和美丽的需要，并且通过从丑向美转化而得到满足。马斯洛发现，从严格的生物学意义上说，人需要美正如人的饮食需要钙一样，美有助于人变得更健康。

(7) 自我实现的需要。这是马斯洛需求层次理论中最高层次的需要，指的是一种使人能最大限度地发挥自己的潜能并完成某项工作或某项事业的欲望。马斯洛认为，即使以上所说的六个需要都得到了满足，人们往往仍会产生新的不满，除非本人正在干着合适的工作。音乐家必须演奏音乐，画家必须绘画，诗人必须写诗，这样才能使他们感到最大的快乐。自我实现的需要，指的就是使潜能得以实现的向往。这种向往可以说成是希望自己越来越成为自己所期望的人物，完成与自己能力相称的一切事情。

马斯洛认为人们的上述需要基本反映了在不同文化环境中人类的共同特点。人类的需要基本是由低级到高级逐层次出现的，当某一层次的需要得到相对满足时，其激发动机的作用随之减弱和消失，此时更高层次的需要则成为新的激励因素。因此，人类的基本需要是一种有相对优势的层次结构。

虽然马斯洛的需求层次理论在一定程度上符合人们的直觉，易于理解，因而得到了广泛的传播，但是学术界对其理论还有颇多质疑，马斯洛本人也未能提供有说服力的证据。不过，很多学者仍然认为这一理论对于行为科学、管理科学的研究具有一定的借鉴意义。

(二) 需求层次理论对国际商务谈判的意义

1. 为摸清谈判对象的动机提供了理论基础

需要转化为动机，动机推动人们产生某种行为，包括从事谈判活动。掌握需求层次理论，有助于谈判者知己知彼，找出对方参与谈判背后的需要，分析如何选择不同的方法去适应、抵制或改变对方的动机，了解每一种需要的相应动力和作用，以便选择最佳的谈判方法。

2. 为多种谈判方案的制订提供了理论基础

(1) 搞清各自的需要是制订谈判方案的前提。众所周知，谈判前要制订谈判方案，而成功谈判方案的制订是由多种因素共同决定的，其中一个非常重要的因素就是谈判双方的需要。所以，弄清楚双方的需要是制订谈判方案的前提，否则，制订出来的方案将无法付诸实施，因此也是毫无意义的。

(2) 满足某种需要不是只有一种途径，而是有多种途径和多种方案可供选择。对大量陷入僵局的谈判案例的研究表明，在很多情况下，由于人们认定只有自己提出的方案才是唯一可以接受的，从而导致谈判搁浅、形成僵局，并最终使谈判破裂。其实，正如俗话所说的，“条条大路通罗马”，满足双方需要的方案有很多，可能只是在获利的程度上有所不同。聪明的谈判者总能在谈判前设想出满足双方需要、可供选择的多种途径与方案，以便在谈判中随时加以运用，逐步引导谈判走向成功。

3. 为谈判谋略和技巧的运用提供了理论依据

(1) 生理需要与谈判。谈判是一种消耗大量体力和脑力的高级智力劳动，同时还要承受极大的心理压力。如果谈判人员的生理需要得不到保证，就会影响到谈判人员的精力与情绪，影响预定谈判目标的实现。生理需要在谈判中主要表现为谈判者对衣、食、住、行的需求。对衣着的需求是穿着整洁得体，符合自己的形象和气质，得到对方的认同，增强己方的谈判气势。谈判者对食的需求是营养丰富，符合自己的口味和饮食习惯，并合乎安全、卫生的要求。谈判者对住的需求，是指要符合自己的身份、地位和居住习惯，有一个安静、舒适和方便的居住环境，这样有利于消除疲劳，恢复精力、体力，也有利于保持友善的心理。谈判者对行的需求，是指交通、通信便利，以便随时和上级部门取得接触和联系，提高谈判效率。

考虑到谈判过程中的生理要求，作为谈判主座的一方除了为谈判本身做周密的部署外，还要考虑为对方提供良好的衣食住行条件，这样可减轻对方参与客座谈判而带来的紧张、怀疑和巨大心理压力，创造一个良好的谈判气氛。

（2）安全需要与谈判。安全需要主要表现为人身安全和地位安全。人身安全是指处于客座的谈判者，由于对当地的社会民情、风俗习惯、治安交通等情况不了解，通常会缺乏安全感。主座一方应尽可能地在各方面予以照顾，如专人负责接送，陪同参观、游览、购物和解说等。地位安全主要表现在双方谈判者都可能把达成协议作为自己的任务，甚至错误地认为达成一个不太理想的谈判协议总比达不成协议、一无所获的结果好，这是委曲求全以及谈判中一再退让的症结所在。对于这个问题，谈判者及其上级应对谈判的平等互利有一个正确的认识，不能简单地以是否达成协议作为标准来考核谈判人员的业绩。

（3）友爱和归属的需要与谈判。谈判者都希望双方之间能建立友好关系，得到对方的友谊，另外，也希望己方谈判班子内部加强沟通和协作，共同争取谈判的成功。因此，处于主座的谈判一方，应当持有一种友好合作的心态，利用一切机会，包括语言、表情、宴请、娱乐、赠送礼品等，发展与对方的友谊，建立良好的人际关系。一旦双方建立了良好的人际关系，彼此之间就更容易沟通和了解。同时，谈判班子的负责人应当保持班子内部的团结和协作，充分听取每个成员的意见，尽量采纳其合理的部分，并对不能采纳的意见做出合理的解释。但在谈判桌上，全体成员应口径一致、团结作战，不能把任何分歧和意见显示出来，以免给对方可乘之机。

（4）尊重的需要与谈判。每个谈判者都希望得到谈判对手的尊重。要想得到对手的尊重，必须首先尊重对手。因此，在谈判过程中，谈判者要处处表现出对对手的尊重。首先，应当尊重其人格。使用语言时，要文明礼貌，而不要使用侮辱、攻击和谩骂的语言。其次，应尊重对手的身份和地位。在谈判中，双方的身份和地位应该对等，即使有差距也不要太大。否则，身份和地位较低的人员与身份和地位较高的人员进行谈判时，后者会以为这是对其的不尊重，会影响谈判进行，甚至造成破裂。最后，应尊重对手的学识和能力。有时在谈判中，对方会有意无意地搅乱谈判秩序，或故意混淆一些本来很明确、浅显的概念，这时也不要贬低、嘲笑或讥讽对方学识浅薄，而应从正面将问题予以澄清。

（5）求知的需要与谈判。谈判者都有求知的需要，如果对谈判对手提出的报价、名词概念、条款和让步理由有疑问，会通过提问方式加以澄清，这就要求回答的一方必须小心应对。同时，处于客座的谈判一方会对主座一方的实力进行多方面的探察，通过参观工厂、与工人和管理人员闲聊的方式了解主座一方的生产经营状况，这更要求主座一方谨慎应对，以免泄露经营秘密或商业秘密。

（6）求美的需要与谈判。谈判者要从外表、衣着、语言、姿态等各个不同方面向对方展现己方谈判人员的良好素质和精神面貌，同时，作为主座谈判的一方要尽量安排能给人带来良好感官享受的谈判场所作为洽谈地点，以便给对方带来愉悦的心情，为促进交易达成创造良好条件。

（7）自我实现的需要与谈判。谈判者自我实现的需要是通过谈判取得的成绩来体现的。谈判者在谈判中获得的利益越大，自我实现需要的满足程度也越高。自我实现的需要可以说是谈判者最高的需求，也是最难满足的需要。因为受到双方谈判目标的制约，谈判者只能在为己方争取最大谈判利益的前提下，尽量满足对方自我实现的需要。

二、基本需求理论及其在谈判中的运用

基本需求理论的代表人物之一是尼尔·隆伯格（Neol Lonberg）。隆伯格在其所著的《谈判的艺术》一书中，详尽、系统地提出了基本需求理论。根据隆伯格的观点：人们在审视自我的各种需求时，往往会忽略那些能够充分满足或者无法得到满足的需求；在策划和考虑行为目标时，也往往会将那些轻而易举就能得到满足，或者不可能达到满足的需求排斥在行为目标的范围之外；人们在每次行为时，通常只考虑那些尚未满足且自己的能力可及的需求，而这种需求就是其基本需求。并且，谈判者在谈判中抓住的需求越是基本，其获得成功的可能性就越大。基于此，隆伯格将适合于不同需求的谈判方法分为六种类型，即：① 谈判者服从对方的需求；② 谈判者使对方服从其自身的需求；③ 谈判者同时服从对方和自己的需求；④ 谈判者违背自己的需求；⑤ 谈判者损害对方的需求；⑥ 谈判者同时损害对方和自己的需求。

根据隆伯格的观点，在上述六种方法中，第一种最容易被谈判者控制，第二种次之，以此类推，第六种方法最难控制。同时，鉴于谈判者的行为并非都能自主、单纯，于是，隆伯格又将谈判划分为三个层次，即：自然人与自然人之间的谈判；自然人与法人之间的谈判；法人与法人之间的谈判。隆伯格认为，在任何一种非个体的谈判中，往往都有两种需求在同时起作用：一种是谈判者所代表的法人的需求；另一种是谈判者的个体需求。因此，作为一个有经验的谈判者，不但需要顾及对方所代表的群体的需求，还须特别重视对方的个体需求，努力通过恰当的方法去发现、诱导和尽可能满足对方的个体需求，进而影响对方的固有立场、观点，以便使谈判的对方能同己方合作。

由上可见，基本需求理论所强调的是：谈判的前提是谈判各方均希望从谈判中得到某种基本需求，而此种基本需求既不是已经满足或者很容易就能得到满足的需求，也不是无法得到满足或者希望渺茫的需求，而是尚未得到而又渴望得到满足的需求，并且此种基本需求中既包括群体（或者法人）的需求，也包括谈判者作为个体的需求。只有那些设法抓住对方的基本需求并因势利导的谈判者，才有可能取得谈判的成功。

第四节 行为学理论

一、行为学理论的产生及其主要内容

行为学是20世纪中期兴起的理论思潮和边缘学科，它借助数学、生物学等自然科学和人类学、心理学等社会科学的各项研究成果，得出一些较有价值的分析结论，这些结论反过来又被应用到经济学、管理学、人类学、生物学等的研究中。

20世纪40年代,系统论和控制论的提出和运用引起了不少学者的研究兴趣,并开始有学者探讨人的行为产生的因果关系。1949年,在美国芝加哥大学的一次跨学科的科学讨论会上,有学者提出了如何运用现有的知识来研究人的行为的规律性,并且有学者提议把这种综合各学科的知识系统来研究人的行为的科学叫作行为科学(behavioral sciences)。接下来,1952年又成立了行为科学高级研究中心。1953年美国福特基金会邀请了一批著名学者,经过慎重讨论,才把研究人的行为的科学定名为"行为科学"。1956年正式发行《行为科学月刊》。

《美国管理百科全书》给行为科学下的定义是:"行为科学是运用研究自然科学那样的实验和观察的方法,来研究在一定物质和社会环境中的人的行为和动物(除了人这种高级动物之外的其他动物)的行为的科学。已经确认研究行为所运用的学科包括心理学、社会学、社会人类学和与研究行为有关的其他的学科。"

二、行为学理论在国际商务谈判中的应用

根据行为学的研究,任何事物的运动都有其内部原因和外部原因,人的行为也不例外,影响人的行为的因素可以从内、外两个方面去寻找。

影响人的行为的内在因素主要包括生理因素、心理因素、文化因素和经济因素。其中,生理因素包括遗传因素、体质状况、生理需要、生物节律规律等方面。心理因素涉及以下内容:包括感觉、知觉、思维和认识在内的心理活动过程;包括价值观、理想、信念和态度在内的个性倾向性心理特征;包括气质、性格和能力在内的个性非倾向性心理特征。文化因素包括个人所接受的文化教育以及个人的专业技术、职业道德观念、礼仪等。经济因素主要是指个人所处的经济地位。

影响人的行为的外在环境因素主要包括组织的内部环境因素和组织的外部环境因素。其中,组织的内部环境因素涉及群体、领导和整个组织三个方面。群体方面包括人际关系、信息沟通、内聚力、冲突与气氛等;领导方面包括领导素质、领导作风与方法、激励方法与制度等;整个组织方面包括组织设计、组织结构、规章制度、工作设计、组织文化、组织变革、绩效考核等。组织的外部环境因素包括条件因素和人群团体因素。条件因素主要涉及国内及国际的经济、社会文化、政治法律、自然地理等;人群团体因素包括的内容比较多,如家庭、亲友、产权所有者、竞争者、客户、供应商、各级政府、群众团体等。

从影响人的行为的诸多因素可以看出,行为学理论在国际商务谈判中有着非常广泛的应用,从谈判开始前的环境因素分析、信息收集,到谈判人员的配备和管理、谈判方案的制订、谈判桌上的双方争斗、商务谈判的礼仪等,都离不开行为学理论研究成果的指导。从全局的角度看,行为学理论是对国际商务谈判影响最大的一门科学。

第五节　心理学理论

心理学是研究人的心理现象及其规律的科学。心理学的产生和发展历史悠久,古代中国和古代希腊、罗马奴隶社会时期的哲学思想中就蕴含着心理学知识,欧洲中世纪的官能心理学和文艺复兴时期的经验心理学标志着唯物主义的认识论和方法论成为心理

学的主要研究方法。到了近代,英国和法国的经验心理学,德国的理性心理学、实验心理学,以及美国的机能心理学和使用心理学获得了迅速的发展。近年来,英国心理学研究的主要趋势仍然是实验心理学,但在个性心理学、社会心理学、发展心理学和工程心理学方面也取得了很多研究成果。在当代的美国,很难看出心理学的思想主流,但心理学中的三种理论有着广泛的影响,包括新结构主义的认知心理学、信息加工的认知心理学和心理主义的认知心理学。现代德国心理学取得的成就是比较明显的,其研究中占比较大的是对 S. 弗洛伊德(S. Freud)及其学生 C. C. 荣格(C. C. Jung)和 A. 阿德勒(A. Adler)的精神分析学派的研究,这方面的成果在全世界有广泛的影响,而且在国际商务谈判中也有所应用,下面简单介绍其研究的主要内容。

一、心理学理论的主要内容

从心理学理论的发展史可以看出,心理学研究起步早,流派众多,研究成果比较丰富。这里主要介绍在中国颇有影响的奥地利的精神病医学家弗洛伊德及其学生荣格和阿德勒的理论。

(一) 弗洛伊德理论

弗洛伊德认为,人的个性是一个整体,在这个整体之内包括着彼此关联且相互作用的三个部分。这三个部分分别称为本我(Id)、自我(Ego)、超我(Super-ego)。由于这三部分的相互作用而产生的内在动力,支配了个人的所有行为。

(1) 本我(或无意识)。弗洛伊德认为,本我是个性结构中最原始的部分,这部分是人生来就有的,包括一些生物性或本能性的冲动(最原始的动机),这种冲动是推动个人行为的原始动力,外在的或内在的刺激都可促成这种冲动。由本我支配的行为不受社会规范、道德标准的约束。

(2) 自我(或潜意识)。随着个体出生后的成长,从本我中逐渐分化出自我。在本我阶段,因为个体的原始冲动需要得到满足,这就必须与周围的现实世界相接触、相交往,从而形成自我适应现实环境的作用。例如,因饥饿而使本我有原始的求食动机,但何处有食物及如何取得食物等现实问题,必须靠自我与现实接触才能解决。因此,个性的自我部分受"现实原则"(reality principle)所支配。

(3) 超我(或有意识)。超我在个性结构中居于可控制地位的最高层,是由于个人在参与社会生活的过程中,把社会规范、道德标准、价值观判断等接受后变为指导自己行动的准则而形成的。平常所说的理性文明都属于超我的范围。

弗洛伊德认为,本我寻求满足,自我考虑到现实环境的限制,超我则按社会规范来衡量是、非、善、恶。并且指出,本我、自我和超我三者不是分立的,乃是彼此相互作用而构成的个性整体。本我的冲动与欲望应该在符合现实条件下,为社会规范所允许,得到适当的满足。弗洛伊德的理论又称为老心理分析论。

(二) 荣格理论

荣格是弗洛伊德杰出的学生,师生两人后来由于理论观点不同,于 1913 年关系破裂。荣格理论与弗洛伊德理论有下列三点不同:

（1）承认潜意识是支配行为的内在因素，但主张潜意识有两种：一种叫作个人潜意识（personal unconscious），是由个人压抑自己的意识经验而形成的；另一种叫作集体潜意识（collective unconscious），是由人类多代遗传演化积累而形成的。两种潜意识共同支配人的行为。

（2）个性的发展并不取决于人本能的冲动，而是受个人为达到自我实现的内在潜力所引导。

（3）自我才是个性结构的核心，而自我又取决于两种态度或倾向：一种为外向，一种为内向。这两种倾向是根据人的感情显露与否来划分的，而且把人的不同特征进行不同的组合就成为具有不同个性结构的人。荣格除了把人的性格划分为内向、外向两种以外，还把人的不同特征的组合划分为敏感型、感情型、思考型、想象型等各种性格。其中，内向的人的特点是害羞、喜欢独自工作，在情绪上受到压力和内心冲突时，总是躬身自省，责备自己。外向的人与此相反，他们的特点是好与人做伴，善于交际，喜欢选择可以和别人直接接触和打交道的工作，如对外联系、推销和采购等工作。当然，这种内向、外向的划分方法不是绝对的。实际上典型的内向和外向的人很少，大多数人是介于两者之间的，而且人的性格又是各不相同的。正因如此，荣格后来又发展了自己的理论，把人在生活中特别是在与人交往中的性格特点分为敏感型、感情型、思考型和想象型四类。虽然一个人可能同时具有两种或两种以上的性格类型特点，但其所具有的主要特征总是属于某一类型的。

另一位心理学家 S. R. 麦迪（S. R. Maddi）在荣格把个性分为内向、外向的基础上，还把人由于出生后受到环境压力的影响而逐渐形成的高忧虑、低忧虑两个因素考虑在内。他认为，人们为了应付环境的压力，企图减轻这种忧虑的痛苦，就会逐渐发展形成各种适应的行为方式。例如，某一个孩子由于缺乏父母的爱而感到孤独和不安所产生的忧虑，可以变成对人仇恨和敌对的方式，也可能变成对人羞怯和温顺的方式。因此，麦迪认为，研究人的个性应当考虑内向、外向和高忧虑、低忧虑这四个因素，以四个因素的不同组合形成四种不同的个性结构，如表 2-1 所示。

表 2-1　四因素个性表

	高忧虑	低忧虑
外向	紧张、激动、情绪不稳定、爱社交、依赖	镇静、有信心、信任人、适应、热情、爱社交、依赖
内向	紧张、激动、情绪稳定、害羞	镇静、有信心、信任人、适应、温和、冷淡、害羞

（三）阿德勒理论

阿德勒也是弗洛伊德的学生，后来因为与其老师观点不同而关系破裂，他的主要观点是：

（1）不同意弗洛伊德的原始本能的无意识的冲动是人的行为的动力的观点，强调个人争取优胜的心理才是个人行为最主要的内动力。

（2）在人的个性结构中起核心作用的是意识，而不是潜意识。个人不但能意识到自己的行为，而且能有方向、有计划地去追求成就以胜取他人。

可见，阿德勒不再像他的老师那样过分注重生物或其本能的因素，而是强调人个性发展中的社会因素。荣格、阿德勒的理论又称为新心理分析论。

二、心理学在谈判中的运用

谈判或许是个人所做的事情里最困难的一种。从事国际商务谈判的人除了需要精通商务知识、技术知识外，还必须具备许多其他专业知识，其中一个重要的分支就是心理学知识。因为谈判总是在人与人之间进行，所以在某种程度上说，左右谈判结果的是人。因为谈判是人类的一种行为，并且是一种复杂、高级的行为，所以，要取得谈判的成功，不仅要研究谈判本身，更要研究参与谈判的人。

尽管人类的行为看起来错综复杂，但却是可以预测、可以理解的。西方心理学家研究发现，在人的行为中有各种各样的可预测因素，并有着可认识的内在规律。如果我们把个人的行为看作一个大的群体行为的组成部分，那么在一定条件下就不难对它们做出预测。

所以，尽管各种各样的商务谈判千变万化，各种各样的谈判者错综复杂，但我们仍然可以用与谈判有关的心理知识去分析、判断对方的内心世界，并从中获得预见谈判各种可能性的洞察能力，从而在谈判中占据主动地位，争取谈判的最后成功。

与谈判有关的心理学知识有文饰心理、压抑心理、移置心理、投射心理、角色心理等。

（一）文饰心理

一个人用对自己最有利的方式来解释一件事情，就是文饰心理在起作用。

狐狸与葡萄的寓言故事众所周知，其实，狐狸对葡萄想得厉害，只是当它意识到自己无法得到葡萄时，为了自我安慰，便掩饰一无所获的失败感，说它根本不想要。这就是文饰心理。

在各种各样的谈判中，少不了有“文饰”的心理现象。对方把其要求或条件描绘得天花乱坠，甚至吹嘘得“天上有，人间无”，其实就是文饰心理在起作用。一场谈判结束，谁都想为谈判的结果吹嘘一番，表明自己的突出作用与贡献，这也是文饰心理在发挥作用。

（二）压抑心理

一个人在自己有意识的思想中，排斥那些令其感到厌烦或痛苦的情感和事物，就叫“压抑”。在人们的日常生活中，令人不快的往事或不愿承担的义务常常会被“忘掉”。弗洛伊德坚持认为，这种“遗忘”是有动机促发的，而不是偶然发生的。

有时，一次国际商务谈判进程一拖再拖，可能就是其中一方的压抑心理在起作用。因此，如果在谈判中遇到这种情况，应该分析对方是否对谈判的条件甚至谈判本身不太满意。

（三）移置心理

人们往往迁怒于无辜者，拿他们当“出气筒”或“替罪羊”。这样的事例比比皆是。一个做丈夫的，上班时挨了上司的训斥，回家后无缘无故地发脾气同妻子吵架、打骂孩子，这就是移置心理在起作用。

移置心理在谈判中时有出现。倘若对方有平白无故、莫名其妙的情绪变化，就很有可能是移置心理在起作用。

（四）投射心理

一个人把自己的动机加在别人的头上，他就是在“投射”。这经常是一种完全无意识的行为。“以小人之心，度君子之腹”就是一种投射心理起作用的典型描述。其实，“投射”是人们理解和思考外部事物的最普通、最重要的方法之一。这种行为的过程是无意识的，也就是说，这个人并不知道他把自己的意识强加给外部的人或事，给它们涂抹主观色彩，甚至对它们加以歪曲。

在谈判中，有时会遇到一些欺诈成性的对手，事后这些人往往会以“人人都在骗人，人人都在被骗”的理由来辩解，这就是用投射心理来安慰自己。难怪萧伯纳说过：一个说谎者受到的最大的惩罚，莫过于他不能再相信任何人了。

（五）角色心理

角色心理又称角色扮演心理，是指一个人有意识地掩盖自己的真实面目，扮演成另一种人的行为方式。

这就是说，虽然只有两个人在谈判，却至少有四种角色（有人甚至认为有六种角色之多）穿插其中。一方是真实的你和你现在扮演的谈判角色，另一方是对手的真我和对手扮演的谈判角色。由于谈判角色是由各自的上级和个人所处的环境决定的，难免有时会与各自的真我发生各种各样的冲突。例如，你的真我认为，对手的谈判条件是合情合理的，而根据上级的要求，你却不得不加以坚决反对。或者，对手提出的谈判条件，明明合你的意，但谈判经验告诉你，绝不能流露真情，你必须扮演谈判者的角色，继续要挟对手或说服对手，期待他做出更大的让步。其实，不管角色扮演得多么好，出于人的本性和弱点，都会在谈判中不知不觉地流露出一些真实思想来，也就是说，任何一方都会出现两种角色。掌握这种心理知识在谈判中非常有用。高明的谈判者不会被对方的谈判角色所迷惑，他们善于体会对手的言外之意，善于从对手的一举一动中发现对手的真实思想，从而占据谈判的主动地位，所以，在谈判中总是高出对手一筹。

心理学的研究向我们解释了人们头脑中的种种神秘现象的本质。由此我们可以认识到，在国际商务谈判中，人们总是会自觉或不自觉地产生我们上面讲到的种种心理和行为。老练的谈判专家能把坐在对面的谈判对手一眼望穿，猜测出对方在思考什么、将如何行动和为什么行动。

第六节　博　弈　论

博弈论也称对策论，是研究决策主体（个人、团队或组织）在一定的环境条件和规则下，同时或先后、一次或多次从各自允许选择的行为或策略中进行选择并加以实施，并各自从中取得相应结果的过程。在博弈过程中，每个决策主体的选择受到其他决策主体的影响，而且反过来影响到其他决策主体的决策。个人、团队或组织之间的决策行为相互影响的例子很多，寡头市场上企业的价格和产量的决策与均衡就是一个典型的例子。

一、博弈论的产生和发展

与博弈论有关的零星研究在19世纪初期就出现了,但博弈论的真正发展还是在20世纪。20世纪20年代,法国数学家波雷尔用最佳策略的概念研究了许多具体的决策问题,虽然没有建立起博弈论的理论体系,但却做出了有益的尝试。第二次世界大战期间,博弈论的思想和方法被运用到军事领域中,显示出了它的重要作用。1944年,约翰·冯·诺伊曼(John Von Neumann)和O.摩根斯特恩(O. Morgenstern)合作出版了一本名为《博弈论和经济行为》的著作,在该著作中阐述了一些数学模型,提出了一些有用的概念,标志着博弈论的初步建立。

20世纪五六十年代,博弈论获得了较快发展。一批著名学者,如纳什、塞尔腾和海萨尼相继发表了一些产生了重要影响的文章,1994年的诺贝尔经济学奖是对他们成就的极大肯定。

严格地说,博弈论并不是经济学的一个分支,而应归属于数学中的运筹学范畴,它实质上是一种研究问题的方法,在军事学、公共选择、国际关系、政治学和经济学中都被广泛使用。博弈论在经济学中的绝大多数应用模型都是在20世纪70年代中期之后发展起来的,80年代中期以后,博弈论逐渐成为主流经济学的一部分,受到了越来越多的重视。

二、博弈论的构成要素和类型

博弈包括下列几个要素:参与者、策略或行为、信息、支付函数和均衡。参与者指的是在所定义的博弈中做出决策、承担结果的个人、团队或组织(也包括国家和国际组织)。策略或行为指的是各参与者各自可选择的全部策略或行为的集合,即每个参与者在进行决策时可以选择的方法、做法或经济活动的水平、量值等。在不同的博弈中可供参与者选择的策略或行为的数量很不相同,即使在同一博弈中,不同参与者的可选策略或行为也常常不相同,有时只有有限的几种,甚至只有一种,有时又可能有许多种甚至是无限种可选策略或行为。信息指的是参与者在博弈中的知识,特别是有关其他参与者的特征和行动的知识。支付函数是指参与者从博弈中获得的效用水平,对应于各个参与者的每一种可能的决策选择,博弈都有一个结果表示各个参与者在该策略组合下的所得和所失,即收入、利润、损失、量化的效用、社会效用和经济福利等,这个结果可以是正值,也可以是负值或零。均衡即指所有参与者的最优战略或行为的集合。

博弈的划分可以从两个角度进行:第一个角度是参与者行动的先后顺序。从这个角度看,博弈可以划分为静态博弈和动态博弈。静态博弈指的是博弈中,参与者同时选择行动或虽非同时选择,但后行动者并不知道先行动者采取了什么具体行动;动态博弈指的是参与者的行动有先后顺序,且后行动者能够观察到先行动者所选择的行动。划分博弈的第二个角度是参与者对有关其他参与者(对手)的特征、战略空间及支付函数的知识。从这个角度看,博弈可以划分为完全信息博弈和不完全信息博弈。完全信息博弈指的是每一个参与者对所有其他参与者(对手)的特征、战略空间及支付函数有准确的了解;否则,就是不完全信息博弈。将上述两个角度的划分结合起来,就可以得到四种不同类型的博弈,这就是:完全信息静态博弈、完全信息动态博弈、不完全信息静态博弈、不完全信息动态博弈。博弈的类型不同,博弈的均衡也将不同。

三、不同类型的博弈问题及其在国际商务谈判中的应用

（一）完全信息静态博弈及其在国际商务谈判中的应用

所谓完全信息静态博弈,即各博弈方同时决策,或虽非同时决策但所有博弈方对博弈中的各种情况下的得益都完全了解的博弈问题。完全信息静态博弈的例子较多,比如,囚犯的两难、智猪博弈、齐威王与田忌赛马等。

囚犯的两难应该是博弈论中被引用频率最高的例子,它说明了个人理性与集体理性的矛盾问题。

智猪博弈反映了在垄断竞争市场上大企业与小企业之间的关系问题。我国对外贸易面临的另一个突出问题就是出口商品结构还不尽合理,政府和学界都呼吁企业加快技术创新。但是,要想改善出口产品结构,就要进行研究与开发,要投入巨额的研究和开发费用,只有垄断竞争市场上少数大企业才能承担得起这部分费用,所以中小企业只能选择观望等待。问题是,一旦大企业推出了新产品,众多中小企业立刻模仿,由于中小企业没有研发投入,所以生产成本低,这样很快就走到价格战的老路上去,导致大企业无法收回研究与开发的成本,丧失了利润激励,所以也渐渐失去了技术创新的动力。

齐威王与田忌赛马是我国古代非常有名的运用谋略的故事,说的是田忌的谋士孙膑如何运用谋略帮助田忌以弱胜强战胜齐威王的。这一博弈在国际商务谈判中有广泛的应用。通常,国际商务谈判中的当事人双方在经济实力和谈判能力上是不对等的,这样,处于弱势的一方就必须采用谋略和技巧来与强势一方相抗衡,以便为本方争取较大的利益。通常,双方在谈判之前都会广泛地搜集情报,寻找对方的弱点,在谈判中抓住不放。因为谈判的结果是各项合同条款的综合,而不能仅关注单个项目的得失。中外不少谈判人员都通过谋略的运用为自己的国家、企业和个人争得了利益和荣誉。

（二）完全信息动态博弈及其在国际商务谈判中的应用

与静态博弈不同,动态博弈的根本特征是各博弈方不是同时,而是先后、依次进行选择或行动。由于动态博弈所涉及参与者的行为分先后次序,且后行为者在行为之前能观察到此前其他参与者的行为,这就意味着动态博弈中各博弈方在关于博弈进程的信息方面是不对称的,意味着后行为的博弈方有更多的信息帮助自己选择行为。一般来说,这是后行为方的有利条件,因为他们可减少决策的盲目性,有针对性地选择合理的行为。

完全信息动态博弈在国际商务谈判中有非常广泛的应用。比如在报价阶段,谈判双方通常都要准备几套行为方案,先报价的一方完成报价以后,还价的一方就可以从事先准备的方案中选择有针对性的策略,而不会盲目选择。

当然,完全信息动态博弈在讨价还价的具体过程中还有更广泛的应用。为了使分析简化,我们假设卖方报价和买方还价的价格差是 1 000 美元,剩下的问题是双方就如何让步以消除这 1 000 美元的差距进行磋商。首先,由卖方提出一个分割比例,对此,买方可以接受也可以拒绝。如果买方拒绝卖方的方案,则他自己应提出另一个方案,让卖方选择接受与否。如此循环往复。在上述循环过程中,只要有任何一方接受对方的方案,谈

判就宣告结束，而如果方案被拒绝，则由另一方再次提出新方案。一方提出一个方案和另一方选择是否接受为一个阶段，再假设由于谈判费用和利息损失等，每进行一个阶段，双方的得益都要打一次折扣，折扣率为 φ，$0<\varphi<1$。折扣率也称为消耗系数。如果不限制讨价还价的阶段和次数，则这一过程可以大致描述如下：

第一阶段，卖方的方案是自己让步 S_1，买方让步 $1\,000-S_1$，买方可以选择接受或不接受。接受则双方让步分别为 S_1 和 $1\,000-S_1$，谈判结束；如果买方不接受，则开始下一阶段。

第二阶段，买方的方案是卖方让步 S_2，自己让步 $1\,000-S_2$，由卖方选择是否接受，若接受则双方让步分别为 φS_2 和 $\varphi(1\,000-S_2)$，谈判结束；如果卖方不接受，则进行下一阶段。

上述各个阶段中的 S_1，S_2都是 0—1 000 的实数。

根据夏克德（Shaked）和萨顿（Sutton）的分析，对一个无限阶段的博弈来讲，从第三阶段开始（假如能达到第三阶段的话）还是从第一阶段开始，结果应该是一样的。在无限阶段的讨价还价博弈中，从第一阶段开始和从第三阶段开始，都是由卖方先出价，然后双方交替出价，直到一方接受为止。因此，博弈就转变为这样一个问题，即买方和卖方的讨价还价如果进行到第三阶段，则双方让步一定是（S，$1\,000-S$），这就形成了一个三阶段讨价还价博弈。根据逆推归纳法等，计算出的解为 $S=1\,000\varphi/(1+\varphi)$，这就是本博弈中卖方的均衡出价，买方接受并获得 $1\,000-S$。

（三）不完全信息静态博弈及其在国际商务谈判中的应用

不完全信息静态博弈是指在博弈中至少有一个博弈方不完全清楚其他某些博弈方的得益或得益函数。

国际经济贸易中的拍卖和投标属于不完全信息静态博弈的例子。在拍卖交易中，由于各竞拍方只知道自己对拍卖标的的估价，并不知道其他竞拍者的估价，所以每个竞拍者对其他竞拍者的得益是不知道的。在国际公开招标、投标的例子中，由于投标书都是密封递交的，每个投标方在决定各自的标价之前都无法知道其他投标者的标价。

这种类型的博弈中，拍卖的均衡结果是：每个博弈方的最佳反应是他的报价为自己对拍品估价的一半。这种决定拍卖出价的原则实际上反映了博弈方面临的一个基本矛盾，即出价越高，拍中的机会越大，但得到的利益就越小；而出价越低，拍得的机会就越小，但一旦拍得利益就越大。兼顾拍得机会和得益大小的折中方法是其最佳选择。在国际公开招标中，如果投标人数超过两人，情况就变得比较复杂，读者可选择博弈论书籍了解相应的内容。

（四）不完全信息动态博弈及其在国际商务谈判中的应用

不完全信息动态博弈是指至少有一个博弈方对其他某些博弈方的得益不是非常清楚。对买方来说，经常存在的情况是自己对想要买的商品的真正价值并无十分的把握，这就足以使买方在交易中犹豫不决了。除此之外，他对卖方的进价更是缺乏了解，因此他无法确定什么价格是卖方真正愿意接受的最低价格，以任何价格成交都无法使他确定做了一笔成功的交易。同样地，对于卖方来说，有时也会未真正了解自己所销售商品的价值，如到底应该加上多少折旧、多少风险系数、人工费如何确定等。

实事求是地说，任何国际商务谈判在一定程度上都可以说是不完全信息动态博弈，因为交易一方对另一方究竟有多想做成这笔买卖是无法完全清楚的，这也就是为什么许多交易中买卖双方总是从“漫天要价、就地还钱”开始，慢慢进行讨价还价的原因，因为双方都想从这个过程中获得更多的关于对方估价和得益的信息，以便为自己争取更多的利益。

第七节　理性谈判

一、谈判的理性与非理性

很多情况下，谈判者因犯了本可以避免的非理性错误而导致严重的后果。建立理性谈判的模型就非常必要。

理性假设的主要问题在于它与人类的实际行为不符。尽管从理性假设中推导出来的理性行为可以提示如果人们按照理性假设行事，将会发生什么，但如果人们不按这种假设办事，它便仅仅是一个基于理性的无关紧要的学术假设。此外，在实际情况与理性假设相悖的情况下，如果谈判者仍旧遵循理性假设这一看似合理的指导，犯错的可能性就更大。

谈判研究一直在沿着理性的道路发展，这一点可从过去40年里出版的著作中反映出来。谈判行为的理性在很大程度上来源于对非理性谈判者的常见错误的观察和总结。意识到这些常见错误就会导致对另一种备选行为的渴望，有助于谈判者发现这些错误的认识根源，并学会如何避免犯此类错误。

麦克斯·巴泽曼（Max Bazerman）和玛格丽特·尼尔（Margaret Neale）在《理性谈判》（*Negotiating Rationally*）一书中说道：“理性谈判是指能够做出使收益最大化的最佳决策的谈判。”他们旨在帮助谈判者“确定什么时候达成协议是明智的或不明智的”，并“避免那些使你和谈判对手的境况同时恶化的决策”。以下几种情况是人们在谈判中常常陷入和遇到的非理性选择和行为。

（一）非理性的升级

非理性的升级（irrational escalation）在巴泽曼和尼尔的生动有趣的拍卖博弈中得到了最好的说明。假设有一张20美元的纸币被拿来拍卖，底价为1美元。出价最高的人，无论其价格是多少，都能以这个价格获得这张20美元的纸币。但与以往拍卖不同的是，出价第二高者也必须支付自己的出价，但他得不到那20美元。所以，如果有人出价5美元，而没有人出更高的价格，那么他就能以5美元的价格获得20美元，净收益为15美元。

开价第二高者，无论他们出价多少，都必须按照这个价格支付给拍卖人。在上个例子中，如果某个人出价4美元，为第二高的价格，就必须付给拍卖人4美元。这样，拍卖人付出了20美元，一共收回了9美元，也就是说他损失了11美元。

从理性的角度看，拍卖人面临着风险，他损失的可能性有多大？按照巴泽尔曼和尼尔的看法，出价人的出价会毫无理性地攀升，为拍卖者带来净利润。

参加拍卖的一些人很快就会掉入陷阱，他们不断地竞价，远远超出了理性允许的范围。为避免与自己前一个出价等额的金钱损失，竞拍者们争相加价，其他竞拍者也是如此。为了赢，他们反而输了。

如果你被邀请来参加此类拍卖，那么最合理的做法就是完全不要参与竞拍，但如果你禁不住诱惑，也加入到竞拍的行列中，就说明你也受到了一种非理性的驱使，想以 1 美元赢得 20 美元。竞拍者甲看见你可以用 1 美元净赚 19 美元，所以他也加入进来，并出价 2 美元，想净赚 18 美元的利润，前提是你停止出价。此时，如果你不出价 3 美元，就将损失 1 美元。而出价 3 美元意味着你可以获得 17 美元的利润，前提仍是竞拍者甲停止出价。于是，这样的过程不断地持续下去。你不断地加价以避免与前一出价等额的损失，竞拍者甲也如此。你或他每次为获得最高出价人的利润而加价时，都增加了第二高价者的损失。

显然，如果你出价 19 美元，并且竞拍者甲停止出价了，那么你还能净赚 1 美元，但由于竞拍者甲会因此损失 18 美元，所以他将出价 20 美元。对于拍卖者来说，当两位出价人的价格分别为 10 美元和 11 美元时，他就可以获得 1 美元的利润了，因为两个出价人一共要付给他 21 美元，而他只要向其中出价最高的人支付 20 美元即可。当出价分别达到 19 美元和 18 美元时，他就可净赚 17 美元。一旦出价超过 20 美元，收益就更高了。实际上，出价人会无理性地竞价，使出价远远超过 20 美元。

（二）虚构的排他利益

零和谈判的假设是：只有一块固定大小的蛋糕，即只有一些既定的利益，这使人们相信，想要自己获益就必须牺牲对方的利益，又称分配性谈判。

美国国会议员 Floyd Spence 曾在冷战时期的限制战略武器谈判（Strategic Arms Limitation Talks，SALT）中阐述过排他利益哲学。“关于 SALT 我已经发展出一种理论，大致内容如下：苏联人不会接受那些不能最大限度地实现其利益的 SALT 条约，而在我看来，如果最大限度地实现了他们的利益，这个条约肯定无法实现我们的最大利益。”

在大多数冲突中，利害攸关的议题不止一个，且各方对问题的重视程度也不同。我们可以找到对双方更有利的协议，这就是综合性谈判。

但谈判各方往往没有发现这种有利的交换，因为他们想当然地认为，自身的利益与对方的利益存在冲突。“对别人有利的肯定对我不利”的想法普遍存在。这就是所谓的“虚构的排他利益”心理。

（三）谈判基调

谈判开始时，很多因素都会影响到谈判者的最初立场。你的初始立场将确立你的谈判基调，在此基础上你将随着谈判中的压力向成交或僵局迈进。

当决定从哪里开价时，问题就出现了。如果根据不相关的信息确立谈判基调，这种非理性将导致初始立场在对方看来不切实际，因而无法与你进行谈判。

如果你记得进入点只是第一个出价，就不应对对方的进入点做过激的反应。可以针锋相对地确定自己的谈判基调。这样做可能会在双方之间形成很大差距，但影响你的期望的因素也会影响他们的期望。如果双方的初始立场都过于坚定，在达成最终协议之前，也许还有很长的路要走。所以在谈判中，因无法忍受对方的极端立场而导致谈判破裂以及过多地掺杂个人感情都是不理性的。

（四）参照行为

构造自我选择的方式能够决定谈判者是否愿意接受一个协议。虽然很微妙，但这一思想在谈判中广泛适用。

为什么买方对一件物品的估价往往低于卖方的定价呢？因为，卖方的参照点是其失去了对该物品的所有权，为弥补损失，他们倾向于将物品超值出售，定价很高。而买方则倾向于低估物品的价值。实验结果也支持这种对买方—卖方行为的观察，其中不仅仅是卖方开价永远高于买方出价这个常识性的经验。

如果原来的参照点导致了僵局，此时重新构造参照点就是一个非常理性的做法，它可明显地改变对备选结果的选择。重构参照系是心理意义上的，就像对于“杯子是半空还是半满的”这样的问题。认为杯子是半空的人通常被称为悲观主义者，而认为杯子是半满的人则被认为是乐观主义者。

（五）显著性误区

显著意味着吸引更多的注意力。谈判者所受的影响更多地来自容易获取的信息，而不是信息与当前决策的相关性。

对于谈判者来说，理性的补救方法是全面搜集相关数据，并适当地分析那些获得的信息。信息少未必危险，真正危险的是有很多不相关的信息。

（六）过度自信行为

过分相信自己最满意的结果能够实现，这是谈判者的常见错误之一。当谈判者为确定自己的谈判立场做准备时，常会高估自己获胜的可能性。因为他没有有效地考虑对方的作用。过度自信的含义就是认为谈判对手是非理性的，认为它会接受你的安排。如果达成协议是最终目标，在谈判中就需要有一定程度的灵活性，而过度自信的结果却导致谈判者的谈判行为缺乏应有的灵活性。

确定自己的目标是准备工作的首要任务，但在谈判的争论阶段，还要找出对方的需求和目标。如果不考虑对方的需求，你就不可能实现自己的目标；必须考虑双方目标不相容的程度，也就是说一方或双方必须让步，使双方有一个更相容的立场。但某些谈判者非常自信地坚持一些必须由对方让步才能实现的立场。他们对己方获胜越自信，就越认为对方获胜的可能性小。过度自信会使人缺少变通，并导致僵局。

谈判中的不理性会导致如此多的错误，注意到这些错误就能够在一定程度上避免重蹈覆辙。

二、理性谈判的应用

（一）演绎的理性

诺贝尔经济学奖得主赫伯特·西蒙（Herbert Simon）曾推导出一个个体理性选择的行为模式。在西蒙 1955 年的演绎模型中，最初的三步如表 2-2 所示。

表 2-2　行为模型步骤

决策 1	发现问题
决策 2	寻找备选方案及其结果
决策 3	确定方案的优先顺序,选择行动路线

寻找解决方案的内容包括:根据某种标准检测可能的方案,如果证明方案无法为双方共同接受,则修正该标准。通过反复修改,你就可以排除那些不满意的解决方案,而使用修正后的标准来评判替代方案,你可以不停地评判和修改,直到找到满意的方案为止。

西蒙认为,决策者并不是完全理性的,因为他们无法获得完全理性的决策者所需的完备信息。在现实中,西蒙所说的决策者也没有足够的时间、途径和能力来处理制定最优决策所必需的所有信息。他们会退而求其次,选择可接受的标准的决策,而不是继续寻找最有价值的解决方案。最大化行为和满意即止行为间的区别是非常明显的。从行为上看,它们明显不同,因为最大化的选择取决于严格的假设,而满意即止的选择只由谈判者的感觉决定。

当个体决策逻辑转换为谈判过程中常见的群体决策逻辑时,理性决策模型就不一定适用了。

(二) BATNA

BATNA 是“谈判协议的最佳替代方案”(best alternative to a negotiated agreement)的缩写。BATNA 要求谈判者考虑在未能达成交易的情况下,可能发生的最优结果是什么,且把现有的交易与这个替代方案进行比较。这看似简单,但却是绝佳的方法,因为他为谈判者提供了一种确定底线的方式,谈判者能以这个底线为基础,决定自己是否接受或拒绝某个方案。

如果 BATNA 比当前可获得的交易好,就可继续等待更好的交易。BATNA 是衡量讨价还价能力的指标。这个原则适用于整个谈判过程,如果谈判者在准备阶段就考虑到他们的 BATNA,就可避免很多失望。处于提议或者议价阶段时,如不知道自己的 BATNA,就会失去判断力,退回到争论阶段。

1. 明确 BATNA

明确 BATNA 意味着了解在谈判无法达成一致的情况下,应如何应对,或即将发生怎样的状况。例如,一个顾问将要就一项长达一个月的工作任务和一个潜在客户进行谈判。他并不清楚通过谈判能达成什么样的付款条件,甚至不清楚是否能够达成协议。他在与客户面谈前,考虑了一个双方都可以接受的最佳选择。这种情况下,她的 BATNA 是利用那一个月的时间为其他客户研究市场情况——经计算,这项工作可以带来 15 000 美元的收入。

在谈判开始前,谈判者要始终清楚自己的 BATNA。不清楚自己的 BATNA 就开始谈判的人,会在谈判中处于劣势。其中有些人会因为过于乐观,而拒绝那些比他们所能选择的更好的条件。

2. 有利的 BATNA 和不利的 BATNA

谈判协议的最佳替代方案确定了你什么时候该拒绝不利的建议。如果 BATNA 较强，就可协商争取更有利的条件；如果 BATNA 较弱，就会处于不利的谈判地位。

当一个谈判者的 BATNA 很弱时（或他根本就没花时间来确定他的 BATNA 是什么），无论谈判的另一方提出的建议多么没有价值，他都很难拒绝。如果谈判对手知道你的 BATNA 没有竞争力，则你作为谈判中的弱者就几乎没有任何能力进行谈判。

3. 提升谈判地位

即使你的 BATNA 不利，那也不是世界末日。无论谈判中你用什么技巧，下面有三种潜在的方法可以提升你的谈判地位：

（1）改善 BATNA

BATNA 看起来似乎是既定的，实则不然。如果与新客户之间的谈判失败了，那么我们的顾问还有一个价值 15 000 美元的工作可以做。但他可通过发展其他业务从而增强他的 BATNA，这也会给他的谈判以很大的帮助。例如，他可以给现在的客户打电话说："对于你让我做的市场研究，如果你肯提高一点价格的话——譬如说 5 000 美元——我可以将我的研究范围扩大到包括你的两个主要竞争对手的产品。你希望我做吗？"如果对方表示愿意让他扩展这个项目研究，那么他的新的 BATNA 就会提高到 20 000 美元。

任何可改善你的 BATNA 的事情都将提升谈判地位。BATNA 很有利，而且确信其比对方可提供的任何条件都强，要谨慎地让对方了解到你在谈判中处于强势地位。

（2）确定对方的 BATNA

了解谈判对方的 BATNA 是另一个增强谈判能力的源泉。将你们两者在该交易中的 BATNA 进行比较，看谁的更强？如果能对谈判对手的 BATNA 进行准确的评估，那么会对你的谈判有很大帮助。例如，在我们前面举过的例子中，如果我们的顾问知道他的潜在客户必须以 25 000 美元的价格付给另一个公司去做相同的工作，那么他在谈判中的讨价还价的能力就会更强。25 000 美元将是客户的 BATNA，了解到这一信息，可使我们的顾问的谈判更富有成效。如果侦查工作可以显示那些作为竞争对手的顾问公司在未来的四个月中业务都排满了，也会更有利于谈判。如果潜在客户需要顾问公司在短期内完成工作，他的 BATNA 就会很弱，而我们的顾问就能以更强的自信进行谈判。"我的报价是 30 000 美元，本月下旬开始，我就可以工作。"

清楚了对方的 BATNA，可帮助了解谈判的底线。但除了解对方的 BATNA 外，其他知识也同样重要。对对方的广泛关注点、所处的行业、公司结构、所进行的其他交易以及交易的目的了解得越多，就越容易找到能够满足对方需求的具有创造力的方法。

（3）削弱对方的 BATNA

削弱对方交易的替代方案可以改进你的相对处境。在一些情况下，甚至可直接削弱对方的 BATNA。下面的例子说明了这一点。

小链接

"最后的避难所"(Final Haven)是总部设在得克萨斯州的殡仪馆连锁店中的一家。该公司在美国西北部已经独立地控制了一些竞争对手,且正在与吉姆·斯坦利和巴巴拉·斯坦利就购买他们在康涅狄格州中部的公司进行初步谈判。谈判刚开始,吉姆和巴巴拉自信地认为可将公司卖个好价钱。因为在康涅狄格州的中部,鲍勃折扣殡仪馆(Bob's Discount Funerals)的经营者数年来一直声称要收购斯坦利家族的殡仪馆。该经营者鲍勃对斯坦利家族说:"你们在那儿有一个很好的葬礼业务,如果你们打算出售的话,请告诉我。"鲍勃甚至暗示可以出价800 000美元。

斯坦利家族将800 000美元作为他们与"最后的避难所"进行交易的最好替代方案。吉姆对巴巴拉说:"如果我们能使鲍勃折扣殡仪馆和'最后的避难所'进行竞争的话,那么我们就可以坐收渔翁之利。我们应该可以得到一个更好的价格,没准是100万美元。"在当地报纸公布了"鲍勃折扣殡仪馆将被总部设在得克萨斯州的殡仪馆连锁店收购"的消息后,他们的选择瞬间蒸发,以至于在与出价者"最后的避难所"的谈判中处于劣势。

上述例子中,"最后的避难所"的行为是将吉姆和巴巴拉的替代方案化为乌有,他们在谈判桌上的价值800 000美元的BATNA被对方拿走了,致使除接受谈判对方的报价之外只剩下唯一的选择,即继续经营。"最后的避难所"通过削弱斯坦利家族的BATNA而强化了自己在谈判中的相对地位。

当然,斯坦利家族的处境可能也不是完全无计可施,他们可采取措施加强BATNA。比如,可诱使另一个潜在的竞购者加入这场角逐,这一方可能是"最后的避难所"所属的殡仪馆连锁店的竞争对手。

4. 别无选择时

没有人比在交易中别无选择的谈判者的处境更糟糕。在这种情况下,谈判较强的一方将控制合同的签订,BATNA较弱的一方是交易的接受方,处于这种境地的谈判者必须创造出一个替代方案。

本章提要

1. 马什提出的纵向谈判结构理论认为一次商务谈判通常由六个阶段构成,谈判者在各阶段采用一切可能的手段和方法来实现自己的谈判目标。

2. 斯科特提出的横向谈判结构理论认为任何一次商务谈判实际上就是一次运用谈判技巧的实践,而谈判技巧将被一定的谈判方针所规范和驱动。

3. 谈判实力结构理论主要分析了谈判双方的实力处于不同结构下的可能结果,包括实力结构对称模型和不对称模型。

4. 需求层次论为摸清谈判对象的动机和为多种谈判方案的制订提供了理论基础。

它所强调的是只有设法抓住对方的基本需求并因势利导才能取得谈判的成功。

5. 根据行为学理论，影响人的行为的内在因素主要包括生理因素、心理因素、文化因素和经济因素；外在因素包括组织的内部环境因素和组织的外部环境因素。行为学理论在谈判的整个过程中都有着广泛的应用。

6. 心理学理论的主要思想流派包括弗洛伊德理论、荣格理论、阿德勒理论。与谈判有关的心理学知识有文饰心理、压抑心理、移置心理、投射心理、角色心理等。心理学的研究有助于帮助谈判者了解识别谈判对手。

7. 完全信息静态博弈指各方同时决策，且所有博弈方对博弈中各种情况的得失都完全了解。不完全信息静态博弈是指至少有一方不完全清楚其他博弈方的得益，典型的例子有国际贸易中的拍卖和投标。与静态博弈不同的是，动态博弈则先后、依次行动，在讨价还价中有广泛应用。

8. 非理性选择和行为包括非理性的升级、虚构的排他利益、谈判基调、参照行为、显著性误区和过度自信行为。

9. BATNA 是理性谈判的一种应用。它要求谈判者考虑在未能达成交易的情况下，可能发生的最优结果是什么，且把现有的交易与这个替代方案进行比较。

讨论与思考

1. 什么是实力结构不对称模型？
2. 什么是适合于不同需求的六种谈判方法？
3. 解释角色心理、移置心理、文饰心理、投射心理和压抑心理的内涵。
4. 常见的非理性行为有哪些？
5. 博弈的要素有哪些？
6. 什么是 BATNA？

案例分析

汤普森与经理们的博弈

英国人汤普森(Thompson)是一家大型运输公司的工会负责人，他与员工和部门经理的关系非常差。他那争强好胜的性格发挥到了极点，经常发脾气，粗言粗语，对其他经理的任何工作都横加指责，尤其对那些不爱争辩的人更是变本加厉。这样的行为使他的人际关系糟糕到了极点。一天，总经理召开了一个部门领导会议，内容就是讨论如何应对汤普森的这种行为。

会议的前一个半小时列举了无数关于汤普森的各种粗暴行为，包括微不足道的琐碎小事，也有造成工作中断甚至是恐吓、威胁部门负责人等极为严重的情况。说完这些情况后，总经理征求大家关于下一步工作的建议。接下来的建议各种各样，其中包括：找一个他工作失误的借口将之解雇；给他一大笔奖金和业绩优异的推荐信将他推荐到总公司的其他部门工作等(这也使人们明白了为什么他当初带着一封热情洋溢的推荐信来到这家分公司)。

这时,总经理征求了一位顾问的意见,这位顾问一言不发地聆听了整个讨论过程。他首先要求在场的每位经理都参加“红蓝”博弈(红色风格是指在人际关系中,采取针锋相对、以牙还牙方式为主的行为风格,而蓝色风格是指在人际关系中采取灵活、宽容、折中方式试图寻求于双方都有利的方式)。经理们被分成12对,他们完成博弈后的得分比正常稍低,其中,大多数人的得分都是负分,得正分的人也不会超过24分,这说明公司的文化是相当红色的。之后,这位顾问绘制了一张表,集中了会议讨论的汤普森的一些行为以及经理们对这些行为的反应,见表2-3。

表2-3　行为反应

汤普森的行为	经理们的反应	建议将来做出的反应
大声说话	喊叫	柔和交谈
说话快	说话更快	语速放慢
插话	也插话	让步和倾听
骂人	对骂	微笑
威胁	反威胁	不予理会

表中第一栏和第二栏列出了当前的主要情况。当汤普森大声说话时,经理们则更大声地回应,试图压倒对方,给对方造成压力,如果两个人都这么说话,交谈基本上是无法正常进行的。而且经理们快速地说话,以便得到主动地位,但是这样往往打断对方,反过来自己说的时候也会被对方打断。对于汤普森特别喜欢骂人这条,已经使经理们忍无可忍,对骂似乎是一种发泄以前所有不快最有效的方式,如果可能,经理们会表现出不达目的不罢休的架势。

第三栏中顾问给出了未来3个月中经理们应该做出的反应:经理们在交谈时要保持一定的说话频率,但无论何时都要比汤普森说话平和,这样的说话当然很有可能被打断,但应该选择让步和倾听。这些便是这次策略关键的开始,也就是经理们开始表现为蓝色态度。

为了更好地帮助经理们采取行动,顾问还设计了一个倾听练习,可能他意识到表中涉及的策略对于他们有一定的难度。顾问认为,经理们应该试图控制自己的情绪,然后听清楚汤普森的话,弄清楚他发火的原因,这是非常必要的。

3个月后,公司举行了类似的会议,经理们汇报了这3个月的工作。24位经理中,仅仅有11位在过去的3个月中成功地按照上次会议中顾问建议的方法处理和汤普森的关系。另外有6位经理只是偶尔使用,剩下的7位经理对汤普森不抱有任何的希望。

把上一次红蓝博弈中的记录拿出来对比,一个很有趣地发现是,在这7位放弃的经理中,有4位比当时的对手得到了更高的正分,其中两位更是超过了36分。这意味着他们具有明显的红色风格,包括一些不诚实。对于那些按照顾问的意见采取行动的经理中,有9位得到了负分而且他们其中一个是最低分(-64),他们是红色风格的牺牲者。

我们来看一下结果,少数人已经可以和汤普森正常相处,一些人说他们与汤普森的关系明显好转，有员工惊奇地发现，汤普森从来没有如此温和地与人相处过。有人说：如果排除汤普森说话的形式单纯看内容，你可以明显感觉到他的一些蓝色的特征。这种说法得到了普遍的认同。

汤普森提出的要求有时候很无聊但更多时候却很合情合理。正是由于落实了他的正当要求才避免了人际关系的困境。比如，汤普森愤怒地要求立即清理维修车间的卫生间，因为那里的条件很差，已经到了让人难以忍受的地步。经过经理调查，发现他是对的，情况确实如此，于是安排人员马上清理，大家得到了有史以来汤普森的第一次“谢谢”。

经理们正以他们的方式改变着以往红色风格为主导的紧张关系，使之向着紫色关系方向发展。红色风格者之间经常有意无意地采取针锋相对的策略，而对蓝色风格者，他们反倒容易认同和接受。因此，较多地和蓝色风格者合作有助于红色风格者的人际关系向着健康、理性的方向发展，一种带着紫色风格（红色与蓝色的调和）的企业文化会逐渐形成。

问题：博弈思想如何在谈判过程中发挥作用？

延伸阅读

国家电网斩获巴西美丽山项目

从 2010 年 7 月开始，国家电网做过四轮技术推介和研讨会。这期间，巴西两任能源部长和巴西电力公司的总裁多次到中国考察特高压工程。回去之后，巴西着手建立特高压实验基地。2012 年年底，巴方确立美丽山的输电工程使用 ±800 千伏技术，并作为唯一的方案提交给能源部。

参加投标是一个非常艰难的过程。首先，竞争对手实力强大。除国家电网与巴西电力公司联营体外，还有西班牙电力公司和一家巴西州电力公司联营体参加投标。这两家公司在巴西已经营了很多年，技术实力都很强。其次，巴西本地的建设力量不足。因为按照巴西政府规定，外资公司在巴西建设工程，本土化设备采购量的比例至少要超过 60%，但是，巴西国内能参与这么高电压等级工程的建设力量并不多，尽管国家电网是甲方，但在谈判过程中实际上处境与乙方类似。如何权衡好各方利益，保证工程顺利中标，这非常需要智慧和胆量。最后，周期长。按照巴西方面的工作安排，美丽山送出项目是从 2010 年 9 月开始筹备，期间经历了选择送出方案、项目可研、竞标等环节，国家电网每前进一步都需要花费大量的精力做准备，一直到 2014 年 2 月才最终中标。

2014 年 2 月 7 日，由国家电网股份公司控股的美丽山 IE 公司与巴西福纳斯（Furnas）和北电公司（Eletronorte）组成的联合体（后两家为巴西电力公司的下属公司），在巴西美丽山水电站输电工程项目招标中胜出。

项目招标价由巴西国家电力局（ANEEL）设定上限，即项目运营权的年收入不超过 7.01 亿雷亚尔。联营体提供的报价为在上限基础上打折 38%。中标企业将投资 50 亿雷亚尔（当时美元与雷亚尔汇率为 1:2.41），建设从美丽山水电站至巴东南部地区的输电线路。根据中标企业提供的折扣价，联合体将获得年均 4.346 亿雷亚尔的运营收入，期限

30年,收益将按通胀率进行调整。

国家电网巴西控股公司所占项目份额为51%,另两家企业各占24.5%。参加竞标的还有另两家巴西企业联合体,分别是BMTE和Abengoa,出价分别是在上限基础上打折4.93%和11.49%。

在本次招标中,巴西政府将项目工期延至44—46个月,比原方案延长了近1倍的时间,进而避免因环评导致项目工期推迟。按规定,项目交付必须赶在2018年电站发电之前,2015年必须开工。

2014年7月17日晚间,国家电网董事长刘振亚与巴西国家电力公司总裁科斯塔在巴西总统府签署了《巴西美丽山特高压输电项目合作协议》(以下简称《合作协议》),标志着中巴电力合作新的里程碑。

本次签署《合作协议》,双方进一步明确将共同分享在特高压电网建设、运营和管理方面的经验,深入开展沟通和交流,为美丽山特高压输电项目提供人员、资金和技术等全方位的支持,致力于推动美丽山特高压输电项目的成功建设和实施。

巴西国家电力公司高度赞扬了国家电网公司在促进中巴电力能源合作方面所做的贡献,表示将进一步加强与国家电网的战略合作伙伴关系,共同推进美丽山特高压输电项目成功建设运营,造福巴西人民。巴方同时表示将遵循互利共赢的原则继续与中国公司深化合作,不断拓展新的合作领域。

2015年5月19日,正在巴西访问的国务院总理李克强和巴西总统罗塞夫在巴西总统府共同出席了美丽山水电站项目视频奠基仪式,见证了世界第三大水电项目正式启动建设。

2015年7月17日上午,国家电网独立参与巴西美丽山水电±800千伏特高压直流送出二期特许经营权项目(以下简称"美丽山二期项目")竞标,中标项目30年特许经营权。

这是继美丽山一期项目之后,国家电网在海外中标的第二个特高压输电项目,也是首个在海外独立开展工程总承包的特高压输电项目,项目工程投资超22亿美元,折合人民币约136亿元,项目运作将采用"投资+总承包+运营"的模式。

业内人士表示,由于上述项目为总承包制,国家电网在选择设备供应商时具有自主权,中国西电、平高电气、特变电工、许继电气等上市公司有望从中受益,尤其是特高压细分板块。中国西电相关人士告诉《第一财经日报》记者,这对于公司来说的确是一个好消息,公司也会参与竞标。

据了解,美丽山二期项目是巴西第二大水电站——美丽山水电站(装机容量1 100万千瓦)的送出工程,将新建一回2518公里的±800千伏特高压直流输电线路、两端换流站及相关配套工程,输电能力400万千瓦,计划于2020年正式投入运行。

美丽山二期项目有两大特点:一是国家电网独立中标;二是运作模式是总承包制。也就是说,国家电网具有自主选择电力设备供应商的权利。

根据美丽山二期项目投资估算,预计将带动超过50亿元国产高端电力设备的出口。

宋智晨等业内人士认为,在国内输变电产能过剩、市场竞争激烈的局面将持续的大环境下,国家电网主动出海,有利于为国内电力设备企业培育新的业绩增长点。

资料来源:作者根据网络资料整理。

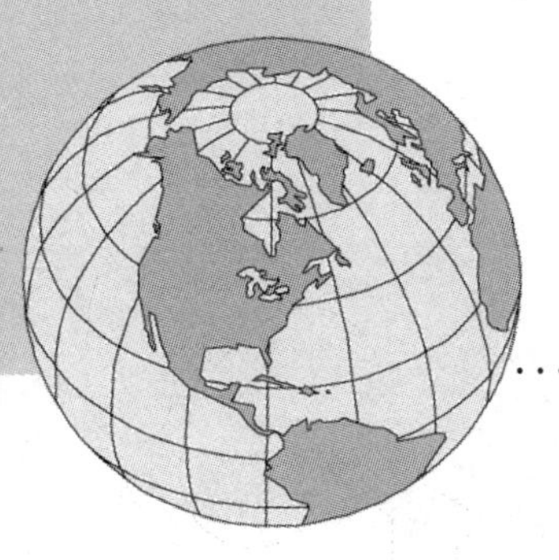

第三章

国际商务谈判前的准备

【导语】

国际商务谈判是对谈判人员知识、智慧、勇气、耐力等的考验，是谈判人员间才能的比拼。国际商务谈判是有计划、有目标、有组织的经济活动，是市场营销策略的重要组成部分。由于国际商务谈判本身的特殊性，国际商务谈判往往不是一个谈判人员能够完成的，而需要一个谈判团队成员间的通力合作。那么，如何选择谈判团队成员？应该如何对参与国际商务谈判的人员进行组织和管理？如何做好国际商务谈判前的信息准备？如何确定谈判的最高目标和最低目标？如何通过模拟谈判完善谈判方案？本章内容将帮助你找到相关答案。

【教学目的】

学习本章后，你应掌握：

- 国际商务谈判人员的组织与管理；
- 国际商务谈判前的信息准备；
- 谈判目标和谈判方案的确定；
- 如何进行模拟谈判。

【关键词】

谈判信息　谈判信息的传递时机　谈判信息的传递场合　最优期望目标　实际需求目标　可接受目标　最低目标　谈判的期限　模拟谈判　拟定假设

引导案例

霍莉·佩卡姆的谈判准备

在求职初期,由于不确定自己的价值,霍莉·佩卡姆(Holly Peckham)找到了纽约一家执行官猎头公司——马歇尔咨询公司(Marchall Consultants)建立的美国工资数据库,其中包括16000多个公关专业人士提供的薪水方面的大量信息。根据调查,佩卡姆推算出自己在一家提供高科技企业服务的公关事务所做一名账务管理人员的年薪应该是37000美元。这比她在马萨诸塞州沃尔瑟姆市的施瓦茨公关公司(Schwartz Communlcatlons)当会计主管助理的收入多9000美元。另外一家公司(陈氏公关事务所),提供给佩卡姆32000美元的年薪和晋升的机会,但佩卡姆引用自己在网上的调查拒绝了。"我告诉他们全国平均年薪水平为36000—38000美元,而我得到34000—36000美元就满足了。"公司随后提出支付她34000美元的年薪,她接受了。按照陈氏公司的高级主管所说,是佩卡姆的调查和经验说服了公司,为她增加了薪水。

第一节 谈判人员的组织与管理

国际商务谈判是有计划、有目标、有组织的经济活动,是市场营销策略的重要组成部分。要做好商务谈判,无论是在谈判前确定谈判目标、制订谈判方案、收集信息资料,还是在谈判中坚持原则、精心选择策略、灵活运用谈判技巧,都离不开精明强干的谈判人员。商务谈判往往不是一个人所能完成的,而需要由谈判小组来进行,因此,要将最优秀的谈判人员组合成一个卓有成效的团队,以实现谈判的最优目标。

一、商务谈判人员的个体素质

谈判是一种对思维能力要求较高的活动,是对谈判人员知识、智慧、勇气、耐力等的测验,是谈判人员间才能的较量。所谓素质,包括的范围较广,它不仅包括谈判人员的文化素养、专业知识和业务能力,也包括谈判人员对国际、国内市场信息、法律知识、各国各民族的风土人情、风俗习惯等知识的掌握情况和谈判人员的道德情操及气质、性格特征。总的来讲,商务谈判人员的个体素质主要是指谈判人员对与谈判有关的主客观情况的了解程度和解决在谈判中所遇到问题的能力。

(一)谈判人员应具备的基本观念

1. 忠于职守

谈判人员是作为特定组织的代表出现在谈判桌前的。国际商务谈判人员不仅代表组织个体的经济利益,而且还肩负着维护国家利益的义务和责任。因此,遵纪守法,廉洁奉公,忠于国家和组织,是谈判人员必须具备的首要条件。作为谈判人员,必须自觉维护国家、组织的利益,必须严守组织机密。

2. 平等互惠的观念

在商务谈判中，双方地位平等，关系互惠。可是，有些谈判人员常常不能把自己和对方放在平等的地位上以求互利互惠，存在着以下两种倾向：

（1）妄自菲薄：遇到身份、级别较高、实力较强的对手，有些谈判人员总认为自己处于弱势，尤其是和欧美的客商来往，欲出口货物或进口仪器设备时，过于谦卑而让谈判的控制权落入对方手中；或是强调“谦虚”“礼让”，一味地认为对方的意见应当受到重视，无形中丧失了对自己有利的立场，以致无法充分发挥自己的谈判能力。

（2）妄自尊大：对待身份低、实力较弱的对手，有的人认为自身总处于优势，过于自大，从而盛气凌人，一心只想独占利益。

以上两种倾向都不利于国际商务谈判的顺利进行，只有本着“平等互惠”的原则，才能排除妄自菲薄和妄自尊大两种错误情绪的干扰，对谈判事件、交易条件保持清醒的头脑，充分发挥各自的谈判能力，力求收到最理想的效果并获得最大的利益。

3. 团队精神

商务谈判多为集体谈判，每一方都是由几个人组成的小组或团队，其中一人为总代表或主谈人，领导整个团队完成实际的谈判工作。参加谈判的人员，无论是作为团队总代表的主谈人还是团队的其他成员，都必须具有集体主义精神和团队精神，除了负责好各自的分内工作以外，还要注意协调配合，以争取己方在谈判交易中获得更多的利益。坚持这种集体主义和团队作战的精神，既可以减少暴露己方弱点的机会，又可以增强己方谈判的整体力量。

（二）谈判人员的基本知识要求

一名商务谈判人员必须是全能型专家。所谓全能，即通晓技术、商务、法律和语言，掌握涵盖上述领域横纵向的知识；“专家”则指能够专长于某一方面。因此，应当具备 T 形知识结构，也就是说，不仅要在横向方面有广博的知识面，而且要在纵向方面有较深的专门学问，两者构成一个 T 形的知识结构。

1. 横向方面的基本知识

从横向来说，国际商务谈判人员应当具备的知识包括以下几方面：

（1）我国有关对外经济贸易的方针政策以及我国政府颁布的有关涉外法律和法规；

（2）某种商品在国际、国内的生产状况和市场供求关系；

（3）价格水平及其变化趋势的信息；

（4）产品的技术要求和质量标准；

（5）有关国际贸易和国际惯例知识；

（6）国外有关法律知识，包括贸易法、技术转让法、外汇管理法以及税法；

（7）各国各民族的风土人情和风俗习惯；

（8）可能涉及的各种业务知识，包括金融尤其是汇率方面的知识和市场知识等。

2. 纵向方面的基本知识

从纵向来说，谈判人员应当具备的知识包括以下几个方面：

（1）丰富的商品知识——熟悉商品的性能、特点及用途；

（2）了解某种（些）商品的生产潜力或发展的可能性；

(3) 有丰富的谈判经验与应付谈判过程中出现的复杂情况的能力;

(4) 最好能熟练地掌握外语,直接用外语与对方进行谈判;

(5) 了解国外企业、公司的类型和不同情况;

(6) 懂得谈判心理学和行为科学;

(7) 熟悉不同国家谈判对手的风格和特点。

以上各种知识构成了一个成熟的商务谈判人员所必须具备的条件,也是一个称职的谈判人员在知识方面应具备的基本素质。

小链接

法国盛产葡萄酒,外国的葡萄酒想要打入法国市场是非常困难的,然而我国四川农业大学留法研究生李华博士经过几年的努力,终于使中国的葡萄酒奇迹般地打入了法国市场。但是,内地葡萄酒在香港地区转口时却遇到了麻烦。港方说,按照土酒征80%关税、洋酒征300%关税的规定,内地的葡萄酒要按洋酒征税。面对这一问题,李华在与港方的谈判中引出了一句唐诗:"葡萄美酒夜光杯,欲饮琵琶马上催。"并解释说:这说明中国唐朝就能生产葡萄酒了。唐朝距今已有1300多年了,英国和法国生产葡萄酒的历史,要比中国晚几个世纪,怎么能说中国葡萄酒是洋酒呢?一席话驳得港方有关人员哑口无言,只好将中国葡萄酒按土酒征税。

(三) 谈判人员应有的能力和心理素质

谈判人员除了应当具备一定的知识之外,还要注重培养能力及心理素质。知识是与能力密切联系的,但两者又有区别。一个人在具备了某方面的知识后,还必须将其灵活有效地加以运用,只有这样知识才能转化为能力。一个高效率的、称职的国际商务谈判人员应具备一定的能力和良好的心理素质,主要包括以下四个方面:

1. 敏捷清晰的思维推理能力和较强的自控能力。由于谈判双方利益的抗衡和相互依存,谈判人员在心理上承受的压力很大,需要随时就某个谈判事项的具体典型特征和实质进行分析与判断。谈判人员应在承受压力的情况下,依据自身的知识经验,根据已知的前提进行分析判断与推理,在种种可能与假设的分析过程中识破对方的计谋,并使自己的提议与要求得以实现。即使在谈判局势发生急剧变化,甚至出现激烈的辩论或争执时也能克服自身的心理障碍,控制自身的行为,以恰当的语言和举止来说服和影响对方。

2. 信息表达与传递的能力。谈判者的信息表达与传递能力的大小直接决定了其谈判能力的大小与水平的高低。表达与传递信息的方法包括有声语言和无声语言,无论是前者还是后者,都应当具备表现力、吸引力、感染力和说服力。综合语言的表达与传递,则要根据谈判情况的变化,灵活巧妙地加以设计和发挥,其效果如何取决于谈判人员的创造性思维与行为。

3. 坚强的毅力、百折不挠的精神及不达目的、绝不罢休的自信心和决心。商务谈判是一项十分艰苦的工作,有时甚至要"知其不可为而为之"。但是,一旦接受了谈判任务,就要依照己方既定的目标与原则,以勇往直前的姿态全力以赴。在谈判桌上,双方的利益是你进我退的，一方若有半点委曲求全的意思，对方一定会得寸进尺。因此，在谈判中，不管有什么样的困难和压力，都要显示出奋战到底的决心和勇气。即使是妥协求和，也要在力争后以强者的大度姿态予以提出。

4．敏锐的洞察力、高度的预见和应变能力。在商务谈判中需要与各种各样的人打交道，而且谈判环境复杂多变，很多意想不到的事都有可能发生。因此，要求谈判人员善于察言观色，及时掌握对方动向，摸清对方“底牌”，随机应变。主持谈判的代表必须是能统帅全局的人，要有长远的眼光，能运筹帷幄，善于针对谈判内容的轻重、对象的层次，事先决定“兵力”部署和方案设计，并随时做出必要的改变，以适应谈判场上形势的变化。

（四）谈判人员的年龄结构

谈判者年龄在30—55岁之间较为合适。处于这个阶段的就业人员社会阅历丰富，思想比较成熟，精力充沛，富有进取心。一些专家研究认为：人在就业早期，具有竞争性较强的特点和理想主义的特征。在这个时期的人关心的是个人的社会地位，希望尽快提升。而人在就业的晚期，变得比较宽容，对组织及社会有较高的责任感，但竞争性不足。所以在30—55岁这个中间阶段的人最适合作为谈判人员。当然，这只是一般的情况，对此不能机械看待，要根据谈判内容、谈判要求的不同，具体情况具体分析。

二、商务谈判人员的群体构成

国际商务谈判内容复杂，涉及面很广，往往不是一个人的知识、精力、时间所能承担和胜任的，一般采取集体谈判的形式。谈判人员的群体构成涉及三方面内容，即谈判队伍的规模、组成结构和分工配合。总的来说，谈判人员的群体构成是由谈判的性质、对象、内容、目标等方面决定的。

（一）谈判组织的构成原则

谈判队伍由多方面的人员构成，可以满足谈判中对多学科、多专业的知识需求。但队伍规模过大，如果调配不灵，将会产生内耗，增大开支，不利于谈判的进行；人员过少，则又难以应付谈判中需要及时处理的问题，将会拉长谈判期限，导致丧失时机，失去市场。因此，确定适度的谈判组织规模，是筹建谈判队伍首先要考虑的。在筹建谈判小组、选择谈判人员、考虑谈判规模时，一般要遵循以下几个原则：

1．根据谈判对象确定组织规模

如何确定谈判队伍的具体人数，并没有统一的模式。一般商品的交易谈判只需三四个人。如果谈判涉及项目多、内容复杂，则可分为若干项目小组进行谈判，适当增加人员，但最多不应超过8人。国内外商务谈判的成功经验证实，一个谈判小组组长，最佳的领导效益为3—4人，因为在这种规模下，最容易取得一致意见，最容易控制，因而也最容易发挥小组人员的集体力量。法国管理学家V. A. 格拉丘纳斯（V. A. Graicunas）进行了大量的组织内管理幅度与人际之间关系的研究，提出了管理人际关系的数学模型，即“当管理幅度按算术级数增加时，人员间的复杂关系按几何级数增加”。它可以用公式来表示：

$$R = n[2^{n-1} + (n-1)] \quad (3\text{-}1)$$

式中：n 表示组织内所领导或管辖的人数；R 表示由此产生的人际关系数。

由此可见,一个管理者能否有效管理和协调好一个团队,除了他的知识、能力、精力、职务性质有重要影响外,所辖团队的人数也是重要的影响因素。

在一些重要的国际商务谈判中,会涉及更多、更广的专业知识,不仅有商品知识、金融知识、运输知识,还必须懂得国际法律知识、国外的民族特点、风土人情等,有时还需要某些方面的国际问题专家。这种谈判组织不仅规格要高,人数也比较多,甚至超过10人。但是,这并不意味着谈判需要吸收所有相关专业的专家同时参加。为了控制人员规模,有时采取人员轮换的方法,当某几个人完成某部分谈判任务,而又要转换谈判内容时,可以有准备地调换一个或几个谈判人员,从而使总人数没有太大变化。同时,也可发挥"外脑"的作用,聘请专家作为顾问,接受谈判班子的咨询,或为谈判人员献计献策。

2. 赋予谈判人员法人或法人代表资格

经济谈判是一种手段,目的是要达成协议,签订符合双方利益要求的合同或协议。整个谈判和协议签订的过程,都是依据一定的法律程序进行的。所以,谈判人员都应有法人或法人代表的资格,拥有法人所具有的权利能力和行为能力,有权处理经济谈判活动中的一切事务。但作为法人或法人代表,只能行使其权限范围以内的权利,如有越权行为,应由本人负完全责任。

3. 谈判人员应层次分明、分工明确

在谈判过程中,往往会涉及许多专业性知识,仅靠一个小组负责人是难以胜任的。选择谈判人员时,既要有掌握全面情况的企业经营者,还应当根据各种专业知识的需要考虑人员的层次结构,而且一定要分工明确。

4. 组成谈判队伍时要贯彻节约原则

一支谈判队伍,从参加谈判直到协议达成的整个过程,必然要支出一定费用,包括支付外汇。在组织谈判小组时,要充分考虑到这一点,以节省谈判费用支出。国际商务谈判是企业经营活动的一个环节,谈判费用是企业经营成本的一部分,应尽量按经济规律要求,将其纳入企业的整体经营活动加以考虑。

(二) 谈判人员的组织结构

在一般的商务谈判中,所需的专业知识大体上可以概括为以下几个方面:一是有关工程技术方面的知识;二是有关价格、交货、支付条件、风险划分等商务方面的知识;三是有关合同权利、义务等法律方面的知识;四是语言翻译方面的知识。

根据上述专业知识的需要,一支谈判队伍应包括以下几类人员:

1. 技术人员

熟悉生产技术、产品性能和技术发展动态的技术员、工程师或总工程师,在谈判中可负责有关产品性能、技术质量标准、产品验收、技术服务等问题的谈判,也可与商务人员紧密配合,为价格决策作技术参谋。

2. 商务人员

商务人员由熟悉贸易惯例和价格谈判条件,了解交易行情的有经验的业务员或厂长、经理担任。

3. 法律人员

法律人员包括律师或学习过经济、法律专业知识的人员,通常由特聘律师、企业法律顾问或熟悉有关法律规定的人员担任。

4. 财务人员

财务人员由熟悉成本情况、支付方式及金融知识，具有较强的财务核算能力的会计人员担任。

5. 翻译人员

翻译人员由熟悉外语和有关知识、善于与别人紧密配合、工作积极、纪律性强的人员担任。

6. 谈判领导人员

由企业委派专门人员，或者是从上述人员中选择合适者担任。

7. 记录人员

一般由上述各类人员中的某人兼任，也可委派专人担任。

以上参加谈判的人员，按谈判复杂程度可多可少，少可一人身兼数职，多可将十几人至几十人分成几个小组，如商务小组、技术小组、法律小组等，各自负责自己专业领域的谈判。还可以组织台上和台下两组人员，台上成员主要负责谈判及分析对方临时提供的技术价格资料，台下成员负责收集整理有关资料，为台上成员提供技术和价格谈判的依据。

值得注意的是，作为谈判队伍中的一员应当对上述几方面的知识都有所了解，而又在某一方面具有专长，即谈判成员应是所谓全能型专家。

在国际商务谈判中，语言翻译是双方沟通的桥梁。虽然谈判人员本身有较高的外语水平，有助于他们理解书面文件的意义、掌握口头表达的分寸甚至判断对方对己方意见的反应等，但是仍然要为谈判队伍配备一名得力的翻译人员。

从实战经验来看，谈判是一项十分紧张、耗费大量脑力的活动，在谈判的过程中，需要不断根据可能随时而来的新信息来调整自己的思路。尽管谈判前有比较充分的准备，但毕竟不可能准确地预见到谈判中出现的所有问题，并事先充分考虑好恰当的应付方法。谈判人员可以利用翻译的时间，对谈判对手察言观色，缜密地思考下一步对策，因此，翻译可以在时间上减轻谈判人员的压力。

小链接

一家日本公司驻美国分公司的经理，能讲一口流利的英语，但他在商务谈判时始终用日语通过翻译与对方进行交流。但在商务谈判结束后的庆祝会上，他却用英语和对方谈笑风生，令对方大吃一惊而又迷惑不解。有人问道："为什么在刚才的谈判中，你不用英语直接和他们交谈？"这位日本经理回答说："在一项交易谈判中，存在许多微妙的问题，往往在当时的气氛下考虑不周而说了出去，事后才发现讲错了话，但是，要挽回却是很难了。通过翻译进行谈判时，则可将原因推到翻译身上，比如翻译在用词上不恰当，或者意思理解有误而翻译错了。这样，万一受到对方的攻击，自己很容易避开。此外，在翻译转述的时候，自己也可利用这段时间进行思考，同时还可以观察对方的反应。使用翻译有这么多好处，为什么不用呢？"

（三）谈判人员的分工配合

挑选出合适的人员组成谈判班子以后，就必须在成员之间进行适当的分工，也就是根据谈判内容和各人专长做适当的分工，使谈判人员明确各自的职责。各成员在进入自己的角色、尽兴发挥的同时，还必须按照谈判的目标和具体的方案与他人彼此呼应，相互协调和配合，才能同心协力、共同完成谈判，这就是谈判人员之间的配合。分工与配合是一个事物的两个方面，没有分工就没有良好的配合；没有有机的配合，分工也就失去了其目的性和存在的基础。

1. 谈判人员的分工

谈判队伍中的人员包括以下三个层次：

（1）谈判小组的领导人或首席代表

第一层次的人员是指谈判小组的领导人或首席代表，即主谈人。他应当富有谈判经验，兼备领导才能，能应付变幻莫测的谈判环境。依谈判的内容不同，谈判队伍中的主谈人也应有所不同。如购买产品原材料的谈判，可由原材料采购员、厂长或生产助理做谈判主谈人，而对合同的争议，则由项目经理、销售部经理、合同执行经理或其他曾参加过谈判的有关部门经理担任主谈人。

主谈人的主要任务是领导谈判小组的工作，其具体职责是：监督谈判程序；掌握谈判进程；听取专业人员的说明、建议；协调谈判小组的意见；决定谈判过程的重要事项；代表单位签约；汇报谈判工作。

主谈人的谈判依据，即主谈人在主持谈判时应考虑的因素，主要是指能够影响谈判组织的各种因素或条件，这些因素主要包括谈判目标、谈判对手、谈判时间、谈判环境及投入谈判的人员。对于不同的因素，有不同的应对手法，谈判的空间很大。按谈判目标可以将谈判分为不求结果的谈判、意向书与协议书、准合同与合同、索赔等，不同目标的谈判对主持有较大的影响。主持中有针对性的调节点主要有投入谈判的人员（人数与级别）、时间（宽与紧）、地点（客座与主座、封闭与自由）、态度（友善与对立）和策略五个。主持谈判的另一依据是谈判的对手，对手不同对主持会有不同的影响。在谈判中，不同的对手存在有无决定权及年龄、性别、关系等因素的差异。在主持中，针对这些差异因素可通过投入人员、主持用语、态度三个调节点来加强主持效果。

（2）懂行的专家和专业人员

第二层次的谈判人员是懂行的专家和专业人员，他们凭自己的专长负责某一方面的专门工作。谈判队伍中的各专业人员适应谈判工作的需要有利于谈判的顺利进行。谈判人员中既要有熟悉全部生产过程的设计、技术人员，也应有基层生产或管理人员，更要有了解市场信息、善于经营的销售、经营人员。

其具体职责是：阐明参加谈判的意愿和条件；明确对方的意图、条件；找出双方的分歧或差距；与对方进行专业细节方面的磋商；修改草拟的谈判文件中的有关条款；向主谈人提出解决专业问题的建议；为最后决策提供专业方面的论证。

特别需要指出的是，在国际商务谈判中，翻译是实际的核心人员。一名好的翻译，在谈判的过程中要能洞察对方的心理和发言的实质，既能改变谈判气氛，又能挽救谈判失误。翻译在增进双方了解、合作和友谊方面，可起相当大的作用。翻译的职责是：① 在谈

判过程中要全神贯注，工作要热情，态度要诚恳，翻译内容要准确、忠实。② 对谈判人员的意见或谈话内容如觉得不妥，可提请考虑，但必须以主谈人的意见为最后意见，不能向对方表达翻译个人的意见。③ 对方如有不正确的言论，应据实全部报告给主谈人以供考虑。如对方单独向翻译提出，在辨明其无恶意的情况下，可做一些解释；如属恶意，应表明自己的态度。

除此之外，谈判队伍中还有财务人员和法律人员，财务人员常由会计师担任，国际商务谈判要求他们熟悉国际间的会计核算制度。财务人员的职责是：掌握该谈判项目总的财务情况；了解谈判对方在项目利益方面的期望值指数；分析、计算修改谈判方案所带来的收益的变动；为主谈人员提供财务方面的意见、建议；在正式签约前提供与合同或协议相关的财务分析表。法律人员是一项重大项目的必然成员，其具体职责是：确认谈判对方经济组织的法人地位；监督谈判程序在法律许可范围内进行；检查法律文件的准确性和完备性。

(3) 谈判必需的工作人员

第三层次的人员是指谈判必需的工作人员，如速记员或打字员，他们不作为谈判的正式代表，只是谈判组织的工作人员，他们的职责是准确、完整、及时地记录谈判内容，包括双方讨论过程中的问题，提出的条件，达成的协议，谈判人员的表情、用语、习惯等。

不同的谈判内容又要求谈判人员承担不同的任务，并且处于不同的谈判位置。

① 技术条款的分工

在进行技术条款谈判时，应以技术人员为主谈人，其他的商务人员、法律人员等处于辅谈的位置。技术主谈人必须对合同技术条款的完整性、准确性负责。技术主谈人在把主要的注意力和精力放在有关技术方面的问题上的同时，必须要放眼全局，从全局的角度来考虑技术问题，并尽可能地为后面的法律条款和商务条款的谈判创造条件。为了支持技术主谈人，商务人员和法律人员应尽可能为技术主谈人提供有关技术以外的咨询意见，并在适当的时候回答对方有关商务和法律方面的提问，从不同角度支持技术主谈人的观点和立场。

② 法律条款的分工

在涉及合同中某些专业性法律条款的谈判时，应以法律人员作为主谈人，其他人员为辅。一般而言，合同中的任何一项条款都应具有法律意义，但某些条款中法律的规定性往往更强一些，这就需要专门的法律人员与对方进行磋商，即以法律人员为主谈人。此外，法律人员对谈判全过程中法律方面的内容都应给予高度重视，以便为法律条款谈判提供充分的依据。

③ 商务条款的分工

在进行商务条款的谈判时，要以商务人员为主谈人，技术人员、法律人员及其他人员为辅。商务人员是整个价格谈判的组织者，但进行合同商务条款谈判时，仍然需要技术人员的密切配合。技术人员应从技术的角度给商务人员以有力的支持。需要强调的是，有关商务条款的提出和磋商，都应以商务人员为主做出决定，即商务主谈人与辅谈人的身份、地位一定不能混淆，否则就会乱了阵脚。

2. 谈判人员的配合

所谓谈判人员的配合，就是指谈判中成员之间的语言及动作的相互协调、相互呼应。具体地讲，就是要确定不同情况下的主谈与辅谈人选，他们的位置与责任，以及他们之间的配合关系。主谈人可以说是谈判小组意志、力量和素质的代表者，是决定谈判工作能否达到预期目标的关键性人物。英国商务专家斯科特认为，谈判组织的领导人在谈判开始时，向对方介绍自己的同事，对谈判对手具有强烈的影响。

小链接

例如，一位谈判领导人这样介绍自己的同事："这位是我们的会计，诺尔曼·凯特勒。"而在另一种场合，他这样介绍："这位是诺尔曼·凯特勒。他具有15年财务工作的丰富经验，有权审核1 500万英镑的贷款项目。"显然，同前一种介绍相比，第二种介绍就会给谈判对手以深刻的印象。

为了使主谈人与辅谈人之间分工明确、配合默契，在主谈人发言时，自始至终都应得到所有辅谈人的支持。这可通过口头语言或动作姿态语言来表示赞同，具体的做法可因人而异。显然，如果主谈人发言时，辅谈人做出赞同的姿势，会大大增强主谈人说话的力量和可信程度；相反，若辅谈人看着天花板，或是将脸扭向一旁，或私下干自己的事，无疑会影响主谈人的自信心，影响其说话的力量，破坏本方整体形象。谈判小组内部人员之间的协调配合，不是一朝一夕能够培养起来的，需要长期的磨合。这种配合绝不专指谈判过程中的配合，而是从双方初次见面时就已经开始了。总之，一支谈判队伍，其成员素质良好且相互配合协调，是成功谈判的基础。

第二节　谈判前的信息准备

谈判信息是指那些与谈判活动有密切联系的条件、情况及其属性的一种客观描述，是一种特殊的人工信息。随着科学技术的发展，我们已经进入了信息时代，了解信息、掌握信息已成为人们成功进行各种活动的保证。商务谈判作为人们运用信息获取自己所需资源的一种经济活动，对信息的依赖更加强烈。因此，谈判者的信息搜索就成为了解对方意图、制订谈判计划、确定谈判策略及战略的基本前提。不同的谈判信息对于谈判活动的影响是极其复杂的。有的信息直接决定了谈判的成败，而有的信息只是间接地发挥作用。

小链接

20世纪60年代，当大庆油田刚刚开采成功，我国初步甩掉了贫油国的帽子的时候，日本情报机关从《中国画报》上刊登的大庆油田照片上获得了大庆炼油能力、规模等情报，并且还根据这些情报实现了向我国出售输油管的目的。在当时中国政府极力保密的情况下，日本方面是如何获取这些情报的呢？

原来日本人刚刚得知中国发现新油田的消息，就派出有关专家来中国打探消息，他们想在最短时间内知道油田的具体地点，以判断中国是否需要输油管，一旦得知中国需要输油管就马上准备和中国做生意。

《中国画报》上的“铁人”王进喜身穿皮袄、头戴皮帽，背景是漫天大雪，日本人对这张照片分析之后便判断油田很可能在东北。上面介绍，油田设备是工人们从车站拉到油田的，从而进一步推断，油田肯定离铁路线不远。还说从车站到油田的道路十分泥泞……这些信息从表面上看没有什么具体用处，但是日本专家正是在对这些信息进行了综合分析之后断定油田在北大荒，据此，他们认为中国一定需要架设输油管，随后通过各种途径探听中国人是否愿意购买日本的输油管。当中国方面发现日本人已经得知大庆油田的重要信息时，除了感到不可思议之外，同时也为日本人的情报分析能力感到由衷敬佩。

一、谈判信息的分类

在商业活动中，谈判信息多种多样，纷繁复杂。科学地区分谈判信息的类型是研究、分析谈判信息的基础，可以使我们更加深刻地认识到谈判信息的规律性，也有助于我们进一步明确谈判信息工作的目的，从而提高谈判信息工作的效益。按照不同的标准，可以将谈判信息分为以下几种类型：

（一）按谈判信息的内容来划分

按谈判信息的内容可以将其分为自然环境信息、社会环境信息、市场细分化信息、竞争对手信息、购买力及投向信息、产品信息、消费需求信息和消费心理信息等。自然环境信息是指能引起人们消费习惯改变、购买力转移以及市场变更的自然现象方面的信息，如地震、地形变化、气温变化等。社会环境信息是指对市场有影响的各种社会因素，如文化、人口、社会阶层、家庭、政治、法律、时尚、风俗、宗教、社会发展、城市建设等方面的信息。市场细分化信息是指能引起市场细分的变量，如社会经济变量、地理变量、人口变量、收入和消费方式变量等。竞争对手信息是指有关生产或经营同类产品的其他企业状况的信息。购买力及投向信息是指消费收入、支出构成、趋向等方面的信息。产品信息是指与产品价格开发、销售渠道、商标、包装、装潢等有关的信息。消费需求信息是指消费者对商品品种、数量、规格、价格、样式、色彩、口味、方便程度、适用程度等方面的需求信息。消费心理信息是指有关消费者购买行为、购买动机、价值观、审美观等方面的信息。

（二）按谈判信息的载体来划分

按信息的载体划分，可以把信息分为语言信息、文字信息、声像信息和实物信息。语言信息是指通过座谈、交流所获得的信息以及在公共场所听到的信息。文字信息是指用文字记录下来的信息资料，包括各种文献、文件、报刊资料及复制品、产品目录、产品说明书等。声像信息是指通过图片、绘画、电影、电视、广播、录像、电话、幻灯、录音等途径获得的信息。实物信息是指各种以样品作为载体的信息。

（三）按谈判信息的活动范围来划分

按信息的活动范围划分，可将信息划分为经济性信息、政治性信息、社会性信息和科技性信息。经济性信息是指与企业发展有关的各种信息，主要包括国民经济发展信息，财政、金融、信贷方面的信息，经济资源信息等。政治性信息是指由于某一政治活动的发生、政治事件的出现而引起市场变化的信息，如战争爆发引起的物价上涨等。社会性信息是指与市场经营、销售有关的社会风俗、社会风气、社会心理、社会状况等方面的信息。科技性信息是指与企业产品研制、设计、生产、包装有关的信息。

二、谈判信息收集的主要内容

谈判信息收集的主要内容包括市场信息、谈判对手资料、科技信息、政策法规、金融方面信息和货单、样品准备。

（一）市场信息的概念及其主要内容

1. 市场信息的概念

市场信息是反映市场经济活动特征及其发展变化的各种消息、资料、数据、情报的统称。它以语言表达作为传递工具，或者说，市场信息是由语言组成的。

市场信息所用的语言分为自然语言和人工语言两类。自然语言包括口头语言、书写文字等。人工语言是为了传递信息特征而由人们创造出来的，如数学上的专用语言、计算机语言等。人工语言的使用，可以弥补自然语言结构容易产生的意思不够明确以及不够精练等缺陷。

市场信息的语言组织结构有两种形式：一种是文字式结构，主要通过文字叙述来表达市场信息的内容；另一种是数据式结构，它是反映市场运行数量关系的数字及必要的文字，按一定规范相互联结起来形成的结构，如统计报表等。

2. 市场信息的主要内容

市场信息的内容很多，归纳起来主要包括以下几个方面：

(1) 有关国内外市场分布的信息。国内外市场分布的信息，主要是指市场的分布情况、地理位置、运输条件、政治经济条件、市场潜力和容量、某一市场与其他市场的经济联系等。

随着科学技术的进步和生产力的发展，国内、国际分工都将不断扩大和深化。同时，由于交通运输工具和通信手段的日趋现代化以及资本在国内和国际间流动的加快，国内与国际贸易中交换的商品品种不断增多、数量不断扩大，这在一定程度上扩大了国内和国际市场。因此，应通过调查摸清本企业的产品可以在什么市场（国内、国际）上销售，确定长期、中期及短期的销售发展计划，从而有助于谈判目标的确立。

(2) 消费需求方面的信息。消费需求信息包括：消费者忠于某一特定品牌的期限；消费者忠于某品牌的原因、条件、因素；消费者开始使用某一特定品牌的条件和原因；使用者与购买者之间的关系；购买的原因和动机；产品的多种用途；消费者购买的意向和计划；产品被使用的次数及消费量；消费者对产品的态度；消费者对企业市场活动的反应与态度；消费者喜欢在何处购买；新的使用者的情况及使用原因；产品（资金或劳务）的需求量、潜在需求量、本企业产品的市场覆盖率和市场占有率及市场竞争形势对本企业销售量的影响，等等。

（3）产品销售方面的信息。如果是卖方，则要调查本企业产品及其他企业同类产品的销售情况。如果是买方，则要调查所购买产品的销售情况，包括：该类产品过去几年的销售量、销售总额及价格变动；该类产品的长远发展趋势；拥有该类产品的家庭所占比率；消费者对该类产品的需求状况；购买该类产品的决定者、购买频率；季节性因素；消费者对这一企业新老产品的评价及要求。通过对产品销售方面的调查，可以使谈判人员大体掌握市场容量、销售量，有助于确定未来的谈判对手及产品销售（或购买）数量。

谈判人员不一定是直接消费者，因此，调查消费者具有重大意义。摸清消费需求和消费心理，可以基本掌握消费者对该产品的消费意向，预测本企业产品的竞争力，也有利于同谈判对手讨价还价。

（4）产品竞争方面的信息。这类信息主要包括生产或购进同类产品的竞争者数量、规模以及该类产品的种类；生产该类商品的各主要生产厂家的市场占有率及未来变动趋势；各品牌商品所推出的形式与售价变化幅度；消费者偏爱的品牌与价格水平、竞争产品的性能与设计；各主要竞争者所能提供的售后服务方式；顾客及中间商对此类服务的满意程度；当地经销该类产品的批发商和零售商的毛利率与各种行情；当地制造商与中间商的关系；各主要竞争者所使用销售组织的形态；是生产者的机构推销，还是中间商负责推销；各主要竞争者所使用销售组织的规模与力量；各主要竞争者所用的广告类型与广告支出额，等等。

如果已方是卖方，通过对产品竞争情况的调查，能够使谈判人员掌握已方同类产品竞争者的情况，寻找它们的弱点，更好地为已方产品争取销路，有利于在谈判桌上击败竞争对手，也能使谈判者预测已方的竞争力，保持清醒的头脑，在谈判桌上灵活掌握价格弹性。此外，明确竞争者和谈判对手的销售形势还可以使已方在运输费用的谈判上掌握主动权。

（5）产品分销渠道。包括主要竞争对手采用何种经销路线；当地零售商或制造商是否聘用人员直接推销，使用程度如何；各种类型的中间商有无仓储设备；各主要市场的批发商与零售商的数量；各种销售推广、售后服务及存储商品的功能，哪些应由制造商提供，哪些应由批发商和零售商负担，等等。

（二）有关谈判对手的资料

在正式的商务谈判之前，对与谈判有关的环境因素进行分析是必不可少的，而对谈判对手的情况资料的收集、调研与分析就更为重要。如果与一个事先毫无了解的对手谈判，其困难程度和风险程度是可想而知的。当年肯尼迪总统为前往维也纳同赫鲁晓夫进行首次会谈，曾研究了赫鲁晓夫的全部演讲和公开声明，还搜集了全部可以找到的赫鲁晓夫的资料，甚至包括其早餐喜好和音乐欣赏趣味，为这场至关重要的谈判奠定了必要的基础。

这里先确定谈判对象，再从分析贸易客商的类型入手，着重阐述对谈判对手资信情况的审查，包括对客商的合法资格、公司性质和资金状况、公司营运状况和财务状况的审查,从而判定谈判双方的谈判实力。此外,为了能在谈判中充分掌握主动权,还应了解谈判对手的最后谈判期限以及对方对己方的信任程度。

1. 谈判对象的确定

(1) 拟定谈判对象。在商务谈判中,当确定了自己的主要需求和谈判目标、明确了谈判方向之后,就要结合市场调查信息选择谈判对象。要对所有可能的谈判对象,在资格、信誉、注册资金和法定地位等方面进行审核,并请对方提供公证书或取得旁证,避免盲目从事。在不了解客商情况、不知国际市场及商情变化和在众多问题尚未搞清楚的情况下,不举行任何正式谈判。同时要注意寻找己方目标与对方条件的最佳结合点,即通过比较,择定一个或两个最有利于实现己方目标的可能谈判者作为正式洽谈的伙伴。一旦己方谈判意向公布,直接或间接要求参加谈判的伙伴可能很多,其谈判条件可能有很大差别。例如,有的产品质量高价格也高,如果己方经济实力不强,就应放弃同这样的对手谈判;有的产品价格低廉,十分具有吸引力,但如果质量太差,也不应急于谈判。总之,谈判者的情况及谈判条件可能千差万别,应该认真进行研究。既不能谁先找上门就把谁作为正式谈判对象,也不能谁的产品价格优惠就同谁谈,而应知己知彼,从经营的总体利益出发,以己方付出较小代价而收益较大为标准,慎重选择正式谈判对象。

(2) 了解谈判对手。为了掌握谈判主动权,在指定了谈判对象之后,还应该了解谈判对手的谈判作风,并制定出相应的策略。谈判对手的作风因人而异,千差万别。按照谈判者让步的程度,谈判风格可以划分为以下几种模式:

一是强硬型模式。这种模式的特点表现为:第一,谈判开始立场强硬。作为买方时,无论购买多么昂贵的商品,最初出价都很低,而且采用秘密出价方式阻碍其他买方竞争,利用这个策略使卖方相信他们是唯一的买家。而作为卖方时,做法则相反,提出较高价格,敞开大门鼓动竞争。使许多买方彼此对立,怂恿买方竞相提价,以获取竞争之利。第二,谈判代表权力有限。谈判前,最高权力中心仅赋予谈判代表以有限的权利,使他们在一定的范围和目标内有限地发挥作用。超出这个范围,谈判代表不能做任何答复,必须反复向上级请示,从而使谈判旷日持久,陷入僵局。第三,情绪易激动,滥施压力。强硬型谈判者经常在适当的时候利用冲动的情绪侵犯对手,从而引起对方愤怒、思维混乱,甚至顺从退让。谈判时咄咄逼人,经常使用过激语言以达到目的。这类谈判者不受谈判期限的制约,利用对方的急迫心理,采取停滞或拖延战术,坚持以较长时间去获取所需要的东西。在这段时间内,他们至多做些微小让步,使对手逐渐疲弱不堪。

二是软弱型模式。和强硬型模式正好相反,软弱型模式的特点是:谈判开始时立场谨慎,不提出过高要求,一般在常规范围内提出中等偏高的价格标准,绝不漫天要价。在对手的压力之下,不断做出或一次做出较大让步。在对手的强硬态度下,为避免谈判破裂,往往委曲求全,促成交易。

三是合作型模式。这又被称为双方胜利和“皆大欢喜”型谈判模式。其特点是:谈判开始时,双方立场均谨慎、现实,且都尽量寻求适合各方谈判需要的谈判方式。双方在原则问题上首先达成协议,不排除细节问题上的争议。双方都把谈判过程看作使双方调和或一致的过程。通过谈判,双方建立了一定的信任关系,为今后的进一步合作提供了条件。

小链接

鲲鹏公司是一家生产生物保健产品公司，在一次新产品定价会上，为产品价格与客商发生了冲突。鲲鹏报价是每瓶70元，经过几轮讨价还价，鲲鹏退让到每瓶68元，而客商坚持按每瓶66元订货。如果按66元销售的话，该产品利润率只有6%，测算后鲲鹏将减少上百万元的利润，而鲲鹏为开发这一新产品的研究开发费用就高达1 000万元。但如果鲲鹏坚持68元出售的话，客商订单就会减少。面对这一格局，经过缜密权衡按66元价格出售，时隔一年后，该产品畅行的行情证明鲲鹏采取的合作型风格是完全正确的，因为鲲鹏因此成功地建立、维持和发展了他们的客户关系。

通过各种途径掌握对方的谈判作风，便可以制定相应的策略，促使谈判成功。针对强硬型谈判者，可以采取“以强制强”或“以柔克刚”的策略。如果对方急需己方产品，己方产品又很畅销，己方有较充裕的谈判时间，使对方面对强大的竞争对手；或者摸清了对方底细，知道对方是虚张声势，那么就可采取“以强制强”的策略。如果急需对方产品且无其他货源可寻，谈判有较短的时间制约，需要将来与对方长期合作，或是适当让步可取得较好的经济效益，则可运用“以柔克刚”的策略。针对软弱型谈判者，可以适当采取“以强制弱”的谈判原则。针对合作型谈判者，一般应当采用合作原则。在实际谈判中，要针对每次谈判的具体内容和各种不同的谈判作用，提出具体的策略、原则。

2. 贸易客商的类型

为了更好地研究和分析谈判对手，首先应对贸易客商的情况有所了解，从而更深刻、具体地了解对手。目前，贸易界的客商基本上可以归纳为以下几种类型：

(1) 世界上享有声望和信誉的跨国公司。这类公司资本比较雄厚，往往有财团作为其支柱力量。像美国著名的通用汽车公司、德国的西门子电气公司、日本的松下电器公司等，都是世界上知名的企业。这类公司或企业的机构十分健全，通常都有自己的技术咨询机构，并聘请法律顾问，专门从事国际市场行情和金融商情的研究、预测以及技术咨询论证工作。这类对手做事讲信誉、办事讲原则、工作效率高、对商情掌握得比较准确；在要求我方提供技术数据时，往往要求准确、翔实和完整。

(2) 享有一定知名度的客商。这类客商的资本也比较雄厚，产品在国内外有一定的销量，大多是靠引进技术、改进创新发展起来的，其产品在国际市场上具有一定的竞争能力。这类对手比较讲信誉；占领我国市场的心情较为迫切；技术服务及培训工作比较好；对于己方在技术方面的要求比较易于接受；对于技术转让和合作生产的条件要求较为优惠。

(3) 没有任何知名度但却能够提供公证书、董事会成员的副本及本人名片等以证明其注册资本、法定营业场所的客商。通过上述材料可以确认该客商的基本情况，以及前来参与业务洽谈的谈判者的身份。日本的部分客商往往通过此种方式来证明自己，其中有些也是很好的合作选择对象。

(4) 皮包商，即专门从事交易中介活动的中间商。这类客商无法人资格，因而无权签订合同,他们只是为了收取佣金为交易双方牵线搭桥。例如,没有注册资本的贸易行、商行和洋行等,它们仅有营业证明,不能提供法人资格、注册资本及法人地址等公证书,而只能提供标有公司名称、职务及通信地址的个人名片。这类客商在东南亚和香港地区较为多见,美国、日本等地也有一些。

(5) 借知名母公司名义开展生意的客商。这类客商实属知名母公司的下属子公司,其母公司往往具有较高的知名度,而且资本雄厚,但其子公司可能刚刚起步,资本比较薄弱。这种客商常常打着其母公司的名义做大生意,对这类客商应当持谨慎的态度,应主动要求与其母公司进行业务洽谈,也可要求对方出示母公司准予其洽谈业务并且承担一切风险的授权书,否则,母公司与子公司完全是两个自负盈亏的经济实体,根本无任何连带责任关系,一旦出现问题,这类客商就可能金蝉脱壳。

(6) 利用本人身份从事非法经营贸易业务的客商。这类客商往往在某公司任职,但他以个人身份进行活动,关键时刻打出其所在公司的招牌,实则为自己牟取暴利或巨额佣金。这类专干"私活"的客商国内外皆有,应严加提防。

(7) "骗子"客商。他们私刻公章,利用假证明、假名片、假地址从事欺骗活动。他们可以身兼数职,甚至今天的名片是李先生,明天又换成王先生。这类人往往无固定职业,专门利用关系,采取拉亲戚、交友、行贿赂、请客送礼等手段,先给受骗者一个好感,然后骗得利益。对于这类客商,应保持冷静的头脑,辨别其真实面目,谨防上当。

综上所述,在举行国内外技术、商务洽谈之前,必须对客商的资格、信誉、注册资本、法定营业地点和谈判者本人的情况进行审核,并请客商出示公证书加以证明。客商的资本、信誉情况、法定营业地址、洽谈人员的身份以及经营活动范围等信息都是双方进行谈判的基础,因此,应予以审查或取得旁证。

3. 对谈判对手资信情况的审查

对谈判对手资信情况的审查是谈判前准备工作的重要环节,是决定谈判能否进行的前提条件。对谈判对手资信情况的审查主要包括对谈判对手的合法资格、公司性质和资金状况、公司营运状况和财务状况、公司商业信誉情况的审查。

(1) 对谈判对手合法资格的审查。对谈判对手合法资格的审查应从两个方面进行:一是对谈判对手的法人资格进行审查;二是对前来谈判的对手的资本信用和履约能力进行审查。

① 对谈判对手的法人资格进行审查。在民法上,法人作为权利义务的主体,在许多方面享有与自然人相同或类似的权利。例如,它们有自己的名称、自己的营业场所,有拥有财产的权利,有参与各种经济活动的权利,有起诉他人的权利,也可被他人起诉。总之,法人是法律上创造出来的"人",法律上把它作为"人"来看待,因而准许法人以自己的名义从事各种经济活动,参与社会的经济生活,并独立承担法律责任。

从法律上讲,法人的必备要件有:法人必须有自己的组织机构、名称和固定的营业场所,组织机构是决定和执行法人各项事务的主体;法人必须有自己的财产,这是法人参加经济活动的物质基础与保证;法人必须具有权利能力和行为能力,权利能力是指法人可享受权利和承担义务,而行为能力则是指法人可以通过自己的行为享有权利和承担义务;最后是注册要件,法人须经过注册登记,在哪个国家进行注册,即成为该国的法人。

对于谈判对手的法人资格的审查，可以通过要求对方提供有关文件，如法人成立地注册登记证明、法人所属资格证明等。在取得这些证明文件后，首先应通过一定的手段和途径验证其真实性，在确认其真实性之后，再查清以下几个方面的问题：了解谈判对手法人的组织性质，例如，是股份有限公司、有限责任公司，还是合伙企业等，其组织性质不同，所承担的责任亦大不一样；弄清谈判对手的法定名称、管理中心地址及其主要的营业场所，有些公司注册地点与实际营业场所完全不同，发生纠纷后无法找到对方的行踪；确认法人的国籍，即其应受哪一国家法律管辖，发生纠纷时应适用哪一国的法律来解决，这对双方来说非常重要，因为不同国家的法律，解决问题的方法和结果往往大相径庭。

② 对前来谈判的对手的资本信用和履约能力进行审查。一般来讲，前来洽谈的对手可能是公司的董事长、总经理，但更多情况下则是公司内部的某一部门的负责人。如果来者是该公司内部某一部门的负责人，那么就存在一个代表资格或签约资格的问题。事实上，并非一家公司或企业中的任何人都可以代表该公司或企业对外进行谈判和签约。从法律的角度来讲，只有董事长和总经理才能代表其公司或企业对外签约。而公司或企业对其工作人员超越授权范围或在根本没有授权的情况下对外所承担的义务是不负任何责任的，这就需要严格把关，防患于未然。

（2）对谈判对手公司性质和资金状况的审查。这种情况上面已略有涉及。从法律上来看，企业的组织形式主要有个人独资企业、合伙企业、有限合伙企业、股份有限合伙企业、有限责任公司和股份有限公司等。由于企业的类型不同，其法律性质、经营管理方式和经济上的利弊也各不相同。具体地讲，个人独资企业和合伙企业一般不是法人，不具备法律上独立的人格，出资者以个人的全部财产对企业的债务承担无限责任。这类企业在西方国家中数量众多，但大多规模小，且资金有限。有限合伙企业和股份有限合伙企业的法律性质，按有些国家（如德国）规定可视为法人，具有法律上的独立人格。相对来讲，这类企业规模不大，资金有限。有限责任公司和股份有限公司在法律上具有独立人格，是独立法人，享有民法上的权利和义务，可用公司的名义在法院起诉和应诉。每个股东对企业的债务仅以其出资金额为限。这两类公司之间的差别在于前者发行的股票不能在股票市场上进行交易，不能公开向社会募集股款，股东的人数以及股份的转让也受到一定的限制。相比而言，股份有限公司比有限责任公司更适合于社会化大生产的需要。因此，在西方各国的社会经济生活中，股份有限公司起着十分重要的作用，是各国企业组织形式中最重要的一种。

我国同国外企业的合作，大多数也是与国外股份有限公司进行的，但各股份有限公司的资本总额多寡不一，所设公司只要认购股票金额达到了法定的最低金额，并按一定的程序办理注册，公司就可以成立。关于法定最低金额，各国规定不一，法国规定为 50 万法郎，英国规定为 5 万英镑，而美国有些州规定为 1 000 美元，甚至有些州认为 1 美元即可，日本对有限责任公司最低金额的规定为 10 万日元。因此，在谈判前不但要了解对方公司的性质，还需要了解对方公司的资本状况。

（3）对谈判对手公司的营运状况和财务状况的审查。如果谈判对手是买方，卖方必须迅速地了解对方的经营状况与财务状况，判断对方的购买力、可能的付款期限、付款方式等。

企业的经营状况与财务状况不完全一致，有的甚至有较大差异。其中，财务状况是指企业自有资金是否充裕，是否有足够的支付能力，盈利水平的高低，固定资产的现状及折旧程度等有关资金、盈利的总体评价；经营状况是指产品的生产、销售状况等有关经营方面的评价。即使是一家注册资本很大的股份有限公司，也会由于经营不善、负债累累，濒临破产或实际已破产。根据大多数国家的公司法和破产法的规定，公司一旦破产，股东对公司的债务承担仅以其持有股票所代表的金额为限，如果股票总额和公司其他财产不足，在偿还债务时，债权人只能按清算比例收回债权。因此，如果在谈判前不了解对方公司的营运情况，一旦对方公司破产，很可能收不回全部债权。

一般来说，经济状况好的企业财务状况也好，但两者之间往往存在差距，在调查中要尽可能详细地收集情报，分析比较。首先，要比较销售额和盈利额。有些企业产品的成本过高，虽然经济状况良好，但由于盈利水平并不高，债务状况不佳。其次，要比较营业额和企业负债额。如果盈利水平高，负债额大，每年必须偿还巨额的银行贷款利息，因此企业财务状况仍然较差。再次，要比较企业固定资产折旧状况和盈利水平。有的企业盈利水平虽高，但企业固定资产磨损状况严重，更新改造资金被大量挪用，表面上看盈利水平、工资、福利水平都很高，实际上潜伏着危机。判断企业的经营与财务状况，目的是分析企业总购买力中有多少具有现实支付能力，能否长期建立贸易关系，买卖的规模有多大。这些经济情报都是谈判的必备资料，有助于确定谈判目标、谈判方式及让步程度。

在谈判之前还要摸清企业习惯于采取何种付款方式和付款条件。国内企业一般采取托收承付结算方式，只要己方产品质量、品种、规格符合对方要求，对方有支付能力，银行即可监督付款，直接划拨，没有特殊的附加付款条件。付款方式和付款条件对谈判的影响不大。但在国际商务谈判中，付款方式和付款条件比较复杂，对方有可能利用付款方式和付款条件拖延付款日期甚至拒付，造成贸易诉讼。为避免这种损失，必须在谈判前了解对方惯用的付款方式和付款条件，并在谈判中提出双方都能接受的条件。

（4）对谈判对手公司商业信誉情况的审查。商业信誉是指在同行业中，由于企业经营管理处于较为优越的地位，能够获得高于一般利润水平的能力而形成的一种价值。形成商业信誉的主要原因是优良的商品质量、周到的服务、有力的广告宣传、著名的商标及品牌、巩固的垄断权力等。要了解对方的商业信誉情况主要应从以下几个方面调查：

① 产品质量。产品质量是指产品内在质量和外观质量与竞争产品相比更符合目标市场的要求，更能满足用户的需要，它和一定的价格相适应。

② 技术标准。标准要符合规定，与相应级制（如国际标准、国家标准、行业标准、企业标准）相适应，更主要的是符合用户的要求并从式样和颜色、包装和装潢上适合不同消费者的爱好。

③ 产品的技术服务。包括指导用户正确安装、使用和维护，代为修理，提供零件；代用户培训技术人员；设立技术咨询站为用户咨询；送货上门，质量不合格的产品在保修期内包退包换等。

④ 商标及品牌。商标具有表示商品出处，代表企业信誉，维持企业正当权益，展示商品的质量和特点，便于生产者推销商品，便于消费者认牌选购等作用。

⑤ 广告的宣传作用。广告宣传是有目的的经济活动。广告宣传的目的主要有：树立

企业信誉，扩大企业影响，为商品创牌子，以提高其知名度，使商品在消费者心目中留下深刻印象，赢得市场。此外，明确广告宣传的目的，还要考虑广告着眼于近期还是远期效果。

在了解上述各方面的资料后，最后应当了解对方谈判成员的有关资料。诸如对方谈判小组的人数、职务、年龄及其分工；各个成员的性格、专长及爱好甚至社会和家庭关系，特别是要搞清对方成员中的实力派人物的情况，以便己方选择与对方情况相适应的合格人员，运用谈判技巧促进谈判的顺利进行。

4. 摸清谈判对手的最后谈判期限

任何谈判都有一定的期限，重要的结论和最终成果往往在谈判结束前取得，因而有必要清楚谈判的最后期限。

交易期限在谈判中有着巨大作用，最后期限往往能使买方做出购买决定。卖方可利用期限的力量，如"厂里要求我本周六前完成订货""我星期一要回去开会，你再不答应我的要求，这笔生意就做不成了"。总之，最后期限的压力常常迫使人们不得不采取快速行动，立即做出决定。当掌握了对方的谈判期限后，就可以促使对方接受有利于己方的条件。

谈判前，双方都在调查对方的谈判期限，对此要注意几个问题：

（1）对方可能会千方百计地保守谈判期限的秘密。要尽量提前了解情况，动手越早取得资料就越容易，但要不露痕迹地去探求。

（2）在谈判时，要通过察言观色，通过对方流露出来的情绪摸清期限。

（3）在国际商务谈判中，谨防对方有意提供假情报。对方口头上有意无意地提供的期限，要通过各种资料综合判断其真伪。判断卖方期限的真伪，要调查卖方存货的数量、质量、卖方的生产计划及现金需求的情况，等等。判断买方期限的真伪，要全面分析买方谈判期间的动态，有无同时和其他卖方谈判，买方职员的能力如何，等等。只有掌握大量买方和卖方的情况，才能使判断准确。

（4）己方谈判期限要有弹性，可以由此避开对方利用谈判期限对自己的进攻。无论己方是购买商品还是卖出商品，都要有计划、有节奏地进行，不能过于急迫。

（5）在对方的期限压力面前提出对策。任何谈判都要考虑到，对方可能会公开指定期限，己方必须在谈判前就要提出对策，排除期限的压力。

5. 摸清对方对己方的信任程度

信任度包括对方对己方的经营、财务状况、付款能力、信誉、谈判能力等多种因素的评价和信任。对方若对己方有较高的信任度，可以促使谈判朝着对己方有利的方向发展，在商品价格、付款方式、运输方式、签订合同等方面易于达成协议。

为了全面、充分地了解谈判对手，为正式洽谈工作的开始做好准备，必须通过多方面的调查研究收集谈判对手的信息资料。获得有关谈判对手信息资料的主要方式包括：

（1）从国内的有关单位或部门收集资料。可能提供信息资料的单位有：

① 商务部、中国对外经济贸易促进委员会及其各地分支机构；

② 中国银行的咨询机构及有关的其他咨询公司；

③ 与该谈判对手有过业务往来的国内企业和单位；

④ 国内有关的报纸、杂志、新闻广播等。

(2) 从国内在国外的机构及与本单位有联系的当地单位收集资料。可能提供信息资料的单位有：

① 中国驻当地的使馆、领事馆、商务代办处；

② 中国银行及国内其他金融机构在当地的分支机构；

③ 本行业集团或本企业在当地开设的营业分支机构；

④ 当地的报纸、杂志，国外的许多大银行，比如巴克莱银行、劳埃德银行、摩根大通银行等，都发行自己的期刊，这些期刊往往有最完善的报道，而且一经获得就可得知许多信息；

⑤ 本公司或单位在当地的代理人；

⑥ 当地的商会组织等。

(3) 从公共机构提供的已出版和未出版的资料中获取信息。这些公共机构可能是官方的，也可能是私营的。它们提供资料的目的，有的是作为政府的一项工作，有的则是为了营利，也有的是为了自身的长远利益需要。因此，我们应该熟悉这些公共机构，甚至要熟悉这些机构里的工作人员，同时还要熟悉它们提供资料的种类及发行途径，可能提供信息资料的来源有：

① 国家统计机关公布的统计资料。例如，工业普查资料、统计资料汇编、商业地图，等等。

② 行业协会发布的行业资料，是同行企业资料的宝贵来源。

③ 图书馆里保存的大量商情资料。例如，贸易统计数字、有关市场的基本经济资料，各种产品交易情况统计资料，以及各类买卖机构的翔实资料，等等。

④ 出版社提供的书籍、文献、报纸杂志等。例如，出版社出版的工商企业名录、商业评论、统计丛书、产业研究，等等。目前，许多报刊为了吸引读者，也经常刊登一些市场行情及分析报道。

⑤ 专业组织提供的调查报告。随着经济的发展，出现了许多专业性组织，如消费者组织、质量监督机构、股票交易所等专业组织，它们也会发表有关统计资料和分析报告。

⑥ 研究机构提供的调查报告。许多研究所和从事商场调研的组织，除了为单独委托人完成研究工作以外，为了提高自身的知名度还经常发表市场报告和行业研究论文，等等。这些都是我们收集信息的良好途径。

(4) 本企业或单位直接派人员到对方国家或地区进行考察，收集资料。如果派人员出国进行考察，在出国之前应尽量收集有关对方的资料，在已有的资料中分析出真实、不真实、可能还有新增内容、尚需进一步考察等几个部分，以便带着明确的目的和问题去考察。在日程安排上，应多留些时间供自己支配，切不可让对方牵着鼻子走，并且要善于捕捉和利用各种机会，扩大调查的深度和广度，以便更多地获取第一手资料。

(三) 科技信息的具体内容

在技术方面，主要应收集以下各方面的资料：(1) 要全面收集该产品与其他产品在性能、质量、标准、规格等方面的优缺点，以及该产品的生命周期、竞争能力等方面的资料；(2) 收集同类产品在专利转让或应用方面的资料；(3) 收集该产品生产单位的技术力量和工人素质及其设备状态等方面的资料；(4) 收集该产品的配套设备和零部件的生产与供给状况以及售后服务方面的资料；(5) 收集该产品开发前景和开发费用方面的资料；(6) 尽可能多地收集对该产品的品质或性能进行鉴定的重要数据或指标及其各种鉴定方法和鉴定机构，同时也要详尽地收集可能导致该产品发生技术问题的各种潜在因素。

科技信息对于国际商务谈判，特别是引进设备的谈判非常重要，它是选择技术和准确进行谈判的先决条件。取得这些技术资料大体上可以通过以下几种方法：阅读国内外相关的专业杂志；参观国内外博览会和各种专业展览会；收集和熟悉国内外产品样本和产品目录；旁听相关的商务谈判；查阅专利，了解技术发展现状及趋势；向国内外有关咨询机构求助；与发达国家有关的情报中心取得联系；与联合国等国际性情报机构联系，等等。

(四) 有关政策法规的内容

在谈判开始前，应当详细了解有关的政策、法规，以免在谈判时因不熟悉政策、法规而导致失误。

1. 有关国家或地区的政治状况

政治对经济有着重要的影响，在国际商务谈判中，需要了解对方国家或地区的有关经济政策、经济合作的相关法规及国家对企业的管理制度。

2. 有关谈判内容的法律规定

无论是国内贸易，还是进出口贸易，都需要了解有关的法律、法规。法律所规定的当事人作为与不作为的界限，是企业经营合法或不合法的依据。除了要熟记我国现有的法律如《合同法》《专利法》《商标法》《国外企业所得税法》《中外合资经营企业法》等，还应了解国外的法律制度和国际惯例。

3. 有关国家或地区的各种关税政策

需要了解有关国家或地区各种关税（如进口税、出口税、差价税、进口附加税、过境税或过境费等）的税率以及关税的税则和征税方法方面的资料。如果我国与交易国订有贸易协定或互惠关税协定，还必须了解其详细情况。

4. 有关国家或地区的外汇管制政策

有些国家或地区，为了保证收汇和防止逃税、套汇、黑市买卖外汇，通过颁发进出口许可证等办法来加强对外汇的管制。例如，我国对于各种外汇票据的发行和流通以及外汇、贵金属和外汇票证等的进出国境，都有较详细的规定，对此类业务必须事先加以了解。

5. 有关国家或地区进出口配额与进口许可证制度方面的情况

配额制度是指一个国家在一定时期内，对某些商品的进口数量或金额事先规定一个限额，从而起到限制某些商品的进口数量的作用。在这种制度下，若进口的商品在规定的数量或金额范围内，可以进口；超过限额，则不准进口或征收高额关税乃至罚款后方可进口。进口配额往往与进口许可证联系在一起，一国政府采用了进口配额，就必须发放进口许可证。其做法是，政府规定某些商品的进口配额后，再根据进口商的申请，对每一批进口商品在其配额限度内发给进口商一定数量的进口许可证，直到配额用完为止。当然，有些没有配额限定的商品也需要许可证，因此，许可证比配额在范围上用得更为广泛。目前，世界绝大多数国家都在不同程度上采用了进口配额制，对此，必须加以详细了解。

6. 国内各项政策

我国国内商务谈判要按照国家的法律、法规和政策进行。商务谈判人员不但要掌握有关的现行税制，还要熟知经济法规，使各项经济交往做到有法可依。

（五）金融方面的信息

金融方面的信息，主要包括以下四个部分的内容：(1) 收集国际金融市场上的信息，随时了解各种主要货币的汇率及其发展趋势。(2) 收集进出口地主要银行的营运情况，以免因银行倒闭而影响收汇。(3) 收集进出口地主要银行对开证、议付、承兑赎单或托收等方面的规定，特别是有关承办手续、费用和银行所承担的义务等方面的资料。(4) 收集商品进出口地政府对进出口外汇管制的措施或法令。

（六）有关货单、样品的准备

做好货单、样品等的准备，也是谈判前一项必不可少的工作，尤其是在国内外商品博览会或是在海外市场推销、谈判中，货单必须具体、正确无误。如果是在交易会上谈判，口岸之间、公司之间交叉经营的商品价格更应该核对无误，不要相互矛盾。谈判样品必须准备齐全，特别注意事先准备好的谈判样品一定要与今后交货相符，即使是包装也应保持一致，以免以后处于被动状态。在准备谈判样品的同时，还可以准备一些商品目录和说明书，以供顾客索取。

第三节　谈判目标的确定

一、谈判主题的确定

所谓谈判的主题，就是参加谈判的目的、对谈判的期望值和期望水平。不同内容和类型的谈判，有不同的主题。但在实践中，一次谈判一般只为一个主题服务，因此在制订谈判方案时也应以此主题为中心。为保证全体谈判人员牢记谈判的主题，在表述主题的方式上应言简意赅，尽量用一句话来进行概括和表述，比如“以最优惠的条件达成某项交易”或“达成一笔交易”等。另外，谈判方案中的主题，应是己方可以公开的观点，不必过于机密。

二、谈判目标的确定

在谈判的主题确定以后，就需要将这一主题具体化，即制定谈判目标，谈判目标就是谈判主题的具体化。

谈判的具体目标，体现了参加谈判的基本目的。整个谈判活动都必须紧紧围绕着这个具体目标来进行，都要为实现这个目标服务。

达到商务谈判目标是商务谈判的最终结果之一，商务谈判目标的内容依谈判类别、谈判各方的需求不同而不同。如果谈判是为了取得资金，那么就以可能获得的资金数额作为谈判的目标；如果谈判是为了销售产品，那么就以某种和某几种产品可能的销售数量、质量和交货日期作为谈判目标；如果谈判是为了获取原材料，那么就以能满足本企业（地区和行业）对原材料的需求数量、质量和规格等作为谈判追求的目标。还有一些谈判以实际价格水平、经济效益水平等作为谈判的目标。总之，商务谈判的目标应根据谈判的具体内容不同而有所差异。

由于谈判的目标是一种主观的预测性和决策性目标，它的实现还需要参加谈判的各方根据自身利益的需要、他人利益的需要和各种客观因素的可能来制定谈判的目标系统和设计目标层次，并在谈判中经过各方不厌其烦地“讨价还价”来达到某一目标层次。

谈判的具体目标可分为四个层次：

（一）最高目标

最高目标也称最优期望目标。它是己方在商务谈判中所要追求的最高目标，也往往是对方所能忍受的最大程度。如果超过这个目标，往往要冒谈判破裂的危险。在实践中，最优期望目标一般是可望而不可即的理想方向，很少有实现的可能性，因为商务谈判是双方利益重新分配的过程，没有谈判者愿意把自己的利益全部让给他人。同样，任何一个谈判者也不可能指望在每次谈判中都独占鳌头。尽管如此，这也并不意味着最优期望目标在商务谈判中没有价值。美国著名的谈判专家卡洛斯对两千多名谈判人员进行的实际调查表明，一个良好的谈判者必须坚持“喊价要狠”的准则。这个“狠”的尺度往往接近喊价者的最优期望目标。下面的例子说明了这一点。

小链接

1972年12月，英国首相撒切尔夫人在欧共体的一次首脑会议上表示，英国在欧共体中负担的费用过多。她说，英国在过去几年中，投入了大笔的资金，却没有获得相应的利益，因此她强烈要求将英国负担的费用每年减少10亿英镑。这是一个高得惊人的要求，欧共体其他成员国首脑认为撒切尔夫人的真正目标是减少3亿英镑（其实这也是撒切尔夫人的底牌），于是他们认为只能削减2.5亿英磅。一方的提案是每年削减10亿英镑，而另一方则只同意削减2.5亿英镑，差距太大，双方一时难以协调。

然而，这种情况早在撒切尔夫人的预料之中。她的真实目标并不是10亿英镑，但她的策略是用提出的高价来改变各国首脑的预期目标。在她的底牌没有被发觉或没有被确认之前，她决心以此继续周旋。撒切尔夫人告诉下议院，原则上必须按照她提出的方案执行，暗示对手并无选择的余地，同时也在含蓄地警告各国，并对在欧共体中同样有较强态度的法国施加压力。针对英国的强硬态度，法国采取了一些报复的手段，他们在报纸上大肆批评英国，说英国在欧共体合作事项中采取低姿态，企图以此来解决问题。

面对法国的攻击，撒切尔夫人明白，要想让对方接受她提出的目标是非常困难的，所以必须让对方知道，无论采取什么手段，英国都不会改变自己的立场，决不向对手妥协。由于撒切尔夫人顽强的抵制，终于迫使各国首脑做出了很大的让步，最终欧共体会议决议同意每两年削减开支8亿英镑。撒切尔夫人的高起点策略取得了很好的效果。

最优期望目标是谈判开始的话题，如果一个诚实的谈判者一开始就表露出他的最优期望目标，在谈判心理和对手追求自身的实际利益的作用下，他最终可能达到这个目标。如在资金供求谈判中，需求方可能实际只想得到50万元，但谈判一开始，需求方可能报价80万元，这80万元就是需求方的最优期望目标，这个数字比它实际需要的50万元多30万元。具体表示为：

$$Y + \Delta Y = E \tag{3-2}$$

式中，Y 为需求方的实际需求资金数额；ΔY 为多报价即增量；E 为需求方的最优期望目标。

但是，供给方绝不会做提供80万元资金的慷慨之事。根据供给方了解的信息（如偿还能力、经济效益和利率等情况），他明知对方实际只需要50万元，为了使谈判深入下去，使主动权掌握在自己手中，就故意压低对方的报价，只同意提供30万元。如此这般，几经交锋，双方列举各种理由予以论证，谈判结果既不是80万元也不是30万元，可能是略低于或者略高于50万元。

如果一开始需求方不提出80万元，或供给方不提出30万元，谈判就无法进行。为什么谈判中会形成这种习惯，其原因极为复杂，涉及心理、信誉、利益乃至历史成见等诸多因素。需要说明的是，最优期望目标不是绝对达不到的。例如，一个信誉极高的企业和一家资金雄厚、信誉良好的银行之间的谈判，达到最优期望目标的机会是完全可能存在的。

（二）实际需求目标

实际需求目标是谈判各方根据主客观因素，考虑到各方面情况，经过科学论证、预测和核算后，纳入谈判计划的谈判目标。这是谈判者调动各种积极性，使用各种谈判手段，努力达到的谈判目标。如在上例中，其中50万元资金就是实际需求目标。这个层次的目标具有如下特点：

（1）它是秘而不宣的内部机密，一般只在谈判过程中的某几个微妙阶段才提出。

（2）它是谈判者“坚守的最后防线”。如果达不到这一目标，谈判可能陷入僵局或暂停，以便谈判者与其所在单位或谈判小组内部讨论对策。

（3）这一目标一般由谈判对手挑明，而己方则“见好就收”或“给台阶就下”。

（4）该目标关系到谈判一方主要或全部的经济利益。例如，企业若得不到50万元的资金，将无法更新主体设备，使企业在近期内停产或不能扩大再生产，等等。正因为如此，这一目标对谈判者有着强烈的驱动力。

（三）可接受目标

可接受目标是指在谈判中可努力争取或做出让步的范围。它能满足谈判一方的部分需求，实现部分经济利益。在上述例子中，资金供给方由于各种原因（如资金筹措能力、对方偿还能力等）只能提供部分资金（如35万元、40万元等），没有满足需求方的全部实际需求，这种情况是经常发生的。因此，谈判者在谈判前制订谈判方案时应充分估计到这种情况，并制定相应的谈判措施和目标。可接受目标对于谈判一方来说意味着两种态度：一是现实态度，即树立“只要能得到部分资金就是谈判的成功”的观念，绝不能硬充好汉，抱着“谈不成出口气”的态度，这样可能连可实现目标也无法达到；二是资金来源多样化，应多交谈判伙伴，才有可能达到需求目标的总体利益。

（四）最低目标

最低目标是商务谈判必须实现的目标，是谈判的最低要求，若不能实现，宁愿谈判破裂也不能讨价还价、妥协让步。它与最优期望目标之间有着必然的内在联系。在商务谈判中，表面上一开始要价很高，往往提出最优期望目标，实际上这是一种策略，保护的是最低目标，乃至可接受目标和实际需求目标。这样做的实际效果往往是超出谈判者的最低需求目标或至少可以保住这一目标。然后通过对最优期望目标的反复压价，最终可能达到一个超过最低目标的目标。

之所以确定一个最低的谈判目标，是因为如果没有最低目标作为心理安慰，一味追求较高的目标，这种心理往往会带来谈判策略的僵化。这样的结果有以下两个方面：

1. 不利于谈判的进程

谈判当事人的期望值过高，容易产生盲目乐观的情绪，往往对谈判过程中出现的意外情况缺乏足够的思想准备，对于突如其来的事情不知所措。最低目标的确定，不仅可以创造良好的应变心理环境，还为谈判双方提供了可供选择的契机。

2. 不利于所属成员和团体经济行为的稳定

如某生产厂家对某项产品销售的谈判期望值要求过高（即销售量和销售价格的期望值过高），并用这种过高的期望值去影响和诱发所属成员积极性的经济行为，尽管这样做能起到一定的作用，但一旦商务谈判中的某一方没有达到目标，势必影响所属经济行为的稳定性。然而，如果这个生产厂家把制定切合实际的销售谈判目标或以达到最低目标作为合作的起点，那么对于该企业来讲，继续谈判既能达到最低要求，也能产生较强的群体凝聚力。

可以确定，最低谈判目标是低于可接受目标的。可接受目标在实际需求目标与最低目标之间选择，是一个随机值。而最低目标是谈判一方依据多种因素，特别是其拟达到的最低利益而明确划定的限制。如在上述获得资金的例子中，最低目标如定为10万元，那么可接受目标在10万—50万元之间。

以上四种目标之间的关系是：

最高目标 > 实际需求目标 ≥ 可接受目标 ≥ 最低目标

实际需求目标是一个定值，它是谈判一方依据其实际经济条件做出的“预算”。而最优期望值是一个随机数值，只要高于实际需求目标即可，这是谈判的起点，是讨价还价的“筹码”。

在确定商务谈判目标系统和目标层次时，要注意坚持三项原则，即实用性、合理性和合法性。所谓实用性，是要求制定的谈判目标能够谈和可以谈。也就是说，谈判双方要根据自己的经济能力和条件进行谈判。如果离开了这一点，任何谈判的结果都不能付诸实施。如一家企业通过谈判获得了一项先进的技术装备，但由于该单位的职工素质、领导管理水平和其他技术环节存在问题，该项技术装备的效能无法发挥，这次谈判的目标就不具备实用性。所谓合理性，包含谈判目标的时间和空间的合理性。在市场经济条件下，市场变化万千，在一定时间和空间范围内是合理的东西，在另一时间和空间可能就不是合理的。同时,商务谈判的目标对于不同的谈判对象及其在不同的空间区域,同样也有不同的适用程度。除此之外,作为商务谈判的主体,也应对自己的利益目标追求在时间和空间上做全方位的分析,只有这样才能获得成功。所谓合法性,是指商务谈判目标必须符合一定的法律规则。在商务谈判中,为达到自身的利益追求,有的采取对当事人进行行贿等方式使对方顺从,有的用损害集体利益等方式使自己得到好处,有的采用经济压力强迫经济能力不强者妥协,还有的提供伪劣产品、过时技术和假信息等,这些均属于不合法行为。

假设在公司的某次谈判中以出售价格为谈判目标,则以上四种目标可以表述为:

最高期望目标是每件商品售价 1 400 元;

实际需求目标是每件商品售价 1 200 元;

最低目标是每件商品售价 800 元;

可以接受并争取的价格在 800—1 200 元之间。

值得注意的是,谈判中只有价格目标的情况很少见,一般会存在多个谈判目标,这时就需要考虑谈判目标的优先顺序。

当谈判中存在多重目标时,应根据其重要性加以排序,确定是否要达到所有的目标,并将多重目标分为可舍弃的目标、需争取达到的目标、不能降低要求的目标等。与此同时,还应考虑长期目标和短期目标的问题。

例如,某商家欲采购某种商品进行销售,可以做如下考虑:

(1) 只考虑价格,牺牲质量以低价进货;

(2) 只考虑质量,以高价购入高质量商品,期望能以高价销售保证利润;

(3) 质量与价格相结合加以考虑;

(4) 能否得到免费的广告宣传;

(5) 将价格、质量和免费的广告宣传三个因素结合起来加以考虑。

在上述五种可能的目标中,价格和质量问题是基本目标,若这两个问题不解决,谈判就不可能取得成功。而免费广告是最高目标或最优期望目标,它只是在对价格和质量问题不做任何让步的情况下才追求的目标,价格和质量是不可能因免费广告而放弃的目标。

在确定谈判目标时,必须以客观条件为基础,即综合企业或组织的外部环境和内部条件来考虑。一般说来,具体谈判目标要考虑以下因素:

(1) 谈判的性质及其领域;

(2) 谈判的对象及其环境;

(3) 谈判项目所涉及的业务指标的要求;

(4) 各种条件变化的可能性、变化方向及其对谈判的影响;

(5) 与谈判密切相关的事项和问题等。

三、谈判目标的优化及其方法

谈判目标的确定过程,是一个不断优化的过程。对于多重目标,必须进行综合平衡,通过对比、筛选、剔除、合并等手段减少目标数量,确定各目标的主次和连带关系,使各目标之间在内容上保持协调性、一致性，避免互相抵触。

评价一个目标的优劣，主要看目标本身的含义是否明确、单一，是否便于衡量以及在可行的前提下利益实现的程度如何等。从具体目标来说，表达要简单明了，最好用数字或简短的语言体现出来，如“在报价的有效期内，如无意外风险因素，拟以 12% 的预期利润率成交”。

需要指出的是，谈判的具体目标并非一成不变，它可以根据交易过程中的各种支付价值和风险因素做适当的调整和修改。

值得注意的是，这种谈判方案的调整只反映了卖方单方面的愿望，而在谈判的磋商阶段，买方不会总是同卖方意愿一致。为了达到谈判的目标，卖方有时应当做出某些让步，做出让步是因为对方提出了这种需求。如果对方未提出此种要求，卖方也可以在某些方面做出让步来换取其他方面的主动权。但是谈判者必须牢记的一个原则是：任何让步都应建立在赢得一定利益的基础之上。

第四节　谈判方案的制订

在正式谈判前，如前文所述，谈判者需了解谈判环境、谈判对手和自身的情况，初步了解双方的谈判实力。在进行激烈的正式谈判交锋以前，谈判者还需制订出一个周全而又明确的谈判计划，即制订一个谈判方案。

一、制订谈判方案的基本要求

谈判方案是谈判人员在谈判前预先对谈判目标等具体内容和步骤所做的安排，是谈判者行动的指针和方向。谈判方案中应对各个阶段的谈判人员、议程和进度做出较周密的设想，对谈判工作进行有效的组织和控制，使其既有方向，又能灵活地左右错综复杂的谈判局势，使谈判向着预定的方向前进。

从形式上看，谈判方案应该是书面的。文字可长可短，可以是长达几十页的正式文件，也可以是短至一页的备忘录。一般来说，一个成功的谈判方案应该满足以下三方面的基本要求：

（一）谈判方案要简明扼要

所谓简明扼要，就是要尽量使谈判人员能容易地记住其主要内容与基本原则，在谈判中能随时根据方案要求与对方周旋。谈判方案越是简单明了，谈判人员照此执行的可能性就越大。

谈判是一项十分复杂的业务工作，在谈判桌旁参加谈判的人员必须清晰地记住谈判的主题方向和方案的主要内容，在与对手交锋时才能按照既定目标，自如地应对错综复杂而多变的谈判局面，驾驭谈判局势的发展。因此，制订谈判方案时要用简单明了、高度概括的文字加以表述，以便在每一个谈判人员的头脑中留下深刻印象。

（二）谈判方案要具体

方案的简明扼要不是目的，它还要与谈判的具体内容相结合，以谈判的具体内容为基础。谈判方案的内容虽有具体要求，但不等于将有关谈判的细节都包括在内。如果事无巨细、样样俱全,执行起来必然十分困难。

(三) 谈判方案要灵活

由于谈判过程变数较多,方案只是谈判前某一方的主观设想或各方简单磋商的产物,不可能把影响谈判过程的各种随机因素都估计在内。所以,谈判方案还必须具有灵活性,要考虑到一些意外事件的影响,使谈判人员能在谈判过程中根据具体情况灵活运用。例如,对可控因素和常规事宜应做详细安排,对无规律可循的事项可做粗略安排。

二、谈判方案的主要内容

(一) 确定谈判目标

谈判目标是通过谈判要解决的问题。如前所述,商务谈判目标可以划分为:最优期望目标、实际需求目标、可接受目标和最低目标四个层次。对此,谈判者事先要有所准备,做到心中有数。对于谈判目标底数要严格保密,绝不能透露给其他人。谈判目标如有重大修改,要经过商定。没有授权的谈判者要向有关领导请示,即使是有决定权的谈判者,也应当与参加谈判的有关人员协商,取得一致意见后再加以改动。

(二) 规定谈判期限

在谈判开始以前,应当对谈判的期限有所计划和安排。由于谈判的效率问题是评价现代谈判成功与否的一个重要标准,而谈判的期限直接涉及谈判的效率,因此,谈判方案的制订应将谈判期限的规定包括进去。

谈判的期限是指从谈判的准备阶段到谈判的终局阶段之间的时长。在国际贸易中,谈判的期限通常指从谈判者着手准备谈判到报价的有效期结束为止。买卖双方都规定了一定的期限,超过这个期限后即使履行了协议,也可能带来一定的损失,如圣诞礼品在圣诞节后市价将会大跌,因此必须赶在圣诞节之前销售。除去时间限制的影响,谈判的时间拖得越久,谈判双方耗费的人力、物力和财力也就越多。因此,应在谈判之前对谈判的时间做出精确计算和适当安排,最后规定一个谈判期限。

谈判期限的规定,要具体、明确,同时又要有伸缩性,能够适应谈判过程中的情况变化。如某公司对谈判期限做了如下安排:“此报价的有效期为 1 个月。延长有效期的费用,第一个月增加 1%,以后每个月增加 1.5%。如果超过了 3 个月,就应重新报价。因为交货等许多交易条件都有可能发生变化,此谈判的最长宽限期应为 2 个月。”这是一个较为简明、灵活又能保证卖方总体目标不受影响的时间方案。

(三) 拟定谈判议程

在确定谈判方案的目标、谈判对象和谈判期限之后,即可拟定谈判议程。谈判议程一般要说明谈判时间的安排和谈判议题的确定,谈判议程可由一方准备,也可由双方协商确定。议程包括通则议程和细则议程,前者由谈判双方共用,后者给己方使用。

1. 己方安排谈判议程的优势分析

由己方安排谈判议程有许多优势,因为己方可根据自己的需要适当安排。例如,可根据自己的习惯来安排谈判时间,按自己制定好的谈判方式安排讨论问题的先后。如果己方认为应先就一般原则进行讨论,细节放在后面,就可以把主要领导人物的会谈放在前面先行讨论；如果己方认为，小问题容易达成协议，而大的原则问题会存在争议，就可把细节问题放在前面先行讨论。

但是，谈判议程由己方安排也有不足之处。例如，己方安排的议事日程往往会透漏己方的某些意图，对方可能会从中揣摩出一些很有价值的信息，这会对己方不利。另外，对方可以在谈判前有意不对己方的议事日程提出异议，在实际谈判中才突然提出要求修改某些议程，很容易使己方陷入被动，甚至使谈判破裂。

2. 谈判议程的内容

在拟定谈判议程时，要注意两点：一是互助性，即不仅要符合己方的需要，也要兼顾对方的实际利益和习惯做法；二是简洁性，在一次谈判过程中，过多的谈判事项往往会形成人们的思想负担。典型的谈判议程至少要包括下列四项内容：

（1）时间安排，即确定谈判在何时举行，为时多久。如果是分阶段的谈判，还需确定分为几个阶段以及每个阶段所花的时间大约是多少等。① 对于双方意见分歧不会太大的议题，应尽量在较短的时间内解决，以避免无谓的争辩。② 对于主要的议题或争执较大的焦点问题，可将其安排在整个谈判进行到总时间的 3/5 之时加以讨论。若把焦点性问题放在谈判进行到总时间 3/5 的前两个小时之内提出来，更有利于问题的解决。③ 文娱活动的安排要恰到好处。在枯燥的谈判过程中适当安排一些文娱活动，既可活跃气氛，增进友谊，又可松弛神经，消除疲劳，是非常必要的。但是文娱活动的安排不能过多。如果谈判进行一周的话，安排一两次文娱活动就可以了，且最好安排在谈判的第二天以及商谈焦点问题的当天。此外，活动内容要尽量丰富一些，要注意不能使文娱活动成为谈判对方借以疲劳己方，实现其谈判目标或达到其他目的的手段。④ 在进行时间安排时要考虑到意外情况的发生，适当安排一些机动的时间，当然过多的机动时间会使谈判的进程过于松散，节奏过于缓慢。

在确定谈判的时间时，要考虑以下几个因素：谈判准备的充分程度，谈判人员的身体和情绪状况，谈判的紧张程度，谈判议题的需要，以及谈判对手的情况。

（2）确定谈判议题。谈判议题是双方讨论的对象，凡是与谈判有关的并需要双方展开讨论的问题，就是谈判的议题。

确定谈判议题时，首先要将与本次谈判有关的问题列出来；其次，将列出的各种问题进行分类，确定问题是否重要、与己方的利弊关系等；最后，将对己方有利的问题列为重点加以讨论，对己方不利的问题尽量回避，这将有助于己方在谈判中处于主动地位。但回避并不等于问题不存在，因此还要考虑到当对方提出这类问题时，己方将采取的应付对策。

（3）谈判议题的顺序安排。谈判议题的顺序有先易后难、先难后易和混合型等几种安排方式，可根据具体情况加以选择。所谓先易后难，即先讨论容易解决的问题，以创造良好的洽谈气氛，为讨论困难的问题打好基础；所谓先难后易，是指先集中精力和时间讨论重要的问题，待重要的问题得以解决之后，再以主带次，推动其他问题的解决；所谓混合型，即不分主次先后，把所有要解决的问题都提出来进行讨论，经过一段时间以后，再把所有要讨论的问题归纳起来，先以统一的意见予以明确，再对尚未解决的问题进行讨论，以求取得一致的意见。

有经验的谈判者在谈判前便能估计到，哪些问题双方不会产生意见分歧，较容易达成协议,哪些问题可能有争议。有争议的问题最好不要放在开头,这样会影响谈判进程,也可能会影响双方的情绪,但也不要放到最后,放在最后可能时间不充分,而且在谈判结束前可能会给双方都留下一个不好的印象。这类问题最好放在谈成几个问题之后、在谈最后一两个问题之前,即放在谈判的中间阶段。谈判结束之前最好谈一两个双方都满意的问题,以便在谈判结束时营造良好的气氛,给双方留下良好的印象。

(4) 通则议程与细则议程的内容。通则议程是谈判双方共同遵照使用的日程安排,其通常解决以下问题:双方谈判讨论的中心问题,尤其是第一阶段谈判的安排;列入谈判范围的事项,暂不讨论的问题,问题讨论的顺序;讨论中心问题及细节问题的人员安排;总体及各阶段谈判的时间安排。通则议程可由一方提出,或双方同时提出,经双方审议同意后方能正式生效。

细则议程具有保密性,它是对己方审议同意后具体策略的具体安排,供己方使用。其内容一般有:对外口径的统一,包括文件、资料、证据和观点等;谈判过程中各种可能性的估计及其对策安排;谈判的顺序,提出问题的时机、内容、提问对象、提问人、补充者,中途打岔的人员和时候安排,要求暂停讨论的时间等;谈判人员更换的预先安排。

(四) 安排谈判人员

谈判是谈判主体间一系列的行为互动过程,谈判人员的素质和能力直接影响到谈判的成败得失。因此,欲使谈判获得成功并获得预期的经济效益和社会效益,除了靠产品的质量、企业的信誉外,在谈判方案中对谈判团队的组成和谈判人员的分工做出恰当的安排也是一项十分重要的内容。

(五) 选择谈判地点

谈判场所对谈判效果也具有一定的影响,谈判者应当很好地理解并加以利用。通常,对于日常谈判活动,最好争取在己方的办公室和会议室等自己熟悉的地方举行。在己方所在单位与对方谈判,具有许多好处和优势,如向上级请示、查找资料和数据等比较方便;在生活方面能保持正常等。当然,在对方地点谈判也有一定的好处,如便于观察和研究某些情况,有利于与对方上司和其他人士接触,较容易寻找借口等。

小链接

日本的钢铁工业非常发达,但是国内缺乏铁矿石,需要从澳大利亚进口。事前日本方面做了周密的安排,他们了解到澳大利亚人的生活习惯与日本人不大相同,澳大利亚人一向生活安逸、舒适,不耐艰苦,因此,日本方面邀请澳大利亚专产铁矿石的公司到日本来谈判,并且决定实行疲劳战术。一开始,他们并不急于解决问题,而是热情地陪伴客人吃喝玩乐,他们把各种有趣的活动与故意复杂化的谈判有机地结合起来,把澳大利亚人的活动时间排得满满的。几天过去了,客人玩得筋疲力尽,热情的日本人在谈判桌上老是提出这样那样的问题,纠缠不休,谈判进展不大。身心疲惫的澳大利亚人已经表现出急躁情绪,越到后来,越是想早点回去。最终,双方以满足日方的条件达成了协议。

一般来说,对于重要的问题和难以解决的问题最好争取在本单位进行谈判,一般性问题和容易解决的问题,或是需要到对方处了解情况时,也可以在对方地点进行谈判,但必须做好充分准备。如果对方不同意到对方单位谈判,或另有原因,也可以找一个中间地带的场所,这样双方所处的条件就对等了。

（六）谈判现场的布置与安排

谈判房间的布置也很重要。最好选择一个安静、没有外人和电话干扰的地方。房间的大小要适中,桌椅的摆设要紧凑但不拥挤,房间温度适宜,卫生条件要好,灯光要明亮。

还要注意选择谈判桌的形状,安排谈判人员的座位。通常可以以下几种谈判桌中选择:

(1) 方形谈判桌。双方谈判人员面对面而坐,这种形式看起来正规些,但过于严肃,缺少轻松活泼的气氛,有时甚至会有对立的感觉,交谈起来并不方便。

(2) 圆形谈判桌。采用圆桌,双方谈判人员坐成一个圆圈。这种形式通常会使双方谈判人员感觉有一种和谐一致的气氛,而且交谈起来比较方便。

(3) 不设置谈判桌。在双方谈判人员不多的情况下,也可以不设谈判桌,大家随便坐在一起,轻轻松松地洽谈生意。有时,没有谈判桌的效果也很好,能形成友好的谈判气氛,但比较正式的谈判除外。

谈判人员的位置安排也值得考虑。在座位安排上,可以是双方人员各自坐在一起,也可以是双方人员交叉而坐。通常,双方各自坐在一起比较合适,特别是当谈判出现争议时,这样便于查阅一些不便于让对方知道的资料,并能从心理上产生一种安全感。

不仅谈判桌的形状和谈判人员座位的安排很重要,甚至双方谈判人员座位之间的距离远近也值得研究。距离太近,会感到拘束;距离太远,交谈时不方便,还有一种疏远的感觉。适当拉近距离,会产生一种亲密的交谈气氛。

谈判人员的食宿安排,也是谈判准备工作中不可缺少的一个方面。在食宿方面为对方提供满意的服务,同时要注意对方人员的生活习惯、文化传统等,这样能表示己方的诚意、热情和文明礼貌。当然,在通信、交通等方面,也要为对方创造尽可能方便的条件。

第五节　模拟谈判

一、模拟谈判的必要性

模拟谈判是在谈判正式开始前提出各种设想和臆测,进行谈判的想象练习和实际演习。模拟谈判的必要性体现在两个方面:

(1) 模拟谈判对谈判者的经验和能力的获得起到重要的积极作用。据心理学原理,正确的想象练习不仅能提高“彩排”者的能力,有时甚至比实际行动更有效,人的深层心理或神经系统,根本无法区分实际行动所获得的经验和想象中获得的经验有何差异,因此只要正确地进行思想练习和实际演习,就能获得功效,提高谈判能力。

(2) 模拟谈判可以随时修正谈判中的错误,能使整个模拟谈判过程顺利地进行,从而使谈判者获得较完善的经验。而现实的谈判则只能在结束后总结经验,修正错误。

二、拟定假设

进行正确的想象练习，首先要拟定正确的假设或臆测。拟定假设是根据某些既定的事实或常识将某些事物承认（即臆测）为事实。根据假设的内容，可以把假设分为三类：一是对外界客观存在事物的假设；二是对对方的假设；三是对己方的假设。

对外界客观存在事物的假设包括对环境、时间、空间的假设。拟定假设的目的是找出外在世界真实的东西。在商务谈判过程中，要通过对外界事物的假设进一步摸清事实，知己知彼，找出相应的对策。比如，在一次贸易洽谈中，若对方捧着许多材料进入谈判场所，我们需要准确地判断出对方的材料与今天的谈判是否有直接关系。在谈判过程中要采取一定方式了解对方的相关信息，同时要假设如果对方通过调查已了解了我方，我们应如何应对；如果对方对我方并不了解，我们又如何行动。

对对方的准确假设，常常是商务谈判的制胜法宝。对方在谈判中愿意冒险的程度，对商品价格、运输方式、商品质量等方面的要求，都需要我们根据事实加以假设，准确的假设能使己方在谈判中占据主动地位。

对己方的假设包括谈判者对自身心理素质、谈判能力的自测与自我评估，以及对己方经济实力、谈判实力、谈判策略、谈判准备等方面的评价。

无论是哪一种假设，通常都有可能是错误的，不能把假设等同于事实，要对假设产生的意外结果有充分的心理准备。对于假设的事物要小心求证，不能轻易以假设为根据采取武断的做法；否则，会使己方误入谈判歧途，给自己带来重大损失。例如，当我们假设只要出钱就可以买到东西时，如果对方无货或者对方展示的是样品，或者对方产品的质量、规格不相符，那么上面的假设就不正确。因此，拟定假设的关键在于提高假设的精确度，使之准确地接近事实。

提高假设的精确度必须明确区分哪些是事实本身，哪些是自己的主观臆测。从语义学的观点来看，事实有四种：① 能够经过验证的东西，如物品重量、光泽等；② 能够共同感受到的东西，如商品要经过生产才能制造出来等；③ 人们共同信仰的理论、真理，如某些自然科学和社会科学方面的理论知识；④ 根据真理能够加以推理并验证的东西。

人们经过长期的生活实践总结出了许多经验，经过反复验证证明了这些经验是事实，因此，人们往往在大脑中形成了固定的看法，把这些经验和事实等同起来，犯了经验主义的错误。事实上，这些经验仍然是假设，不是事实。例如，经过多次验证，证明了铅笔是木头制造的，机器是钢铁制造的，面包是面粉制造的，等等，但面对未加验证的铅笔、机器以及面包等，上述结论仍是假设。在商务谈判中，心理学家利用人们的这种错误，诱使对方失利的案例很多。因此，必须谨慎地调查了解，验证假设，不要轻易相信任何一个未加验证的事情或结论。

提高假设的精确度，还要以事实为基准拟定假设。所依据的事实越多，假设的精确度就越高。

小链接

某家工厂的收益连续三年下降(事实A),这三年内该工厂始终维持着原有的管理体制(事实B);同时,该工厂一直没有开发新产品,开拓新市场(事实C)。立足这三个事实,我们可做出如下假设:(1)假如事实B和事实C不变,该工厂明年的收益仍可能降低;(2)为扭转这种局面,该工厂可能迫切需要技术、人才、资金及开发新产品、新技术,需要转产或开拓新市场;(3)如果己方正和这家工厂进行上述方面的谈判,己方提高要价,采取强硬立场,可能会取得成功。

假设的基石如果是假设,那么这种假设十分靠不住。这家经营不善的工厂明年的收益可能会继续降低,立足这个假设还可以继续拟定下列假设:(1)明年经营恶化,可能会付不清债务;(2)因为付不清债务,可能不会履行契约;(3)企业可能会破产,使债权人蒙受重大损失;(4)根据上述假设,己方不能和这家工厂做交易,应取消谈判。

显然,上述根据假设拟定出来的假设非常不合理,这种假设会使己方失去许多贸易机会。

三、想象谈判全过程

进行正确的想象练习,还要在拟定假设的基础上想象整个谈判过程。有效的想象练习不只是想象事情的结果,而是想象事物的全过程,想象自己可能采取的一切行动,否则,想象练习是不完全的。

谈判前的想象练习应该按照谈判顺序从开始至结束想象下去,演练自己和对方面对面谈判的一切情形,包括谈判时的现场气氛、对方的面部表情、谈判中可能涉及的问题、对方会提出的各种反对意见、己方的各种答复以及各种谈判方案的选择、各种谈判技巧的运用等,想象谈判中涉及的各种要素。

四、集体模拟

进行正确的想象练习,不仅是个人的苦思冥想,而且是整个谈判队伍的集体模拟。集体模拟可采用沙龙式或戏剧式两种主要形式。

沙龙式模拟是把谈判者聚集在一起,充分讨论,自由发表意见,共同想象谈判全过程。这种模拟的优点是利用人们的竞争心理,使谈判者充分发表意见,相互启发,共同提高谈判水平。谈判者的才干有了表现的机会,人人都会开动脑筋,积极运用创造性思维,在集体思考的强制性刺激及压力下,能产生高水平的策略、方法及谈判技巧。

戏剧式模拟是指在谈判前进行模拟谈判。它和想象谈判不同,想象谈判主要是谈判者个人或集体的思维活动。戏剧式模拟谈判是真实地进行演出,每位谈判者都在模拟谈判中扮演特定的角色,随着剧情发展,谈判全过程会一一展现在每位谈判者面前。根据拟定的不同假设,安排各种谈判场面,从而增强每位谈判者的实际谈判经验。通过戏剧式模拟,能够使谈判的准备更充分、更准确,使每位谈判者找到自己在谈判中的最佳位置,能够为分析己方谈判动机、思考问题的方法等提供一次机会,最终将有助于商务谈判的成功。

本章提要

1. 国际商务谈判由于其复杂性和艰巨性,需要谈判双方组成精明强干的谈判团队进行谈判。谈判人员的个人素质包括其应具备的基本观念、基本知识能力和应有的心理素质;谈判人员群体则涉及谈判队伍的规模、组成结构和分工配合的问题。

2. 谈判前信息准备的主要内容包括市场信息、有关谈判对手的情况资料、科技信息、有关政策法规、金融方面的信息和有关货物样品的准备六个部分。

3. 谈判目标是谈判主体的具体化,可分为四个层次,包括最高目标、实际需求目标、可接受目标和最低目标。谈判目标的确定过程是一个不断优化的过程。

4. 制订的谈判方案要简明扼要、具体、灵活。谈判方案的主要内容包括确定谈判目标、规定谈判期限、拟定谈判议程、安排谈判人员、选择谈判地点、布置与安排谈判现场。

5. 模拟谈判是在谈判正式开始前提出各种设想和臆测,进行谈判的想象练习和实际演习。进行正确的想象练习,首先要拟定正确的假设,在此基础上想象全过程,这也是整个谈判队伍的集体模拟。

讨论与思考

1. 简述谈判组织的构成原则以及谈判队伍的人员结构。

2. 谈判信息的收集包括哪几方面的内容?

3. 谈判的具体目标可分为哪几个层次?在确定具体目标的过程中要考虑哪些方面的因素?

4. 在正式谈判之前进行模拟谈判的好处有哪些?

案例分析

在谈判前摸清对方的底牌

荷兰某精密仪器生产厂与中国某企业拟签订某种精密仪器的购销合同,但双方在仪器的价格条款上还未达成一致,因此,双方就此问题专门进行了谈判。谈判一开始,荷方代表就将其产品的性能、优势以及目前在国际上的知名度做了一番细致的介绍,同时说明还有许多国家的有关企业欲购买他们的产品。最后,荷方代表带着自信的微笑与口吻对中方代表说:“根据我方产品所具有的以上优势,我们认为一台仪器的售价应该为4 000 美元。”

中方代表听后十分生气，因为据中方人员掌握的有关资料，目前在国际上此种产品的最高售价仅为3000美元。于是，中方代表立刻毫不客气地将其掌握的目前国际上生产这种产品的十几家厂商的生产情况、技术水平及产品售价详细地向荷方代表全盘托出。

荷方代表十分震惊，因为据他们所掌握的情况，中方是第一次进口这种具有世界一流技术水平的仪器，想必对有关情况还缺乏细致入微的了解，没想到中方人员准备如此充分，荷方人员无话可说，立刻降低标准，将价格调低到3000美元，并且坚持说他们的产品完全是世界一流水平，物有所值。

事实上，中方代表在谈判前就了解到，荷兰这家厂商目前经营遇到了一定的困难，并陷入一场巨额债务中，回收资金是当务之急，正四处寻找产品的买家，而目前也只有中国对其发出了购买信号，于是，中方代表从容地回答荷方："我们也绝不怀疑贵方产品的优质性能，只是由于我国政府对本企业的用汇额度有一定的限制，因此，我方只能认可2500美元的价格。"荷方代表听后十分不悦，说："我方已经说过了我们的产品是物有所值的，而且需求者也不仅仅是中方一家企业，如果中方这样没有诚意的话，我们宁可终止谈判。"

中方代表依然神色从容，说："既然如此，我们很遗憾。"

中方代表根据已经掌握的资料，相信荷方一定不会真的终止谈判，一定会再来找中方的。

果然，荷方的忍耐达到了极限，没过多久，他们就主动找到中方，表示价格可以再谈，在新的谈判中，双方又都做了一定的让步，最终以每台售价2700美元成交。

延伸阅读

寰球公司签约美国得州清洁能源项目EPC合同

2014年7月10日，在第六轮中美战略与经济对话交流活动期间，寰球公司和美国得克萨斯萨米特清洁能源公司(Summit Texas Clean Energy)在国家能源局和美国能源部政府官员的见证下，共同签署了美国得克萨斯州清洁能源项目框架协议。

该项目继6月16日双方签署前端设计合同后，于7月3日获得美国能源部的正式批准，项目合同开始生效。根据本次框架协议，寰球公司将作为总承包商负责项目EPC建设，并由中国进出口银行对项目提供融资支持。

该项目采用国际先进的煤气化技术，将年生产40万吨合成氨/70万吨尿素，并伴有400MW/年IGCC联合发电能力装置。同时，采用世界先进的二氧化碳捕捉驱油技术，对煤气化产生的大量二氧化碳(10万方/小时，8亿方/年)进行捕捉、储存、输送，并注入油田驱油，提高采收率。该项目是中美能源领域战略合作平台项下共同应对气候变化工作组成果签约项目之一，得到了国家发改委副主任解振华和美国能源部官员的高度关注与支持。该项目已获得美国政府4.5亿美元的资金支持和超过6亿美元的税费减免优惠政策支持。

该协议的签订，标志着美国清洁能源项目正式进入执行阶段，这也是寰球公司利用自身丰富的工程建设和海外融资经验，又一次在美国市场成功赢得的高端项目。

12月8日，寰球公司联合合作伙伴兰万灵公司（美国），与业主美国萨米特得克萨斯清洁能源公司在北京成功签约美国得克萨斯清洁能源项目EPC合同。这是寰球公司迈向国际一流工程公司的重要里程碑，也是其首次在世界最发达国家承担大型复杂联合工艺装置的总承包项目。

这个项目是中美两国近年来最大的能源合作战略项目，项目碳捕获量高达90%以上，基本实现了二氧化碳零排放，对攻克中美两国绿色低碳能源转型的共同课题——煤炭清洁利用和能源综合利用具有重要意义，对加快形成我国自主绿色低碳关键技术、实现特色环保发展、强化在国际温室气体减排谈判中的话语权意义重大。

这个项目集合了国际先进煤气化、二氧化碳捕捉驱油等技术，对生产过程中的二氧化碳进行捕捉、储存，提高采收率，实现项目效益最大化。其中，二氧化碳捕捉驱油技术，对于集团公司老油田增产、转型具有重要意义。寰球公司将借助项目执行，加快消化、吸收并最终掌握自主二氧化碳捕捉驱油和煤炭清洁利用技术，为国家和集团公司绿色低碳能源转型积累经验、储备技术、培养人才，夯实发展基础。

寰球公司总经理王新革表示："寰球公司将与合作伙伴兰万灵公司共同组成富有经验的工作团队，使用最先进的管理理念，持续优化资源配置，确保项目成功建设，最终实现多方共赢，为促进煤炭资源清洁利用和低碳发展、绿色发展做出更大贡献。"项目将在融资工作完成后全面启动。

签约仪式上，美国能源部官员、美国驻华大使馆商务参赞、业主代表、合作伙伴兰万灵公司代表、寰球公司总经理分别发言，表示这个项目的成功实施对中美两国共同应对全球气候挑战具有重要意义，在中美气候合作框架下，各方将秉承互信、互助、共赢的理念，推动合作向更好的方向发展，共同谱写21世纪创造低碳经济的重要篇章。

资料来源：作者根据网络资料整理。

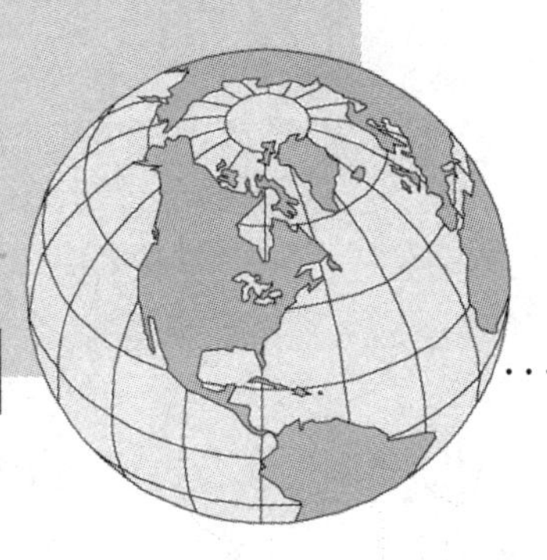

第四章

国际商务谈判各阶段的策略

【导语】

国际商务谈判的过程复杂多变，为了在复杂多变的谈判中取得满意的结果，实现利益目标，必须在谈判中采取灵活多样、实用有效的战略方案。策略是谈判者为了有效地达到预期目的，在谈判过程中所采取的各种行动、方法和手段的总和，是谈判工作者在可以预见和可能发生的情况下应采取的相应行动和手段。考虑到国际商务谈判所特有的复杂性，国际商务谈判的过程通常分为鲜明的开局、报价、磋商和成交这四个阶段。那么，应该在开局阶段采取的策略有哪些？在报价阶段应遵循什么样的商业惯例？在磋商阶段可采取的战术是什么？成交阶段应注意哪些事项？通过对本章的学习，你会对这些实战技巧有比较深入的了解。

【教学目的】

学习本章后，你应掌握：

- 国际商务谈判策略概述；
- 开局阶段的策略；
- 报价阶段的策略；
- 磋商阶段的策略；
- 成交阶段的策略。

【关键词】

开局阶段　报价阶段　最低可接纳水平　磋商阶段　实质性分歧　假性分歧　成交阶段　互惠式谈判　交叉式让步

引导案例

不同阶段的不同策略

美国有位谈判专家想在家中建一个游泳池,建筑设计的要求非常简单:长30英尺,宽15英尺,有水过滤设备,并且在一定时限内做好。谈判专家对游泳池的造价及建筑质量方面是个外行,但这难不倒他。在极短的时间内,他不仅使自己从外行变成了内行,而且还找到了质量好、价钱便宜的制造者。

谈判专家先在报纸上登了一个想要建造游泳池的广告,具体写明了建造要求,结果有甲、乙、丙三位承包商来投标,他们都交了承包的标单,所提供的温水设备、过滤网、抽水设备和付款条件都不一样,总费用也有差距。

接下来的事情是约这三位承包商来他家商谈,第一个约在早上9点,第二个约在9点15分,第三个则约在9点30分。第二天,三位承包商如约而至,他们都没有立刻见到谈判专家,只得坐在客厅里彼此交谈着等候。

10点的时候,谈判专家出来请第一个承包商甲进到书房去商谈。甲一进门就宣称他的游泳池一向是造得最好的,好的游泳池设计标准和建造要求他都符合,顺便还告诉谈判专家承包商乙通常使用陈旧过滤网,而承包商丙曾经丢下许多未完成的工程,并且丙现在正处于破产的边缘。接着谈判专家同承包商乙进行谈话,从他那里了解到甲和丙所提供的水管都是塑胶管,他所提供的才是真正的铜管。承包商丙告诉谈判专家的是,其他人所使用的过滤网都是品质低劣的,并且往往不能彻底做完,而他绝对能做到保质保量。

谈判专家通过静静的倾听和旁敲侧击的提问,基本上弄清楚了游泳池的建筑设计要求及三位承包商的基本情况,发现承包商丙的价格最低,而承包商乙的建筑设计质量最好。最后他选中了承包商乙来建造游泳池,而只给承包商丙所提供的价钱。经过一番讨价还价之后,谈判终于达成一致。

国际商务谈判的过程复杂多变,为了在复杂多变的谈判中取得满意的效果,实现利益目标,必须在谈判中适时而灵活地实施有效的战略方案。通过学习在谈判开局阶段、报价阶段、磋商阶段、成交阶段的不同策略,读者应了解不同谈判阶段的不同特点,并能够针对四个阶段分别提出有效的谈判策略。

第一节　国际商务谈判策略概述

一、国际商务谈判策略的概念

从企业经营的角度来说,商务谈判策略是为了实现企业的经营目标,在市场竞争的环境变化中求得生存和发展的一系列对策的统称;从谈判人员习惯认识的角度来说,策略是谈判者为了有效地达到预期的目的,在谈判过程中所采取的各种行动、方法和手段的总和;从商务谈判人员的习惯认识来说,可以把谈判策略理解为根据谈判战略目标的要求和谈判情况的变化，灵活地贯彻和实施谈判战略方案所采取的措施的总和。简而言之，谈判策略是在可以预见和可能发生的情况下应采取的相应行动和手段。

二、制定国际商务谈判策略的步骤

制定商务谈判策略的步骤是指制定策略所应遵循的逻辑顺序。其主要步骤包括以下几个方面：

（一）了解影响谈判的因素

谈判策略制定的起点是对影响谈判的各因素的了解。这些因素包括谈判中的问题，双方的分歧、态度，谈判的趋势、事件或情况等，这些因素共同构成一套谈判组合。首先，谈判人员将这个“组合”分解成不同的部分，并找出每部分的意义；然后，谈判人员进行重新安排，观察分析之后，找出最有利于自己的组合方式。

为了判断在谈判过程中采取进攻或撤退行动的最佳时机，寻找最合适的手段或方式，达成最有利于自己的协议，谈判人员需要制定恰当的谈判策略。由于谈判是一个动态的发展过程；谈判人员要针对谈判中的发展趋势做出适当的反应，随时调整谈判策略。

（二）寻找关键问题

在对相关现象进行科学分析和判断后，要求对问题，特别是关键问题做出明确的陈述与界定，厘清问题的性质，以及该问题对整个谈判的成功会产生什么作用等。

（三）确定具体目标

根据现象分析，找出关键问题，找出谈判进展中应该调整的事先已确定的目标。然后，视当时的环境变化，调整和修订原来的目标，或是对各种可能的目标进行分析，确定一个新目标。谈判目标的确定关系到整个谈判策略的制定以及将来整个谈判的方向、价值和行动。这个过程实际上是一个根据自身条件和谈判环境寻找各种可能目标进行动态分析判断的过程。

（四）形成假设性方法

根据谈判中不同问题的不同特点，逐步形成解决问题的途径和具体方法。这需要谈判人员对不同的问题进行深刻分析，突破常规限制，尽力探索出既能满足自己期望的目标，又能解决问题的方法。

（五）深度分析和比较假设方法

在提出假设性的解决方法后，要对少数比较可行的策略进行深入分析。依据“有效”“可行”的要求，对这些方法进行分析、比较，权衡利弊，从中选择若干个比较满意的方法与途径。这要求谈判人员在决策理论的指导下，运用一系列定性与定量的分析方法，对假设方法进行深度分析，分析的标准是“有效”和“可行”。所谓“有效”，是指方法的针对性强，既能切实解决问题，又能实现利益目标的要求；所谓“可行”，是指方法本身简便易行，而且要在谈判对方认可、接受的范围之内。

（六）形成具体的谈判策略

在进行深度分析得出结果的基础上，对拟定的谈判策略进行评价，得出最后结论；同时，还需要考虑提出假设性谈判策略的方式、方法，根据谈判的进展情况，特别是已准确把握了对方的企图以后，考虑在什么时候提出己方的策略，并考虑以何种方式提出。综合考虑这些方法和提出的时间、方式，确定这些假设方法中哪些是最好的，哪些是一般的，哪些是迫不得已的，即形成所谓的“上策”“中策”和“下策”。

（七）拟订行动计划草案

有了具体的谈判策略，紧接着便是考虑谈判策略的实施。要从一般到具体地提出每位谈判人员必须做到的事项，把它们在时间、空间上安排好，并进行反馈控制和追踪决策。

以上只是从商业谈判的一般情况来说明如何制定谈判策略。在具体实施的过程中，上述步骤并非机械地排列，各步骤间也不是明显分开的，这些步骤和程序仅仅是制定谈判策略时应遵循的逻辑思维。

第二节 开局阶段的策略

在实际谈判中，从谈判双方见面商议开始，到最后签约或成交为止，整个过程往往呈现出一定的阶段性特点。

开局阶段主要是指谈判双方见面后，在讨论具体、实质性的交易内容之前，相互介绍、寒暄以及就谈判内容以外的话题进行交谈的那段时间。谈判的开局是整个商务谈判的起点，开局的效果如何在很大程度上决定着整个谈判的走向和发展趋势。因此，一个良好的开局将为谈判成功奠定坚实的基础，谈判人员应给予高度重视。

在开局阶段，谈判人员的主要任务是创造良好的谈判气氛、交换意见和做开场陈述。

一、创造良好的谈判气氛

根据互惠谈判模式的要求，谈判双方应当共同努力，寻求互惠互利的谈判结果。经验证明，在非实质性谈判阶段所创造的气氛会对谈判的全过程产生重要影响。因此，谈判人员要在谈判开始前建立一种合作的气氛，为双方融洽的工作奠定良好的基础。

每一次谈判都因谈判内容、形式、地点的不同，而有其独特的气氛。有的谈判气氛是冷淡、对立的，有的是松弛、缓慢、旷日持久的，有的是积极、友好的，也有的是平静、严肃、拘谨的。不同的谈判气氛对谈判会有不同的影响。在热烈、积极、友好的气氛下，双方抱着互利互让、通过共同努力而签订一个皆大欢喜的协议、使双方的需要都能得到满足的态度来参加谈判，谈判便会成为一件轻松愉快的事情；在冷淡、对立、紧张的气氛中，双方抱着寸步不让、寸利必夺、尽可能签订一个使自己利益最大化的协议的态度来参加谈判，很有可能会将谈判变成一场没有硝烟的战争。

一种谈判气氛可以在不知不觉中把谈判朝某个方向推进。比如，热烈、积极、良好的气氛，会把谈判朝着达成一致的协议方向推动，而冷淡、对立、紧张的气氛会把谈判推向更为严峻的境地。气氛会影响谈判人员的心理、情绪和感觉，如果不加以调整和改变，气氛就会逐渐增强。因此，在谈判一开始，建立一种合作、诚挚、轻松、认真和解决问题的气氛，对谈判能起到十分积极的作用。

谈判双方刚见面时的寒暄等客套并不能决定谈判的气氛，这仅仅是表面现象而已。谈判人员的大脑运动才是决定谈判气氛的实质内容，正是由谈判人员的大脑运动所决定的谈判人员的谈吐、目光、姿态、各种动作形式及速度，造成了各不相同的谈判气氛。实际上，当双方走到一起准备谈判时，洽谈的气氛就已经形成。是热情还是冷漠，是友好还是猜忌，是轻松活泼还是严肃紧张都已基本确定，甚至整个谈判的进展，如谁主谈，谈多少，也会对双方的策略产生很大的影响。当然，谈判气氛不仅受开始瞬间的影响，双方见面之前的预先接触、谈判中的交流都会对谈判气氛产生影响。但谈判开始瞬间的影响最为强烈，它奠定了谈判的基础。此后，谈判的气氛波动比较有限。因此，为了创造一个良好、合作的气氛，谈判人员应当注意以下几点：

（1）谈判前，谈判人员应静下来再一次设想谈判对手的情况，设想谈判对手的类型。若是从未谋面的人则可根据己方掌握的情况设想其工作和个人生活特点、在企业中所处的地位、秉性特点等。

（2）谈判人员应该径直步入会场，以开诚布公、友好的态度出现在对方面前。肩膀要放松，目光的接触要表现出可信、可亲和自信。心理学家认为，谈判人员心理的微妙变化都会通过目光而表现出来。

（3）谈判人员在服饰仪表上，要塑造符合自己身份的形象。谈判人员不应该蓬头垢面，服饰要美观、大方、整洁，颜色不要太鲜艳，式样不能太奇异，尺码要合适。由于各国的经济发展程度不同和风俗习惯存在差异，对服饰方面的要求当然不能一概而论，但干净、整齐的服饰在任何场合都是必要的。

小链接

瑞士某财团副总裁率代表团来华考察合资办药厂的环境和商洽有关事宜，国内某国有药厂出面接待安排。第一天洽谈会，瑞方人员全部西装革履，穿着规范出席，而中方人员有穿夹克衫、皮鞋的，有穿牛仔裤、运动鞋的，还有穿着毛衣外套的。结果，当天的会谈草草结束后，瑞方连考察现场都没去，第二天就匆匆地打道回府了。

（4）在开局阶段，谈判人员最好站立说话，小组成员不必围成一个圆圈，而最好是自然地把谈判双方分成若干小组，每组都有各方的一两名成员。

（5）行为和说话都要轻松自如，不要慌张。可适当谈论一些轻松的、非业务性的问题，如来访者旅途的经历、体育表演或文娱信息、天气情况、私人问候以及以往的共同经历和取得的成功等，此时应采用不带任何威胁的语调，不要涉及个人的隐私，尽量使双方找到共同语言，为心理沟通做好准备。

（6）注意手势和触碰行为。双方见面时，谈判人员应毫不迟疑地伸出右手与对方相握。握手虽然是一个相当简单的动作，却可以反映出对方是强硬的、温和的，还是理智的。在西方，一个人如果在以右手与对方相握的同时，又把左手搭在对方的肩上，说明此人精力过于充沛或权力欲很强，对方会认为“这个人太精明了，我得小心一点”。同时，最忌讳的莫过于拉下领带、解开衬衫纽扣、卷起衣袖等动作，因为这将使人认为你已精疲力竭、厌烦等。

总之，谈判气氛对谈判进程极为重要，谈判人员要善于运用灵活的技巧来影响谈判气氛的形成。只有建立起诚挚、轻松、合作的洽谈气氛，谈判才能获得理想的结果。

二、交换意见

在建立良好的谈判气氛之后，谈判人员相继落座，此时谈判开始。

在开局阶段，谈判人员切忌离题太远，应尽量将话题集中于谈判的目标、计划、进度和人员四个方面。

1．谈判目标

谈判目标因各方出发点不同而有不同的类型。例如，探测型意在了解对方的动机；创造型旨在发掘互利互惠的合作机会；论证型旨在说明某些问题。除此之外，还有达成原则协定型、达成具体协定型、批准草签的协定型、回顾与展望型、处理纷争型，等等。目标既可以是其中的一种，也可以是其中的几种。

2．谈判计划

谈判计划是指议程安排，其内容包括议题和双方人员必须遵循的规矩。

3．谈判进度

这里的进度是指会谈的速度或是会谈前预计的洽谈速度。

4．谈判人员

谈判人员是指每个谈判小组的成员情况，包括姓名、职务以及谈判中的地位与作用。

上述问题也许在谈判前双方就已经讨论过了，但在谈判开始前，仍有必要就这些问题再协商一次。最为理想的方式是以轻松、愉快的语气先谈双方容易达成一致意见的话题。例如，"咱们先确定一下今天的议题，如何？""先商量一下今天的大致安排，怎么样？"这些话题从表面上看似乎无足轻重，但这些要求往往最容易引起对方肯定的答复，因此比较容易创造一种一致的氛围。如果对方急于求成，一开局就急于谈论实质性问题，己方应巧妙地避开对方肯定的答复，把对方引到谈判目的、议程上来。如对方一开始就说："来，咱们雷厉风行，先谈价格条款。"我方可以接口应道："好，马上谈，不过咱们先把会谈的程序和进度先统一一下，这样谈起来效率更高。"这也是防止谈判因彼此追求的目标、对策相去甚远而在开局之初就陷入僵局的有效策略。

三、做开场陈述

在报价和磋商之前，为了摸清对方的原则和态度，可做开场陈述和倡议。所谓开场陈述，即双方分别阐明自己对有关问题的看法和原则，开场陈述的重点是己方的利益，但它不是具体的，而是原则性的。

陈述的内容通常包括：己方对问题的理解，即己方认为这次应涉及的问题；己方的利益，即己方希望通过谈判取得的利益；哪些方面对己方来讲是至关重要的；己方可向对方做出的让步和商谈事项；己方可以采取何种方式为双方共同获得利益做出贡献；己方的原则，包括双方以前合作的结果，己方在对方心中享有的信誉，今后双方合作中可能出现的良好机会或障碍等。

双方应尽量平分陈述的时间，切忌出现独霸会场的局面。发言内容要简短且突出重点，恰如其分地把意图、感情倾向表示出来。例如，“希望有关技术方面问题的讨论结果，能使我们双方都满意”。在用词和态度上，尽量轻松愉快，具有幽默感，以避免引起对方的焦虑、不满和愤怒。

结束语需特别斟酌，应表明己方陈述只是为了使对方明白己方的意图，而不是向对方挑战或强加给对方。例如，“我是否说清楚了”“这是我们的初步意见”等都是比较好的语句。陈述完毕后，要留出一定时间让对方表达一下意见。同时，注意对方对自己的陈述有何反应，并寻找出对方的目的和动机与己方的差别。

对于对方的陈述，己方一是要倾听，听的时候要思想集中，不要把精力集中在寻找对策上；二是要明晓对方陈述的内容，如果有疑问，可以向对方提问；三是归纳，要善于思考理解对方的关键问题。

双方分别陈述后，需要做出一种能把双方引向寻求共同利益的陈述，即倡议。倡议时，双方提出各种设想和解决问题的方案，然后在设想和符合商业标准的现实之间，找到可最终成交的合作方式。

四、开局阶段应考虑的因素

不同内容和类型的谈判，需要有不同的开局策略与之对应。一般来说，确定恰当的开局策略需要考虑以下几个因素。

（一）考虑谈判双方之间的关系

谈判双方之间的关系，主要有以下几种情况：双方过去有过业务往来，且关系很好；双方过去有过业务往来，关系一般；双方过去有过业务往来，但己方对对方印象不佳；双方过去没有业务往来。

（1）如果双方过去有过业务往来，且关系很好，那么这种友好的关系应作为双方谈判的基础。在这种情况下，开局阶段的气氛应是热烈、真诚、友好和愉快的。开局时，己方谈判人员在语言上应该是热情洋溢的，内容上可以畅谈双方过去的友好合作关系或双方之间的人员交往，亦可适当地称赞对方企业的进步与发展，态度应该比较自由、放松、亲切。在结束寒暄后，可以这样将话题切入实质性谈判：“过去我们双方一直合作得很愉快，我想，这次我们仍然会合作愉快的。”

（2）如果有过业务往来，但关系一般，那么开局的目标是要争取创造一个比较友好、和谐的气氛。但是，己方的谈判人员在语言的热情程度上要有所控制；在内容上，可以简单回忆双方过去的业务往来及人员交往，亦可交流双方人员在日常生活中的兴趣和爱好。寒暄结束后，可以这样把话题切入实质性谈判：“过去我们双方一直保持着业务往来关系，我们希望通过这一次的交易磋商，将我们双方的关系提高到一个新的高度。”

（3）如果双方过去有过一定的业务往来，但己方对对方的印象不好，那么开局阶段的谈判气氛应是严肃、凝重的。己方谈判人员在开局时，语言上在注意礼貌的同时，应该比较严谨，甚至可以带一点冷峻。在内容上，可以就过去双方的关系表示不满和遗憾，以及表达希望通过磋商来改变这种状况的愿望；在态度上，应该充满正气，与对方保持一定距离。在寒暄结束后，可以这样将话题引入实质性谈判：“过去我们双方有过一段合作关系,但遗憾的是并不那么令人愉快。千里之行,始于足下。让我们从这里开始吧。”

(4) 如果过去双方从来没有业务往来,应努力创造一种真诚、友好的气氛,以淡化和消除双方的陌生感以及由此带来的防备,为后面的实质性谈判奠定良好的基础。因此,己方谈判人员在语言上应该表现得礼貌友好,但又不失身份。在内容上,多以天气情况、途中见闻、个人爱好等比较轻松的话题为主,也可以就个人在公司的任职时间、负责的范围、专业经历进行一般性询问和交谈;在态度上,要不卑不亢,沉稳而又不失热情,自信但不傲气。寒暄后,可以这样开始实质性谈判:“这笔交易是我们双方的第一次业务交往,希望它能够成为我们双方发展长期友好合作关系的一个良好开端。我们都是带着希望来的,我想,只要我们共同努力,我们一定会满意而归。”

(二) 考虑双方的实力

就双方的实力而言,有以下三种情况:

(1) 双方谈判实力相当,为了防止一开始就强化对手的戒备心理或激起对方的对立情绪,以致影响到谈判的结果,在开局阶段,仍然要力求创造一种友好、轻松、和谐的气氛。己方谈判人员在语言和姿态上要做到轻松又不失严谨、礼貌又不失自信、热情又不失沉稳。

(2) 如果己方谈判实力明显强于对方,为了使对方能够清醒地意识到这一点,使其在谈判中不抱过高的期望,从而产生威慑作用,同时又不至于将对方吓跑,在开局阶段,己方在语言和姿态上,既要表现得礼貌友好,又要充分显示出己方的自信和气势。

(3) 如果己方谈判实力弱于对方,为了不使对方在气势上占上风,从而影响后面的实质性谈判,应在开局阶段的语言和姿态上,一方面要表示出友好和积极合作的意愿,另一方面要充满自信,使对方不能轻视我们。

第三节　报价阶段的策略

谈判双方在结束非实质性交谈之后,要将话题转向有关交易内容的正题,即开始报价。报价以及随之而来的磋商是整个谈判过程的核心。

这里所说的报价,不仅指产品在价格方面的要价,而且泛指谈判的一方对另一方提出的所有要求,包括商品的数量、质量、包装、价格、装运、保险、支付、商检、索赔、仲裁等交易条件,其中价格条件是谈判的中心。外贸业务虽然种类繁多,但一般情况下,谈判都是围绕着价格进行的。

报价阶段的策略主要体现在三个方面,即报价的先后顺序、报价方式和如何对待对方报价。

一、报价的先后顺序

谈判双方中谁先报价是一个微妙的问题,报价的先后顺序在某种程度上对谈判结果会产生实质性影响。就一般情况而言,先报价有利也有弊。

谈判者一般都希望谈判尽可能按己方意图进行,因此要以实际的步骤来树立己方在谈判中的影响。己方如果首先报价就为以后的讨价还价树立了一个界碑,实际上是为谈判划定了一个框架或基准线，最终谈判将在这个范围内达成。例如，卖方报价某种材料每吨 FOB 1 000 美元，那么双方磋商结果的最终成交价一定不会超过 1 000 美元。

而且，先报价如果出乎对方的预料和期望值，会使对方失去信心。例如，卖方报价每吨 FOB 1 000 美元的货物，买方能承受的价格只有 400 美元，与卖方报价相去甚远，即使经过磋商也很难达成协议，因此只好改变原部署，要么提价，要么放弃交易。总之，先报价在整个谈判中会持续地发挥作用，因此先报价比后报价影响要大得多。

先报价的弊端也很明显：一方面，对方了解己方的报价后，可以对他们原有的想法做出调整。由于己方先报价，对方对己方的交易起点有所了解，他们可以修改预先准备的报价，获得本来得不到的收益。如上例中，卖方报价每吨 1 000 美元的材料，若买方预先准备的报价是 1 100 美元，这种情况下，很显然，在卖方报价后，买方会马上修改其原来准备的报价条件，其报价肯定会低于 1 000 美元，那么对买方来讲，后报价至少可以使他获得 100 美元的好处。另一方面，先报价后，对方还会在磋商过程中试图迫使己方按照他们的思路进行后续谈判。其常用的做法是：采取一切手段，调动一切积极因素，集中力量，攻击己方报价，逼迫己方逐步降价，而并不透露他们自己的价格。

既然两种方式各有利弊，就应通过分析比较谈判双方的谈判实力，采取不同的策略。

（1）如果预期谈判将会出现各不相让的僵持局面，那么就应通过先报价来规定谈判过程的起点，并由此来影响此后的谈判过程，从一开始就占据主动是比较有利的。

（2）如果己方的谈判实力强于对方，或者与对方相比，己方在谈判中处于相对有利的地位，那么己方可以先报价。尤其是在对方对本次交易的市场行情不太熟悉的情况下，先报价就更占优势，这样可为谈判划定一个基准线。同时，由于己方了解行情，可以适当掌握成交的条件，对己方无疑利大于弊。

（3）如果谈判对方同己方有较长的业务往来，而且双方合作一向较愉快，在这种情况下，谁先报价对双方来说都无足轻重。

（4）就一般惯例而言，发起谈判的人应先报价。

（5）如谈判双方都是谈判专家，则谁先报价均可。如谈判对方是谈判专家，己方不是谈判专家，则让对方先报价可能较为有利。

（6）如对方是行业外人士，不论己方是不是了解此行业，己方先报价可能较为有利，因为这样做可以对对方起一定的引导或支配作用。

（7）按照惯例，由卖方先报价。卖方先报价的目的不是为了扩大影响，而只是用报价的方法直接刺探对方的反应思路。卖方报价是一种义务，买方还价也是一种义务。以下案例说明了报价中的艺术。

小链接

爱迪生在做某公司电气技师时，他的某项发明获得了发明专利。一天，公司经理突然派人把爱迪生叫到经理室，表示愿意购买爱迪生的发明专利，并让爱迪生先报价。

爱迪生想了想，回答道："我的发明对公司有怎样的价值我是不知道的，请您先开个价吧。"

"那好吧,我出40万美元,怎么样?"经理爽快地先报了价。

谈判顺利结束了。

事后,爱迪生这样说:"我原来只想把专利卖5000美元,因为以后在实验上还要用很多钱,所以再便宜些我也是肯卖的。"

让对方先报价,使爱迪生多获得了30多万美元的收益,经理的开价与他所预料的价格简直是天壤之别。在这次谈判中,事先未有任何准备、对其发明对公司的价值一无所知的爱迪生如果先报价,肯定会遭受巨大的损失。在这种情况下,最佳的选择就是把报价的主动权让给对方,通过对方的报价传递的信息,来探查对方的目的、动机,摸清对方的虚实。然后及时地调整自己的谈判计划,重新确定报价。

二、报价方式

由于报价的高低对整个谈判进程会产生实质性影响,因此,要成功地进行报价,谈判人员必须遵守一定的原则。

(一)掌握行情是报价的基础

报价策略的制定基础是谈判人员根据以往和现在所收集和掌握的、来自各种渠道的商业情报和市场信息,对其进行比较、分析、判断和预测。

众所周知,国际市场的行情处于不断的变化之中,这种错综复杂的变化,通常会通过价格的波动表现出来;同时,价格的波动反过来又会影响市场的全面波动。因此,要求谈判人员在收集、积累有关信息、情报和资料的基础上,注意分析和预测市场动向,主要是研究有关商品的国际市场供求关系及其价格动态。此外,该商品或其替代品在生产技术上如有重大突破和革新征兆时,也应给予密切的关注。

(二)报价的原则

卖方希望卖出的商品价格越高越好,而买方则希望买进的商品价格越低越好。但一方的报价只有在被对方接受的情况下才能产生预期的结果,才能使买卖成交。这就是说,价格水平的高低,并不是由任何一方凭自己意愿决定的,它要受到供求和竞争以及谈判对手状况等多方面因素的制约。因此,谈判一方向另一方报价时,不仅要考虑报价所获利益,还要考虑该报价能否被对方接受,即报价成功的概率。

因此,报价的基本原则就是:通过反复比较和权衡,设法找出价格所带来的利益与被接受的成功率之间的最佳结合点。

(三)最低可接纳水平

报价之前最好为自己设定一个"最低可接纳水平"。最低可接纳水平是指最差的但却勉强可以接纳的最终谈判结果。有了最低可接纳水平,谈判人员可避免拒绝有利条件或接受不利条件,也可用来防止一时的鲁莽行动。在"联合作战"的场合,还可以避免各个谈判者各行其是。例如,卖方将他欲出售的某种商品的最低可接受价格定为每件500元,意味着假如售价等于或高于每件500元,他将愿意成交;但若售价不及每件500元,则他宁愿持有商品，也不愿出售。

（四）确定报价

一般来说，一方报价之后，对方立即接受的例子极为少见，一方开价后，对方通常要还价。报价策略对卖方来说是要报出最高价，而买方则是要报出最低价。

首先，报价存在一定的虚头是正常情况，虚头的高低要视具体情况而定，不能认为越高越好，也没有固定的百分比。在国际行市看好时，卖方的虚头可以略高一些，行市越趋好，虚头就可以越高。虚头是为以后的谈判留有余地，量要适当。作为卖方，开盘价为成交的价格确定了一个最高限。一般来讲，除特殊情况外，开盘价一经报出，就没有提高或更改的余地。同样，作为买方，开盘价为购买价确定了一个最低限。一般来讲，没有特殊情况，开盘价也是不能降低的。

其次，“一分钱，一分货”的观念被大多数人所信奉，尤其对于价格政策为“厚利少销”的商品（如工艺美术品），较高的虚头是必要的。

最后，在谈判过程的各个阶段，特别是磋商阶段中，谈判双方经常会出现僵持不下的局面。为了推动谈判的进程，使之不影响己方谈判的战略部署，己方应根据需要，适时做一些退让，适当满足对方的某些要求，以打破僵局或换取对己方有利的条款。所以，报出含有高虚头的价格是很有必要的。

但是，虚头并不是越高越好。离开实际，漫天要价，并不会为己方带来任何利益，而且有可能失去贸易对手，浪费时间和精力。

小链接

> 20世纪70年代的某届秋季广交会，我国大豆成交价定为每吨人民币800元，比当时国际市场行情高出人民币200元，结果大多数客户都惊呆了，他们弄不明白中国方面的意图，连还价的基础都不复存在，只好悻悻而回。一场交易会下来，除个别客户考虑到长远关系，买了几百吨外，大多数客户未能成交。

因此，报价的虚头必须是合情合理的，即能找出合适的理由为之辩护。若价格高却毫无来由，对方必然会认为你缺少诚意，从而终止谈判，或者用相对的方式过分杀价，或者提出质问，使己方丧失信誉。

过分的虚头也会给谈判造成困难。如果对方认为报价还有水分，总不敢下最后决心。为了使对方明确态度，己方往往限定最后期限。这样做可能产生两种后果：一是对方看清局势接受下来；二是被对方误认为是谈判手段而不予重视，这意味着谈判可能破裂。

（五）报价过程

卖方主动开盘报价叫报盘，买方主动开盘报价叫递盘。在正式谈判中，开盘都是不可撤销的，叫作实盘。开盘时，要坚定而果断地提出报价，这样才能给对方留下己方是认真而诚实的印象。欲言又止、吞吞吐吐必然会导致对方的不信任。

开盘必须明确清楚，必要时应向对方提供书面的开价单，或一边解释一边写明，使对方准确地了解己方的期望,切勿含混不清使对方误解。

开盘时不需对所报价格做过多解释和说明,对方定会对有关问题提出质询。如果在对方提问之前,己方主动地加以说明,会使对方意识到己方最关心的问题所在,而这种问题对方有可能尚未考虑过。而且有时过多地说明和辩解,会使对方从中找出破绽或突破口。

(六) 两种典型报价战术

在国际商务谈判中,有两种典型的报价战术,即西欧式和日本式。

西欧式报价战术与前面所述报价原则一致。其一般的模式是:首先提出含有较大虚头的价格,然后根据买卖双方的实力对比和该笔交易的外部竞争状况,通过给予各种优惠,如数量折扣、价格折扣、佣金和支付条件上的优惠(如延长支付期限、提供优惠信贷等)来逐步软化和接近买方的市场和条件,最终达成交易。实践证明,这种报价方法只要能够稳住买方,往往会有一个不错的结果。

日本式报价战术的一般做法是:将最低价格列在价格表上,以求首先引起买主的兴趣。由于这种价格一般是以对卖方最有利的结算条件为前提的,并且在这种低价格交易条件下,各个方面都很难全部满足买方的需要,如果买方要求改变有关条件,则卖方就会相应提高价格。因此,买卖双方最后成交的价格,往往高于价格表中的价格。日本式报价战术一方面可以排斥竞争对手而将买方吸引过来,取得竞争优势和胜利;另一方面,当其他卖方败下阵时,买方原有的市场优势就不复存在了。如果买方想要达到一定需求,只好任卖方把价格抬高才能实现。

小链接

20世纪60年代,在中日贸易备忘录贸易项下大豆的作价谈判中,日方递盘第一回合就亮出了底牌,大大出乎我方意料。当时的国际市场行情对对方不利,价格趋于下跌,也没有多少其他因素能够起到阻碍或干扰这种趋势的作用。日本商人本来最擅长谈判,他们经常采用蘑菇战术,软磨硬抗,刺探对方的心理变化。他们的成功往往是以自己的耐性、韧性去克制对方的刚性,使对方感到时间拉长造成的心理窒息,从而产生思想上的松动。日本商人不但研究对方主谈人员的性格特点,还研究陪谈人员及其他人员的性格特点,充分收集有关资料,甚至建立对方人员的档案。日本商人在谈判中轻易不说“不”字,总是绕很大的一个圈子,表示出“不可能”的意思。在谈判的紧要或关键时刻往往摆出各种戏剧性态度给对方最后一击。但这一次为什么一下子就递出了理想价格呢?我方陷入了困惑之中,经过反复研究,我方不敢轻易接受,生怕上当吃亏。面对日方的反常表现,我们修改了自己的谈判方案,扩大了保底价的虚头,还出实盘之后,日方不但不予响应,反而在他们的反还盘中向后退缩。我方误认为日方要耍花招,将再还盘的虚头进一步加大,日方的反盘又再退缩,结果,双方的距离越谈越大。经过两周的长跑式谈判,我方终于体力不支,败下阵来,最后不得不以低于日方第一回合递盘价1英镑的价格成交。这个历史教训充分说明了日本式报价中的圈套。

三、如何对待对方的报价

在对方报价的过程中，切忌干扰对方的报价，而应认真听取并尽力完整、准确、清楚地把握对方的报价内容。在对方报价结束后，对某些不清楚的地方可以要求对方予以解答。同时，应将己方对对方报价的理解进行归纳总结，并加以复述，以确认自己的理解是否准确无误。

在对方报价完毕之后，比较正确的做法是：不急于还价，而是要求对方对其价格的构成、报价依据、计算的基础以及方式方法等做出详细的解释，即所谓的价格解释。通过对方的价格解释，可以了解对方报价的实质、态势、意图及其诚意，以便从中寻找破绽，从而动摇对方报价的基础，为己方争取重要的便利。

在对方完成价格解释之后，针对对方的报价，有两种行动选择：一种是要求对方降低报价；另一种是提出自己的报价。一般来讲，第一种选择比较有利。因为这是对报价一方的反应，如果成功，可以争取到对方的让步，而己方既没有暴露自己的报价内容，更没有做出任何让步。

小链接

一位谈判专家代理他的邻居与保险公司交涉一项赔偿事宜，他运用沉默的策略获得了意想不到的效果。

保险公司的理赔员首先发表意见："先生，我知道您是交涉专家，一向都是针对巨额款项谈判，恐怕我无法承受您的要价。我们公司只付100美元的赔偿金，您觉得如何？"谈判专家表情严肃，沉默不语，因为他的经验告诉他，当对方提出第一个条件之后，总暗示着可以提出第二个、第三个……

理赔员果然沉不住气，他说："抱歉，请勿介意我方才的提议，再加一些，200美元如何？"

又是一阵长久的沉默，最后，谈判专家表态了："抱歉，这个价钱令人无法接受。"

理赔员接着说："好吧，那么300美元如何？"

谈判专家沉思良久，理赔员显得有点慌乱，他说："好吧，400美元。"

又是踌躇了好一阵子，谈判专家才慢慢地说道："400美元？……喔，我不知道。"

"就赔500美元吧！"理赔员痛心疾首地说。

就这样，谈判专家只是重复着他良久的沉默，重复着他严肃的表情，重复着说不厌的那句老话。最后，谈判的结果是这件理赔案终于在950美元的条件下达成协议，而他的邻居原来只准备获得300美元的赔偿金。

四、进行报价解释时必须遵循的原则

通常一方报价完毕之后，另一方会要求报价方进行价格解释。在解释时，必须遵守一定的原则，即不问不答，有问必答，避虚就实，能言不书。

不问不答是指买方不主动问的问题卖方不要回答。其实,对于买方未问到的一切问题,都不要进行解释或答复,以免造成言多必失的结果。

有问必答是指对对方提出的所有有关问题,都要一一做出回答,并且要很流畅、很痛快地予以回答。经验告诉人们,既然要回答问题,就不能吞吞吐吐、欲言又止,这样极易引起对方的怀疑,甚至会提醒对方注意,导致其穷追不舍。

避虚就实是指对己方报价中比较实质的部分应多做陈述,对于比较虚的部分应该少做陈述,甚至不提及。

能言不书是指能用口头表达和解释的,就不要用文字来书写,因为当自己表达中有误时,口述和笔写的东西对自己的影响是截然不同的。有些国家的商人,只承认纸面信息,而不重视口头信息,因此要格外慎重。

第四节　磋商阶段的策略

磋商阶段也可叫讨价还价阶段,它是谈判的关键阶段,也是最困难和紧张的阶段。

一般情况下,当谈判一方报价之后,另一方不会无条件地接受对方的报价,而要进行一场谈判双方的实力、智力和技术的具体较量,这是谈判双方求同存异、合作、谅解、让步的阶段。因此,这一阶段是谈判双方为了实现其目的而运用智慧、使用各种策略的过程。

一、还价前的准备

己方在清楚地了解对方报价的全部内容后,就要透过其报价的内容来判断对方的意图,在此基础上分析如何能使交易既对己方有利又能满足对方的某些要求,即如何实现双方的共赢。将双方的意图和要求逐一进行比较,弄清双方分歧之所在,判断对方的谈判重点。

谈判双方的分歧可分为实质性分歧和假性分歧两种。实质性分歧是原则性的根本利益的真正分歧;假性分歧是由于谈判中的一方或双方为了达到某种目的而人为设置的难题或障碍,是人为制造的分歧,目的是使自己在谈判中有较多的回旋余地。其实,要区分这两种分歧并不困难,只要谈判人员细心观察和分析,是可以进行区分的,特别是当双方都用同一种方法时,就不言自明了。人为设置难题或障碍等过渡性手段不影响谈判结局。所以,对待假性分歧,只要认真识别,不被对方的气势所逼迫而坚持说理,就一定会取得最后的成功。

而对于实质性分歧则需认真对待。要反复研究做出某种让步的可能性,并做出是否让步的决定。同时,根据预期的目标决定让步的阶段和步骤。当然,谈判人员的分析受到经验和水平的限制,在谈判开始不一定准确,但允许在谈判过程中不断修正。

通过分析应得出:若己方还盘,还价的幅度应如何掌握;在其他各项交易条件上所做的针对原报盘的变动、补充和删减中,识别能被对方所接受和对方急于讨论的问题。然后以此为基础,设想出双方最终可能签订的合同的大致面目,并据此把握谈判的总体方向和讨论范围。

二、让步策略

谈判中讨价还价的过程就是让步的过程。让步是一种侦察手段,是探清对方期望的过程。让步的方式灵活多样,无论是以价格的增减换取原则条款的保留,以放弃某些次要条款或要求换取价格的效益,还是以次要条款或要求的取舍换取主要条款或要求的取舍,都要掌握好尺度和时机。如何把握尺度和时机,还依赖于谈判人员的经验、直觉和机智。但这并不意味着谈判中的让步无法从科学的角度去认识、把握、计划和运筹。恰恰相反,有经验的谈判专家无不在谈判之前就胸有成竹,在进入实际让步阶段后,只是凭借自己的经验、直觉和机智来灵活处理,变换和发展自己已有的让步方案罢了。

(一) 考虑对方的反应

在做出让步的决策时,事先要考虑到对方的反应。总的来讲,己方的让步给对方造成的影响和反应有以下三种情况:

(1) 对方很看重己方所做出的让步,并感到满意,甚至会在其他方面也做些松动和让步作为回报,这是己方最希望的结果。

(2) 对方对己方所做的让步不很在乎,因而在态度上或其他方面没有任何改变或是松动的表示。

(3) 己方的让步使对方认为己方的报价有很大的水分,甚至认为只要他们加以努力,己方还会做出新的让步。也就是说,己方的让步不但没能使对方满意,反而鼓励对方向己方争取更多的让步。

显然,后两种反应及结果都对己方不利。

(二) 注意让步的原则

谈判中的让步不仅取决于让步的绝对值的大小,还取决于彼此的让步策略,即如何做出让步,以及对方如何争取到让步。在具体讨价还价的过程中,要注意以下几方面的基本原则:

(1) 不要做无谓的让步,应体现对己方有利的宗旨。每次让步都是为了换取对方在其他方面的相应让步和策略。

(2) 让步要集中于关键环节上,幅度要适当,使己方较小的让步能给对方以较大的满足。

(3) 在己方认为重要的问题上要力求对方先让步,而在较为次要的问题上,根据情况的需要,己方可以考虑先做让步。

(4) 不要承诺做同等幅度的让步。例如,对方在某一条款项目上让步 60%,而己方在另一项目上让步 40%。假如对方说“你也应该让步 60%”,己方则可以说“我方无法负担 60%”来拒绝。

(5) 做出让步时要三思而行,不要掉以轻心。因为每一次让步都包含着己方的利润损失甚至成本的增加。

(6) 如果做出让步后又觉得考虑欠周,也可以收回,因为让步不同于决定,完全可以推倒重来。

(7) 即使己方已决定做出让步,也要使对方感受到己方为让步所付出的努力,要使对方珍惜所得到的让步。

(8) 一次让步的幅度不要过大,节奏不宜太快,应做到步步为营。如果一次让步太大,会使人觉得己方这一举动是处于软弱地位的表现,会建立起对方的自信心,导致对方在以后的谈判中掌握主动。

(三) 选择理想的让步方式

在商务谈判实践中,人们总结出了八种常见、理想的让步方式,见表 4-1。由于每一种方式传递的信息不同,应用于不同的谈判对象就会有不同的结果。选择、采取哪种让步方式,取决于以下几个因素:谈判对手的经验;准备采取什么样的谈判方针和策略;让步后期望对方给予何种反应。

表 4-1　八种理想的让步方式　　单位:元

让步方式	预计让步	第一期让步	第二期让步	第三期让步	第四期让步
1	60	0	0	0	60
2	60	15	15	15	15
3	60	13	8	17	22
4	60	22	17	13	8
5	60	26	20	12	2
6	60	46	10	0	1
7	60	50	10	-1	1
8	60	60	0	0	0

下面具体地探讨这八种常见的理想让步方式的特点及优缺点。

1. 在让步的最后阶段一步让出全部可让利益

该方式使对方感觉一直没有妥协的希望,因而被称作坚定的让步方式。如果买方是一个意志比较弱的人,当卖方采用此方式时,买方可能会尽早放弃讨价还价了,因而得不到利益;如果买方是一个意志坚强、坚持不懈的人,那么买方只要不断迫使对方让步,即可达到目的,获得利益。在运用这种方式时,买卖双方往往都要冒着形成僵局的危险和可能。

(1) 特点:让步方态度比较果断,往往被认为较有魄力。这种方式是在开始时寸步不让,态度十分强硬,但到最后时刻一次让步到位,促成和局。

(2) 优点:由于起初寸利不让,因此已向对方传递了己方的坚定信念,因此,如果谈判对手缺乏毅力和耐性,就有可能被征服,使己方在谈判中获得较大的利益。

(3) 缺点:由于在谈判的开始阶段一再坚持寸步不让的策略,则有可能失去伙伴,有较大风险;同时,易给对方造成己方缺乏谈判诚意的印象,进而影响谈判。

(4) 适用对象:适用于对谈判投入少,在谈判中占有优势的一方。实践证明,在谈判中投入少的一方有承担谈判失败风险的力量,或在某种意义上说,就是不怕谈判的失败。

总之,此种让步方式有利也有弊;有时在卖方一再坚持"不"的情况下,还有可能迫使恐惧谈判的买方做出较大的进步。

小链接

2003 年 5 月，中国南方某市工艺品公司作为供货方同某外商就工艺品买卖进行谈判。谈判开始后，工艺品公司谈判人员坚持每件 800 元，态度十分强硬，而外商只出 500 元的价格，亦是毫不示弱。谈判进行了两日，没取得任何进展。外商提出休会再谈一次，若再不能取得共识，谈判只能作罢。我方坚决不退让，眼看谈判即将破裂。

第三天谈判开始时，双方商定最后阶段谈判只定为 3 个小时，因为没有办法破解僵局，再拖延下去也只能是浪费时间。谈判进行了两个多小时仍是毫无进展。在谈判还剩下最后 10 分钟时，双方代表已做好退场准备了，这时工艺品公司首席代表突然响亮地宣布："这样吧，先生们，我们初次合作，谁都不愿出现不欢而散的结局，为表达我方的诚意，我们愿把价格降至 660 元，但这绝对是最后的让步。"外商代表先是一惊，而后沉默了好几分钟，就在谈判结束的钟声即将敲响之时，他们伸出了手说："成交了！"

这次谈判中，工艺品公司在做了最大限度的坚持后，给出一步到位的让步，既维护了谈判的胜利结束，也博得了对方的信任，双方不失时机地握手言和了。

2. 一种等额地让出可让利益的让步方式

此种方法只要遇到耐心等待的买方，就会鼓励买方期待进一步的让步。

（1）特点：在商务谈判让步的过程中，一步步地讨价还价，让步的数量和速度都是均等、稳定的，国际上称这种让步方式为"色拉米"香肠式谈判让步方式。

（2）优点：首先，此种让步平稳、持久，本着步步为营的原则，因此不易让对方轻易获利；其次，对于双方充分讨价还价比较有利，容易在利益均享的情况下达成协议；再次，遇到性情急躁或无时间应付长期谈判的对方时，己方往往会占上风，削弱对方的还价能力。

（3）缺点：首先，每次让利的数量相等、速度平稳，给人的感觉平淡无奇，容易使人产生疲劳、厌倦之感；其次，该谈判方式效率极低，通常会浪费大量的精力和时间，因此，谈判成本较高；再次，对方每次讨价还价一次，都有等额利润让出，这样会给对方传递一种信息，即只要耐心等待，总有希望获得更大的利益。

（4）适用对象：等额让步方式目前极为普遍，在缺乏谈判知识或经验的情况下以及在进行一些较为陌生的谈判时运用，常常会取得明显效果。

3. 一种先高后低然后又拔高的让步方式

（1）特点：比较机智、灵活、富有变化。在商务谈判的让步过程中，能够正确处理竞争与合作的尺度，在较为恰当的起点上让步，然后缓速减量，给对方传递一种接近尾声的信息。这时，如果买方表示满意即可收尾；如果买方仍然穷追不舍，卖方再大步让利，在一个较高的让步点上结束谈判。

（2）优点：首先，起点恰当、适中，能够向对方传递合作、有利可图的信息；其次，使谈判富有变化，如果谈判不能在减缓中完成，则可采取大举让利的方法，使谈判易于成功；再次，在第二期让步中减缓一步，可以给对方造成一种接近尾声的感觉，易促使对方尽快做出决定,最终能够保住己方的较大利益。

(3) 缺点:首先,这种让步方式最后是一种由少到多、不稳定的让步方式,容易鼓励对方继续讨价还价;其次,由于第二期让步就已向买方传递了接近尾声的信息,而后来又做了大幅让利,会给对方造成不诚实的感觉,因此,对于想与对方建立友好合作关系的谈判者来说往往不利。

(4) 适用对象:这种方式适用于竞争性较强的谈判。该策略在运用时要求技术性较强,而且富有变化性。同时,又要时时刻刻观察谈判对方对己方让步的反应,以调整己方让步的速度和数量,故实施难度较大。

4. 一种小幅度递减的让步方式

该方式指先让出较大的利益,然后再逐期减让,到最后一期让出较小的利益。

(1) 特点:比较自然、坦率,符合商务谈判讨价还价的一般规律。先以较大的让步为起点,然后依次下降,直到可让的全部利益让完为止。这种让步策略往往给人以和谐、均匀、顺理成章的感觉,是谈判中最为普遍采用的一种让步方式。

(2) 优点:首先,易被人们所接受,给人以顺其自然之感;其次,由于让步采取先大后小的方式,这往往有利于促成谈判的和局;再次,让步的程度是一步较一步更为谨慎,一般不会产生让步上的失误;最后,达成协议是在等价交换、利益均衡的条件下完成的,不会影响谈判的和谐气氛。

(3) 缺点:首先,让步由大到小,对于买方来讲,越争取利益越小,因而往往使买方继续谈判的期望降低,故终局情绪不会太高;其次,这是谈判让步中习惯使用的方法,缺乏新意。

(4) 适用对象:此种谈判让步方式一般适用于商务谈判的提议方。原因是提议方对谈判的和局更为关切,理应做出较大的让步,以诱发对方从谈判中获利的期望。

5. 一种从高到低再到微高的让步方式

这种让步方式往往显示出卖方的立场越来越坚定,表示卖方在条件适当时愿意妥协,但不会轻易让步,并告诉买方,让步的余地越来越小,最后以一个适中的让步结束谈判。

(1) 特点:合作为主,竞争为辅,诚中见虚,柔中带刚。在初期以高姿态出现,并做出较大的礼让,向前迈进两大步,然后再让微利,以向对方传递无利再让的信息。这时,如果买方一再坚持,则以较为适中的让步结束谈判。

(2) 优点:首先,由于谈判的让步起点较高,富有较强的诱惑力;其次,大幅度的让利之后,到第三期仅让微利,给对方传递了已基本无利可让的信息,因此比较容易使对方产生获胜感而达成协议;再次,如果第三期的微小让步仍不能达成协议的话,再让出稍大一点的利润,往往会使对方满意而最终达成协议。

(3) 缺点:首先,由于一开始让步很大,容易造成己方软弱可欺的不良印象,加强对方的进攻性;其次,头两步的大让利和后两步的小让利形成鲜明对比,容易给对方造成己方诚意不足的印象。

(4) 适用对象:适用于以合作为主、以互惠互利为基础的谈判。在开始时做出较大的让步,有利于创造出良好的合作气氛和建立友好的伙伴关系。

6. 一种开始时大幅度递减,但又出现反弹的让步方式

此种方式在初期让出绝大部分可让的利益,目的是表示己方的诚意。

(1) 特点:给人以软弱、憨厚、老实之感,因此成功率较高。这种方式在让步初期即让出绝大部分利益,第二期让步即达己方可让利益的边际,到第三期拒绝让步,向对方传递了该让的利已基本让完了的信息。如果对方仍一再坚持,再让出最后一步,以促成谈判的成功。

(2) 优点:首先,以求和的精神让出多半利益,因此有可能换取对方较大的回报;其次,第三期让步时做出了无利可让的假象,这有可能打消对方进一步要求己方再一次让利的期望;再次,最后让出小利,既向对方显示了己方的诚意,又会使通达的谈判对手难以拒绝签约,因此往往收效良好;最后,尽管其中还有余地,但客观上仍表现出以和为贵的温和态度。

(3) 缺点:首先,开始时表现软弱,大步让利,如果遇到强势的对手,会刺激对手变本加厉,步步跟进;其次,这种方式可能由于第三期让步遭到拒绝后,导致谈判出现僵局或败局。

(4) 适用对象:这种方式适用于在谈判竞争中处于不利境地,但又急于获得成功的谈判一方,它使己方有三次较好的机会达成协议。

7. 一种在起始两步全部让完可让利益,第三期赔利相让,第四期再讨回赔利部分的让步方式

这是一种在谈判中最具有特殊性的让步方式,也是最富有戏剧性的一种方式。

(1) 特点:风格果断诡诈,又具有冒险性。第一期的大部分让利和第二期的小部分让利后,便把可让利益全部让完,第三期并非消极拒绝,而是诱惑性地让出本来不该让的一小部分利益,然后再从另外的角度进行讨价还价,在第四期收回该部分利益。可见,这是一种具有很高技巧的让步方式,只有非常有谈判经验的人才能灵活运用。

(2) 优点:首先,开始两步让出全部利益,具有很大的吸引力,往往会使陷入僵局的谈判起死回生;其次,若前两期的让利尚不能打动对方,再冒险让出不该让出的利益,就会产生一种诱惑力,使对方沿着己方思路往前走;再次,对方一旦与己方思路相同,并为谈判付出代价,再借口某原因,从另一角度找回己方所需的利益,就容易促成和局。

(3) 缺点:首先,头两期的全部可让利益的让出,会导致对方期望增大,在心理上强化了对方的议价能力;其次,第三期额外的让步,如第四期中不能讨回,就会损害己方的利益;再次,在第四期中讨回让利时,极易出现谈判破裂的局面。

(4) 适用对象:这种让步方式一般适用于陷入僵局或危难的谈判,由于己方处于危险境地,又不愿使已付出的代价付之东流,因此不惜在初期就大步相让,以牺牲自己的利益为代价来挽救谈判,以促成谈判和局。

8. 一种一次性让步的方式,即一开始就让出全部可让利益的方式

(1) 特点:态度诚恳、务实、坚定、坦率。在谈判进入让步阶段,一开始即亮出底牌,以达到以诚取胜的目的。

(2) 优点:首先,谈判者一开始就向对方亮出底牌,让出自己全部可让的利益,比较容易打动对方采取回报行为,促成和局;其次,率先大幅度让步,富有巨大诱惑力,会在谈

判桌上给对方留下深刻印象,有利于获取长远利益;再次,一步让利,坦诚相见,有利于速战速决,降低成本。

(3) 缺点:首先,这种让步操之过急,会给对方传递一种可能尚有利可图的信息,导致对方继续讨价还价;其次,一次性大步让利,可能会失掉本来可以力争的利益。

(4) 适用对象:对于己方处于劣势的谈判或谈判各方之间关系较为友好的谈判,可采用此策略。此策略以自己的最大让步感动对方,促使对方以同样的方式予以回报,并建立友好的关系。

以上八种让步方式,从实际谈判的情况看,采用较多的是第四种和第五种,这两种方式符合一般人的心理,易被对方接受。第六种和第七种让步方式,其运用需要有较高的艺术技巧和冒险精神,有可能做少量让步,迅速达成交易;也有可能因运用得不好而造成僵局。第二种和第八种方式在实际中采用得较少,第一种则基本上不采用。

(四) 运用适当的让步策略

磋商中的每一次让步,不但是为了追求己方的满足,同时也要充分考虑到对方的满足。谈判双方在不同利益问题上相互给予让步,以达成谈判和局为最终目标。通常的让步策略有以下几种:以己方的让步换取对方在另一问题上的让步,称为互利互惠的让步策略;在时空上,以未来利益上的让步换取对方近期利益上的让步称为予远利谋近惠的让步策略;若谈判一方以不做任何让步为条件而获得对方的让步也是有可能的,称为己方丝毫无损的让步策略。

1. 互利互惠的让步策略

谈判不仅仅是有利于某一方的洽谈,一方做出了让步,必然期望对方对此有所补偿,使自身获得更大的让步。

一方在做出让步后,能否获得对方的让步,在很大程度上取决于该方商谈的方式:一种是所谓的横向谈判,即采取横向铺开的方式,几个议题同时讨论,同时展开,同时向前推进;另一种是所谓的纵向谈判,即先集中解决某一个议题,而在开始解决其他议题时,已对这个议题进行了全面深入的研究讨论。采用纵向谈判方式的双方往往会在某一个议题上争执不下,而在经过一番努力之后,往往会出现单方让步的局面,而横向谈判把各个议题联系在一起,双方可以在各议题上进行利益交换,达成互惠式让步。

争取互惠式让步,谈判人员需要有开阔的思路和视野。除了要坚持某些己方必须得到的利益以外,不要太固执于某一个问题的让步,而应统观全局,分清利害关系,避重就轻,灵活地使一方的利益在其他方面得到补偿。

为了能顺利地争取对方互惠互利的让步,商务谈判人员可采取以下两种技巧:

(1) 当己方谈判人员提出让步时,应向对方表明做出此让步是与公司政策或公司主管的指示相悖。因此,己方只同意这样一个让步,即贵方也必须在某个问题上有所回报。

(2) 把己方的让步与对方的让步直接联系起来,表明己方可以做出这次让步,只要在己方要求对方让步的问题上能达成一致,就不存在其他障碍了。

相较而言,前一种言之有理,言中有情,易获得成功;后一种则直来直去,比较生硬。

2. 予远利谋近惠的让步策略

在商务谈判中,参加谈判的各方均持有不同的愿望和需要,有的对未来很乐观,有的则很悲观；有的希望马上达成交易，有的却故意拖延。因此，谈判人员就自然地表现出对谈判的两种满足形式，即对现实谈判交易的满足和对未来交易的满足，而对未来的满足程度完全依赖于谈判人员自己的直觉。

对于有些谈判人员来说，可以通过给予其期待的满足或未来的满足而避免给予其现实的满足，即为了避免现实的让步而给予对方远利。例如，当对方在谈判中要求己方在某一问题上做出让步时，己方可以强调保持与己方的业务关系将能给对方带来长期的利益，而本次交易对是否能够成功地建立和发展双方之间的这种长期业务关系是至关重要的。向对方说明远利和近利之间的利害关系，如果对方通情达理，是会取远利而弃近惠的。

3. 丝毫无损的让步策略

丝毫无损的让步，是指在谈判过程中，当谈判的对方就某个交换条件要求己方做出让步，其要求确实有理，而对方又不愿意在这个问题上做出实质性的让步时，可以采取这样一种处理的办法，即首先认真地倾听对方的诉说，并向对方表示，己方充分理解对方的要求，也认为对方的要求有一定的合理性，但就己方目前的条件而言，实在难以接受对方的要求，同时保证在这个问题上己方给其他客户的条件，绝对不比给对方的好，希望对方能够谅解。

谈判具有一定艺术性。人们对自己争取某个事物的行为的评价，并不完全取决于最终的行为结果，还取决于人们在争取过程中的感受，有时感受比结果更重要。在此，己方认真倾听对方的意见要求，肯定其要求的合理性，满足了对方受人尊重的要求；保证其条件待遇不低于其他客户，进一步强化了这种受人尊重的需求的效果，迎合了人们普遍存在的一种心理——互相攀比，横向比较。

三、迫使对方让步的策略

谈判中的让步是必需的，没有适当的让步，谈判就无法进行。而一味地让步是根本不现实的，会损害己方利益。所谓“最好的防守便是进攻”，在谈判磋商中，迫使对方让步也是达到最终谈判目的的手段之一。迫使对方让步的策略主要有以下几种：

（一）利用竞争

制造和创造竞争条件是谈判中迫使对方让步的最有效的武器和策略。当一方存在竞争对手时，其谈判的实力就大为减弱。因此，在谈判中，应注意制造和保持对方的竞争局面。

具体做法是：进行谈判前，多考察几家国外厂商，同时邀请他们前来谈判，并在谈判过程中适当透露一些有关竞争对手的情况。在与一家厂商达成协议前，不要过早地结束与其他厂商的谈判，以保持竞争局面。即使对方实际上没有竞争对手，己方也可巧妙地制造假象来迷惑对方。

（二）软硬兼施

谈判过程中，对方在某一问题上应让步或可以让步但却坚持不让步时，谈判便难以继续下去。在这种情况下，谈判人员可采取软硬兼施的策略。

具体做法是：己方主谈人或负责人暂时回避，让“强硬派”挂帅出阵，将对方的注意力引向自己，采取强硬立场，步步紧逼，从气势上压倒对方，给对方心理造成错觉，迫使对方让步，或者索性将对方主谈人激怒，使其怒中失态。

一旦己方主谈人估计已获得预期效果，立即回到谈判桌边，但不要马上发表意见，而是让己方调和者以缓和的口气和诚恳的态度，调和双方的矛盾，以便巩固己方已取得的优势。主谈人通过调和者的间接汇报和察言观色，判断对方确被激怒或确被己方的气势压倒而有让步的可能时，就应以诚恳的态度、亲切的言词，提出“合情合理”的条件，使对方接受。如有必要，也可训斥己方“强硬派”扮演者的粗暴行为以顾全对方的情面。在这种情况下，被攻击的一方很可能会接受己方主谈人所提出的条件或做出某些让步，当然，对方也可能不会立即让步，应给对方以思考的时间。

（三）最后通牒

在谈判双方争执不下、对方不愿做出让步来接受己方的交易条件时，为了逼迫对方让步，己方可以向对方发出最后通牒，即如果对方在某个期限内不接受己方的交易条件并达成协议，己方就宣布谈判破裂并退出谈判。

小链接

美国一家航空公司要在纽约兴建大型航空站，要求爱迪生电力公司提供优惠电价。这场谈判的主动权掌握在电力公司一方，因为航空公司有求于电力公司。因此，电力公司推说如给航空公司提供优惠电价公共服务委员会不批准，不肯降低电价，谈判相持不下。

这时，航空公司突然改变态度，声称若不提供优惠电价，它就撤出这一谈判，自己建厂发电。此言一出，电力公司慌了神，立即请求公共服务委员会给予这种类型的用户以优惠电价，委员会立刻批准了这一要求。但令电力公司惊异的是，航空公司仍然坚持自己建厂发电，电力公司迫不得已再度请求委员会降低价格，才和航空公司达成协议。

在谈判过程中，谈判人员往往寄希望于未来能有更大利益而对现实的讨价还价不肯放弃，打破对方的奢望，就能击败犹豫中的对方。最后通牒在这种情况下极为有效。

运用最后通牒策略必须注意以下几点：

（1）谈判人员知道自己处于一个强有力的地位，特别是该笔交易对对方来讲要比对己方更为重要。这是运用这一策略的基础和必备条件。

（2）谈判的最后阶段或最后关键时刻才宜使用最后通牒。对方经过旷日持久的谈判，花费了大量人力、物力、财力和时间，一旦拒绝己方的要求，这些成本将付之东流。这样，对方会因无法承受失去这笔交易所造成的损失而非达成协议不可。

（3）最后通牒的提出必须非常坚定、明确、清晰，不让对方存有斡旋的余地。同时，己方也要做好对方决不让步而退出谈判的思想准备，不致到时惊慌失措。

四、阻止对方进攻的策略

谈判中,除了需要一定的进攻以外,还需要有效的防守策略。

(一) 限制策略

商务谈判中,经常运用的限制因素有以下几种:

1. 权力限制

上司的授权、国家的法律和公司的政策以及交易的惯例限制了谈判人员所拥有的权力。一个谈判人员的权力受到限制后,可以很坦然地对对方的要求说“不”。因为未经授权,对方无法强迫他超越权限做出决策。对方若选择终止谈判,寻找有此权限的上司重新开始谈判,就不得不遭受人力、物力、财力和时间上的损失。

因此,精于谈判之道的人都信奉这样一句名言:在谈判中,受到限制的权力才是真正的权力。

2. 资料限制

在商务谈判过程中,当对方要求己方就某一问题做进一步解释或让步时,己方可以用抱歉的口气告诉对方:实在对不起,有关这方面的详细资料己方手边暂时没有,或者没有备齐,或者这属于本公司方面的商业秘密,因此暂时还不能做出答复。这就是利用资料限制因素阻止对方进攻的常用策略。

3. 其他方面的限制

其他方面的限制包括自然环境、人力资源、生产技术要求、时间等因素在内的其他方面的限制。

值得注意的是,经验表明,该策略使用的频率与效率成反比。限制策略运用过多,会使对方怀疑己方无诚意谈判,或者请己方具备一定条件后再谈,使己方处于被动的局面。

(二) 示弱以求怜悯

一般情况下,人们总是同情弱者,不愿落井下石,将其置于死地。有些国家和地区的商人,如日本和我国香港、澳门地区的商人多利用人性的这一特点,把它作为谈判中阻止对方进攻的一种策略。

示弱者在对方就某一问题提请让步,而其又无法以适当理由拒绝时,就表现出处于弱势的姿态乞求对方。例如,若按对方要求去办,公司必将破产倒闭,或是他本人就会被公司解雇,等等,要求对方高抬贵手,放弃要求。

与此类似,有的谈判人员“以坦白求得宽容”,当在谈判中被对方逼得走投无路时,只好把己方对本次谈判的真实希望和要求和盘托出,以求得到对方的理解和宽容,从而阻止对方进攻。

这些策略都取决于对方谈判人员的个性以及对示弱者坦白内容的相信程度,因此具有较大的冒险性。

(三) 以攻对攻

只靠防守无法有效地阻止对方的进攻,有时需要采取以攻对攻的策略。当对方就某一问题逼迫己方让步时,己方可以将这个问题与其他问题联系在一起加以考虑,在其他问题上要求对方做出让步。例如,如果买方要求卖方降低价格,卖方就可以要求买方增加订购数量或延长交货期限,等等。要么双方都让步,要么双方都不让步,从而避免对方的进攻。

小链接

周恩来总理和美国国务卿基辛格在《中美联合公报》制定的谈判时,美国代表事先提出了一份公报初稿,周恩来总理一开始就用坚定的语气明确指出:"毛主席已经看过你们拟的公报草案,明确表示不同意,这样的方案我们是不能接受的。"基辛格本想以一种轻松谈笑的口气开始这场谈判,遇到周恩来口气坚定的表态,他的口气也转向坚定:"我们初稿的含义是说,和平是我们双方的目的。""和平只有通过斗争才能得到,"周恩来说,"你们的初稿是伪装观点一致。我们认为公报必须摆明双方根本性的分歧。"美方代表并不退让:"我方拟的公报初稿难道就一无是处?"周恩来严肃而心平气和地说:"你们也承认中美双方存在巨大的分歧,如果我们用外交语言掩盖了分歧,用公报来伪装观点一致,今后怎么解决问题呢?"美方说:"我们起草的公报,采用的是国际通用的惯例。"周恩来说:"我觉得这类公报往往是放空炮。"经过周总理针锋相对的据理力争,《中美联合公报》最后采纳了中方的意见:公报中既写出了双方的共同点、一致性,也列出了双方的分歧。

第五节　成交阶段的策略

谈判双方的期望已相当接近时,双方就会产生结束谈判的愿望。成交阶段就是双方下决心按磋商达成的最终交易条件成交的阶段。这一阶段的主要目标有三个方面:一是力求尽快达成协议;二是尽量保证已取得的利益不丧失;三是争取最后的利益收获。为达到这些目标,可以采用以下谈判策略:

一、场外交易

当谈判进入成交阶段,双方已经在绝大多数议题上取得了一致意见,仅在某一两个问题上存在分歧、相持不下而影响成交时,即可考虑采取场外交易,如酒宴或其他娱乐场所等。因为这时仍把问题摆到谈判桌上继续商讨,往往难以达成协议,原因是:① 过长时间的谈判会影响谈判协商的结果;② 谈判桌上紧张、激烈、对立的气氛及情绪迫使谈判人员不由自主地去争取对方让步,让步方会被对方视为投降或战败方;③ 即使某一方主谈人或负责人头脑仍能保持冷静,认为做出适当的让步以求尽快达成协议是符合己方利益的,但因同伴态度坚决、情绪激昂而难以当场做出让步的决定。

场外轻松、友好、融洽的气氛和情绪则很容易缓和双方剑拔弩张的紧张局面,轻松自在地谈论自己感兴趣的话题,交流私人感情,有助于化解谈判桌上遗留的问题,双方往往会很大度地相互做出让步而达成协议。

需要指出的是，场外交易的运用，一定要注意谈判对手的不同习惯。有的国家的商人忌讳在酒席上谈生意，所以必须事先了解清楚，以防弄巧成拙。

二、最后让步

针对磋商阶段遗留的最后一两个有分歧的问题，需要通过最后的让步才能求得一致。最后的让步要把握两方面的问题：一是让步的时间；二是让步的幅度。

让步的时间过早会被对方认为是前一阶段讨价还价的结果，而不是为达成协议做出的终局性的最后让步。让步的时间过晚会削弱对对方的影响和刺激作用，并增加下一阶段谈判的难度。

时间策略是将最后的让步分为两部分：主要部分在最后期限之前做出，以便对方有足够的时间来回味；次要部分安排在最后时刻，作为最后的让步。

让步的幅度太大，会让对方认为这不是最后的让步，仍步步紧逼；让步的幅度太小，对方会认为微不足道，难以满足。在决定最后让步的幅度时，要考虑的一个重要因素是对方接受让步的个人在对方组织中的地位或级别。在许多情况下，到谈判的最后关头，往往对方管理部门中的重要高级主管会出面参加或主持谈判。这时我们最后让步的幅度必须满足以下两项要求：幅度只能大到刚好满足该主管维持地位和尊严的需要；幅度如果过大，往往会使该主管指责他的部下没有做好工作，并坚持要求他们继续谈判。

做出最后的让步后，谈判人员必须保持坚定。因为对方会想方设法来验证己方立场的坚定性，判断该让步是否是真正的终局或是最后的让步。

三、不忘最后的获利

通常在双方将交易的内容、条件大致确定即将签约的时候，精明的谈判人员往往还要利用最后的时刻去争取最后的一点收获。

在成交阶段最后获利的常规做法是：在签约之前，突然提出一个小的请求，要求对方再做出一个小的让步。由于谈判已进展到签约的阶段，谈判人员已付出很大的代价，也不愿为这一点小利而伤了友谊，更不愿为这点小利而重新回到磋商阶段，因此往往会很快答应这样的请求，进行签约。

四、注意为双方庆贺

在商务谈判即将签约的时候，可谓大功告成，此时，己方可能心中暗喜，以为自己在交易中比对方得到的更多，这时一定要注意为双方庆贺，强调谈判的结果是我们共同努力的结晶，以满足双方心理的平衡和安慰。

五、慎重地对待协议

谈判的成果要靠严密的协议来确认和保证，协议是以法律形式对谈判成果的记录和确认，它们之间应该完全一致，不得有任何误差。但现实中，常常有人有意无意地在签订协议时故意更改谈判的结果，如故意在日期、数字以及关键性的概念上做修改。如果己方对此有所疏忽,在修改后的协议上签字,那么协议就与以前的谈判无关了。因此,将谈判成果转变为协议形式的成果需做出努力,不能有任何松懈,所以,在签订协议之前,应与对方就全部的谈判内容、交易条件进行最终的确定。协议签字时,再将协议的内容与谈判结果一一对照,在确认无误后方可签字。

本章提要

1. 制定国际商务谈判策略的主要步骤包括:了解影响谈判的因素;寻找关键问题;确定具体目标;形成假设性方法;深度分析和比较假设分析;形成具体的谈判策略;拟订行动计划草案。

2. 开局阶段谈判人员的主要任务是创造良好的谈判气氛、交换意见和做开场陈述。开局阶段应考虑的因素有谈判双方之间的关系及双方的实力等。

3. 报价阶段的策略主要体现在:报价的先后顺序、报价方式和如何对待对方的报价。

4. 磋商阶段也称讨价还价阶段,是谈判的关键阶段,需考虑对方的反应、注意让步的原则、选择理想的让步方式及运用适当的让步策略。迫使对方让步的策略主要有利用竞争、软硬兼施、最后通牒等形式。有效的防守策略则包括限制策略、示弱以求怜悯以及以攻对攻。

5. 成交阶段可以采用以下策略:场外交易、最后让步、争取最后的获利、为双方庆贺、慎重地对待协议。

讨论与思考

1. 简述制定商务谈判策略的一般步骤。

2. 谈判的开局在整个谈判过程中具有怎样的作用? 确定恰当的开局策略需要考虑哪些因素?

3. 在国际商务谈判中,有哪两种典型的报价战术? 试述两者的区别。

4. 谈判过程中,进行报价解释时必须遵循什么原则?

5. 简述通常的几种让步策略的内容及适用性。

6. 在谈判过程中导致僵局出现的因素有哪些? 若要尽力防止僵局的出现,需要遵循什么原则?

案例分析

让步的策略

某市机械进出口公司欲向国外订购一台专用设备,在收到报价单并经过估价之后,决定邀请拥有生产该设备先进技术的某国客商来进一步洽谈。在谈判中,双方集中讨论了价格问题。一开始，我方的出价是10万美元，而对方的报价与报价单开列的价格一样，是20万美元。

在第一轮报价后，双方都预计最后的成交范围是14万美元到15万美元之间。同时大家也估计到，需要经过几个回合的讨价还价，才能实现这一目标。那么，如何掌握以后的让步幅度和节奏呢？有关人员进行了讨论，提出了以下几种可供选择的方式：

- 向对方提出："好吧！我方本希望以10万美元成交，但你方要价20万美元，差距较大，为了取得一致，双方都应当互谅互让。坦率地说，14万美元这个价格兼顾了双方的利益，比较现实，你方能否考虑接受？"

从表面上来看，这是合情合理的要求，但客观上却表现出我方急于成交或缺乏谈判经验，是一个典型的过大过快的让步方式。如果对方抓住这点猛压，我方就没有回旋余地了。

- 向对方表示我方愿意考虑的让步不超过5 000美元，即由原报价10万美元增加到10.5万美元。显然这样的让步显得微不足道，会使对方觉得我方缺乏达成协议的诚意。

- 采取比较稳妥的方式，先由10万美元增加到11.4万美元，然后依次增加，不过增加的幅度越来越小。按此方案双方进行了讨价还价，前四个回合双方出价及让步幅度见表4-2。到了第四个回合结束时，双方出价已离各自的期望值不远，即接近协议点了。

表4-2　报价回合

次序	买方报价	卖方报价	买方递增额	卖方递增额
第一回合	10.0	20.0		
第二回合	11.4	17.5	1.4	2.5
第三回合	12.7	16.0	1.3	1.5
第四回合	13.5	14.7	0.8	1.3

此例中的双方让步过程是谈判中最普遍的让步方式。当双方都有达成交易的愿望，并希望彼此不伤和气时，大都采用此种方式。每两个相邻的报价之间的差距随着逼近期望值而越来越小，以此暗示成交的可能。一般而言，如为买方，一开始只做较小的让步，其后始终坚持缓慢让步；如为卖方，则一开始所做让步可稍大些，以后再做缓慢让步。买卖双方总体上的让步往往是不对称的，在不形成僵局的情况下，越是能够坚持不让步或者缓慢让步的一方，最终的成交价格就会越接近其期望的价格。

请分析上述案例，并回答以下问题：

1. 从上面的案例中，你能总结出哪些让步的原则和策略？

2. 如果采取案例提供的第一种让步方式，最终协议价格可能会在一个什么样的水平上？

3. 如果采取第二种让步方式，可能出现什么样的谈判结局？

延伸阅读

空客计划在华建立首条直升机总装线

关于建立空中客车直升机 H135 总装线的合作意向书于 2015 年 10 月 30 日签订。该文件由青岛中德生态园副总经理姚易先与空中客车直升机德国首席执行官沃尔夫冈·肖德共同签署。中国国务院总理李克强与来华访问的德国总理安吉拉·默克尔共同见证了签字仪式。该意向书还包括中方未来十年购买由即将在中国建立的总装线总装的 100 架 H135 的承诺。

此次签署的文件是空中客车直升机在华发展的一个重要里程碑，也是其逐步拓展在华直升机工业发展策略的一部分。一个以直升机为中心的生态系统将在中国建立，其中包括空中客车直升机首条在华总装线，为中国客户销售本地总装 H135 的销售团队，以及支持中国 H135 机队的大修及培训服务体系。这一全面的工业中心将进一步确立空中客车直升机在中国长期发展的策略。

据预测，未来 20 年，我国将需要 3 000—5 000 架直升机，从而成为世界最大的直升机市场。“该合作意向书的签署是空中客车直升机与中国 40 余年长期合作的又一新的里程碑。”空中客车直升机中国总裁诺贝尔表示，“目前，空中客车直升机以 40% 的市场份额引领中国民用直升机市场。此项合作将有助于我们进一步提升在中国的市场份额，同时为伴随中国低空空域开放而逐渐发展的直升机运营提供完备并经过验证的解决方案。”

H135 是一款轻型双发直升机，主要运营于紧急医疗救助和警航领域。空中空车直升机在全球范围内已交付近 1 200 架 H135 系列直升机，累计 300 万飞行小时。其中 1/4 该系列机队用于执行直升机紧急医疗救助服务（HEMS）。空中客车直升机为全球 60% 的直升机紧急医疗用户提供服务和解决方案，其中包括世界前 10 名 HEMS 运营商。

随着中国通航市场持续发展以及民用和公共服务领域直升机需求的日益增长，H135 总装线的建立可谓正当其时。

2015 年 11 月 12 日下午，中德生态园的工作人员说，目前，该项目的团队已经成立了。而且，其正在园区里进行生产线的具体选址以及相关方案的论证。

探访生产线具体选址与论证

据了解，青岛中德生态园是由中德两国政府建设的首个可持续发展示范合作项目。园区位于胶州湾高速公路南侧、小珠山风景区东北、牧马山生态通道北侧。规划面积 11.6 平方公里，拓展区 29 平方公里，远期规划面积 66 平方公里。本次签署的协议是中国直升机工业的一个重要里程碑，青岛将与空中客车直升机一道，携手开拓市场，共同打造“中国总装”的直升机。根据协议，青岛中德生态园将建立一个以直升机为中心的生态系统。青岛空中客车 H135 总装线的建立和加盟，将带动区域高端装备制造业、通用航空产业的发展，促进青岛市乃至山东省航空产业的优化升级。

揭秘将生产的两种型号直升机

根据协议，项目包括空中客车直升机在华设立的也是欧洲以外的第一条 H135 型直升机总装线、支持 H135 机队的维修维护及培训服务体系以及携手开拓市场的销售体系。

该总装线将与空中客车直升机多瑙沃特总部基地保持同等技术水平、同等质量和服务标准。

根据客户要求，私人直升机可供应两种型号，两种型号的区别是发动机不同。H135 T2 型采用 TurbomecaARRIUS 2 B2 发动机提供动力；另一种为 EC 135 P2 型，采用普·惠公司 PW206B2 发动机提供动力。空中客车直升机是空中客车集团的全资子公司，完全整合到空中客车集团后，为与公司新标识保持一致，空中客车直升机对其产品标号进行了重新命名，由“H”代替了此前的“EC”。

据介绍，空中客车 H135 是一种性能优异的轻型双发多用途直升机，在全世界广泛应用。H135 直升机在客舱能配备八个座位，也能进一步改进配置用于执法人员或贵宾运送、紧急医疗服务、搜寻和援救以及其他任务。

扶持通航产业纳入“十三五”

青岛空中客车直升机产业合作项目具有战略和历史意义。青岛的制造业基础雄厚，营商和人文环境好，是承接这一德国高端产业项目的理想之地。青岛市委市政府高度重视项目的推进工作，将进一步整合资源，加快做好前期各项工作，全力支持项目早日落地，并将通航产业纳入城市“十三五”规划，作为重点发展的高端新兴产业之一。

资料来源：作者根据网络资料整理。

第五章

国际商务谈判技巧

【导语】

国际商务谈判活动是一个没有硝烟的战场。谈判桌上的风云变幻、波澜起伏，不仅会使缺乏谈判经验及谈判技巧的谈判者穷于应付，即便是老练的谈判高手有时也不免束手无策。而国际商务谈判本身，更成为浩瀚商海中谈判双方甚至多方输赢博弈、利益相争的"战略制高点"。谈判是借助于谈判双方的信息交流来完成的，而谈判中的信息传递与接收，则需要通过谈判人员之间的听、问、答、叙、看、辩及说服来完成。学习本章后，你将深入了解和掌握如何在国际商务谈判中聆听、发问、回答、陈述、观察、答辩和说服对方的技巧，从而为实现国际商务谈判的预定目标奠定基础。

【教学目的】

学习本章后，你应掌握：

- 国际商务谈判"听"的技巧；
- 国际商务谈判"问"的技巧；
- 国际商务谈判"答"的技巧；
- 国际商务谈判"叙"的技巧；
- 国际商务谈判"看"的技巧；
- 国际商务谈判"辩"的技巧。

【关键词】

双赢交锋中的技巧　让步　倾听的障碍　倾听的规则　封闭式发问　澄清式发问　强调式发问　探索式发问　借助式发问　强迫选择式发问　证明式发问　多层次式发问　诱导式发问　协商式发问　提问的要诀　入题的技巧　迂回入题　下台阶法　等待法　迂回法　沉默法

引导案例

“听不懂”

日本一家公司与美国一家公司进行了一场许可证贸易的谈判。谈判一开始，美方代表便滔滔不绝地向日方介绍情况，而日方代表则一言不发，认真倾听，埋头记录。当美方代表讲完，征求日方意见时，日方代表却说：“对不起，我们还不明白。”美方代表问：“哪里不明白了？”日方代表说：“全不明白，请允许我们回去研究一下。”于是，第一轮会议休会了。

几个星期以后，日本公司换了另一个代表团，第二轮谈判一开始，日方代表便申明不了解情况，美方代表只好再重复说明一次，不料，讲完后，日方代表仍然以“不明白，请允许我们回去研究一下”为由，使第二轮谈判又不得不宣布休会。到了几星期后举行第三次会谈时，日方代表团又换了成员，仍是故伎重演，只是在最后告知，回去后一旦有了结果，就立即通知美方。

半年过去了，正当美国公司因得不到日方回音而烦躁不安，责怪日方没有诚意时，日方突然派了一个由公司董事长亲自率领的代表团飞抵美国，在美国人毫无准备的情况下要求立即谈判，并抛出最后的一揽子方案，以迅雷不及掩耳之势，催逼美国人讨论全部细节。措手不及的美国人终于不得不同日本人达成了一项明显有利于日方的协议。

谈判是借助谈判双方的信息交流完成的，而谈判中的信息传递与接收则需通过谈判人员之间的听、问、答、叙、看、辩及说服等方法来完成。一位谈判专家曾指出：谈判人员必须仔细倾听对方的发言，注意观察对方的每一个细微动作，学会捕捉对方思维过程的蛛丝马迹，以便及时了解对方的需求动机。对方的仪态举止、神情姿势、重复语句以及语音语调等，都是反映其思想、愿望和隐含需求的线索。

这里引用英国谈判大师杰德勒·尼尔伦伯格的一席话来说明谈判者掌握正确的谈判方法、熟悉的谈判技巧，并善于结合谈判实践灵活运用这些方法和技巧的重要性。他这样描述成功的谈判者：

> 成功的谈判者，必须把剑术大师的机警、速度和艺术大师的敏感、能力融为一体。他必须像剑术大师一样，以锐利的目光，机警地注视谈判桌那一边的对手，随时准备抓住对方防线中的每一个微小的进攻机会。同时，他又必须是一个细腻敏感的艺术大师，善于体会辨察对方情绪或动机上的最细腻的色彩变化。他必须抓紧灵感产生的那一刹那，从色彩缤纷的调色板上，选出最适合的颜色，画出构图与色彩完美而和谐的佳作。谈判场上的成功，不仅来自充分的训练，而且更关键的是来自敏感和机智。

第一节　国际商务谈判技巧概述

一、对事不对人

在国际商务谈判中，人们往往过于关注己方的利益或立场，而忽视了谈判另一方的诉求和需要。谈判是通过人与人之间的交流来进行的，因此在谈判的过程中与另一方建立良好的人际关系以及相互信任的合作关系是十分重要的。特别是在谈判出现僵局的时候，这种良好的关系将会促进问题的解决。由于谈判人员代表了各自组织的直接利益，因此在谈判过程中都较为紧张，并且这种紧张情绪容易引发对另一方的愤怒，尤其是在谈判出现极端对立的争执时，往往会导致谈判陷入僵持状态或者不欢而散。谈判一方一旦把谈判冲突和另一方的谈判人员混为一谈，就更易凭直觉枉自猜测和误解另一方。如果在谈判的过程中，谈判双方能彼此理解和信任，建立良好的人际关系，谈判困境就可以有效地避免。这就要求谈判人员在谈判过程中把问题和谈判对手分开，做到对事不对人。

要做到对事不对人，必须遵循以下原则：

1. 在保证自己利益的同时处理好和对方的人际关系

谈判就是要通过交流来实现各自的利益，但追求这种利益并不是要对另一方步步紧逼，丝毫不留回旋的余地。要想长久地维持组织的商业利益，保持与谈判另一方的良好关系也许比某次谈判所获得的利益更加重要，因为寻找一个生意伙伴的成本要远远高于与现有伙伴维持关系的成本。再者，如果有良好的关系和信任作为基础，在己方发生危机时，这些相关方也会伸出援手。因此，即使谈判对己方完全有利，也要给对方留有一定的余地，这与把问题和谈判对手分开并不矛盾。因为良好的人际关系是谈判顺利进行的基础，维持好关系并不是要混淆关系和利益，更不是拿利益来换取关系。

2. 理解谈判的另一方

理解是谈判的基础，然而要做到理解谈判的另一方并不容易。由于每个人的背景、资历和价值观都不尽相同，在交流的过程中难免会有摩擦。尽管谈判双方围绕着一个相同的主题，但各自的利益却是大相径庭的，因此在谈判过程中应当彼此理解，做到以下几点：

（1）不要枉自猜疑对方，对于不清楚的地方，及时询问。

（2）不要因自己的问题指责对方。

（3）让对方积极参与到谈判进程中来，并且开诚布公地讨论自己对问题的理解。

（4）措辞要得当，给对方回旋的余地。

3. 控制好自己的情绪

在谈判的过程中，争执是在所难免的。关键是双方要控制好自己的情绪，对问题不要太情绪化，更不要把问题归咎于谈判者的身上。这就要求谈判人员首先要了解自己，把握自己在谈判过程中的情绪同时理解对方的情绪，在适当的时候要开诚布公地向对方表明己方此时的心情，在对方发泄情绪的过程中要保持耐性，待对方发泄后才更有利于问题的解决。

二、注重利益，而非立场

以往许多僵持很久的谈判都源于谈判双方过于重视立场或原则，将某项原则或立场视为谈判的重要条件。然而，被大多数人忽略的是在谈判双方对立的立场背后，不仅存在冲突的利益，还可能存在共同的或可以彼此兼容的利益。

例如，在机械设备的出口中，双方坚持各自的价格立场并不能帮助双方达成明智的交易。在价格立场背后还会有许多利益的存在，如双方采用什么贸易术语？交货时间的安排对谁更重要？价格中是否包括人员培训的费用？运输的责任必须由买方来承担吗？保险由谁办理更合适？对于卖方，信用证付款条件是不是必需条件？买卖双方是想签订长期出口合同，还是一笔交易的合同？有关设备的易损件是否包括在此合同的报价中，等等。而这些利益对双方而言并不一定是不可调和的。

由此看出，一项合同谈判的立场背后还会有许多的利益因素。而商务谈判者必须彻底分析交易双方的利益所在，认清哪些利益对于己方非常重要，是决不能让步的；哪些利益可以让步，可以用来交换对方的条件。在分不清利益因素的情况下，盲目坚持立场和原则，往往会使谈判陷入僵局，甚至彻底失败。

让步的谈判并不等于失败的谈判，在谈判中最忌讳随意做出不当的让步。有经验的谈判者会用对自己不重要的条件去交换对对方无所谓、但自己却很在意的条件，以达成双赢的谈判。在上述例子中，办理运输对于买方可能没有任何优势，那么卖方就可以以CIF签订合同。但是，如果买方觉得办理保险是非常重要的，那么卖方也可以在尽快交货的前提下与对方签订CFR合同。

在谈判中，利益的交换非常重要。双方谈判能否达到双赢，主要取决于双方让步的策略，即能否准确识别利益因素对于己方和对方的重要性。

识别利益因素往往依赖于双方之间的沟通。例如，谈判中，不妨向对方多问几个为什么，如“您为什么特别注重……”“您为什么不接受……”等问题，以此来探求对方所要求的真实利益。在商务谈判中，对于利益问题，应注意以下几点：

（1）向对方积极陈述你的利益所在，以引起对方的注意并使对方满足你的利益。

（2）承认对方的利益所在，考虑对方的合理利益，甚至在保证自己利益的前提下努力帮助对方解决利益冲突问题。

（3）在谈判中既要坚持原则（如具体的利益），又要有一定的灵活性。

（4）在谈判中对利益做硬式处理，而对人做软式处理。在谈判中要强调你为满足对方利益所做出的努力，有时也要对对方的努力表示钦佩和赞赏。

三、创造双赢的解决方案

在许多谈判中，谈判者只注重追求单方面利益，固守自己的立场，而不考虑对方的实际情况，谈判的结局并不理想。为什么谈判者没能创造性地寻找解决方案，没有最大化实现谈判双方的利益？有经验的谈判专家认为，导致谈判者陷入上述谈判误区主要有如下四个障碍：

一是过早地对谈判下结论。谈判者往往在缺乏想象力的同时，看到对方坚持其立场,也盲目地不愿意放弃自己既有的立场,甚至担心寻求更多的解决方案会泄露自己的信息,减弱讨价还价的力量。

二是只追求单一的结果。谈判者往往错误地认为,创造并不是谈判中的一部分,谈判只是在双方的立场之间找到一个双方都能接受的点。

三是误认为一方所得,即为另一方所失。许多谈判者错误地认为,谈判具有零和效应,给对方做出的让步就是我方的损失,所以没有必要再去寻求更多的解决方案。

四是谈判对手的问题始终该由他们自己解决。许多谈判者认为,谈判就是要满足自己的利益需要,替对方想解决方案似乎是违反常规的。

实践表明,成功的谈判应该使双方都有赢的感觉。只有双方都是赢家的谈判,才能建立持久的合作,双方才会在合作中各取所需。因此,如何创造性地寻求双方都接受的解决方案是谈判的关键,特别是在谈判处于僵局的时候更是如此。

为了使谈判者走出误区,他们必须遵循如下的谈判思路和方法:

1. 将方案的创造与对方案的判断行为分开

谈判者应该先设计方案,然后再决策,不要过早地对解决方案下结论。比较有效的方法是采用所谓的“头脑风暴”式的小组讨论,即谈判小组成员彼此之间相互启发,创造出各种想法和主意,而不先行对这些想法下结论,然后再逐步对创造的想法和主意进行评估,最终决定谈判的具体方案。在谈判双方是长期合作伙伴的情况下,双方也可以共同进行这种小组讨论。

2. 充分发挥想象力,以扩大方案的选择范围

在上述小组讨论中,参加者最容易犯的毛病就是觉得大家都在寻找最佳的方案。而实际上,在激发想象阶段并不是寻找最佳方案的时候,我们要做的就是尽量扩大谈判的可选择余地。此阶段,谈判者应从不同的角度来分析同一个问题,甚至可以就某些问题和合同条款达成不同的约束程度,如不能达成永久的协议,可以达成临时的协议;不能达成无条件的协议,可以达成有条件的协议等。

3. 找出双赢的解决方案

双赢在绝大多数的谈判中都应该是存在的,创造性的解决方案可以满足双方利益的需要,这就要求谈判双方应该能够识别共同的利益所在。每次谈判者都应该牢记:每个谈判都有潜在的共同利益,共同利益就意味着商业机会,强调共同利益可以使谈判更顺畅。另外,谈判者还应注意谈判双方兼容利益的存在,各种不同的利益并存并不矛盾或冲突。

4. 替对方着想,并让对方容易做出决策

让对方容易做出决策的方法是:使对方认为解决方案既合法又正当,且对双方都公平;另外,列举对方的先例,也有利于促使对方做出决策。

四、使用客观标准,破解利益冲突

在谈判过程中,尽管在大多数情况下,谈判者能够充分理解对方的利益所在,并绞尽脑汁为对方寻求各种互利的解决方案,同时也非常重视与对方发展关系,但还是可能遇到非常棘手的利益冲突问题。若双方就某一个利益问题争执不下,互不让步,即使强调“双赢”也无济于事。例如,房东与承租人之间的房租问题,国际贸易中的交货期长短问

题，最终价格条款的谈判问题等。

通常在上述情况下，多数谈判者会采取立场式的谈判方法。这时，解决的方法有可能是一方如果极力坚持自己的立场，则另一方不得不做出一定的让步来达成协议。为什么会出现这种情况呢？这种谈判下，双方的假设前提是：① 我所失即你所得；② 谈判协议的达成取决于达成协议的意愿；③ 不考虑其他的因素，而只考虑单一价格因素。

这样，谈判就势必演变成一场意愿的较量，看谁最固执或谁最慷慨。谈判的内容就集中在谁更加愿意达成协议。在许多情况下，谈判有可能会陷入一场持久的僵局中，从而不利于双方的进一步合作。

在上述利益冲突不能采取其他方式协调时，在商务谈判中使用客观标准就能起到非常重要的作用。

来看一个出口机械设备合同的谈判案例：双方就出口商向银行开具的保函应该如何规定进口商提取设备质量保证款的问题争执不下。进口商担心出口商在交付货物后出现机械设备不合格的情况，因此要求出口商向其银行申请开立以进口商为受益人的银行保证书，大约占到全部货款的5%。一旦进口商发现履行合同时出现质量问题，进口商就可以向银行提出付款的申请。但出口商并不答应这样的做法，出口商担心万一进口商信誉不好，如果在银行保证书中不对进口商取得该担保款项加以限制，进口商随时都有可能提取该款，这对于出口商来说风险很大。经过反复磋商，最后，双方决定遵循一些客观的标准来解决这一问题，即如果出现质量问题，由第三方公证鉴定机构出具品质鉴定书，并以此作为进口商向银行索取违约款项的唯一依据。由此可见，使用客观标准是这类谈判的出路所在。

如果上述例子有一定的代表性，则任何谈判，包括商业谈判，是否也要运用客观标准？例如，面对价格问题，谈判能否基于一些客观标准，如市场价值、替代成本、折旧的账面价值等？实践证明，此种方式的谈判非常有效，可以在不破坏和谐气氛的情况下快速取得谈判成果。但是，在谈判中谈判者必须把握谈判遵循客观标准的基本原则，即公平有效的原则、科学性原则和先例原则。

在谈判中谈判者运用客观标准时，应注意以下几个问题：

1. 建立公平的标准

通常在商务谈判中，一般遵循的客观标准有市场价值、科学的计算、行业标准、成本、有效性、对等的原则、相互的原则等。客观标准的选取要独立于双方的意愿，要公平且合法，并且在理论和实践中均应是可行的。

2. 建立公平的分割利益的步骤

例如，在两个小孩分橘子的传统例子中，“一个切，一个选”；大宗商品贸易由期货市场定价，进行基差交易；在两位股东持股比例相当的投资企业中，委派总经理采取任期轮换法等。这都是一些通过步骤来分割利益的例子。

3. 将谈判利益的分割问题局限于寻找客观依据

在谈判中，多问对方：您提出这个方案的理论依据是什么？为什么是这个价格？您是如何算出这个价格的？

4. 善于阐述自己的理由并接受对方提出的合理的客观依据

一定要用严密的逻辑推理来说服对手。对方认为公平的标准必须对你也公平。运用你所同意的对方标准来限制对方漫天要价，甚至也可以在两个不同的标准里谋求折中。

5. 不要屈从于对方的压力

来自谈判对手的压力可以是多方面的，如贿赂、最后通牒、以信任为借口迫使屈从、抛出不可让步的固定价格等。但是无论哪种情况，都要让对方陈述理由，讲明所遵从的客观标准。

五、交锋中的技巧

（一）多听少说

缺乏经验的谈判者的最大弱点是不能耐心地倾听对方发言，而成功的谈判者在谈判时把50%以上的时间用来倾听。他们边听、边想、边分析，并不断向对方提出问题，以确保自己完全正确地理解对方。对方说的每一句话都应用心倾听，而不仅是听那些他们认为重要或想听的话，只有这样才能获得大量宝贵的信息，增加谈判筹码。“谈”是任务，而“听”则是一种能力，“会听”是任何一个成功的谈判者都必须具备的条件。在谈判中，谈判者要尽量鼓励对方多介绍他们的情况，并提出相关问题请对方回答，以达到尽可能了解对方的目的。

（二）巧提问题

谈判的第二个重要技巧是巧提问题。通过提问我们不仅能获得平时无法得到的信息，而且还能证实我们以往的判断。出口商应用开放式的问题（即答案不是“是”或“不是”，而是需要特别解释的问题）来了解进口商的需求，因为这类问题可以使进口商自由畅谈他们的需求。例如，“Can you tell me more about your company?”“What do you think of our proposal?”对外商的回答，我们要把重点和关键问题记下来以备后用。

发盘后，进口商常常会问：“Can not you do better than that?”对此发问，我们不要让步，而应反问：“What do you mean by better?”或“Better than what?”这些问题可使进口商说明他们究竟在哪些方面不满意。例如，进口商会说：“Your competitor is offering better terms.”这时，我方可继续发问，直到完全了解竞争对手的发盘。然后，可以向对方说明我方的发盘实际上要比竞争对手好。如果对方对我方的要求给予一个模糊的回答，如“No problem”则不要接受，而应请对方做具体回答。此外，在提问前，尤其在谈判初期，我方应征求对方同意，这样做有两个好处：一是若对方同意我方提问，就会在回答问题时更加合作；二是若对方的回答是“Yes”，这个肯定的答复会给谈判制造积极的气氛并带来一个良好的开端。

（三）使用条件问句

当双方对彼此有了初步的了解后，谈判将进入发盘和还盘阶段。在这个阶段，谈判者要用更具试探性的条件问句进一步了解对方的具体情况，以修改我们的发盘。

条件问句（conditional question）由一个条件状语从句和一个问句构成，这个问句可以是特殊问句，也可以是普通问句。典型的条件问句有“What…if”和“If…then”这两个句型。例如，“What would you do if we agree to a two-year contract?”及“If we modify our specifications, would you consider a larger order?”在国际商务谈判中，条件问句有许多特殊优点。

（1）互做让步。用条件问句构成的发盘和提案是以对方接受我方条件为前提的，即只有当对方接受我方条件时,我方的发盘才成立,因此我方不会单方面受发盘的约束,也不会使任何一方做单方面的让步,只有双方各让一步,交易才能达成。

(2) 获取信息。如果对方对我方用条件问句构成的发盘进行还盘,对方就会间接、具体、及时地向我们提供宝贵的信息。例如:我方提议:"What if we agree on two-year contract? Would you give us exclusive distribution right in our territory?"对方回答:"We would be ready to give you exclusive rights provided you agree to a three-year contract."从回答中,我们可以判断对方关心的是长期合作,新获得的信息对后续谈判会很有帮助。

(3) 寻求共同点。如果对方拒绝我们的条件,我们可以换其他条件构成新的条件问句,向对方做出新一轮的发盘。对方也可用条件问句向我方还盘。双方继续磋商,互做让步,直至找到重要的共同点。

(4) 代替"No"。在谈判中,如果直接向对方说"No",会影响谈判气氛,双方都会感到尴尬,谈判甚至会因此陷入僵局。如果我们用条件问句代替"No",上述的情况就不会发生。例如,当对方提出我们不能同意的额外要求时,我们可用条件问句问对方:"Would you be willing to cover the extra cost if we agree to meet your additional requirements?"如果对方不愿支付额外费用,也就拒绝了自己的要求,我们不会因此而失去对方的合作。

(四) 避免跨国文化交流产生的歧义

国际商务谈判大多用英语进行,而谈判双方的母语往往不都是英语,这就增加了交流的难度。在这种情况下,我们要尽量用简单、清楚、明确的英语,不要用易引起误会的多义词、双关语、俚语、成语,也不要用易引起对方反感的词句,如"To tell you the truth""I'll be honest with you ...""I will do my best""It's none of my business but ..."。这些词语带有不信任色彩,会增加对方的担忧,从而不愿积极与我方合作。

跨国文化交流的一个严重通病是"以己度人",即主观地认为对方一定会按照我方的意愿和习惯去理解我方的发言,或从对方的发言中我方所理解的意思正是对方想表达的意思。最典型的例子就是"Yes"和"No"的使用和理解。

小链接

曾经有家美国公司和一家日本公司进行商务谈判。在谈判中,美国人很高兴地发现,每当他提出一个意见时,对方就点头说"Yes",他以为这次谈判特别顺利。直到他要求签合同时才震惊地发现日本人说的"Yes"是表示礼貌的"I'm listening"的意思,不是"I agree with you"的意思。实际上,"Yes"的意思非常丰富,除了以上两种以外,还有"I understand the question"的意思和"I'll consider it"的意思。"No"的表达方式也很复杂。有些文化的价值观反对正面冲突,因此人们一般不直接说"No",而用一些模糊的词句表示拒绝。例如,巴西人用"It's some what difficult"代替"It's impossible",没有经验的谈判者若按字面意思去理解,就易引起误会,延缓谈判进程。因此,我们必须尽量了解对方的文化、价值观和风俗习惯,以在谈判中正确无误地传递和接受信息。

为了避免误会，我们可用释义法确保沟通顺利进行。释义法就是用自己的话把对方的话解释一遍，并询问对方我们的理解是否正确。例如，对方说："We would accept your price if you modify your specifications."我方可以说："If I'm right in understanding you, what you are really saying is that you agree to accept our price if we improve our products as your request."这样做也可以加深对方对这个问题的印象。

最后，为确保沟通顺利的另一个方法是在谈判结束前做一个小结，把到目前为止达成的协议重述一遍并要求对方予以认可。小结一定要实事求是，措辞一定要得当，否则对方会起疑心，对小结不予认可，致使已谈好的问题又得重新进行谈判。

第二节　国际商务谈判中"听"的技巧

谈判中，我们了解和把握对方观点与立场的主要手段和途径就是听。实践证明，只有在清楚地了解对方观点和立场的真实含义之后，我们才能准确地提出己方的方针和政策。从心理学知识和日常的生活经验来看，当我们专注地倾听对方讲话时，就表示我方对讲话者的观点很感兴趣或很重视，从而给对方以一种满足感，这样可以增强双方之间的信赖感。正如美国科学家富兰克林曾经说："与人交谈取得成功的重要秘诀，就是多听，永远不要不懂装懂。"因此，作为商务谈判人员，一定要学会如何听，在认真、专注倾听的同时，积极地对讲话者的话做出反应，以获得良好的倾听效果。

一、倾听的障碍

研究表明，即使是积极地听对方讲话，听者也仅仅能记住不到50%的讲话内容，并且其中只有1/3的讲话内容被按原意听取了，1/3被曲解了，另外1/3则丝毫没有被听取。一系列试验表明，当听者无法接受讲话者的观点时，心中自然会产生抵触情绪，以致不愿接受这些信息，这将成为倾听的障碍。在商务谈判中，谈判者彼此频繁地进行着微妙、复杂的信息交流，如果谈判者一时疏忽，将会遗漏不可再得的信息。为了能够听得完全、清晰，就必须了解倾听的障碍。在人们相互交谈的过程中，倾听的障碍主要有以下几种：

（一）判断性障碍

心理学家通过多年的实践得出结论：人们都喜欢对别人的话进行判断、评价，然后决定赞成或不赞成，但根据个人的信念做出的反应往往是有效倾听的严重障碍。一般听者的反应会干扰对方说话，打乱对方的思维过程，从而不可避免地引起对方采取防御手段，使对方很难坚持自己的观点，力争隐藏自己的思想和感情。即使是赞美对方的话，也会造成倾听的障碍，因为赞美往往使对方陶醉其中，从而不能继续原来的思维过程。

（二）精力分散，思路较对方慢及观点不一致而造成的少听或漏听

商务谈判是一项十分耗费精力的活动。如果谈判日程安排过于紧张，谈判人员得不到充分休息，特别是在谈判的中后期消耗更大，则会出现因精力不集中而产生少听或漏听的现象。一般来说，谈判人员的精力和注意力的变化是有一定规律的：在开始时精力比较充沛，但持续的时间较短，约占整个谈判时间的8.3%—13.3%。如果是1个小时的

谈判,精力旺盛的阶段只有最初的5—8分钟;如果是一个超过6天的谈判,只有前3天为精力旺盛期。谈判过程中,精力趋于下降的时间较长,约占整个时间的83%。谈判要达成协议时,又出现精力充沛期,因为当人们意识到双方达成协议的时刻就要到来时,精力会突然复苏并高涨,但时间也很短,约占整个时间的3.3%—8.7%。此后,任何的拖延都会使精力迅速下降。

另外,由于人与人之间客观上存在着思维方式的不同,如果一方的思维属于收敛型,而另一方的思维属于发散型,那么由于收敛型的人思维速度较慢,发散型的人思维速度较快,双方就很难做到听与说的一致,让收敛型思维的人去听发散型思维的一方的发言时,收敛型思维的人就会因思路跟不上对方或因双方思路不同而造成少听或漏听。

(三)带有偏见的听

在谈判中,以下几种常见的偏见也会造成倾听的障碍:

(1)先对别人要说的话定标准或做价值估计,再去听别人的话。当对方正在讲话时,有这种偏见的听者往往会在心里判断:对方接下来要说的是不重要的、没有吸引力的、太复杂的、老生常谈的内容,他便一边听一边希望对方赶紧把话题转入重点或者结束讲话。有偏见的听者常常会按自己的好恶对所听的话进行曲解,他们常常根据自己过去的经验把别人的话限制在自己所设的某种条件中,即常常自以为是地把某些话附加上自己的理解,这样就不能真正理解对方的话。

(2)因为讨厌对方的外表而拒绝听对方讲话的内容。即使对方的话很重要或者有许多值得注意的地方,也会因为讨厌其外表而不想听其讲话的内容,故不能从其中获得确实有用的信息。

(3)有些谈判者尽管在思考其他事情,却为了迎合讲话者假装自己很注意听,伪装实际上也是一种偏见,伪装的听者的一般特征就是双眼直视讲话者,做出一副洗耳恭听的样子。另外一种伪装者会试着去记住别人的每一句话,却把话题的主要意义忽视了。这种伪装者常使讲话者以为他们的确是在专心倾听,因此,这种伪装的听很容易使对方产生误会,影响沟通。

(四)受听者的文化知识、语言水平特别是专业知识与外语水平的限制,从而听不懂对方的讲话内容

商务谈判总是针对专业知识而进行的,因此,如果谈判人员掌握的专业知识有限,在谈判中一旦涉及这方面的知识,就会造成由于知识水平的限制而形成的倾听障碍。特别是在国际商务谈判中,语言上的差别也会造成倾听障碍。一词多义现象在英语中十分常见,语言本身的细微差别对未受过专门语言训练的人来说很难发现。如英语中常用的词语大约只有500个,但每个词可以有20—25种不同的解释。换言之,只要有两个人,便可以用500个常用的词做出2万多种不同的解释,这会给翻译人员带来困惑,形成倾听障碍。

(五)环境的干扰形成了的倾听障碍

此外,在倾听时,如果把注意力放在分析、研究对方讲话的内容以及根据内容而思考自己的对策上,就不能完全接收对方的讲话,在碰到对方的讲话中有出乎意料之事或有

隐含意义而一时难以理解时更是如此。

二、如何做到有效的倾听

（一）倾听的规则

1．清楚自己听的习惯

首先要了解，你在听人讲话方面有哪些不良习惯，你是否会对别人的话匆忙做出判断，是否经常打断别人讲话，是否经常制造交往的障碍。了解自己听的习惯是正确运用倾听技巧的前提。

2．全身心地注意

要面向说话者，同他保持目光接触，要以你的姿势和手势证明你在倾听。无论你是站着还是坐着，都要与对方保持最适宜的距离。说话者都愿与认真倾听的人交谈。

3．把注意力集中在对方所说的话上

不仅要努力理解对方言语的含义，而且要努力理解对方的感情。

4．努力表达出理解

在与对方交谈时，要利用有反射地倾听的做法，努力弄明白对方的感觉如何，他到底想说什么。如果能全神贯注地倾听对方的讲话，不仅表明你对他持称赞态度，使对方感到你理解他的情感，而且有助于你更准确地理解对方的信息。

5．倾听自己的讲话

倾听自己讲话对培养倾听他人讲话的能力是特别重要的。倾听自己讲话可以使你了解自己，一个不了解自己的人是很难真正了解别人的。倾听自己对别人讲些什么是了解自己、改善倾听的习惯与态度的手段，如果不倾听自己是如何对别人讲话的，就不会知道别人如何对自己讲话，当然也就无法改变和改善自己的习惯和态度。

（二）倾听的技巧

可以将倾听的技巧归纳为“五要”和“五不要”。

“五要”是：

1．要专心致志、集中精力地听

专心致志倾听，要求谈判人员在听对方发言时要聚精会神，同时，还要配以积极的态度去倾听。心理学统计证明：一般人说话的速度为每分钟120—200字，而听话及思维的速度大约比说话的速度快4倍左右，因此，往往是说话者话还没有说完，听话者就能够理解大部分内容了。这样一来，听者常常由于精力的富余而“开小差”。也许恰好是这时，对方讲话的内容与我们理解的内容有偏差，或是传递了某些重要信息，如果我们没有领会到或理解错误，就会造成事倍功半的后果。为了专心致志，就要避免出现心不在焉、“开小差”的现象发生。即使是自己已经熟知的话题，也不可充耳不闻，万万不可将注意力分散到研究问题对策上去。集中精力地听，是倾听艺术中最基本、最重要的要求。在倾听时注视讲话者，主动地与讲话者进行目光对视，并做出相应的表情以鼓励讲话者。如可扬一下眼眉，或是微笑，或是赞同地点头，抑或否定地摇头，也可不解地皱眉头等，这些动作配合，可帮助我们集中精力并起到良好的倾听效果。

作为一名商务谈判人员，尤其应该养成耐心地倾听对方讲话的习惯，这也是个人修养良好的标志。在商务谈判过程中，当我们不太理解甚至难以接受对方的发言时，千万不可塞住自己的耳朵，表现出拒绝的态度，因为这样做对谈判非常不利。

2. 要通过记笔记来集中精力

通常，人们当场记忆全部内容的能力是有限的，为了弥补这一不足，应该在倾听时做大量的笔记。记笔记的好处在于：一方面，笔记可以帮助自己回忆和记忆，而且有助于在对方发言完毕之后，就某些问题向对方提出质询，同时，还可以帮助自己做充分的分析，理解对方讲话的确切含义与精神实质；另一方面，通过记笔记，可以给讲话者留下重视其讲话的印象，会对讲话者产生一种鼓励作用。对于商务谈判这种信息量较大且较为重要的活动来讲，一定要做记录，过于相信自己的记忆力而很少动笔做记录，对谈判来讲是不利的。因为，在谈判过程中，人的思维在高速运转，大脑需要接受和处理大量的信息，加上谈判现场的气氛很紧张，对每个议题都必须认真对待，所以只靠记忆是办不到的。实践证明，即使记忆力再好也只能记住大概内容，有的内容则会全部遗忘。因此，记笔记是必不可少的，这也是比较容易做到的用以清除倾听障碍的好方法之一。

3. 要有鉴别地倾听对方发言

在专心倾听的基础上，为了达到良好的倾听效果，可以采取有鉴别的方法来倾听对方的发言。通常情况下，人们说话时总是边说边想，来不及整理，有时表达一个意思要绕着弯子讲许多内容，从表面上听不出什么是重点，因此，听话者就需要在用心倾听的基础上，鉴别传递过来的信息的真伪，去粗取精、去伪存真，这样才能抓住重点，收到良好的倾听效果。

4. 要克服先入为主的倾听

先入为主地倾听，往往会扭曲说话者的本意，忽视或拒绝与自己心愿不符的意见，这种做法实为不利。因为这种听话者不是从谈话者的立场出发来分析对方的讲话，而是按照自己的主观框架来听取对方的谈话。其结果往往是使听到的信息变形地反映到自己的脑海中，导致自己接受的信息不准确、判断失误，从而造成行为选择上的失误，所以必须克服先入为主的倾听，将讲话者的意思听全、听透。

5. 要创造良好的谈判环境，使谈判双方能够愉快地交流

人们都有这样一种心理，即在自己所属的领域里交谈，无须因为熟悉环境或适应环境而分心；而在自己不熟悉的环境中交谈，则往往容易变得无所适从，导致正常情况下不该发生的错误。可见，有利于己方的谈判环境，能够增强自己的谈判地位和谈判实力。事实上，美国心理学家泰勒尔和他的助手兰尼做过一次有趣的试验，证明了在自己的客厅里谈话，比在他人的客厅里谈话更能说服对方这一观点。因此，对于一些关系重大的商务谈判工作，如果能够进行主场谈判是最为理想的，因为这种环境有利于己方谈判人员发挥出较好的谈判水平。如果不能争取到主场谈判，至少也应选择一个双方都不十分熟悉的中性场所，这样也可避免由于“场地优势”给对方带来便利和给己方带来不便。

“五不要”是：

1. 不要因轻视对方而抢话，急于反驳而放弃倾听

人们在轻视他人时，常常会不自觉地表现在行为上。例如，对对方的存在不屑一顾，

或对对方的谈话充耳不闻。在谈判中，这种轻视的做法有百害而无一利。因为这不仅表现了己方的狭隘，更重要的是难以从对方的谈话中得到己方所需要的信息。同时，轻视对方还可招致对方的敌意，甚至导致谈判关系破裂。

谈判中，抢话的现象也是经常发生的，抢话不仅会打乱别人的思路，也会影响自己倾听对方的全部讲话内容。因为在抢话的同时，大脑的思维已经转移到如何抢话上去了。抢话不同于问话，问话是由于某个信息或意思未能记住或理解而要求对方给予解释或重复，因此问话是必要的。抢话指急于纠正别人说话的错误，或用自己的观点来取代别人的观点，这是一种不尊重他人的行为。因此，抢话往往会阻塞双方的思想和感情交流的渠道，对创造良好的谈判气氛非常不利，对良好的倾听更是不利。

另外，谈判人员有时也会在没有听完对方讲话的时候，就急于反驳对方的某些观点，这样也会影响倾听效果。事实上，如果我们把对方的讲话听得越详尽和全面，反驳时就越准确、有力；相反，如果尚未全面了解对方谈话的全部内容和动机，就急于反驳，不仅使自己显得浅薄，而且常常还会使己方在谈判中陷入被动。

2. 不要使自己陷入争论

当你不同意讲话者的观点时，对他的话不能充耳不闻，只等着自己发言。一旦发生争吵，也不能一心只为自己的观点找根据而拒绝倾听对方的话。如果不同意对方的观点，也应等对方说完以后再阐述自己的观点。

3. 不要急于判断而耽误倾听

当听对方讲述有关内容时，不要急于判断其正误，否则会分散精力而耽误倾听下文。虽然人的思维速度快于说话的速度，但是如果在对方还没有讲完的时候就去判断其正误，无疑会削弱己方倾听的能力，从而影响倾听效果。因此，切记不可为了急于判断而耽误倾听。

4. 不要回避难以应付的话题

在商务谈判中，往往会涉及一些诸如政治、经济、技术以及人际关系等方面的问题，可能会令谈判人员一时回答不上来。这时，切忌持充耳不闻的态度。因为这样回避对方，恰恰暴露了己方的弱点。在遇到这种情况时，我们要有信心、有勇气去迎接对方提出的每一个问题。只有用心去领会对方提出的每个问题的真实用意，才能找到摆脱难题的真实答案。另外，为了培养自己急中生智、举一反三的能力，应多加训练，多加思考，以使自己在遇到问题时不乱不慌。

5. 不要逃避交往的责任

交往的双方缺一不可，且每个人都应轮流扮演倾听者的角色。作为一个倾听者，任何情况下如果不完全理解对方的用意，就应该用各种方法使其知道这一点。在这里，可以向对方提出问题加以核实，或者积极地表达出你听到了什么，或者使用一些方法请对方纠正你听错的地方。

如果能从以上几个方面进行努力，谈判过程中倾听的障碍就可以减轻或消除，也就很少或不会发生因听不见、听不清、没听懂而使双方相互猜忌、争执不下的现象。当然，策略上的需要不在此列。

第三节　国际商务谈判中“问”的技巧

国际商务谈判中常运用“问”作为探析对方需要、掌握对方心理、表达自己感情的手段。如何问是很有讲究的，重视和灵活运用发问的技巧，不仅可以获取大量信息，而且还可以控制谈判的方向。发问内容、方式、时机、场合、环境等都是需要了解和掌握的基本常识和技巧。

问一般包含三个因素：内容、时间、方式。

一、商务谈判中发问的类型

（一）封闭式发问

封闭式发问指在特定的领域中能带出特定的答复（如“是”或“否”）的问句。例如，“您是否认为售后服务没有改进的可能”“您第一次发现商品有瑕疵是在什么时候”等。封闭式问句可令发问者获得特定的资料，而答复这种问句的人并不需要太多的思索即能给予答复。但是，这种问句有时会有相当程度的威胁性。

（二）澄清式发问

澄清式发问指针对对方的答复重新提出问题，以使对方进一步澄清或补充其原先答复的一种问句。例如，“您刚才说对目前进行的这一宗买卖可以取舍，这是不是说您能全权跟我们进行谈判？”澄清式问句的作用就在于：它可以确保谈判各方能在叙述“同一语言”的基础上进行沟通，而且还是针对对方的话语进行信息反馈的有效方法，是双方密切配合的理想方式。

（三）强调式发问

强调式发问旨在强调自己的观点和己方的立场。例如，“这个协议不是要经过公证之后才生效吗？”“怎么能够忘记我们上次合作得十分愉快呢？”“按照贵方要求，我们的观点不是已经阐述清楚了吗？”

（四）探索式发问

探索式发问指针对对方答复要求引申或举例说明，以便探索新问题、找出新方法的一种发问方式。例如，“这样行得通吗？”“您说可以如期履约，有什么事实可以说明吗？”“假设我们运用这种方案会怎样？”探索式发问不但可以进一步发掘较为充分的信息，而且还可以显示发问者对对方答复的重视。

（五）借助式发问

借助式发问是一种借助第三者的意见来影响或改变对方意见的发问方式。例如，“××先生对你方能否如期履约关注吗？”“××先生是怎么认为的呢？”采取这种提问方式时，应当注意提出意见的第三者，必须是对方所熟悉且十分尊重的人，这种问句会对对方产生很大的影响力。否则，运用一个对方不很知晓且谈不上尊重的人作为第三者加以引用，则很可能引起对方的反感。因此，这种提问方式应当慎重使用。

（六）强迫选择式发问

强迫选择式发问旨在将己方的意见抛给对方，让对方在一个规定的范围内进行选择回答。例如，“付佣金是符合国际贸易惯例的，我们从法国供应商那里一般可以得到3%—5%的佣金，请贵方予以注意。”按理说，在提出这一问题之前，发问者至少应先取得对方将付佣金的承诺。但是，这种提问却把这一前提去掉，直接强迫对手在给出的狭小范围内进行选择，可谓咄咄逼人。运用这种提问方式要特别慎重，一般应在己方掌握充分的主动权的情况下使用，否则很容易使谈判陷入僵局，甚至破裂。需要注意的是，在使用强迫选择式发问时，要尽量做到语调柔和、措辞达意得体，以免给对方留下专横跋扈、强加于人的不良印象。

（七）证明式发问

证明式发问旨在通过己方的提问，使对方对问题做出证明或理解。例如，“为什么要更改原已定好的计划呢，请说明道理好吗？”

（八）多层次式发问

多层次式发问是含有多种主题的问句，即一个问句中包含多种内容。例如，“贵国当地的水质、电力资源、运输状况以及自然资源情况怎样？”“你是否就该协议产生的背景、履约情况、违约的责任以及双方的看法和态度谈一谈？”

这类问句因含过多的主题而使对方难于周全把握，许多心理学家认为，一个问题最好只包括一个主题，最多不能超过三个主题。当然，在一定情况下也可以灵活掌握。

（九）诱导式发问

诱导式发问旨在开渠引水，对对方的答案给予强烈的暗示，使对方的回答符合己方预期的目的。例如，“贵方如果违约是应该承担责任的，对不对？”“谈到现在，我看给我方的折扣可以定为4%，你方一定会同意的，是吗？”这类提问几乎使对方毫无选择余地而只能按发问者所设计好的答案回答。

（十）协商式发问

协商式发问是指为使对方同意自己的观点，采用商量的口吻向对方发问。例如，“你看给我方的折扣定为3%是否妥当？”这种提问语气平和，对方容易接受。而且，即使对方没有接受你的条件，谈判的气氛仍能保持融洽，双方仍有继续合作的可能。

二、提问的时机

（一）在对方发言完毕之后提问

在对方发言的时候，一般不要急于提问，因为打断别人的发言是不礼貌的，容易引起对方的反感。当对方发言时，要认真倾听，即使发现了问题，很想立即提问，也不要打断对方，可先把发现的和想到的问题记下来，待对方发言完毕再提问。这样不仅体现了自己的修养，而且能全面、完整地了解对方的观点和意图，避免操之过急，曲解或误解了对方的意图。

(二) 在对方发言停顿和间歇时提问

如果谈判中对方发言冗长、纠缠细节或离题太远而影响谈判进程,那么就可以借其停顿、间歇时提问,这是掌握谈判进程、争取主动的重要策略。例如,当对方停顿时,你可以借机提问:"您刚才说的意思是?""细节问题我们以后再谈,请谈谈您的主要观点好吗?"

(三) 在议程规定的辩论时间内提问

大型外贸谈判一般要事先商定谈判议程,设定辩论时间。在双方各自介绍情况和阐述的时间里一般不进行辩论,也不向对方提问。只有在辩论时间里,双方才可自由提问进行辩论。在这种情况下,要事先做好准备,可以设想几个对方的方案,针对这些方案考虑己方对策,然后再提问。在辩论前的几轮谈判中,要做好记录,归纳出谈判桌上的分歧后再进行提问。

(四) 在己方发言前后提问

在谈判中,当轮到己方发言时,可以在谈己方的观点之前对对方的发言进行提问,不必要求对方回答,而是自问自答。这样可以争取主动,防止对方接过话茬,影响己方的发言。例如,"您刚才的发言要说明什么问题呢? 我的理解是……对这个问题,我谈几点看法。"

在充分表达了己方的观点之后,为了使谈判沿着己方的思路发展,牵着对方的鼻子走,通常要进一步提出要求,让对方回答。例如,"我们的基本立场和观点就是这些,您对此有何看法呢?"

三、提问的要诀

为了获得良好的提问效果,需掌握以下提问要诀:

(一) 要预先准备好问题

最好是提一些对方不能迅速想出适当答案的问题,以期收到意想不到的效果。己方有经验的谈判人员,往往会提一些听上去普通并且比较容易回答的问题,而这个问题恰恰是随后所要提出的重要问题的前奏。这时,如果对方思想比较松懈,面对突然提出的较为重要的问题往往措手不及,己方会收到出其不意的效果。

(二) 要避免提那些可能会阻碍对方让步的问题

事实上,这类问题往往会给谈判的结果带来麻烦。提问时,不仅要考虑自己的退路,还要考虑对方的退路,要把握好时机。

(三) 不强行追问

如果对方的答案不够完整,甚至回避不答,这时不要强行追问,而是要有耐心和毅力等时机到来时再继续追问,以示对对方的尊重。

此外,在适当的时候,可以将一个已经发生,并且答案也是己方知道的问题提出来,验证一下对方的诚实程度,以及对方处理事物的态度。同时,这样做也可给对方一个暗示,即己方对整个交易的行情是了解的,对有关对方的信息也是充分掌握的。

（四）既不要以法官的态度来询问对方，也不要接连不断地提问题

像法官一样询问谈判对手，会造成对方敌对与防范的心理和情绪。因为谈判绝不等同于法庭上的审问，需要双方心平气和地提出和回答问题。另外，重复连续地发问，往往会使对方厌倦、乏味而不愿回答，有时即使回答也是马马虎虎，甚至会出现答非所问的情况。

（五）提出问题后应闭口不言，专心致志地等待对方做出回答

通常的做法是，提出问题后应闭口不言，如果这时对方也是沉默不语，则无形中给对方施加了一种压力。这时，己方保持沉默，由于问题是由己方提出，因此对方就必须以回答问题的方式来打破沉默，或者说打破沉默的责任将由对方来承担。

（六）要以诚恳的态度来提问

当直接提出某一问题，对方不感兴趣或是态度谨慎而不愿展开回答时，己方可以转换一个角度，并且用十分诚恳的态度来问对方，以此来激发对方回答问题的兴趣。实践证明，这样做会使对方乐于回答，也有利于谈判者感情上的沟通，以及谈判的顺利进行。

（七）提出问题的句子应尽量简短

在商务谈判过程中，提出问题的句子越短越好，而由问句引出的回答则越长越好。因此，应尽量用简短的句式向对方提问。当提问比对方的回答还长时，提问者将处于被动的地位，显然这种提问是失败的。

四、提问的其他注意事项

（一）在谈判中一般不应提出的问题

1. 不应提出带有敌意的问题

不应抱着敌对心理进行谈判，应尽量避免那些可能会刺激对方产生敌意的问题。因为一旦问题含有敌意，就会损害双方的关系，最终会影响谈判的结果。

2. 不应提出有关对方个人生活和工作方面的问题

对于大多数国家和地区的人来讲，回避询问个人生活和工作方面的问题已经成为一种习惯。例如，对方的收入、家庭情况、女士或太太的年龄等问题都是不应涉及的。另外，也不要涉及对方国家或地区的政党、宗教等方面的问题。

3. 不要直接指责对方品质和信誉方面的问题

忌讳直接指责对方在某个问题上不够诚实，这样做不仅会使对方感到不快，而且还会影响彼此之间的真诚合作。有时，这样做非但无法使对方变得更诚实，反而会引起对方的不满，甚至怨恨。事实上，商务谈判中双方的真假虚实很难用是否诚实这一标准来判断。

4. 不要为了表现自己而故意提问

为了表现自己而故意提问会引起对方的反感，特别是不应提出与谈判内容无关的问题以显示自己的“好问”。刻意表现自己的结果往往是弄巧成拙，被人蔑视。

（二）注意提问的速度

提问时说话太快，容易误使对方感到你不够耐心或在使用审问的口气而心存反感；

反之，如果说话太慢，容易使对方感到沉闷、不耐烦，从而降低了提问的力量。因此，提问的速度应该快慢适中，既使对方听懂问题，又不会使对方感到拖沓和沉闷。

（三）注意对手的心境

谈判者受情绪的影响在所难免。谈判中，要随时留心对手的心情，在你认为适当的时候提出相应的问题。例如，对方心情好时，常常会轻易地满足你所提出的要求，而且会变得粗心大意，透露一些相关的信息。此时，抓住机会，提出问题，通常会有所收获。

第四节 国际商务谈判中“答”的技巧

有问必有答，问有艺术，答也有技巧。问得不当，不利于谈判；答得不好，同样也会使己方陷入被动。谈判人员对每一句话都负有责任，都将被对方认为是承诺。因此，一个谈判人员水平的高低，在很大程度上取决于其回答问题的水平。

谈判中的回答，是一个证明、解释、反驳或推销己方观点的过程，为了能够有效地回答好每个问题，在谈判前，可以先假设一些难题来思考，考虑得越充分，所得到的答案将会越好。许多有谈判经验的国家对比较重要的谈判往往在事先都要进行模拟谈判，组织一组人员扮演谈判对手，借以发现在一般情况下难以发现的问题。

通常，在谈判中应当针对对方提出的问题实事求是地正面作答，但是，由于商务谈判中的提问往往变数较多，是对方深思熟虑、精心设计之后才提出的，可能含有谋略或陷阱。如果对所有的问题都正面提供答案，并不一定是最好的回答，所以回答也必须运用一定的技巧。

一、回答问题之前，要给自己留有思考的时间

在谈判过程中，回答问题的速度不是越快越好。急着回答问题的人通常认为如果对方问话与己方回答之间所空的时间越长，就会让对方感觉己方对此问题缺少准备或缺乏实力；如果回答得很迅速，就显示出己方有充分的准备以及较强的实力。其实不然，谈判经验告诉我们，在对方提出问题之后，你可通过其他动作，如喝水，调整坐姿和坐椅，整理资料，查阅笔记本等动作来延缓时间，以便充分考虑对方的问题。这样做既显得自然、得体，又可以让对方看见，从而减轻或消除对方对己方的错觉。

二、针对提问者的真实心理答复

谈判者在谈判桌上提出问题的目的往往是多样的，动机也往往是复杂的，如果在没有深思熟虑、弄清对方的动机之前，就按照常规来做出回答，效果往往不佳。如果经过周密思考，准确判断对方的用意，便可做出一个高水准的回答。人们常用下面的实例来说明，建立在准确把握对方提问动机和目的基础上的回答是精彩而绝妙的。

小链接

艾伦·金斯伯格是美国著名的诗人,在一次宴会上,他向一位中国作家提出一个怪谜,并请中国作家回答。谜面是:“把一只2.5千克重的鸡装进一个只能装0.5千克水的瓶子里,用什么办法把它拿出来?”中国作家回答道:“您怎么放进去的,我就会怎么拿出来。您凭嘴一说就把鸡装进了瓶子,那么我就用语言这个工具再把鸡拿出来。”这可谓是绝妙回答的典范。

三、不要彻底地回答

商务谈判中并非任何问题都要回答,有些问题并不值得回答。在商务谈判中,对方提出问题是想了解己方的观点、立场和态度,或是想确认某些事情,对此,我们应视情况而定,对于应该让对方了解或者需要表明己方态度的问题要认真回答;而对那些可能有损己方形象、泄密或无聊的问题,不予理睬就是最好的回答,但要注意礼貌。当然,用外交活动中的“无可奉告”一词来拒绝回答,也是回答这类问题的好办法。总之,回答问题时可以将提问者的问话范围缩小,或者不做正面回答,而对答复的前提加以修饰和说明以缩小回答范围。例如,对方询问己方产品质量如何,己方不必详细介绍产品所有的质量指标,只需回答其中主要的某几个指标,从而形成质量很好的印象。又如,对方对某种产品的价格表示关心,直接询问该产品的价格。如果彻底回答对方,把价格如实相告,那么,在进一步的谈判过程中己方可能会陷入被动,因此,应该首先避开对方的注意力,做这样的答复:“我相信产品的价格会令你们满意,请允许我先把这种产品的几种性能做一下介绍,我相信你们会对这种产品感兴趣的。”

四、避正答偏,顾左右而言他

有时,对方提出的某个问题己方可能很难直接从正面回答,但又不能拒绝回答,逃避问题。这时,谈判高手往往用避正答偏的办法,即在回答这类问题时,故意避开问题的实质,而将话题引向歧路,借此破解对方的进攻。例如,可跟对方讲一些与此问题既有关系但关系又不紧密的内容,表面上回答了问题,其实多数回答是并无实质作用的。

五、对于不知道的问题不要回答

参与谈判的所有人都非全能全知。尽管谈判准备得充分,也经常会遇到难解的问题,这时,谈判者切不可为了维护自己的面子而强作答复,因为这样有可能损害己方的利益。例如,我国某公司与美国外商谈判合资建厂事宜时,外商提出有关减免税收的请求。中方代表恰好对此不是很了解,可为了能够谈成,就盲目地答复了,结果使己方陷入十分被动的局面。经验和教训一再告诫我们,谈判者对不懂的问题,应坦率地告诉对方不能回答,或暂不回答,以避免不应付出的代价。

六、答非所问

答非所问从谈判技巧角度来说，是一种对不能答的问题行之有效的答复方法。有些问题可以通过答非所问来解围。

小链接

古代有一个较为精明的骗子，他从别人那里借来一匹马，便牵去与一个财主进行交换。财主问："你的马是从哪里来的？"他回答道："我想卖马的念头有两年了。"财主又问："为什么要换马？"他回答道："这马比你的马跑得快。"这两句话的回答是答非所问，换马的骗子就是这样运用灵巧的方式，回避了一个事实，即马是他人的，换马是想要骗走财主的马，于是此人的计谋得逞了。

谈判中我们并不主张像这个骗子一样在谈判中行骗，因为谈判必须建立在相互信赖的基础上，但是在双方利益发生冲突时，如何巧妙地回答对方的有关利益分割方面的问题倒是可以从这一例子中获得启示。

七、以问代答

以问代答是用来应付谈判中那些一时难以回答或不想回答的问题的方式。此法是将问题抛回给对方，请对方在自己的领域内反思后寻找答案。

例如，在商务工作进展不是很顺利的情况下，其中一方问另一方："你对合作的前景怎样看？"这个问题在此时很难回答，善于处理这类问题的对方可以采取以问代答的方式："那么，你对双方合作的前景又是怎样看呢？"这时双方自然会在各自的脑海中加以思考和重视，对于打破窘境起到良好的作用。商务谈判中运用以问代答的方法，对于应付一些不便回答的问题是非常有效的。

八、推卸责任

谈判者面对毫无准备的问题，往往不知所措，或者即使能够回答，但鉴于某种原因而不愿意回答。对这类问题通常可以如此回答："对这个问题，我虽没有调查过，但曾经听说过"或"贵方××先生的问题提得很好，我曾经在某一份资料上看过有关这一问题的记载，就记忆所及，大概是……"

九、重申和打岔

在商务谈判中，要求对方再次阐明其所问的问题，实际上是为自己争取思考问题的时间的好办法。在对方再次阐述其问题时，我们可以趁机考虑如何做出回答。当然，这种心理不应被对方察觉，以防其加大攻势。有人打岔是件好事，因为这可以赢得更多的时间来思考。有些富有谈判经验的谈判人员估计谈判中会碰到某些自己一时难以回答而又必须回答的、出乎意料的棘手问题，于是，为了赢得更多的时间，就事先在本组内部安排好某个人专门在关键时间打岔。打岔的方式多种多样，比如借口外面有人来电话，有紧急的文件需要某人来签字等。有时，回答问题的人自己可以借口去洗手间，或去打个电话等来拖延时间。

总之，在实际谈判中，回答问题的要诀在于明确可以进行回答的内容，而不必考虑回答的问题是否切题。谈判桌上的双方在实力的基础上斗智斗勇。对于回答问题时的艺术性和技巧，谈判人员必须熟练地加以掌握和运用。

第五节　国际商务谈判中“叙”的技巧

商务谈判中“叙”与“答”既有相通之处，又有较大差别。答是基于对方提出的问题，经过思考后所做的有针对性、被动性的阐述；而叙则是基于己方的立场、观点、方案等，通过陈述来表达对各种问题的具体看法，或是对客观事物的具体阐述，以便让对方有所了解。

商务谈判中叙是一种不受对方所提问题的方向、范围制约，带有主动性的阐述，是传递信息、沟通情感的方法之一。因此，谈判者能否正确、有效地运用叙述的功能，把握叙述的要领，会直接影响谈判的效果。

谈判过程中的叙述大体包括“入题”“阐述”两个部分。按照常理，谈判者在叙述问题、表达观点和意见时，应当态度诚恳，观点明朗，语言生动、流畅，层次清楚、紧凑。但这只是针对一般情况而言的。

一、入题技巧

谈判双方在刚进入谈判场所时，难免会感到拘谨，尤其是谈判新手，在重要的谈判中，往往会产生忐忑不安的心理。采用适当的入题方法，将有助于消除这种尴尬心理，轻松地开始谈判。

（一）迂回入题

为避免谈判时单刀直入，过于直白，影响谈判的融洽气氛，谈判时可以采用迂回入题的方法，如先从题外话入题，从自谦入题，从介绍己方谈判人员入题，从介绍本企业的生产、经营、财务状况入题等。

（1）从题外话入题。通常可将有关季节或天气的情况，目前流行的事物以及有关社会新闻、旅行、艺术、社会名人等作为话题。通过上述题外话入题，要做到新颖、巧妙，不落俗套。

（2）从自谦入题。如果对方是在己方所在地谈判，可谦虚地用以下语句表示，如各方面照顾不周、自己才疏学浅、缺乏经验、希望对方多多关照等。当然，自谦要适度，不要给对方以虚伪或缺乏诚意的感觉。

（3）从介绍己方谈判人员入题。通常可简略介绍己方人员的职务、学历、经历等，这样既打开了话题，消除了对方的不安心理，又显示了己方的强大阵容，使对方不敢小觑或轻举妄动。

（4）从介绍己方的生产、经营、财务状况等入题。这样做可先声夺人，提供给对方一些必要的资料,充分显示己方雄厚的财力、良好的信誉和质优价廉的产品等基本情况,也给对方以充分的讨论空间。

(二) 先谈一般原则,再谈细节问题

一些大型的对外贸易谈判,由于需要洽谈的问题较为庞杂,双方的高级人员不应该也不可能介入全部谈判,往往要分成若干等级进行多次谈判,这就需要采取先谈一般原则问题,再谈细节问题的方法。一般原则问题达成一致后,洽谈细节问题也就有了依据。

(三) 从具体议题入手

一般而言,大型的对外贸易谈判总是由具体的一次次谈判组成,在每次具体的谈判会议上,双方可以首先确定本次会议的谈判议题,然后从这一具体的议题入手进行洽谈。这样做可以避免谈判时无从下手,从而提高效率。

二、阐述技巧

谈判入题后,接下来便是双方阐述各自的观点,这也是谈判的一个重要环节。

(一) 开场阐述

己方开场阐述要做到以下几点:① 开宗明义,明确本次会谈所要解决的主题,以集中双方的注意力,统一双方的认识。② 表明己方通过洽谈应当得到的利益,尤其是对己方至关重要的利益。③ 表明己方的基本立场,既可以回顾双方以前合作的成果,说明己方所享有的信誉,也可以展望或预测今后双方合作中可能出现的机遇或障碍,还可以表示己方可采取何种方式为双方共同获得利益做出贡献等。④ 开场阐述应是原则的,并不是具体的,应尽可能简明扼要。⑤ 开场阐述的目的是让对方明白己方的意图,以创造协调的洽谈气氛,因此,阐述应以诚挚和轻松的方式来表达。

对方阐述时,主要注意以下几点:① 认真耐心地倾听对方的开场阐述,归纳并理解对方开场阐述的内容,思考和理解对方阐述的关键问题,以免产生误解。② 如果对方开场阐述的内容与己方的意见差距较大,切记不要打断对方的阐述,更不要立即与对方争执,而应待对方阐述完毕后,认同对方之后再巧妙地转移话题,从侧面进行反驳。

(二) 让对方先谈

在商务谈判中,当己方对市场态势和产品定价的情况不是很了解,或者当己方尚未确定购买何种产品,或者己方无权直接决定购买与否的时候,一定要坚持让对方首先说明可提供何种产品,产品的性能如何,产品的价格如何等,然后再审慎地表达意见。有时,即使己方对市场和产品定价比较了解,心中有较为明确的购买意图,而且能够直接决定购买与否,也不妨先让对方阐述利益要求、报价和介绍产品,然后在此基础上提出自己的要求。这种方式经常能收到奇效。

(三) 注意正确使用语言

1. 准确易懂

在谈判过程中,所使用的语言要力求规范、通俗,使对方很容易听明白。有时如确需使用某些专业术语,则应尽量使用简明易懂的用语加以解释。一切语言均要以实现双方沟通、保证洽谈顺利进行为前提。叙述的目的在于让对方相信己方所言的内容均为事实，并使其接受己方的观点。为了达到这一目的，叙述时万万不可炫耀自己的学问或卖弄自己的学识，这样做不但达不到目的，反而会令对方生厌。

2. 简明扼要，具有条理性

由于人们有意识的记忆能力有限，在短时间内只能记住有限的、具有特色的内容。所以，在谈判中一定要用简明扼要而又有条理性的语言来阐述自己的观点。这样，才能在洽谈中收到事半功倍的效果；反之，如果不分主次，条件混乱，不仅不能使对方及时把握要领，而且还会使对方厌烦，这是应当避免的。

3. 叙述要真实，第一次就要说准

商务谈判中叙述基本事实时，应本着客观真实的态度进行叙述。对事实和真相既不要夸大也不要缩小，力求使对方相信并信任己方，如果万一自己对事实和真相加以修饰的行为被对方发现，哪怕是一点点破绽，也会大大降低己方公司的信誉，从而使己方的谈判实力大为削弱。在谈判过程中，当对方要你提供资料或信息时，要描述准确，不要模棱两可，含混不清。如果对对方要求提供的资料和信息不甚了解，应延迟答复，切忌脱口而出。要尽量避免使用含上下限的数值，以防止波动。

4. 语言应富有弹性

谈判过程中所使用的语言，应当丰富、灵活，富有弹性。对于不同的谈判对手，应使用不同的语言。如果对方谈吐优雅，很有修养，己方用语也应相对讲究，做到出语不凡；如果对方语言朴实无华，那么己方用语也不必过多修饰；如果对方语言爽快、直露，那么己方也不要迂回曲折、语言晦涩。总之，要根据对方的学识、气质、性格、修养和语言特点，及时调整己方的洽谈用语。这是迅速缩短谈判双方距离、实现平等交流的有效方法。

5. 发言紧扣主题

任何商贸洽谈的双方，都是抱着一定的目的，肩负着一定的使命来到谈判桌前的，这便决定了每次谈判必有一个主题。由于时间有限，在谈判中双方都应紧紧围绕主题进行阐述，不要发表与谈判主题无关的意见，以免使对方产生反感和延误时间。同时，在谈判中也不要转弯抹角，以免给谈判带来障碍。

6. 措辞得体，不走极端

有时在谈判过程中难免会发生尖锐、激烈的争论。在这种情况下要尽量以和缓的语言表达自己的意见，不仅语调要柔和，而且措辞要得体。有些过于极端的语言易刺伤对方自尊心，引起对方反感，带来尴尬的场面，影响谈判进展。有些语言可能会使对方对你的谈判诚意产生怀疑，致使谈判走上歧途或者中断。

7. 注意语调表达的含义

不同的语调可赋予同一句话以不同的含义，也可以表达说话者不同的思想感情。例如，“这一价格不错”，若以平常的语调讲，则是一个肯定的评价，表达了说话者对这一价格的同意或赞赏。但若以高调带拖腔的方式讲出，则表达了说话者对这一价格的不满。谈判者应通过语调的变化显示自己的信心、决心、不满、疑虑和遗憾等思想感情。同时，也应善于通过对方不同的语调来洞察对方肯定、赞赏、否定、不满等感情的变化。谈判者说话的目的是让对方听懂并记住,说得太快不仅达不到说话者预期的目的,还可能使对方既听不清也记不住,有翻译的情况下更应注意,说得太快也会使对方翻译产生不被尊重的感觉。因此,如果想让对方注意你的谈话,就要把速度放平稳,慢慢地、流畅地说。当然,速度也不要太慢,更不要长时间地吐单字。

谈判者声音的高低强弱,也是影响谈判效果的重要因素之一。声音过高过响,震耳欲聋,不会使人感到亲切;声音过低过弱,不会使人感到振奋。因此,应当合理使用声音的强弱,最好有高有低,抑扬顿挫,犹如一幕戏,有高潮,有低潮,还要有收尾,要让对方感到自然舒适。在谈判中,滔滔不绝地阐述观点、发表意见时,如果突然停顿或者有意识地重复某几句话,能起到意想不到的作用,可以引导听者对停顿前后的内容和重复的内容进行回顾和思考,加深双方的理解和沟通。另外,停顿还可给对方抒发己见的机会,以便打破沉默,活跃谈判桌上的气氛。

8. 注意折中迂回

在谈判中转换话题,放弃对某些问题的讨论或绕弯子说服对方这一技巧的运用,是掌握谈判主动权的必然要求。

折中迂回技巧一般适用于下列场合:想避开对己方不利的话题;想回避某些问题;不同意某些观点,但又不便于直接否定对方;想拖延对某些问题做出决定的时间;想把问题引向对己方有利的方面;想转移角度阐述问题以说服对方,等等。

折中迂回的技巧主要表现在:当面临对己方不利的问题时,主动避开对方话锋,将谈话重点转回到对己方有利的问题上来,答非所问或不直接回答对方的问题;绕弯子解释或提出新问题;谈一些题外话,冲淡一下主题,或有意识地谈些意思不清的话,激励己方人员做不相关的交谈;改变原定程序和计划,忽然建议一个对方不可能马上接受的方案;提议某些问题要调查后再讨论;否认某些问题的存在,等等。

使用折中迂回技巧应当慎重,要区分轻重缓急。如在谈判比较正常地进行时,可经常使用"可是……""但是……"等词语,使问题向有利于己方的方向转化。在遇到对方无理纠缠,同时己方又不希望谈判破裂时,可适当采用上述折中迂回的技巧。

9. 使用解困用语

当谈判出现困难、无法达成协议时,为了突破困境,给自己解围并使谈判继续进行,可使用下列解困用语。

"真遗憾,只差一步就成功了!"
"就快要达到目标了,真可惜了!"
"这样做,肯定对双方都不利!"
"再这样拖延下去,只怕最后结果不妙。"
"既然事已至此,懊恼也没有用,还是让我们再做一次努力吧!"
"我相信,无论如何,双方都不希望前功尽弃!"

使用这种解困用语,有时确能产生较好的效果。只要双方都有谈判诚意,对方很有可能会欣然接受你的意见,从而促使谈判成功。

10. 不以否定性的语言结束谈判

从人的听觉习惯考察，在某一场合下听到的第一句话和最后一句话，常常会留下很深的印象。所以，在谈判中要注意，尽量避免以否定性的语言来结束谈判，否则会给对方造成一种不愉快的感受，并且印象深刻；同时，对下一轮谈判将会带来不利影响，甚至危及前一轮谈判中已谈妥的问题或已达成的协议。所以，谈判结束时，最好能给谈判对手以正面评价，并稳健中肯地把谈过的议题予以归纳。例如：

"您在这次谈判中表现很出色，给我留下了深刻的印象。"

"您处理问题大刀阔斧，钦佩！"

"今天会谈在某些问题上达成了一致，但在某些方面还要再谈。"

"对贵方的某些要求，我方将予以研究，待下次会议再谈。"

不论谈判结果如何，对参与谈判的人来说，每一次谈判都是谈判双方的一次合作过程。因此，一般情况下，在谈判结束时对对方给予的合作表示谢意，对对方的出色表现给予肯定，或者简要概括一下谈判的效果，是谈判者应有的礼节，对今后的谈判也是有益的。

（四）叙述时发现错误要及时纠正

谈判人员在商务谈判的叙述当中，常常会由于种种原因而出现叙述上的错误，谈判者应及时发现并纠正，以防造成不应有的损失。有些谈判人员，当叙述中有错误时，碍于情面，采取顺水推舟、将错就错的做法，这是要坚决反对的，因为这样做往往会使对方产生误解，从而影响谈判的顺利进行。还有些谈判人员，当发现自己叙述中有错误时，采取事后自圆其说、文过饰非的做法，结果不但没能"饰非"，反而越描越黑，对自己的信誉和形象产生损害，更严重的是可能会失去合作机会，后果不堪设想。

第六节　国际商务谈判中"看"的技巧

谈判不仅是语言的交流，同时也是行为的交流。谈判中，我们不仅要听其言，而且还要观其行。广东有一句谚语：当一个人笑的时候腹部不动就要提防他了。伯明翰大学的艾文·格兰特博士说过："要留心椭圆形的笑容。"因为这种笑不是发自内心的。因此，在谈判中，我们可以通过仔细观察对方的言谈举止，捕捉其内心活动的蛛丝马迹；也可以揣摸对方的姿态神情，探索引发这类行为的心理因素。运用这种技巧，不仅可以判断对方的思想变化，决定己方对策，同时可以有意识地运用行为语言传达信息，促使谈判朝着有利于己方的方向发展。

姿态和动作语言所传递的信息是真实可信的。"此时无声胜有声"，人们通过姿势、动作等无声的语言传递的信息，有时可以代替甚至超过有声语言所起的作用。

人的举止包括身体动作、手势、面部表情等。在这里仅就谈判人员的面部表情，上下肢及腰、腹部的主要动作，以及它们所传递的信息或所代表的意义做简单介绍。

一、面部表情

(一) 眼睛所传达的信息

“人的眼睛和舌头所说的话一样多,不需要词典,却能够从眼睛的语言中了解整个世界,这是它的好处。”这是爱默生关于眼睛的一段精辟论述。眼睛具有反映人们深层心理的功能,其动作、神情、状态是最明确的情感表现,因此眼睛被人们称为“心灵的窗户”。

眼睛的动作及所传达的信息主要有以下几个方面:

1. 根据目光凝视讲话者时间的长短来判断听者的心理感受

通常与人交谈时,视线接触对方脸部的时间在正常情况下应占全部谈话时间的30%—60%。超过这一范围者,可认为对谈话者本人比对谈话内容更感兴趣;低于这一范围者,则表示对谈话者和谈话内容都不感兴趣。

2. 眨眼频率有不同的含义

正常情况下,一般人每分钟眨眼5—8次,每次眨眼一般不超过1秒钟。如果每分钟眨眼次数超过5—8次这个范围,一方面表示神情活跃,对某事物感兴趣;另一方面也表示个性怯懦或羞涩,因而不敢直视对方,做出不停眨眼的动作。在谈判中,通常是指前者。从眨眼时间来看,如果超过1秒钟,一方面表示厌烦,不感兴趣;另一方面也可能表示自己比对方优越,因而对对方不屑一顾。

3. 倾听对方谈话时,几乎不看对方是试图掩饰的表现

据一位有经验的海关检查人员介绍,他在检查过关人员已填好的报关表时,还要再问一句:“还有什么东西要申报吗?”这时,他的眼睛不是看着报关表,而是看着过关人员的眼睛,如果过关者不敢正视他的眼睛,那么就表明此人在某些方面可能有试图掩饰的情况。

4. 眼睛瞳孔所传达的信息

眼睛瞳孔放大,炯炯有神而生辉,表示此人处于欢喜与兴奋状态;瞳孔缩小,神情呆滞,目光无神,愁眉苦脸,则表示此人处于消极、戒备或愤怒的状态。实验证明,瞳孔所传达的信息是无法用人的意志来控制的。现代的企业家、政治家或专业赌徒为了防止对方察觉到自己瞳孔的变化,往往喜欢佩戴有色眼镜。如果谈判桌上有人戴着有色眼镜,就应加以提防,因为他可能很有经验。

5. 眼神闪烁不定所传达的信息

眼神闪烁不定是一种反常的举动,常被认为是掩饰的一种手段或是人格上不诚实的表现。一个做事虚伪或者当场撒谎的人,其眼神常常闪烁不定,以此来掩饰其内心的秘密。

6. 睁大眼睛看着对方是对其有很大兴趣的表示

眼神传递的信息远不只这些。人类眼睛所表达的思想,有些确实只能意会而难以言传,这就要靠谈判人员在实践中用心加以观察和思考,以不断积累经验,争取把握眼睛的动作所传达的种种信息。

(二) 眉毛所传达的信息

眉毛和眼睛的配合是密不可分的,两者的动作往往共同表达一个含义,但单凭眉毛

也能反映出人的许多情绪变化。人们处于惊喜状态时，眉毛上扬，即所谓喜上眉梢；处于愤怒或气恼状态时，眉角下拉或倒竖，人们常说的“剑眉倒竖”即形容这种发怒的状态；眉毛迅速地上下运动，表示亲切、同意或愉快；紧皱眉头，表示人们处于困窘、不愉快、不赞同的状态；表示询问或疑问时，眉毛会向上挑起。

上述有关眉毛传达的动作语言是不容忽视的。人们常常认为没有眉毛的脸十分可怕，因为这给人一种毫无表情的感觉。

（三）嘴的动作所传达的信息

人的嘴巴除了说话、吃喝和呼吸以外，还可以有许多动作，借以反映人的心理状态。例如，紧紧地抿住嘴，往往表现出意志坚决；撅起嘴是不满意和准备攻击对方的表现；遭受失败时，人们往往咬嘴唇，这是一种自我惩罚的动作，有时也可解释为内疚的心情；嘴角稍稍向后拉或向上拉，表示听者是比较注意倾听的；嘴角向下拉，是不满和固执的表现。

二、上肢的动作语言

手和臂膀是人体比较灵活的部位，也是使用最多的部位。借助手势或与对方手的接触，可以帮助我们判断对方的心理活动或心理状态。同时，也可借此将某种信息传递给对方。

（1）拳头紧握，表示向对方挑战或自我紧张的情绪。握拳的同时如伴有手指关节的响声，或用拳击掌，则表示向对方无言的威吓或发出攻击的信号。握拳使人肌肉紧张，能量比较集中。一般只有在遇到外部的威胁或挑战时，人们才会紧握拳头，准备进行抗击。

（2）用手指或手中的笔敲打桌面，或在纸上乱涂乱画，往往表示对对方的话题不感兴趣、不同意或不耐烦。这样做，一方面可以打发和消磨时间，另一方面也起到暗示或提醒对方注意的作用。

（3）两手手指并拢并重置于胸的前上方，呈尖塔状，表示充满信心。这种动作在西方常见，特别是在主持会议、领导者讲话、教师授课等情况下常见。它通常可表现出讲话者的高傲与独断的心理状态，起到一种震慑听讲者的作用。

（4）手与手连接放在胸腹部的位置是谦逊、矜持或略带不安的心情的反映。在给获奖运动员颁奖之前，主持人宣读比赛成绩时，运动员常常有这种动作。

（5）两臂交叉于胸前，表示保守或防卫；两臂交叉于胸前并握紧，往往是怀有敌意的标志。

（6）吸手指或指甲。成年人做出这样的动作是不成熟的表现。

（7）握手。握手的动作来自原始时代的生活。原始人在狩猎或战争时，手中常持有石块和棍棒等武器，如果是没有任何恶意的两个陌生人相遇，常常是放下手中的所有东西，并伸开手掌，让对方摸一摸自己的掌心，以此来表示手中未持武器。久而久之，这种习惯逐渐演变成为今天的“握手”动作。

原始意义的握手不仅表示问候，而且也表示一种信赖、契约和保证之意。标准的握手姿势应该是：用手指稍稍用力握住对方的手掌，对方也用同样的姿势用手指稍稍用力回握，用力握手的时间约在 1 秒钟到 3 秒钟之内，如果双方握手与标准姿势不符，便有除了问候、礼貌以外的附加意义，主要包括以下几种情况：

① 如果感觉对方手掌出汗，表示对方处于兴奋、紧张或情绪不稳定的心理状态。

② 如果对方用力握手，则表明此人具有好动、热情的性格，这类人做事往往喜欢主动。美国人大都喜欢采用这种握手的方式，这主要与他们好动的性格是分不开的。如果感觉对方的握手不用力，一方面可能是该人个性懦弱，缺乏气魄；另一方面可能是对方傲慢矜持、爱摆架子的表现。

③ 握手前先凝视对方片刻，再伸手相握，在某种程度上，这种人是想在心理上先战胜对方，将对方置于心理上的劣势地位。先注视对方片刻，意味着对对方的一个审视，观察对方是否值得自己去同其握手。

④ 掌心向上伸出与对方握手，往往表现其性格软弱，处于被动、劣势或受人支配的状态，在某种程度上，手掌心向上伸出与人握手，有一种向对方投靠的意思。如果是掌心向下伸出与对方握手，则表示想取得主动、优势或支配地位。另外，手掌心向下，也有居高临下的意思。

⑤ 用双手紧握对方一只手，并上下摆动，往往是表示热烈欢迎对方的到来，也表示真诚感谢，或有求于人，或肯定契约关系等含义。在荧屏上或是生活中，我们常常可以看到，人们为了表示感谢对方、欢迎对方或恳求对方等，往往会用双手用力去握住对方的一只手。

三、下肢的动作语言

腿和足部往往是最先表露潜意识情感的部位，主要的动作和所传达的信息如下：

（1）摇动足部，用足尖拍打地板，抖动腿部，都表示焦躁不安、无可奈何、不耐烦或欲摆脱某种紧张感。通常，在候车室等车的旅客常常伴有此动作，谈判中这种动作也是常见的。

（2）双足交叉而坐，对男性来讲往往表示从心理上压制自己的情绪，如对某人或某事持保留态度，表示警惕、防范、尽量压制自己的紧张或恐惧。对女性来讲，如果将两膝并拢起来，则表示拒绝对方或一种防御的心理状态。这往往是比较含蓄而委婉的举动。

（3）分开腿而坐，表明此人很自信，并愿意接受对方的挑战。如果一条腿架到另一条腿上就座，一般在无意识中表示拒绝对方并保护自己的势力范围，使之不受他人侵犯。如果频繁变换架腿姿势，则表示情绪不稳定、焦躁不安或不耐烦。

四、腹部的动作语言

腹部位于人体的中央部位，它的动作带有极丰富的表情与含义。

（1）凸出腹部，表现出自己的心理优越、自信与满足感，因为腹部是意志和胆量的象征。这一动作也反映了扩大势力范围的意图，是威慑对方、使自己处于优势或支配地位的表现。

（2）解开上衣纽扣露出腹部，表示开放自己的势力范围，对对方不存戒备之心。

（3）抱腹蜷缩，表现出不安、消沉、沮丧等情绪支配下的防卫心理，病人、乞丐常常这样做。

(4) 腹部起伏不停,反映出兴奋或愤怒,极度起伏,意味着即将爆发的兴奋与激动状态。

(5) 轻拍自己的腹部,表示自己的风度、雅量,同时也包含经过一番较量之后的得意心情。

以上是谈判及交往中常见的形体语言及其所表达的信息。当然,这些形体语言仅仅是就一般情况而言的,不同的民族、地区,不同的文化层次及个人修养,其动作、姿态及所传达的信息都是不同的,应在具体环境下区别对待。另外,我们在观察对方动作和姿态时,不能只从某一个孤立的、静止的动作或姿态去判断,而应分析和观察其连续的、一系列的动作,特别是应结合对方讲话时的语气、语调等进行综合分析,这样才能得出比较真实、全面、可信的结论。

需要指出的是,在商务谈判过程中,对方完全可能会利用某些动作、姿态来迷惑我们,这就需要我们利用对方连贯的动作来进行观察,或者与其前后的动作及当时讲话的内容、语音、语气和语调等相联系,从中寻找到破绽,识别其真伪,然后采取必要的措施。

第七节　国际商务谈判中"辩"的技巧

"辩"最能体现谈判的特征,谈判中的讨价还价就集中体现在辩上。谈判中的辩与听、问、答、看、叙不同,它具有谈判双方相互依赖、相互对抗的二重性,是人类语言艺术和思维艺术的综合运用,具有较强的技巧性。

作为一名谈判人员,要想训练自己的雄辩能力,在商务谈判中获得良好的辩论效果,应注意以下几点有关辩的技巧。

一、观点明确,立场坚定

商务谈判中辩的目的,就是论证己方的观点,反驳对方的观点。辩论的过程就是通过摆事实,讲道理,说明己方的观点和立场。为了能更清晰地论证己方观点和立场的正确性及公正性,在辩论时要运用客观材料以及所有能够支持己方论点的证据,增强己方的辩论效果,反驳对方的观点。

二、思路敏捷、严密,逻辑性强

商务谈判中的辩论,往往是在双方进行磋商的过程中遇到难解的问题时才发生的。一个优秀的辩手,应该头脑冷静、思维敏捷、论辩严密且富有逻辑性,只有具有这种素质的人才能应付各种各样的困难,摆脱困境。任何成功的辩论,都具有思路敏捷、逻辑性强的特点。为此,商务谈判人员应加强这方面基本功的训练,培养自己的逻辑思维能力,以便在谈判中以不变应万变。特别是在谈判条件旗鼓相当的情况下,谈判人员只有在相互辩驳的过程中做到思路敏捷、严密,逻辑性强,才能在谈判中立于不败之地。

三、掌握大的原则,不纠缠细枝末节

在辩论过程中,要有战略眼光,掌握大的方向、前提及原则。辩论过程中不要在枝节

问题上与对方纠缠不休,但在主要问题上一定要集中精力,把握主动。在反驳对方的错误观点时,要切中要害,做到有的放矢。

四、掌握好进攻的尺度

辩论的目的是要证明己方立场、观点的正确性,反驳对方立场、观点上的不足,以便争取有利于己方的谈判结果。切不可认为辩论是一场对抗赛,必须置对方于死地。因此,辩论时应掌握好进攻的尺度,一旦已经达到目的,就应适可而止,切不可穷追不舍。在谈判中,如果对方被己方逼得陷于绝境,则往往会产生更强的敌对心理,甚至反击的念头更强烈,这样即使对方暂时可能认可某些事情,事后也不会善罢甘休,最终会对双方的合作不利。

五、态度客观公正,措辞准确严密

文明的谈判准则要求:不论辩论双方如何针锋相对,争论多么激烈,谈判双方都必须保持客观公正的态度、准确地措辞,切忌用侮辱诽谤、尖酸刻薄的语言进行人身攻击。如果某一方违背了这一准则,其结果只能是损害自己的形象,降低其谈判质量和谈判实力,不仅不会给谈判带来丝毫帮助,反而可能置谈判于破裂的边缘。

六、善于处理辩论中的优势与劣势

在商务谈判的辩论中,双方可能在某一阶段你占优势、我居劣势,可另一阶段又出现你居劣势、我占优势的局面,处于两种不同状态时,就必须处理好辩论中的优劣势,这是衡量商务谈判是否合格的一个条件。

处于优势状态时,谈判人员要注意利用优势,并借助语调和手势的配合,渲染己方的观点,以维护己方的立场;当己方处于优势时,切忌表现出轻狂、放纵和得意忘形的姿态。要时刻牢记:谈判中的优势与劣势是相对而言的,而且是可以转化的。相反,当我们处于劣势时,要记住这是暂时的,应沉着冷静,从容不迫,既不可怄气,也不可沮丧。在劣势状态下,只有沉着冷静,思考对策,保持己方阵脚不乱,才会对对方的优势构成潜在的威胁,从而使对方不敢贸然进犯。

七、注意个人的举止和气度

在辩论中,一定要注意个人的举止和气度。如语调高亢、指手画脚等行为都有损个人的气质和气度。辩论中良好的举止和气度,不仅会给对方留下良好印象,而且在一定程度上可以促进良好的谈判辩论气氛的形成。

第八节 国际商务谈判中“说服”的技巧

商务谈判中说服是一项很重要的工作,它常常贯穿于谈判的始终。谈判者在谈判中能否说服对方接受自己的观点,以及应当怎样说服对方,从而促成谈判的和局,就成了谈判能否成功的关键。

有时即使己方观点正确，也不能说服对方，甚至还被对方驳倒，说明要想说服他人，不仅要掌握正确的观点，而且还要掌握微妙的交往技术。在此，我们从谈判者的行为和心理角度，结合商务谈判实践，提出以下有关说服的技巧。

一、说服他人的基本要诀

（一）说服技巧的环节

1. 建立良好的人际关系，取得他人的信任

人们考虑是否接受他人意见时，总是先衡量自己与说服者之间的熟悉程度和友好程度。如果相互熟悉，相互信任，就会正确、友好地理解对方的观点和理由。社会心理学家认为，信任是人际沟通的“过滤”网。只有得到对方信任，友好的动机才会被理解；否则，即使你说服的动机是友好的，也会经过“不信任”的“过滤”作用而被曲解。因此，说服他人时若能取得他人的信任，可起到事半功倍的效果。

2. 分析所提意见可能导致的影响

首先，应向对方诚恳说明接受所提意见的充分理由，以及对方一旦被说服将产生的利弊得失；其次，要坦率承认如果对方接受所提意见，你也将获得一定利益，从而加强对方的信任感。否则对方必定认为你缺乏诚意，从而拒绝你的说服。

3. 简化对方接受说服的程序

当对方初步接受你的意见时，为避免其中途改变主意，要设法简化确认这一结果的程序。例如，在需要书面协议的场合，可提前准备一份原则性的协议书草案，告诉对方“只需在这份原则性的协议书草案上签字即可，至于正式的协议书我们会在一周内准备妥当，到时再送到贵公司请您斟酌”。这样往往可当场取得被说服者的承诺，并避免了在细节问题上出现纠纷。

4. 争取另一方的认同

在商务谈判中要想说服对方，除了要赢得对方的信任、消除对方的对抗情绪外，还要以双方共同感兴趣的问题作为桥梁，因势利导地解开对方思想的纽结。事实证明，“认同”是双方相互理解的有效方法，也是说服他人的一种有效方法。

所谓认同，就是人们将说服对象看作与自己相同的人，寻找双方的共同点，这是人与人之间心灵沟通的桥梁，也是说服对方的基础。商务谈判中双方本着合作的态度走到一起，随着谈判的进展，双方的熟悉感和亲切感加强，疑虑和戒心也会随之减轻，对方便更容易相信和接受己方的看法和意见。

寻找共同点可以从以下几个方面入手：

（1）寻找双方工作上的共同点，如共同的职业、共同的追求、共同的目标，等等。

（2）寻找双方在生活方面的共同点，如共同的国籍、共同的生活经历、共同的信仰，等等。

（3）寻找双方兴趣、爱好上的共同点，如共同喜欢的电视剧、体育比赛、国内外大事，等等。

（4）寻找双方共同熟悉的第三者，作为认同的媒介。例如，在同陌生人交往时，想说服他，可以寻找双方共同熟悉人，通过各自与这个人的熟悉程度和友好关系，相互之间也

就有了一定的认同,从而方便说服对方。

（二）说服技巧的要点

1. 换位思考

要说服对方,就要考虑对方的观点或行为存在的客观理由,即要设身处地为对方着想,从而加强对方的信任感,起到良好的说服效果。

2. 消除对方的戒心,创造良好的氛围

从谈判开始,就要创造和谐和相互认同的气氛。不要一味设想对方抱有反对和不合作的态度,然后再去批驳和劝说对方。例如,“我知道你会反对,可是事情已经到了这一步了,还能怎么样呢?”这样说的话,对方仍然难以接受你的看法。在说服他人时,要将对方设想为持有赞同和合作态度。例如,“我知道你能够把这件事情做得很好,只是不愿意去做而已”“你一定会对这个问题感兴趣的”,等等。商务谈判实例表明,从积极、主动的角度去启发对方、鼓励对方,就会帮助对方提高自信心,并接受己方的意见。

小链接

美国著名学者霍华德·雷法曾经提出让别人说“是”的 30 条原则,现摘录几条,供谈判者参考。

- 尽量以简单明了的方式说明你的要求。
- 要照顾对方的情绪。
- 要以充满信心的态度去说服对方。
- 找出引起对方兴趣的话题,并使他继续感兴趣。
- 让对方感觉到,你非常感激他的协助,如果对方遇到困难,你也会努力帮助他解决。
- 直率地说出自己的希望。
- 反复向对方说明,他的协助对你的重要性。
- 切忌以高压的手段强迫对方。
- 要表现出亲切的态度。
- 掌握对方的好奇心。
- 让对方了解你并非是“取”,而是在“给”。
- 让对方自由发表意见。
- 要让对方证明,为什么赞成你是最好的决定。
- 让对方知道,你只要在他身边便觉得很快乐。

3. 说服用语要推敲

在商务谈判中,欲说服对方,言语一定要推敲。事实上,说服他人时,用语的色彩不一样,说服的效果就会截然不同。通常情况下,在说服他人时要避免用“愤怒”“怨恨”“生气”或“恼怒”这类字眼。即使在表述自己的情绪,如担心、失意、害怕、忧虑等时,也要在用词上注意推敲,才会取得良好的效果。另外,忌用胁迫或欺诈的手法进行说服。

二、说服顽固者的技巧

在商务往来过程中,多数对手是通情达理的,但也会遇到固执己见、难以说服的对手,这种类型的对手很难合作在很大程度上是性格所致,因此只要掌握他们的性格特点和心理活动规律,采取适宜的说服方法,步步推进,必然可以说服对手。

顽固者往往比较固执己见,这通常是性格比较倔强并且自尊心很强所致,因此他们不会被轻易说服,甚至态度还会十分生硬,有时还会大发雷霆。因此,在说服顽固者时,通常可采取以下几种方法:

(一) 下台阶法

当对方自尊心很强、不愿承认自己的错误时,不妨先给对方一个台阶下,先指出他正确的地方,或者他错误存在的客观根据,给对方提供了一些自我安慰的条件和机会。这样,对方在保有情面的同时也容易接受你善意的说服。

(二) 等待法

对方可能一时难以说服,没有当面表示改变看法,不妨留给他人一定的思考和选择的时间。待事后对方详细斟酌了你的意见、时机成熟时再同其交谈。需要指出的是,等待并不等于放弃,切忌急于求成。

(三) 迂回法

当对方很难接受正面说服时,不要强逼对方进行辩论,而应采取迂回的方法。就像作战一样,对方已经防备森严,从正面很难突破,最好的解决办法是迂回前进,设法找到对方的弱点,一举击破对方。说服他人也是如此,当正面道理很难说服对方时,可以暂时避开主题,谈论一些对方的看法,加强对方的信任感,拉进与对方的距离。之后逐渐将谈话转入主题,晓之以利害,促使对方更加冷静地思考你的意见,并容易接受你的说服。

(四) 沉默法

当对方提出反驳意见或有意刁难,做过多解释不宜时,可以表示沉默。对于一些会引起更多纠纷的问题,或遇对方不通情达理时则应不予理睬,当对方认清这样的纠缠毫无意义时,就不再固执己见,从而达到说服对方的目的。

本章提要

1. 在国际商务谈判中,要对事不对人;注重利益而非立场;创造双赢的解决方案;使用客观标准,破解利益冲突,以及掌握交锋中的技巧。

2. 国际商务谈判中做到有效的倾听,要明确倾听的原则,且了解听的“五要”和“五不要”。

3. 国际商务谈判中发问的类型包括封闭式发问、澄清式发问、强调式发问等,提问时要注意时机的把握,掌握发问要诀,并且注意在提问中应避免的问题、提问的速度以及对方的心境。

4. 谈判中的回复须运用一定的技巧，包括：回答问题前，要给自己留有思考的时间；针对提问者的真实心理答复；不要彻底地回答；避正答偏，顾左右而言他；对于不知道的问题不要回答；答非所问；以问代答。

5. 国际商务谈判中的叙述应把握入题技巧、阐述技巧等，以便让对方更加了解。

6. 看的技巧表明，通过观察谈判人员的面部表情、上下肢的动作语言、腹部的动作语言等可以判断对方的思想变化，促使谈判有利于己方。

7. 辩的技巧包括：观点明确、立场坚定；思路敏捷严密，逻辑性强；掌握大的原则，不纠缠细枝末节；掌握好进攻的尺度；态度客观公正，措辞准确严密；善于处理辩论中的优势与劣势；注意个人的举止和气度。

8. 谈判者须掌握说服他人的基本要诀。说服顽固者时，通常可采用下台阶法、等待法、迂回法和沉默法。

讨论与思考

1. 如何在谈判的过程中处理好与谈判另一方的人际关系，同时保证己方的谈判利益？

2. 怎样通过观察对方的眼神来推测对方谈判的心态？

3. 怎样有效地说服谈判对手？遇到顽固型的对手又该怎么做？

案例分析

艾柯卡的“奇兵”战术

克莱斯勒汽车公司实力雄厚，但进入20世纪70年代后，该公司屡遭厄运，1970—1978年的9年内竟有4年亏损，其中1978年亏损额达2.04亿美元。在此危难之际，艾柯卡——美国企业界响当当的人物——出任该公司总经理。为维持公司最低限度的生产，艾柯卡请求政府给予紧急经济援助，提供贷款担保。

但这一请求引起了轩然大波，美国的社会舆论几乎众口一词：克莱斯勒赶快倒闭吧！按企业自由竞争规则，政府决不应给予经济援助。最使艾柯卡头痛的是国会为此举行的听证会，那简直是在接受审判。听证会上，一切都是即席式，许多问题经常是一波未平，一波又起。议员的助手们常给议员递条子，而艾柯卡只能孤军奋战。

艾柯卡一开始就简单提出证词：“我相信诸位都明白，我今天在这里绝不是代表我一个人说话，我代表着成千上万靠克莱斯勒公司为生的人们，事情就那么简单。我们有14万职工及其家属、4 700家汽车商及其所属的15万职工、1.9万家供应商及其雇用的25万人和他们的家属。”艾柯卡在听证会上清楚地表明：我们绝不是要求施舍，也不是索取礼物，我们正在申请的是一项贷款保证，公司将偿还每一元钱，而且都是有利息的。然而，议员们是不会轻易被说服的，他们无休止地提问，内容有时十分尖锐。

参议员兼银行业务委员会主席威廉·普洛斯迈质问道：“如果保证贷款案获得通过

的话，那么政府对克莱斯勒将介入更深，这与你长久以来鼓吹得十分动听的主张（指自由企业竞争）不是自相矛盾吗？”

“你说得一点也不错，”艾柯卡回答说，“我这一辈子一直都是自由企业的拥护者，我是极不情愿来这里的。但我们目前的处境进退维谷，除非我们能取得联邦政府的某种保证贷款，否则我根本没办法拯救克莱斯勒。”艾柯卡继续道：“我这不是在说谎，其实在座的参议员们都比我还清楚，克莱斯勒的请求并非首开先例。事实上，你们的账册上目前已有4 090亿元的保证贷款，因此，请你们通融一下，不要到此为止，请你们也为克莱斯勒公司争取4 100万美元的贷款，因为克莱斯勒是美国的第十大公司，它关系到60万人的工作机会。”

艾柯卡随后指出，日本汽车正在乘虚而入，如果克莱斯勒倒闭，其几十万职员就得成为日本企业雇员，根据财政部调查材料，如果克莱斯勒倒闭的话，国家在第一年里就得为所有失业人员花费27亿美元的保险金和福利金。所以，他向议员们说：“各位眼前有个选择，你们愿意现在就付出27亿美元呢，还是将它的一部分作为保证贷款，日后可以全数收回？”

持反对意见的议员们无言以对，贷款案最终获得通过。这是一次成功的谈判，艾柯卡所引述的材料，议员们不一定不知道，只是未认真分析。艾柯卡所做的就是将他们已知的内容再清楚扼要地重复一遍，让他们真正明白个中利害。

争取国会通过贷款案固然困难，但要求400家银行同意延期收回6.55亿美元的贷款却是难上加难。听证期间，银行一直持否定态度。由于大多数银行贷款是借给克莱斯勒金融公司，而不是克莱斯勒本身，所以银行家们以为即使克莱斯勒公司宣布破产，他们的债权仍可获得保障，但是，1979年年末艾柯卡请洛杉矶研究破产问题的专家龙·特罗斯准备的一份《破产清理备忘录》打破了银行家们的幻想，使他们很快意识到做出让步是使公司得以生存的最有利做法。虽然如此，银行家们的态度仍然不尽相同。为鼓励银行做出必要让步，艾柯卡花了几个月时间终于制订了银行可以接受的计划。

同银行的谈判十分复杂，艾柯卡对银行家的态度相当强硬，但有张有弛，他懂得何时该松弛一下。有一次当各银行的代表相持不下时，他把一支玩具枪顶在自己头上说：“要是你们不能达成协议，我要自杀了！”

开始时，艾柯卡分别找一家家银行谈，后来发现这样行不通，遂改为召集大家一起谈。最后，他宣布说：“我给你们一个星期时间考虑，4月1日，也就是下星期二，我们再开会。”如果银行家在这次会议上还达不成协议，那后果将不堪设想。因为，当时全国经济的衰退形势已很严重，克莱斯勒宣布破产，很可能意味着一个更为可怕的经济灾难即将来临。

4月1日全体人员到会。艾柯卡的开场白实在令人震惊：“先生们，昨天晚上，克莱斯勒董事会举行了紧急会议。鉴于目前的经济衰退、公司的严重亏损、利率的节节上升——更不要说银行家的不支持态度——公司决定今晨9点30分宣布破产。”整个会议室里鸦雀无声，空气异常沉闷。毫无思想准备的银行家们对这一突如其来的宣告目瞪口呆。只见艾柯卡不慌不忙地补充道：“也许我应提醒诸位，今天是4月1日。”人们大大松了一口气（4月1日是愚人节）。

这是艾柯卡在开会前五分钟想出来的一条奇谋。它有很大的冒险性，但结果证明它很有效，它使会场中每一个人的焦点集中在一幅更大的图景中，充分想象达不成协议可能产生的严重后果。

艾柯卡的让步计划被全体与会者所接受。一场旷日持久的谈判,终以艾柯卡及其同仁的胜利而结束,克莱斯勒得救了,而银行家们也得到了他们应得的利益。

在艾柯卡着手拯救克莱斯勒的过程中,他感到必须压低员工的工资,才能保证企业的运转。他首先将高级职员的工资降低了10%,自己的年薪也从36万美元减少到10万美元。随后,他对工会领导人说:"17美元一个钟头的活有的是,20美元的一件也没有。现在我拿着手枪顶着你们的脑袋,你们还是聪明点。"

工会没有答应,双方僵持了一年。最后,形势迫使艾柯卡发出了最后通牒。某晚10点钟,艾柯卡找到工会委员会,对他们说:"明天早晨以前,你们非做出决定不可。如果你们不帮我的忙,我也要让你们不好受。明天上午我就宣布公司破产。你们还可以考虑8小时,怎么办好,你们看着办吧!"

迫于最后通牒的压力,工会答应了艾柯卡的要求。

克莱斯勒终于起死回生,艾柯卡及其同僚们审时度势,顽强作战,几次谈判进程中艾柯卡屡出奇兵,收到了良好的效果,为我们树立了一场成功的商务谈判的典范。

问题:举例说明艾柯卡的"奇兵战术"。

延伸阅读

苹果与中国银联联手打造 Apple Pay

苹果与中国银联及15家中国银行达成了一项人们期待已久的协议,将在中国推出其移动支付业务。

Apple Pay在中国内地的推出仍有待监管部门批准。苹果表示,Apple Pay将按照中国监管部门要求完成相关检测和认证,之后正式向中国地区的银联卡持卡人开放此项服务,预计最快2016年年初。

苹果支付将实现"闪付"。苹果支付与银联云闪付合作,将十分注重安全性。据介绍,添加信用卡或借记卡时,实际的卡号既不存储在设备上,也不存储在苹果的服务器上。系统会分配一个唯一的设备账号,对该账号进行加密,并以安全的方式将其存储在设备的安全芯片中。每次交易都使用一次性的唯一动态安全码进行授权。

苹果支付业务进入中国市场较晚,目前中国的移动支付市场主要由支付宝和微信支付等品牌占据,份额总计超过80%。苹果和银联未公布相关合作成本和收益的分配情况。据悉,银联目前发行的银行卡超过50亿张,可在中国各地及150多个国家使用。苹果可借助这一合作搭上银联的便车。中国农业银行、中国银行、中国建设银行和中国工商银行等多家银行将为Apple Pay提供支持。

据了解,iPhone 6s、iPhone 6s Plus、iPhone 6和iPhone 6 Plus四款手机,都将支持通过Apple Pay在商店购物。使用Apple Pay时,用户甚至不需要打开App或是唤醒屏幕,而可以通过NFC技术,将iPhone靠近支持银联云闪付的POS终端,同时将手指放在Touch ID上,即可完成支付。同时,Apple Watch也可支持Apple Pay,使用时只需连按两下侧边按钮,然后将表盘贴近非接触式读卡器,便可直接在手腕上完成购买。

中国是苹果的一个重要市场,目前,该公司在全球其他地区的增长已经放缓。由于iPhone对中国消费者依然具有吸引力,去年大中华区的销售额翻番至125亿美元。

苹果互联网软件与服务高级副总裁艾迪·库埃表示:“对于苹果而言,中国市场的重要性不言而喻。通过携手中国银联以及15家中国主要银行,中国的用户即将可以享受便捷、安全和私密的支付体验。”

中国银联执行副总裁柴洪峰也表示:“中国银联致力于推动支付创新,联合产业各方为数亿银联卡持卡人提供安全、便捷的移动支付体验。”

银联的闪付技术已经让许多持卡人可以“闪一下”他们的信用卡就完成支付。上周,银联表示已有20多家银行支持新的移动支付服务。去年中国消费者用他们的智能手机完成了价值3.5万亿美元的交易,不过,在该市场占主导地位的依然是阿里巴巴的支付宝和腾讯的财付通。

资料来源:作者根据网络资料整理。

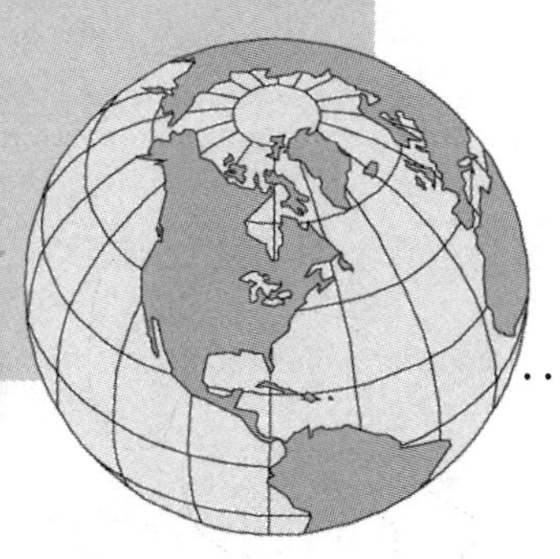

第六章

国际商务谈判礼仪

【导语】

在国际商务谈判中,谈判双方不仅渴望达成双方满意的协议,而且也渴望获得对方的尊重与理解,因为尊重与理解是双方长期合作的基础。谈判者的学识、素养、风范、气质是赢得对方尊重的关键,而礼仪和礼节是谈判者自身素质的标志,它们在一定程度上反映了一个国家、民族和个人的文明程度和道德水准。由于国际商务谈判在不同国家和地区间的谈判者之间进行,因此,在国际商务交往中,必须对有关惯例加以遵守。这些交往惯例,就是涉外礼仪。各国商人在交往中常见的交往惯例有哪些?国际商务谈判礼仪惯例中的内外有别、中外有别、外外有别的内涵有何差异?谈判者应如何穿衣戴帽?应如何表达善意与热情?如何迎来送往?本章内容将为国际商务谈判工作者打开了解国际商务谈判礼仪和各国朋友日常交往礼仪的大门。

【教学目的】

学习本章后,你应掌握:

- 国际商务谈判中的礼仪惯例;
- 各国商人交往中的日常交往礼仪。

【关键词】

国际商务礼仪　服饰礼仪　馈赠礼品礼仪　迎送礼仪　签约礼仪　日常交往礼仪　见面礼仪　交谈礼仪　宴请礼仪

引导案例

巴西一家公司到美国去采购成套设备。巴西谈判小组成员因为上街购物耽误了时间。当他们到达谈判地点时,比预定时间晚了45分钟。美方代表对此极为不满,花了很长时间来指责巴西代表不遵守时间,没有信用,如果老这样下去的话,以后很多工作很难合作,浪费时间就是浪费资源和金钱。对此巴西代表感到理亏,只好不停地向美方代表道歉。谈判开始以后美方似乎还对巴西代表来迟一事耿耿于怀,一时间弄得巴西代表手足无措,说话处处被动,无心与美方代表讨价还价,对美方提出的许多要求也没有静下心来认真考虑,匆匆忙忙就签订了合同。等到合同签订以后,巴西代表平静下来,头脑不再发热时才发现自己吃了大亏,上了美方的当,但已经晚了。美方在一开始的时候对对手的某项错误或礼仪失误严加指责,使其感到内疚,从而达到营造低调气氛,迫使对方让步的目的。

礼仪和礼节是人们自尊和尊重他人的生活规范,是对他人表示尊重的方式。同时,作为一种道德规范,礼仪和礼节也是人们文明程度的重要表现方式,它在一定程度上反映了一个国家、民族和个人的文明程度和道德水准。在国际商务谈判中,谈判双方都渴望获得对方的尊重与理解。懂得并掌握必要的礼仪与礼节,是国际商务谈判专业工作者必备的基本素养。

第一节 国际商务谈判礼仪惯例

在当今国际竞争日益激烈、国际商务活动日益频繁的背景下,一家公司、企业交易的成败往往不仅取决于其产品、服务质量和价格水平,更取决于其对客户的态度,取决于其对国际商务礼仪的知识掌握程度。如果懂得国际商务礼仪惯例,了解对方的文化风俗,就能够赢得客户的尊重和欣赏,且有助于达成交易。

在国际商务交往中,必须对有关惯例加以遵守。这些交往惯例,即涉外礼仪,指涉外交往中必须遵守的国际惯例。

内外有别,指的是在运用国际商务礼仪时,对待自己人与对待国外客商是有所不同的。

中外有别,具体指在涉外交往中,必须意识到,中国人的思维意识、文化背景和风俗习惯与国外客商的所作所为是有差别的。

外外有别,指不同的国家有不同的文化和风俗习惯,因而会有不同的做法,不能一概而论。

一、国际商务谈判的服饰礼仪

服饰是指人在服装上的装饰。穿着打扮是人类生存的基本要素,也是人体外在形象的重要组成部分。服饰是形成谈判者良好个人形象的必备要素。

服饰功能包括自然功能和社会功能。自然功能是指服饰的自然属性，即人类出于保护自身的需要，要求服装能遮阳防雨、抵御寒冷等；社会功能是指在自然功能的基础上所产生的社会效益。民族、性别、习惯、年龄等差异使人们在服饰上也有很大区别。

在国际商务谈判中，服饰的颜色、样式及搭配都将在一定程度上影响到谈判人员的精神面貌、带给对方的第一印象和感觉。

（一）服饰要庄重、大方、优雅、得体

谈判者应根据自身的气质、体形特点选择适宜的着装，从服饰的样式来看，尽管世界各民族的服饰样式繁多，但男士西装和女式西式套装已成为谈判桌上普遍认可的着装。

在国际商务谈判的场合，谈判者应选择黑色、深蓝色、灰色和深褐色的单色服装，这些颜色会带给谈判对手稳重、成熟、严谨的可信任感觉，不遵守这一礼仪就会带来麻烦。1983 年 6 月美国前总统里根出访欧洲四国，曾因其穿了一套格子西装而引起一场轩然大波，因为按照惯例，在比较重要的正式场合应着黑色礼服，以示庄重。

男士西装分为简易西装和精制西装两类，前者穿着要求比较随意，而后者穿着却有一定的讲究。精制西装在穿着时应符合规定的制式：上衣、西装背心和长裤必须用同一种面料裁制，穿着时不可内套毛衣和外露内衣，不可卷袖和翻袖，应佩戴领带或领结，同时应配穿颜色款式协调的皮鞋，不可穿旅游鞋和运动鞋。

（二）服饰要符合身份、个性、体形

国际商务谈判工作者的穿衣打扮应具有一定的个性，要针对自己在谈判桌前的身份和自身的特点，包括性别、年龄、性格、职务等，确定服装的样式和色彩的搭配。

人的身材有高低之分，体形有胖瘦之别，肤色有深浅之差。人的穿着应因人而异，扬长避短，藏拙显慧。换句话说，体胖或身形高大者应选择冷色调，体瘦或矮小者宜选择暖色调；颈短者应选择低领装，瘦削者不宜选择过于宽大的服装。

（三）服饰颜色的选择

服饰的颜色不宜过于单调，而应在某一色调的基础上求得变化。配色时不要太杂，一般不能超过三种颜色。下面简单介绍几种颜色的特点：

（1）黑色象征庄重，黑色的西装配上白色的衬衫会给人潇洒大方的感觉。

（2）白色象征纯洁、素雅和洁净，给人以端庄的感觉。

（3）灰色象征文静、朴素、含蓄，给人以谦虚、平和的感觉。

（4）咖啡色象征浑厚、高贵，给人以力量、尊严的感觉。

（5）蓝色象征安静、理智，给人以愉悦、智慧的感觉。

（四）仪容要求

谈判人员的发型要经过修整，发式要大方得体，不可追求过分时尚华丽；发丝要保持清洁无头屑，不粘连。眼镜大小要不夸张，镜框要清洁，不可佩戴有镜链的眼镜；口腔要卫生，忌吃洋葱和大蒜；指甲要保持清洁；男士胡须应经常修整；在公众场合不可咀嚼口香糖。

（五）女性服饰

在国际商务谈判中，女性人员的表现往往对谈判结果起着意想不到的作用。因此，女性应在谈判中注意得体优雅的礼仪形象。

1. 着装

着装是女性在国际商务谈判中遇到的首要问题。在冬、春、秋季节进行谈判时，女性以着西装，特别是西装套裙为佳，但在一般性的会谈中，女性可穿着毛衣套装，外配风衣或大衣。在夏季，女性着装也应以西装套裙为主，但也可着连衣裙或长、短袖衬衫配西裙、西裤。

女装注意不可以暴露，不可以透明，不可以超短，也不要过长。内衣更不可以外现，吊带装不能出现在谈判桌前。穿裙装时吊袜带、袜口不能暴露在外，一定要穿长筒丝袜。袜子的色彩和纹路不可鲜艳夺目，不可穿网眼款式，一般以黑色、肉色、浅灰和无色为主，袜子不可走丝或残破。

在进行正式国际商务谈判时，女士所穿鞋帽需色泽款式协调，最好不穿凉鞋，特别是无后带凉鞋。

2. 首饰

首饰的佩戴是女性在国际商务谈判活动中遇到的另一重要问题。得体的首饰、化妆可以给人以优雅端庄的感觉，会赢得对方的尊重和赞赏。首饰的选择应注意以下几点：

(1) 应尽量避免佩戴制作粗糙的首饰；

(2) 首饰的款式不应夸张，以少为佳，画龙点睛；

(3) 首饰色泽应与服饰协调，质地相同，色彩一致；

(4) 合乎惯例：戒指佩戴在左手，一般应只佩戴一枚；

(5) 不可佩戴有特殊忌讳的首饰，特别是不能佩戴侵犯谈判对方民俗禁忌的首饰。

3. 化妆

适度的化妆是尊重对方的表现，但在国际商务活动中，化妆不宜过浓，尤其不可使用浓香型化妆品。在国际商务谈判过程中，女性切忌在众人面前照镜子和补装，这是不尊重他人的表现。

二、国际商务谈判双方馈赠礼品礼仪

谈判人员在相互交往中馈赠礼品，除表示友好、增进友谊和今后不断联络感情的愿望外，更主要的是表示对此次合作成功的祝贺和对再次合作的期待。因此，为表达心意，针对不同对象选择礼品，就成为一门敏感性、寓意性都很强的艺术。

选择礼品的主要依据是对方的习俗和文化素养。谈判人员的文化背景不同，偏好和要求就会有所差异。比如，包括美国、英国、加拿大、澳大利亚等国在内的西方国家的谈判人员通常是不在商务活动中赠送礼品的，但是在日本，赠送礼物则是建立和保持业务关系的重要因素之一。因此，馈赠礼品需注意以下问题：

(一) 礼物价值不宜过高

礼物的价值不宜过高，但一定要特色鲜明。比如在美国，一般的商务性礼物的价值通常在25美元左右，而亚洲、非洲、拉美和中东等国家的客商则往往比较看重礼物的货币价值。

（二）要注重对方的习俗和文化背景

谈判人员由于所属国家、地区间有较大差异，文化背景有所不同，爱好与要求必然存在差异。

在阿拉伯国家，伊斯兰教禁酒，不能以酒作为馈赠礼品；禁止偶像崇拜，最好不要赠送带有人像和动物图案的图书或年历。

在英国，人们普遍讨厌带有送礼人单位或公司标记的礼品；白色的百合花象征死亡，菊花只用于葬礼，其他花可送人。

在意大利，赠送礼物的同时也在赠送快乐和愉悦，如塞满巧克力的糖桶，印刷精美的古典名著等，都是很好的选择。

在法国，康乃馨被认为是不祥的象征，只有在出席葬礼时才采用。

在日本，菊花是皇室专用花，所以普通人不得乱用；日本人认为荷花是不祥之物，荷花只在祭奠时才会出现。

在俄罗斯，给女主人只送红玫瑰，但数目不可为3。我国一向以偶数表示吉祥，而日本人却以奇数表示吉祥，西方人忌讳13这个数字，日本和韩国忌讳4这个数字，因此无论是赠送鲜花还是水果都应注意数量。

（三）礼物的选择

选择礼物时，既要尊重对方的风俗习惯和偏好，又要突出中国的民族特色，并有一定的纪念意义，比如传统工艺品或奥运吉祥物等。有时，过于贵重的礼物反而会给对方造成己方有求于对方，或产品本身可能存在缺陷的印象，结果会适得其反。

根据调查，外国客商大多喜欢我国以下几种礼品：

(1) 景泰蓝礼品。景泰蓝是我国传统工艺的杰出代表，用它制作的纪念品种类繁多，受到外国朋友的普遍欢迎。其中，男士主要欣赏用景泰蓝工艺制成的打火机、笔，而女士则喜爱饰物、镜子和随身盒等。

(2) 玉饰。玉本身充满了神秘的东方色彩，我国的吉祥如意护身符更是如此。外国友人对玉的偏好以色泽温润、明光通透为佳，带有太极、八卦、汉字等图案的玉制品深受外国友人的喜爱。

(3) 具有我国传统风格或印有汉字的服饰。这类礼品最受外国朋友，特别是年轻朋友的偏爱。

(4) 绣品。在我国各种刺绣礼品中，苏绣、湘绣受到普遍欢迎。

(5) 水墨字画、竹制工艺品。

（四）礼物的包装

在选择好礼品后，要打好包装。在包装前，必须取下价格牌，否则是失礼的表现，因为礼物价值过高，往往会有贿赂的嫌疑，常常会引起对方不必要的疑虑，从而给谈判结果带来不必要的负面影响。

（五）收受礼品的礼仪

除了要经常向对方赠送礼品表示友好之外，商务谈判人员也会经常遇到对方向我方赠送礼品的问题。对于赠送的礼品能否接受，要做到心中有数，因为如果接受就容易失去对某些事物或进程的控制。在国际商务谈判中,接受礼物必须符合国家和企业的有关规定和纪律。

国际商务谈判工作者必须牢记自己是企业、国家的代表,当不能接受对方所送礼品时,应说明情况并致谢。除中日两国外,对欧美客商一定要当面亲自拆开礼品包装,并表示欣赏、真诚接受和道谢。受礼后的还礼可以是实物,一般为对方礼物价值的1/2。也可以在适当时候提及,表示"不忘"和再次感谢对方。

三、国际商务谈判的迎送礼仪

迎来送往是常见的社交活动。在谈判中,对前来参加谈判的人员,要视其身份和地位以及谈判的性质与双方的关系等,综合考虑安排。应邀对方谈判人员抵达和离开时,要安排相应身份的人员前往迎送。迎送礼仪方面要注意以下几点:

1. 确定迎送规格

迎送规格依据前来谈判人员的身份和目的确定,适当考虑双方的关系,同时应注意惯例。主要迎送人的身份和地位通常都要与来者相距不大,以对口、对等为宜。当事人因故不能出面,可灵活变通,由职位相当人士或副职代替,但须向对方做出解释。通常迎送人员不宜过多。有时,从发展双方关系或其他需要出发,破格接待也是可以的。除非有特殊需要,一般都按常规办理。

2. 掌握抵达和离开的时间

必须准确掌握对方谈判人员乘坐的交通工具的抵达和离开的时间,尽早通知有关单位和全体迎送人员。如有变化,及时告知。做到既顺利接送来客,又不过多耽误迎送人员的时间。迎接时,应在来客抵达之前等候;送行时,应在客人登机(车、船)前到达。

3. 介绍

通常先将前来欢迎的人员介绍给来客,可由工作人员或欢迎人员中身份较高者介绍。由于客人初到,通常比较拘谨,所以主人宜主动与客人寒暄。

4. 陪车

应请客人坐在主人的右侧。如有翻译,请其坐在司机旁边。上车时,最好请客人从右侧车门上车;主人从左侧车门上车,避免客人从膝前穿过。如果客人先上车坐到了主人的位置上,切忌让客人移位。

5. 其他

(1) 迎送身份高的客人,事先在迎送地安排贵宾休息室,准备饮料。

(2) 指派专人协助办理出入境手续及票务、行李托运等手续。及时把客人的行李送往住地,以便其更衣。

(3) 客人抵达住地后,一般不要马上安排活动,应稍作休息,起码给对方留下沐浴更衣的时间。只谈翌日计划,以后的日程安排择时再谈。

(4) 多头接待要做好协调工作,规格要相差不大,活动不能重复,更不能脱节。

四、国际商务谈判的签约礼仪

签约仪式虽然时间不长,也不像举办宴会那样涉及许多方面的工作,但由于它涉及各方关系，同时往往是谈判成功的标志，有时甚至是历史转折的里程碑，因此一定要认真筹办，一丝不苟。

（一）人员确定

签字人应视文件的性质由缔约各方确定，双方签约人的身份应大体相当。

出席签字仪式的人员，应基本上是参加谈判的全体人员。如果因某种需要一方要求某些未参加会谈的人员出席，另一方应予以同意。双方出席人数应大体相等。

（二）必要的准备工作

首先是签字文本的准备，有关单位应及早做好文本的定稿、翻译、校对、印刷、装订、盖火漆印等工作，同时准备好签约使用的文具、国旗等物品。

（三）签字厅的布置

由于签字的种类不同，各国的风俗习惯不同，因而签约仪式的安排和签字厅的布置也各不相同。

在我国，一般在签字厅内设置长方桌一张作为签字桌。桌面覆盖深绿色台呢，桌后放置两把椅子，作为双方签字人的座位，面对正门主左客右。座前摆放各自的文本，文本上端分别放置签字的工具。签字桌中央要摆放一个悬挂双方各自国家国旗的旗架。

（四）签字仪式的程序

双方参加签字仪式的人员进入签字厅后，签字人入座，其他人员分主方和客方按身份顺序排列于各方的签字人员座位之后。双方的助签人员分别站立在各自签字人员的外侧，协助翻揭文本及指明签字处。在签完本国本企业保存的文本后，由助签人员互相传递文本，再在对方保存的文本上签字，然后由双方签字人交换文本，相互握手。有时签字后，还备有香槟，共同举杯庆贺。

第二节　日常交往礼仪

在国际商务谈判中，除了发扬我国优良的文化传统外，还应该在日常交往中注意尊重各国的风俗习惯，了解他们的不同做法。

一、日常交往习俗

（一）守时守约

1. 先期约定

（1）掌握约定的时间。预约的前提是要尊重对方的抉择，在此前提下，再商定到访的具体时间。作为客人，对主人提出的具体时间，应予以优先考虑；客人最好多提供几种方案供主人选择。

（2）了解约定人数。预约时，宾主双方应事先通报各自到场的具体人数及其身份，竭力避免自己一方中出现令对方反感的人物。双方人员约定后，就不能随意变动。尤其是客人一方，一定不能随意增加拜访人数，否则会令主人应接不暇，打乱主人的安排和计划。

2. 依约而行

对已有的约定，一定要认真遵守。在国际商务交往中，如果和交往对象已经有约定，那就一定要如约而至，信守承诺。既不要早到，让对方措手不及；也不要迟到，让对方等待。如有特殊原因需要变更约定，要尽早通知对方，并向对方致歉。

（二）热情有度

所谓热情有度，是指既要对别人热情，又要遵守一个界限，这个界限就是不能妨碍别人，影响别人，甚至给别人带来麻烦。

1. 关心有度

以关心他人为重是中华民族的传统美德，但是绝不能关心自己不该关心的事，要尊重他人的隐私。

2. 谦虚有度

在国际交往中，适当的谦虚是必要的，也是令人尊敬的。但是在那些推崇个性、强调自我表现的民族和国家面前，一定要意识到过分的谦虚会被对方误会，这就是谦虚要把握好度的含义。在许多国外客商看来，过分的谦虚往往是不必要的，过分的谦虚是没有实力或虚伪做作的表现。

3. 距离有度

所谓距离有度，是指与交往对象之间要保持适当的空间距离。这些空间距离在国际商务谈判活动中表现为私人距离、常规距离、礼仪距离和公共距离。

私人距离指的是小于 0.5 米的距离，以及身体之间无穷接近的距离。显而易见，私人距离的适用对象是亲朋好友、家人、夫妻和恋人，以及需要扶老携幼之人。私人距离又称亲密距离，在涉外交往中私人距离一般是不可以使用的。

常规距离是指 0.5—1 米的距离。这种距离是在人际交往中，或站或行时所允许保持的最为正规的距离，所以常规距离也称交际距离。

礼仪距离又叫尊重的距离，是指 1—1.2 米的距离。在这样的距离中，自己的动作不会触碰到别人，自己的飞沫不会喷到别人的脸上，另外也是尊重他人私人活动空间的表示。但必须注意的是，不同国家民族的人对礼仪距离的理解是有差别的，比如中东国家的客商表示信任或友好时，他们的礼仪距离大大小于其他国家商人的概念。

公共距离是在公共场所与外人相处时的一种距离。如果是谈判对手之间，通常较为自由，为 1—1.5 米。如果是公共场所，陌生人相处距离一般为 1.5 米以上。

（三）女士优先

在国际社会，女士优先是一种交际惯例。所谓女士优先，是指在社交场合，一个有教养的成年男士应该以自己的言行举止尊重、照顾、保护、关心、体谅女性，这是一个男士最基本的教养。具体要求包括：

（1）进门出门时，男士要为女士开门；

（2）在女士面前有教养的男士是不可以吸烟的；

(3) 当女士落座或起立时,男士要为女士拉起凳子,或者推近椅子。

(4) 当女士在衣帽间更换外衣外套时,在场男士应予以协助;

(5) 当女士在室外行走时,如果手提笨重物品,男士要上前主动提供帮助;

(6) 当女士遭遇尴尬和难堪时,男士应主动上前排忧解难。

二、见面时的礼仪

(一) 介绍

介绍时要有礼貌地以手示意,而不要用手指点人。要介绍清楚姓名、身份、来自国家和企业的名称。在国际商务谈判中,一般由双方主谈人或主要负责人相互介绍各自的组成人员。

介绍的顺序应注意遵循以下原则:① 先把年轻的介绍给年长的。② 先把职位和身份较低的介绍给职位和身份较高的。③ 先把男性介绍给女性,即使女性非常年轻或刚参加工作也是如此(这项规则与我国文化中的传统习惯有明显差异)。④ 先把客人引荐给主人。要注意,在人数较多的场合,主人应对所有的客人一一认识,在谈判中这一点非常重要。另外,对于远道而来又是初次见面的客人,介绍人应准确无误地把客人介绍给主人。如果客人未被介绍人发现,最好能礼貌而又巧妙地找他人来向主人引荐;必要时毛遂自荐也不失礼。⑤ 先把个人介绍给团体,然后介绍团体的成员。

介绍时,除妇女和年长者外,一般都应起立;但在宴席和会谈桌上不必起立。被介绍人要微笑点头表示礼貌。

(二) 握手

握手的时间长短要适宜,一般为 3 秒左右。握手的力量要适度,男性与女性握手时,往往只握其手指即可。握手时,必须面带笑容注视对方,切忌目光左顾右盼。

女性与他人握手时应先脱去手套(如果佩戴手套的话),但地位身份较高者例外;男性则必须脱去手套才能与他人握手。

握手要注意先后顺序。在上下级之间,上级伸手后,下级才能伸手相握;在男女之间,女士伸手后,男士才能伸手;在主人与客人之间,主人应先伸手,客人再伸手相握;许多人握手时注意不能交叉,待别人握手完毕后再伸手;在与某人握手时,不要看着第三者,看着第三者是很不礼貌的表现。

要注意的是,握手并非是全球通用的礼节。例如,在东南亚一些佛教国家是双手合十致敬;在日本、韩国是鞠躬行礼;美国人只有被第三者介绍时才行握手礼;东欧一些国家的见面礼是相互拥抱。

(三) 致意

如果遇到谈判双方或多方之间相距较远,一般可举右手打招呼并点头致意;与相识者侧身而过时,应说声“你好”;与相识者在同一场合多次会面时,只点头致意即可;与一面之交或不大相识的人在谈判场合会面时,均可点头或微笑致意;如果遇到身份高的熟人,一般不要径直去问候,而是在对方应酬活动告一段落后,再前去问候致意。

三、交谈时的礼仪

（一）称呼

正式介绍时，应使用对方的尊称和对方的姓，同时要注意姓名的构成。一般来说，西欧和美国的姓名构成是名在前，姓在后；拉美国家一般是母亲名字在前，父亲名字在后。而讲西班牙语的国家，则是父亲的名字在前，母亲的名字在后。韩国和中国一样，姓在前，名在后。美国和比利时的已婚职业妇女，仍使用他们婚前的姓。在德国，“先生”或“女士”用在职称前，两者并用。在日本，在姓名后加“san”表示尊敬，意思接近于“先生”或“女士”，但这是一个敬语，切忌在自己姓名后加“san”。

在称呼对方姓名时，应注意自己的发音。如不知对方姓名如何发音，可直接向对方请教，否则，如果每次都把对方姓名读错，是非常不礼貌的。

（二）名片交换

在不同国家，名片交换的重要程度不同。在国际商务谈判中，应根据有关国家的礼仪来决定名片如何交换。当然，无论采用何种方法，名片交换都是有利于加深双方了解的。

在设计和交换名片时，应注意以下几点：

1. 设计有两种语言的名片

设计一面是中文、另一面是英文或东道主国家语言的名片。在名片上，应标有职务和头衔，这种头衔在许多国家是非常重要的。

2. 把名片放在自己口袋里或公文包内，以便随时取用

名片应保持完整无损，并放在一个精致的名片盒或袋内。同时，要带够足够的名片，以避免在人数较多的场合下，名片不够的尴尬局面。

3. 了解递交名片的场所与时机

在美国和澳洲，交换名片比较随意，有时甚至不需要交换。但在有些国家，交换名片则显得比较正式隆重。

在日本，交换名片是在鞠躬和自我介绍后进行的，客人先递交名片，被介绍者递交名片则必须在被介绍之后进行。在阿拉伯国家，名片交换一般在会面后进行，但也往往在握手时交换名片。在葡萄牙，名片交换是在见面后立即进行。在丹麦，名片交换是在见面开始时进行。在荷兰和意大利，通常是在第一次见面时递交名片。在某些国家社交活动场合，不宜递交名片或要求赠送名片。

4. 熟悉递交名片的方式

递交名片时，应把英文或东道国国家文字的那一面朝上，把中文的那一面朝下。

在中东、东南亚和非洲国家，应用右手递交名片，因为印度、印度尼西亚、马里等一些用手抓饭的国家认为右手是干净的，而左手则是不干净的。

在日本和新加坡，应用双手递交名片。

5. 懂得如何接受名片

当接到名片时，应说一声“谢谢”或点头微笑，同时对名片加以研究，切记不能玩弄名

片。在认真阅读后，郑重地将名片放入自己的名片盒内或夹到文件上，不要在接到名片后一眼未看，就随便放入口袋中，这是十分失礼的。

如参加会谈时接到的名片较多，可将名片在桌上摊开，并将名片与人对号，会谈结束时再将名片收起放好。

（三）谈话与举止

（1）表情自然。不要离对方太近或太远，不要拉扯、拍打。

（2）手势适当。手势要文明，幅度要合适，不要动作过大。不要用手指指人或拿着笔、尺子等物指人。

（3）参加别人谈话要先打招呼。别人在个别谈话时，不要凑近旁听。若有事需要与某人交谈，要等别人谈完。有人主动和自己交谈时应乐于交谈，第三者参与交谈时，应以点头或微笑表示欢迎。谈话中遇急事需处理要离开时，应向对方表示歉意。

（4）人多时与所有人交谈。交谈现场超过三个人时，应不时地与在场所有人交谈几句，不要只和一两个人说话，而不理会其他人；所谈问题不便让别人知道时，则应另选场合。

（5）自己讲话时要给别人发表意见的机会；别人讲话时也应寻找机会适时地发表自己的看法；善于聆听别人的讲话，不要轻易地打断对方的发言；一般不谈与话题无关的内容，如对方谈到一些不便谈论的问题，不要轻易地表态，可转移话题；对方发言时，不应左顾右盼，心不在焉，或注视别处，显出不耐烦的样子；不要做看手表、伸懒腰、玩东西等漫不经心的动作。

（6）男士一般不参加女士圈的讨论，也不要与女士无休止地交谈而引人反感侧目；与女士交谈时要谦让、谨慎；不随便开玩笑；争论问题要有节制。

（四）谈话内容

（1）谈话的内容不要涉及疾病、死亡等不愉快的事情；不要谈荒诞离奇、耸人听闻、黄色淫秽的事情。

（2）不问女士的年龄、婚姻状况；不问对方履历、工资、财产、衣饰价格等；不对别人评头品足，不讽刺别人，也不要随便谈论宗教问题。

（五）交谈时的距离

距离的定义是既要尊重他人，又要听清话语。一般来说，美国人、亚洲人与人交谈时的距离稍远，阿拉伯人的交谈距离较近，甚至仅有 3 英寸，其他欧洲国家客商与人交谈距离居中。

四、宴请和赴宴的礼仪

（一）宴请礼仪

各个国家和民族都有自己的特点和习俗，采用何种宴请方式常根据活动目的、邀请对象及经费开支等因素决定。

（1）确定宴请方式。可以选择正式宴会、便宴、家宴和工作餐等形式，选择时主要考虑时间、费用、交易的重要程度等因素。

（2）确定邀请对象。确定邀请对象的主要依据是主、客双方的身份，主、客身份应对等。

（3）确定邀请范围。确定邀请的人员、级别、人数和主人一方何人坐陪。要多方面考虑，比如宴请的性质、主宾的身份、国际惯例、对方招待我方的做法或政治气候等。

（4）宴请的时间和地点的选择。宴请时间应对主客双方都合适。注意不要选择对方的重大假日、有关重大活动或有禁忌的日期和时间。小型宴请应首先征询主宾的意见，最好口头询问，也可用电话联系。主宾同意后，时间即被认为最后确定，可按此邀请其他来宾。注意不要在客人住的宾馆招待设宴。

各种宴请活动一般均发请柬，工作餐可不发。选菜不是依据主人的爱好，而是主要考虑主宾的喜好与禁忌。比如，伊斯兰教徒用清真席，不用酒和大肉，甚至不用带酒精的任何饮料；印度教徒不能用牛肉；佛教和一些宗教人士吃素；也有因身体原因不能吃特定食品的，应事先询问并注意。无论哪一种宴请，最好事先开列菜单，征求主宾的同意。宴请不求豪华，以温暖、愉快、民族特色鲜明为上。

宴请要排好桌次和座次。国际上的习惯是：以离主桌位置远近决定桌次高低，同一桌上，以离主人的座位远近决定座位高低，右高左低。

（二）参加宴请的礼仪

（1）应邀。接到邀请后，能否出席要尽早答复，以便对方妥善安排。接受邀请后，不要随意改动，万一非改不可，尤其是主宾，应尽早向主人解释、道歉。

（2）出席时间。迟到、早退、逗留时间过短是失礼行为。主要的、身份高的客人可略晚一些到达，一般以迟到5分钟左右为宜。一般客人应略早到达，一般提前两三分钟。主宾退席后，其他客人再陆续告辞。

（3）入座。要清楚自己的桌次和座位，不可随意乱坐。

（4）进餐。入座后，主人招呼，即可开始进餐。用餐时，身体与餐桌之间要保持适当的距离，以方便取食物和不影响邻座为宜；进餐时，应尽量避免打喷嚏、长咳、打哈欠等，实在无法抑制时，应用餐巾纸掩住口鼻。

（5）交谈。无论是做主人、陪客或宾客，都应注意与同桌的人交谈，特别是左右邻座，应相互介绍认识并做简略交谈，不要冷落其中的任何人。

（6）饮酒。在主人和主宾敬酒、致词时，应暂停进餐，停止交谈，注意倾听，并向主人或主宾行注目礼。参加宴请时，可适当饮酒，饮酒量要控制在自己酒量的1/3以内，饮酒过量或勉强他人饮酒都是失礼的行为，一定要避免。

（7）喝茶、咖啡。喝茶或咖啡时，要用左手端起茶碟或咖啡碟，右手端杯，不要将搅拌用的茶匙把茶或咖啡放入口中。

（8）吃水果。一般会将水果去皮切块，用叉子或牙签取食。

本章提要

1. 国际商务谈判的礼仪惯例包括服饰礼仪、双方馈赠礼品礼仪、迎送礼仪、签约礼仪等。

2. 在国际商务谈判中，还应该注意各国商人交往中的日常礼仪，包括风俗习惯、见面时的礼仪、交谈时的礼仪、宴请和赴宴时的礼仪等。

讨论与思考

1. 国际商务礼仪包括的主要内容有哪些？
2. 在不同的国家，人与人之间的交谈距离有哪些特点？
3. 男士着精致西装时应注意哪些细节？
4. 女士出席商务谈判时的化妆应注意哪些问题？
5. 握手顺序有哪些忌讳？

案例分析

上海电气集团的谈判策略

从1999年开始，上海电气集团旗下的光华印刷公司（以下简称“光华”）每年都从销售收入中拿出5%—10%的资金用于技术研发，两三年后，光华成为国内的技术领先者。然而，同国外竞争对手相比，光华的技术仍然落后20年。“凡事预则立”，上海电气一直在努力探索掌握世界先进技术的其他途径。

“以收购买技术”成了新的技术引进思路。为了搜寻合适的收购目标，1999年，上海电气集团下属的上海斯迈克有限公司总经理陈大雄奉命赴日本开设了一家贸易公司，一边做贸易，一边融入日本主流企业，收集情报。被上海电气集团公派到日本研修一年半，又在中国驻日本大使馆工作四年的陈大雄，可以说是个“日本通”。原来他以英语见长，在日本待久了，日语后来居上，由于一直在搞技术、经济工作，他非常了解国内外市场行情。适逢日本经济泡沫破裂，当地的贸易商朋友提供了一长串濒临倒闭的企业名单供陈大雄选择。秋山公司就在其中。

2001年3月，日本老牌印刷机制造企业秋山公司向日本有关方面提出破产清偿申请。在世界印刷机生产领域有6家企业具有国际领先水平，其中只有秋山印刷机制造株式会社不是跨国企业，但秋山公司拥有国际一流水平的核心技术和国际一流品牌的产品。在获知这个消息后，上海电气集团有关领导立即组织有关专家展开收购论证。

当时，集团内部反对之声异常强烈。许多人不相信，一个在中国都搞不好的企业，去海外收购一家同样没有搞好的企业，会有什么好的结果。此外，出于某些偏见，有一部分日本人并不希望看到中国企业收购日本企业，来自舆论方面的压力也不小。在收购时，日方要求由日本公司或者欧美公司来收购，而且要求是机械的制造商。

通过积极的调查与论证，上海电气集团认为，秋山公司的两代经营者都是技术专家，研发内行，但不善管理和营销，成本大幅上升，导致产品价高，销售困难，再加上市场萎缩，资金出现困难才被迫申请破产。而中国是世界上最大的市场，凭借光华国内的销售网络，再加上秋山公司的技术实力，弱弱联合，但优势互补，反而能诞生一个强者。上海电气集团认为这是实现技术突破的一个千载难逢的好机会，便确立了收购意向，但能否顺利操作仍是个未知数。

与此同时，包括海德堡和国内另外一家胶印机企业在内的一些公司也对收购秋山公司表示了兴趣。

因此，上海电气集团和香港晨兴投资集团很快就达成了共同收购的意向。两者的合作并没有明确的分工，却可以优势互补，符合日方要求的收购标准。国有企业进行跨国并购手续比较复杂，与晨兴进行合作，收购方可以引入外资背景，吸取其在收购方面的经验。而作为中国机电制造业中坚的上海电气集团在报批程序、项目论证和收购后的企业运作方面具有优势。

按照日本法律的规定，秋山公司在2001年9月25日集资，就是上海电气集团必须有一个最终明确的态度：收还是不收。当确立收购方案后，距离9月25日只剩下14天的时间，作为一家国有企业，做出收购还是不收购的决定之前，必须要报经上海市经委、外经委等多个政府部门层层批准。

由于相关部门的积极配合与支持，上海市所有政府部门完成审核并最终同意光华公司的海外并购方案，所花的时间只有短短的一个星期。

2002年5月，上海电气集团与晨兴联手，拔得头筹，以50%的出资比例共出资900万美元成功收购了秋山公司。

据业内人士介绍，日本人研制开发的具有国际一流水平的高速全色胶印双面印刷机制造核心技术，成为中国人收购过来的企业的专利技术，原来在印刷机制造领域，中国落后于国际先进技术水平达15—18年，现在中国一蹴而就跨入国际先进行列，并且中国在印刷机制造领域还将继续动态地拥有与国际领先水平同步的先进技术。

收购后成立新公司“秋山国际株式会社”，中方接受了包括技术、专利、设备、土地、厂房、市场网络在内的几乎全部有效资产，并保留了原企业的大部分员工，其中包括50多名熟练技术人员。由上海电气集团派驻2位经营者，还有3位中国派出留学的博士和硕士生，日本员工150多人，日本人占企业员工总数的99%。

虽然日本有规定，企业破产的经营者不能再担当企业管理者，但中方仍然聘请秋山公司原经营者小岛先生担任技术顾问。中方经营者在降低产品成本、加强企业管理、开拓市场等方面有专长，而小岛先生和50多位日方熟练技术人员在技术方面有专长，这样中日双方形成了专长互补，通过大幅度降低产品成本，全方位开拓欧美和亚洲市场，企业很快走出了低谷。

按照日本财务年度计算，秋山公司被并购后已连续两年扭亏为盈，这两年的税后利润分别为70万美元和84万美元，投资回报率分别达到8%和10%。

这是中国国有资本收购兼并日本企业的第一个案例，可谓“开门红”，并引起了日本国内媒体的强烈关注。日本官方的《2003年产业白皮书》将这个规模不大的收购引为典型外资收购案例。

2004年，上海电气集团又相继收购了日本老牌机床厂池贝、德国著名车床企业沃伦贝格。只有合脚的鞋，才会买第二次、第三次……上海电气集团现在的战略，无疑是对成功并购秋山公司一事最好的赞语。

问题：上海电气集团获得谈判成功的因素有哪些？

延伸阅读

中国港湾承建文莱摩拉大桥项目

2015年3月31日，文莱经济发展局（BEDB）已将连接文莱陆地和大摩拉岛（Pulau Muara Besar）的桥梁建设工程项目授权给中国港湾工程有限责任公司（CHEC，以下简称"中国港湾"）。文莱摩拉大桥项目工程合同额为1.65亿文莱元，折合人民币约7.48亿元，工期3年。这也是中国桥企进军文莱的首个跨海大桥项目。

文莱经济发展局在30日的一份声明中称，摩拉大桥将从甘榜萨拉萨码头连接文莱大陆和大摩拉岛。文莱经济发展局希望工程建设于3年内完工。该项目包括一条长约2.7公里的4车道跨海桥，一条4车道公路及电力、水力和通电服务相关设施的建设。

摩拉大桥是连接文莱西部摩拉区和东部大摩拉岛的重要桥梁，项目全长5 915米。按照设计，主桥为连续钢构结构，桥面宽23.6米。通航净高不小于28米，设计时速为100公里。文莱是东南亚第三大产油国和世界第四大液化天然气出口国，该桥的建设有利于推进文莱东西部城市发展以及西部石油、天然气的开发建设。

该项工程是文莱经济发展局2014年公开招标的项目。中国港湾是中国交通建设有限公司（以下简称"中国交建"）的一家子公司，在《工程新闻记录》这份全球工程建设领域最权威的学术杂志统计的全球250家知名国际承包公司中居前25名。该公司在公路桥梁、海洋工程、疏浚吹填和铁路航空等基础设施建设方面拥有超过35年的经验，业务涵盖70多个国家，包括马来西亚、越南、沙特阿拉伯、巴拿马和埃及等。

文莱经济发展局在其官网上发布消息称，2003年的一份可行性研究结果显示，摩拉大桥的建设对大摩拉岛深水港和制造中心的发展非常有利。摩拉大桥项目第一阶段将创造800个工作岗位，一旦投入使用，预计每年将为文莱经济创造近20亿美元的收益。大摩拉岛的综合工业生产能力将为每年生产150万吨柴油、40万吨汽油、100万吨航空煤油、150万吨石油精、150万吨对二甲苯和50万吨苯。

2015年5月6日，文莱摩拉大桥项目签约和动工仪式在文莱摩拉港举行。文莱首相署常任秘书杨木·苏莱曼在致辞中说，摩拉大桥作为大摩拉岛和文莱陆地的重要连接线，对文莱经济发展具有重要的里程碑意义。同时，他对中国港湾丰富的建设经验，雄厚的技术、资源以及资金实力，完善的质量管理体系等给予了充分肯定和信任。他希望中国港湾能与当地企业通力合作，共同搭建知识和专业技能交流的平台。

中国交建董事长刘起涛发表致辞，他对此次文莱经济发展局的盛情邀请表示诚挚的感谢。他表示，中国交建是世界领先的港口、公路、桥梁设计建设企业，世界第一大疏浚企业，全球港口机械的领导者，中国最大的国际工程承包商和国际设计公司；中国港湾是中国交建在国际工程市场业务的重要代表，摩拉大桥项目是中国港湾在文莱承接的第一个项目。刘起涛说："我们将选派一流的管理者队伍、一流的工程建设队伍，配备一流的机械设备,与当地企业广泛开展合作,为文莱政府和社会奉献一个高品质工程;我们期待通过此次合作,拓一片市场,交一方朋友。”

在大家的见证下,两台挖掘机隆隆启动破土动工。大桥将沟通起大摩拉岛和文莱陆地,重塑文莱经济发展格局,也将搭建起中文友谊之桥。

5月17日,文莱摩拉大桥项目英语培训班正式启动。英语培训班不仅旨在提升员工英语水平、提升员工自身修养,更是服务于公司海外发展战略,旨在提升项目一线人员的英语应用水平,为公司“大海外”战略培养集语言与专业技术于一身的复合型人才。

开班前,项目领导给项目部成员分析了目前公司海外经营工作面临的形势和任务,从观念、体制和具体操作上分析了公司海外经营现状。他强调,强化员工英语培训是顺应集团和局国际化战略与公司实施海外战略的重要前提,要求学员要端正态度,学有所成,学有所用,珍惜学习机会,脚踏实地,甘于吃苦,不辜负公司领导的期望。

摩拉大桥项目英语学习班的培训计划从海外工程项目的现场工作内容出发,培训将从听、说、读、写各个方面着手,强化语言综合能力,更快更好地与国际工程项目的语言环境接轨。此外,培训计划还为海外员工量身订制了工程英语词汇、工程现场用语及菲迪克条约、商务信函写作等课程内容,并且将通过场景还原、情景模拟等授课形式将海外工程现场的交际会话、设备词汇等实用英语教授给学员,帮助学员最大化地掌握工作用语,在项目部内部形成英语对话的交流环境,实现从国内语言培训到海外工程现场交流的无缝衔接。此外,为提高教学质量,达到全面提升员工英语水平的要求,按照教学计划安排,培训班将采取阶段性考核、不定时听写专业词汇等多种形式对所学的内容进行巩固测试,以达到检验教学效果的目的。

10月15日,中国驻文莱大使杨健赴中国港湾文莱摩拉大桥项目工地考察并看望公司员工。杨大使充分肯定了该工程项目的良好开局,鼓励项目团队再接再厉,平安、扎实地组织工程施工,确保按期、高质完成项目建设,树立中国企业的良好形象。

资料来源:作者根据网络资料整理。

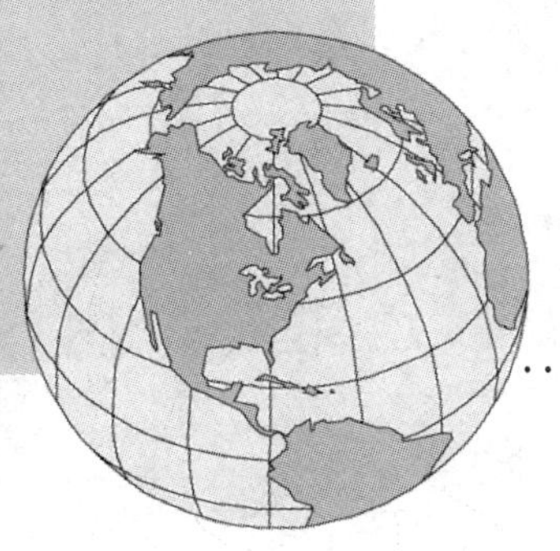

第七章

文化差异对国际商务谈判的影响

【导语】

由于世界各国历史传统、政治制度、经济状况、文化背景、风俗习惯以及价值观念都存在明显差异，所以各国谈判者在商务谈判中都会形成不同的谈判风格。国际商务谈判受到谈判者各自国家、民族、政治、经济、文化等多种因素的影响，而其中最难把握的就是文化因素。你知道美国商人的谈判团队中常有什么特殊成员出现吗？你了解阿拉伯商人在表示合作诚意时与对方之间一般会保持多近的身体距离吗？你熟悉希腊商人的工作时间习惯吗？你记得哪一种鲜花是不能送给日本商人的吗？所有这些内容，都需要我们在学习本章后深入了解、烂熟于心，以便使我们能够赢得更多的来自世界五大洲的朋友。

【教学目的】

学习本章后，你应掌握：

- 美洲商人的谈判风格；
- 欧洲商人的谈判风格；
- 亚洲商人的谈判风格；
- 大洋洲和非洲商人的谈判风格。

【关键词】

语言及非语言行为　时间观　竞争和平等观　谈判风格　礼仪与禁忌　一揽子交易　契约之民　代理商

引导案例

中东客商的谈判风格

美国一家石油公司经理差点断送了一笔重要的石油买卖，关于事情的经过，请听他的自述："我会见了石油输出国组织的一位阿拉伯代表，和他商谈协议书上的一些细节问题。谈话时，他逐渐地朝我靠拢过来，直到离我只有15厘米才停下来。当时，我并没有意识到什么，我对中东地区的风俗习惯不太熟悉。我往后退了退，在我们两人之间保持着一个我认为是适当的距离——60厘米左右。这时，只见他略略迟疑了一下，皱了皱眉头，随即又向我靠近过来。我不安地又退了一步。突然，我发现我的助手正焦急地盯着我，并摇头向我示意。感谢上帝，我终于明白了他的意思。我站住不动了，在一个我觉得最别扭、最不舒服的位置上谈妥了这笔交易。"

国际商务谈判，不仅仅是谈判各方基于经济利益的交流与合作，也是各方所具有的不同文化之间的碰撞与沟通。在不同国家、不同民族之间进行的国际商务谈判更是如此。国际商务谈判受到各自国家、民族的政治、经济、文化等多种因素的影响，而其中最难以把握的就是文化因素。文化上的差异导致了国际商务谈判中的文化碰撞甚至冲突，相当一部分谈判因此而失败，直接影响了国际商务活动的顺利进行。

由于世界各国历史传统、政治制度、经济状况、文化背景、风俗习惯以及价值观念存在明显差异，所以各国谈判者在商务谈判中都会形成不同的谈判风格。每一个谈判人员来到谈判桌前时，都带着自己深深的文化烙印，因而在进行国际商务谈判之前，谈判人员必须熟悉各国文化的差异，认真研究对方谈判人员的文化背景及其特点，把握对方的语言及非语言习惯、价值观、思维方式、行为方式和心理特征，做好充分的准备，以此建立并加强自己的谈判实力，能够在谈判中因势利导，从而掌握谈判的主动权，在对外商务谈判中不辱使命，进而取得谈判的成功。

第一节 影响国际商务谈判风格的文化因素

所谓谈判风格，主要指在谈判过程中谈判人员所表现出来的言谈举止、处事方式以及习惯爱好等特点。由于文化背景不一样，不同国家、地区的谈判者具有不同的谈判风格。研究各国的谈判风格，就要从影响谈判风格的文化因素谈起，主要包括以下几个方面。

一、语言及非语言行为

国际商务活动的语言差异是最直观明了的。解决语言问题的方法也很简单，如雇用一位翻译或者用共同的第三语言交谈。模拟谈判研究表明，谈判人员所使用的语言行为在各种文化中具有较高的相似性。但是，差异也是显而易见的。在不同语言中，作为信息交流技巧的种种语言行为方式的使用频率呈现一定的差异性(见表7-1),如果不了解这些差异,那么很容易误解谈判对手所传递的信息,从而影响商务谈判目标的实现。

表7-1 不同语言中各种交流技巧的使用频率比较

技巧 \ 使用频率 \ 国别	中国	日本	韩国	俄罗斯	德国	英国	法国	巴西	加拿大	美国
承诺	6	7	4	5	7	11	5	3	7	8
威胁	1	4	2	3	3	5	5	2	2	4
推荐	2	7	1	4	5	6	3	5	5	4
警告	1	2	0	0	1	1	3	12	3	1
报偿	1	1	3	3	4	5	3	2	2	2
惩罚	0	1	5	1	2	0	3	3	2	3
肯定规范评价	1	1	1	0	0	0	0	0	1	1
否定规范评价	0	3	2	0	1	1	0	1	2	1
保证	10	15	13	11	9	13	10	8	11	13
自我泄漏	36	34	36	40	47	39	42	39	28	36
提问	34	20	21	27	11	15	18	22	36	20
命令	7	8	13	7	12	9	9	14	8	6

资料来源:改编自 Philip R. Cateora and John L. Graham, *International Marketing*, 11th ed., McGraw-Hill Companies, Inc., 2002;Kitty O. Locker, *Business and Administrative Communication*, 5th ed., McGraw-Hill Companies, Inc., 2000;关世杰,《跨文化交流学》,北京大学出版社 1995 年版。

在商务谈判中,谈判人员以非语言的更含蓄的方式发出或接受大量的比语言信息更为重要的信息,而且所有这类信号或示意总是无意识地进行。因此,当外国伙伴发出不同的非语言信号时,具有不同文化背景的谈判对手极易误解这些信号,而且还意识不到所发生的错误。这种在不知不觉中所产生的个人摩擦如果得不到纠正,就会影响商业关系的正常开展。由表7-1及表7-2可见,国际商务谈判中语言及非语言行为之间的差异非常复杂。就日本、巴西和法国文化而言,日本商人的交流风格是最为礼貌的,他们较多地采用正面的承诺、推荐和保证,而较少采用威胁、命令和警告性言论,他们礼貌的讲话风格最突出地体现在他们不常使用“不”“你”和面部凝视,但经常保持一段沉默;巴西商人使用“不”和“你”的频率较高,他们的谈判风格显得较为豪放,而且在谈判中似乎不甘寂寞,不时地凝视对方并触碰对方;法国商人的谈判风格显得更为随意,特别是,他们使用威胁和警告的频率最高,此外,他们还很频繁地进行插话、面部凝视以及使用“不”和“你”。可见,唯有弄清楚这些差异,方能避免对日本人的沉默寡言、巴西人的热心过头或者法国人的威胁的误解,从而取得国际商务谈判的成功。

表 7-2　不同语言中非语言交流技巧的使用频率比较

使用频率＼国别 技巧	中国	日本	韩国	俄罗斯	德国	英国	法国	巴西	加拿大	美国
沉默时间百分比	7.7	8.3	0	12.3	0	8.3	3.3	0	5.0	5.7
插话间隔时间(分钟)	1.75	4.84	1.36	2.26	1.44	5.66	1.45	2.10	1.45	5.88
凝视时间百分比	37.0	13.0	33.0	29.0	34.0	30.0	53.3	52.0	48.7	33.3
每小时接触次数	0	0	0	0	0	0	0.2	9.4	0	0

资料来源:改编自 Philip R. Cateora and John L. Graham, *International Marketing*, 11th ed. , McGraw-Hill Companies, Inc. , 2002;Kitty O. Locker, *Business and Administrative Communication*, 5th ed. , McGraw-Hill Companies, Inc. , 2000;关世杰,《跨文化交流学》,北京大学出版社 1995 年版。

二、风俗习惯

在国际商务谈判中,通常有一些正式或非正式的社交活动,如喝茶、喝咖啡、宴请等。这些活动受文化因素的影响很大,并制约着谈判的进行。如阿拉伯人在社交活动中常邀请对方喝咖啡。按他们的习惯,客人不喝咖啡是很失礼的行为,拒绝一杯咖啡会造成严重麻烦。

德国人在绝大多数时候都穿礼服,但无论穿什么都不会把手放在口袋里,因为这样做会被认为是粗鲁的。德国人很守时,如对方谈判人员迟到,德国人就可能会很冷淡。另外,德国人不习惯与人连连握手,与人连连握手会令他觉得惶惶不安。

芬兰人在买卖做成之后,会举行一个长时间的宴会,请对方洗蒸汽浴。洗蒸汽浴是芬兰人一项重要的礼节,表示对客人的欢迎,对此是不能拒绝的,因为芬兰人经常在蒸汽浴中解决重要问题和加强友谊。

在澳大利亚,大部分交易活动是在小酒馆里进行的。在澳大利亚进行谈判时,谈判者要清楚哪一顿饭该由谁付钱。在付钱问题上既不能忘记,也不能过于积极。

在南美洲,不管当地气候怎样炎热,都以穿深色服装为宜。南美商人与人谈判时相距很近,表现得亲热,说话时把嘴凑到对方的耳边。有些南美国家的商人乐于接受一些小礼品。中东地区的商人好客,但在谈判时缺乏时间观念,同他们谈判不能计较时间长短,而应努力取得其信任,即要先建立起朋友关系,这样就容易达成交易。

在与法国人进行紧张谈判的过程中,与他们共进工作餐或游览名胜古迹,对缓和气氛、增进彼此的友谊大有裨益。但千万不能在餐桌上或在游玩时谈生意,因为这样会影响他们的食欲,让他们觉得扫兴。法国人的习惯是在吃饭时称赞厨师的手艺。

在日本,很多交易都是在饭店、酒吧和艺伎馆里消磨几个小时后达成的。

北欧人和美国人谈生意时喜欢有一定的隐私。在英国和德国,秘书们会将新的来客挡在外面以避免经理们在会谈中受到打扰。在西班牙、葡萄牙和南美一些国家,敞门办公的现象可能会发生,但新来的客人也常常被请到外面等候。阿拉伯人也有“敞开门户”的习惯,客人任何时候来都欢迎。因而许多时候当一位阿拉伯商人与人会谈时,可能有新的客人进来,因而面对前来拜访的新客人,习惯了谈话不被打扰的北欧人和美国人就会感到窘迫。

三、思维差异

在国际商务谈判进行过程中，来自不同文化的谈判者往往会遭遇思维方式上的冲突。以东方文化和英美文化为例，两者在思维方面的差异有：

（1）东方文化偏好形象思维，英美文化偏好抽象思维。

（2）东方文化偏好综合思维，英美文化偏好分析思维。

综合思维是指在思想上将各个对象的各个部分联合为整体，将其各种属性、方面、联系等结合起来；分析思维是指在思想上将一个完整的对象分解成各个组成部分，或者将其各种属性、方面、联系等区别开来。

（3）东方人注重统一，英美人注重对立。如中国哲学虽不否认对立，但比较强调统一，而西方人注重把一切事物分为两个对立的方面。

基于客观存在的思维差异，不同文化的谈判者呈现出决策上的差异，形成顺序决策方法和通盘决策方法间的冲突。当面临一项复杂的谈判任务时，采用顺序决策方法的西方文化特别是英美人常常将大任务分解为一系列的小任务。将价格、交货、担保和服务合同等问题分次解决，每次解决一个问题，从头至尾都有让步和承诺，最后的协议就是一连串小协议的总和。然而采用通盘决策方法的东方文化则注重对所有问题的整体讨论，不存在明显的次序之分，通常要到谈判的最后，才会在所有问题上做出让步和承诺，从而达成一揽子协议。

四、价值观

国际商务谈判中价值观方面的差异远比其他方面的文化差异隐藏得更深，因此也更难以克服。价值观差异对国际商务谈判行为的影响主要表现为因客观性、时间观、竞争和平等观差异而引起的误解和厌恶。

（一）客观性

商务谈判中的客观性反映了行为人对人和事物的区分程度。西方人特别是美国人具有较强的客观性，因此，美国人在国际商务谈判时强调“把人和事区分开来”，感兴趣的主要为实质性问题。相反，在世界其他地方，“把人和事区分开来”这一观点被看成是一派胡言。例如，在裙带关系十分重要的东方和拉丁美洲文化中，经济的发展往往是在家族控制的领域内实现的。因此，来自这些国家的谈判者不仅作为个人来参与谈判，而且谈判结果往往会影响到该个人，个人品行和实质问题成了两个并非不相干的问题，而且实质上两者变得不可分割。

（二）时间观

不同文化具有不同的时间观。如北美文化的时间观念很强，对美国人来说时间就是金钱；而中东和拉丁美洲文化的时间观念则较弱，在他们看来，时间应当是被享用的。

爱德华·T.霍尔把时间的利用方式分为两类：单一时间利用方式和多种时间利用方式。单一时间利用方式强调“专时专用”和“速度”。北美人、瑞士人、德国人和斯堪的纳维亚人具有此类特点。单一时间利用方式就是线性地利用时间，仿佛时间是有形的一样。直率是单一时间利用方式这一文化的表现形式。

而多种时间利用方式则强调“一时多用”。中东和拉丁美洲文化具有此类特点。多种时间利用方式涉及关系的建立和对言外之意的揣摩。在多种时间利用方式下，人们有宽松的时刻表、淡薄的准时和迟到概念、意料之中的延期。这就需要有较深的私交和静观事态发展的耐性。

因此，在国际商务谈判中，当两个采用不同时间利用方式的谈判者遇到一起时，就需要调整，以便建立起和谐的关系，并要学会适应多种时间利用方式的工作方式，这样可以避免由于本地时间与当地时间不一致所带来的不安和不满。

（三）竞争和平等观

竞争和平等观对国际商务谈判的影响可以借助模拟谈判之类的实验经济学的结果得到粗略的反映。模拟谈判实验观察了来自不同文化的商人小组参加同样的买卖游戏所得到的“谈判蛋糕”。这一模拟体现了商务谈判的精华，即竞争和合作。令 N 为 n 个来自不同文化的商人小组进行模拟买卖所得到的“谈判蛋糕”的观察结果所构成的集合，那么：

$$N = N(N_1, N_2, N_i, \cdots, N_n)$$
$$N_i = N_i(V_i, B_i, S_i) \qquad (7\text{-}1)$$

其中，N_i 表示来自第 i 种文化的谈判双方的“谈判蛋糕”，V_i 表示买方和卖方在模拟中所得的共同利润，B_i 和 S_i 分别表示共同利润在买方和卖方间的所得百分比减去50%后的值，即 $B_i + S_i = 0$。

显然，V_i 越大，合作效果越好，反之亦然；$B_i < 0, S_i > 0$ 表明利润分配对卖方有利，$B_i > 0, S_i < 0$ 表明利润分配对买方有利，且 $|B_i|$ 或 $|S_i|$ 越大，利润分配越不平等。

考察模拟实验的结果见表7-3。不难发现，就美国文化和日本文化而言，日本人最善于做大蛋糕，而美国人的蛋糕大小一般。相反，美国人对利润的划分相对而言较日本人公平。日本人划分蛋糕的方式对买方较为有利。事实上，在日本，顾客被看作上帝，卖方往往会顺从买方的需要和欲望；而美国的情况完全不同，美国卖方往往将买方更多地视为地位相等的人，这也符合美国社会奉行的平等主义价值观。在许多美国经理看来，利润划分的公平性似乎比利润的多少更为重要。

表7-3　模拟实验中同一文化内谈判双方的合作效果与利润分配平等程度比较

观察变量	日本	韩国	俄国	德国	英国	法国	巴西	美国
V_i	V_1	V_2	V_3	V_4	V_5	V_6	V_7	V_8
买卖双方合作效果由大到小	$V_1 > V_5 > V_7 > V_6 > V_8 > V_3 > V_2 > V_4$							
B_i	B_1	B_2	B_3	B_4	B_5	B_6	B_7	B_8
利润分配有利于买方程度由大到小	$B_2 > B_1 > B_6 > B_5 > B_3 > B_4 > B_8 > B_7 > 0$							

资料来源：改编自 Philip R. Cateora and John L. Graham, *International Marketing*, 11th ed., McGraw-Hill Companies, Inc., 2002; Kitty O. Locker, *Business and Administrative Communication*, 5th ed., McGraw-Hill Companies, Inc., 2000；关世杰，《跨文化交流学》，北京大学出版社1995年版。

五、人际关系

成功的谈判要求始终保持畅通无阻的信息交流,然而不同的文化背景使国际商务谈判者之间的信息交流面临许多障碍和冲突。因此,国际商务谈判人员必须能够在谈判中和对手保持良好的人际关系,保证良好的沟通以便谈判顺利进行。对此,美国学者温克勒指出:“谈判过程是一种社会交往的过程,与所有其他社会事务一样,当事人在谈判过程中的行为举止、为人处世,对于谈判的成败至关重要,其意义不亚于一条高妙的谈判策略。”

法国人天性比较开朗,具有注重人情味的传统,因而很珍惜交往过程中的人际关系。对此有人说,在法国“人际关系是用信赖的链条牢牢地相互联结的”。另外,在与法国商人谈判时不能只想到谈生意,否则会被认为太枯燥无味。在日本,人们的地位意识浓厚,等级观念很重,因而与日本商人谈判,搞清楚其谈判人员的级别、社会地位是十分重要的。在德国,人们重视体面,注意形式,对有头衔的德国谈判者一定要称呼其头衔。澳大利亚商人参与谈判时,其谈判代表一般都是有决定权的,因而与澳大利亚商人谈判时,一定要让有决定权的人员参加,否则澳大利亚商人会感到不愉快,甚至中断谈判。

综上所述,包括风俗习惯、语言表达、人际关系、时间观念等因素的文化差异塑造了不同国家各异的谈判风格。要想在国际商务谈判的战场上纵横捭阖,就必须对此深入了解。以下各节里将对主要区域和国家的谈判风格逐一进行分析。

第二节　美洲商人的谈判风格、礼仪与禁忌

一、美国商人的谈判风格、礼仪与禁忌

（一）美国商人的谈判风格

从总体上讲,美国人的性格是外向、随意的。有些研究美国问题的专家,将美国人的性格特点归纳为:外露、坦率、诚挚、豪爽、热情、自信、说话滔滔不绝、不拘礼节、幽默诙谐、追求物质上的实际利益等。

1. 自信乐观,开朗幽默

美国谈判人员有着与生俱来的自信和优越感,他们总是十分有信心地步入谈判会场,不断发表自己的意见和提出自己的权益要求,往往不太顾及对方而显得咄咄逼人,而且语言表达直率,喜欢开玩笑。这种心态常常会在谈判桌上形成一种优势——无论其年龄或资历如何,似乎不把对方放在眼里(其实不一定)。他们坦率外露,善于直接向对方表露出真挚、热忱的感情,这种情绪也容易感染别人,对此应充分利用,以创造良好的谈判气氛,并以相应的态度予以鼓励,创造成功的机会。

2. 直截了当,干脆利落

美国人办事干脆利落,不兜圈子。在谈判桌上,他们精力充沛,头脑灵活,会在不知不觉中将一般性交谈迅速引向实质性谈判,并且一个事实接一个事实地讨论,直爽利落,不讲客套,并总是兴致勃勃,乐于以积极的态度来谋求自己的利益。为追求物质上的实

际利益，他们善于使用策略，采用各种手法。正因为他们自己精于此道，所以他们十分欣赏那些说话直截了当、干净利落，又精于讨价还价，为取得经济利益而施展策略的人。也正因为美国人具有这种干脆直截的办事态度，所以与美国人谈判，表达意见要直接，“是”与“否”必须清楚。如果美国谈判人员提出的条款、意见是无法接受的，就必须明确告诉他们不能接受，不得含糊其辞，让他们存有希望。有人认为，为了不失去继续洽谈的机会，应该装出有意接受的样子而含糊作答，或者迟迟不答，这种做法实际上适得其反，不仅会给对方造成不良印象，还容易导致纠纷的产生。

3. 态度诚恳，就事论事

当双方发生纠纷时，美国谈判人员希望谈判对手的态度认真诚恳，即使双方争论得面红耳赤，他们也不会介意。有些国家的谈判人员在出现纠纷时往往喜欢赔笑脸，以为这样能使对方消消怒气，这样做实际上会使美国人更加不满。因为在他们看来，出现纠纷而争论时，双方心情都很恶劣，笑容必定是装出来的，他们甚至可能认为面露笑容表示你已经认为理亏了。另外，在谈判过程中，要绝对避免指名批评，因为美国人谈到他人时，都会避免损害他人的人格。

4. 重视效率，速战速决

美国经济发达，生活、工作节奏较快，造就了美国人信守时间、尊重进度和期限的习惯。谈判中，他们十分重视办事效率，尽量缩短谈判时间，力争每一场谈判都能速战速决。谈判一旦突破其最后期限，就很可能破裂。除非特殊需要，同美国人谈判时间不宜过长。如果谈判时间过长，就会对美国人失去吸引力。所以只要报价基本合适，就可以考虑抓住时机拍板成交。

5. 具有极强的法律意识，律师在谈判中扮演着重要角色

由于生意场上普遍存在着不守诺言或欺诈等现象，美国谈判人员往往注重防患于未然，凡遇商务谈判，特别是谈判地点在外国的，他们一定要带上自己的律师，并在谈判中一再要求对方完全信守有关诺言。一旦发生争议和纠纷，最常用的办法就是诉诸法律，因为此时友好协商的可能性不大。美国谈判人员提出的合同条款大多是由公司法律顾问草拟、董事会研究决定的，谈判人员一般对合同条款无修改权，对法律条款一般不轻易让步。美国人习惯于按合同条款逐项讨论直至各项条款完全谈妥。

6. 喜欢全线推进式的谈判风格

美国人在谈判方案上喜欢搞全盘平衡的“一揽子交易”。所谓一揽子交易，主要指美国商人在进行某项目的谈判时，不是孤立地谈其生产或销售，而是将该项目从设计、开发、生产、工程、销售到价格等一起商谈，最终达成全盘方案。美国文化培养的谈判人员较注重大局，善于通盘筹划，他们虽讲实利，但在权衡利弊时更倾向于从全局入手。所以，美国谈判人员喜欢先总后分，先定下总交易条件，再谈具体条件。他们这种一揽子交易手法，对于拓宽谈判思路、打破僵局有一定的积极意义，然而却显得居高临下，咄咄逼人。

7. 重视细节，讲究包装

美国商人既重视商品质量，又重视商品包装。商品的外观设计和包装，体现一国的消费文化状况，也是刺激消费者购买欲望、提高销量的重要因素。美国人不仅对自己生

产的商品不遗余力地追求内在品质和包装水平，而且对于购买的外国商品也有很高的要求。

虽然美国谈判人员普遍具有上面所说的共同特点，但是由于美国地域广阔、种族众多，不同地域的美国人的处事方式和商业习惯或多或少有些差异，因此有必要分别研究，才能在谈判中得心应手。

美国的东部，特别是以纽约等大城市为中心的东北部，是美国现代文明的发源地。二百多年来，一直处于美国政治、经济、金融、贸易活动的中心地位。该地区的人们深受现代文明的熏陶，随时掌握全球经济动态，在谈判中严格按照国际惯例办事，雷厉风行，寸利必争。因此，同他们谈判签约时，必须注意合同措辞的严谨性，不能让他们有隙可乘。否则，精明而苛刻的美国东部人会在市场行情发生变化时，千方百计在合同中寻找理由毁约。

美国中西部地区以汽车、电机、钢铁工业及制造业为主，是美国工业的心脏。该地区的人比较保守，同时又比较和蔼和朴素，易于交往。如果在准备与他们做生意之前就常以朋友的身份款待他们，如邀请他们去高尔夫球场等娱乐场所，日后与他们进行商业谈判时会收到很好的效果。这就是先交朋友、后做生意的原则。中西部地区有个商业习惯，每年9—11月是他们的黄金采购时间，他们往往把一年所需的货物集中在这个时候一次采购，因此，同他们做生意要注意，错过这段时间会为谈判增加许多困难。

美国南部地区的人待人比较殷勤，和蔼可亲。他们直爽无欺，但有时稍显急躁。谈判时，必须注意这一点。如在谈判桌上他们气势汹汹、言词激烈、怨声不断，你千万要沉得住气，耐心解释，当你解释完，他们就很容易再次坐下来与你笑脸相谈。美国南方人性格较为保守，决定了他们的谈判节奏相对较慢，需要较长时间才能同他们建立良好的商业关系。

（二）美国商人的谈判礼仪与禁忌

与美国商人在一起时不必过多的握手与客套，他们大多性格外向，直爽热情，美国商人见面与离别时，都面带微笑地与在场的人们握手；彼此问候较随便，大多数场合下可直呼名字；对年长者和地位高的人，在正式场合下，则使用“先生”“夫人”等称谓，对于婚姻状况不明的女性，不要冒失地称其为夫人。在比较熟识的女士之间或男女之间会亲吻或拥抱。美国商人习惯保持一定的身体间距，交谈时，彼此站立间距约0.9米，每隔2—3秒有视线接触，以表达兴趣、诚挚和真实的感觉。他们的时间观念很强，会谈要事先预约，赴会要准时，但商贸谈判有时亦会比预定时间推迟10—15分钟。美国商人喜欢谈论有关商业、旅行方面的内容及当今潮流和世界大事，喜欢谈政治，但不乐意听到他人对美国的批评，因此最好对他们多听少讲。在美国，多数人随身带有名片，但通常是在认为有必要以后再联系时才交换，因此，美国商人在接受别人的名片时往往并不回赠。

款待一般在饭店举行，小费通常不包括在账单里，一般是账单金额的15%。进餐时，宾主可以谈论生意。餐巾一般放在膝上，左手经常放在腿上，他们认为把肘部放在餐桌上是不文雅的举动，当然不少美国商人也不介意。美国商人有着不同的文化背景，也反映在丰富的食品上，他们出于健康原因，进食大量蔬菜和水果；同时，牛肉、猪肉和鸡肉也是大众化的肉食。

美国商人同样在周六、周日休息，此外，公定假日有元旦、退伍军人节、感恩节、哥伦布日等，不宜在这些时间找美国商人洽谈。美国商人进入谈判时总是充满信心，只简单寒暄几句就进入正题，答复明确肯定。过于低估自己的能力，缺乏自信也是没有必要的。

美国人最忌讳数字“13”“星期五”，忌讳谈有关私人性质的问题，如年龄、婚姻、个人收入等。

二、加拿大商人的谈判风格、礼仪与禁忌

（一）加拿大商人的谈判风格

加拿大居民大多数是英国和法国移民的后裔，在加拿大从事对外贸易的商人也主要是英裔和法裔。英裔商人大多集中在多伦多和加拿大的西部地区；法裔商人主要集中在魁北克。

英裔商人同法裔商人在谈判风格上差异较大。英裔商人谨慎、保守、重视信誉。他们在进行商务谈判时相当严谨，一般要对所谈事物的每个细节都充分了解后，才可能答应要求。并且，英裔商人在谈判过程中喜欢设置关卡，一般不会爽快地答应对方提出的条件和要求，所以从开始到价格确定这段时间的商谈是颇费脑筋的，所谓“好事多磨”，对此要有耐心，急于求成往往不能把事情办好。不过，一旦最后拍板，签订契约，英裔商人日后执行时很少违约。

法裔商人没有英裔商人那么严谨，刚刚开始接触时会认为他们都非常和蔼可亲，平易近人，客气大方。但是若在谈判中涉及实质问题，他们就判若两人，语速降慢，难以捉摸。因此，若希望谈判成功，就要有足够的耐心。法裔商人对于签约要求比较随意，常常在主要条款谈妥之后就急于要求签约，然而往往正是那些未引起重视的次要条款成为日后履约纠纷的导火线。因此，与他们谈判时应力求慎重，一定要在所有合同条款都定得详细、明了、准确之后才可签约，以避免不必要的麻烦和纠纷。

（二）加拿大商人的谈判礼仪与禁忌

见面或分别时要行握手礼，相互亲吻对方脸颊也是常用的礼节。除密友之外，一般不宜直接称呼小名，对法语是母语的加籍谈判者，要使用印有英、法文的名片。

会谈要事先预约并准时，款待一般在饭店或俱乐部进行。就餐时要穿着得体，男士着西装，系领带，女士则穿裙子。进餐时间可长达2—3小时。一般祝酒词为“Cheers”（“祝好”，用于英语地区）和“Sante”（“祝你健康”，用于法语地区）。在法语区就餐，双手（不是双肘）放在桌上。如被邀作私人访问，应随身携带小礼品或鲜花，也可派人给其赠送鲜花。

加拿大商人比美国商人显得更有耐心和更温和，加拿大商人的时间观念很强，所以要严格遵守合同的最后期限。

与加拿大商人谈判要注重礼节，情绪上要克制，不要操之过急。对英裔商人要有足够的耐心，从开始接触到价格确定这段时间，要不惜多费脑筋，认真地与对方斟酌，多用实际利益和事实来加以引导，稳扎稳打，切不可过多地施加压力。

对法裔谈判者应力求慎重，不弄清对方的意图与要求千万不要贸然承诺。另外，不

要被对方的催促牵着鼻子走，主要条款与次要条款都要一丝不苟，力求详细明了和准确，否则不予签约，以免引出日后的麻烦。签订合同的条款往往是详尽而冗长的，对法裔谈判者还须准备法文资料并将合同译成法文。

加拿大公司的高层管理者对谈判影响较大，应将注意力集中在他们身上，以使谈判尽快获得成功。

在加拿大，人们忌讳白色的百合花，认为它会给人们带来死亡的气氛，因而百合通常在葬礼上使用。同时，加拿大人酷爱枫叶，并视它为国宝和美好的象征。

三、拉丁美洲商人的谈判风格、礼仪与禁忌

（一）拉丁美洲商人的谈判风格

拉丁美洲人最突出的性格特点是固执、个人人格至上和富于男子气概。

固执的特点体现于拉美人的商贸谈判中，就是对自己意见的正确性坚信不疑，往往要求对方全盘接受，很少主动做出让步；如果他们对别人的某种请求感到不能接受，一般也很难让他们转变。

个人人格至上的特点使得拉美人特别注意谈判对手本人而不是对手所属的公司或者团体。他们判定谈判对手的工作能力以及在公司、团体中所处的地位往往是根据对手讲话的语气和神情来判断，一旦他们认定对方有较强的工作能力、具有丰富的工作经验并且是公司或团体中的重要人物，便会对之肃然起敬，以后的谈判就会比较顺利。

拉美人对男子气概的崇尚使他们瞧不起妇女而不喜欢同女性进行谈判。当然也有例外，那就是女性谈判者如果能用带有权威的、不容置疑的语调和大量事实向他们表明，自己同他们一样有经验、懂技术、胜任业务，甚至做得比他们更好，并且令人信服地向他们展示自己的能力，就能让他们感到敬佩，从而暂时收敛他们所谓的男子气概，因为拉美人是崇尚个人奋斗、敬仰成功者的。

与崇尚实际利益的美国商人大为不同的是，拉美人的生活比较悠闲和恬淡，他们不很注重物质利益，而比较注重感情。在拉美人进行商务谈判中，感情因素也很重要，以公事公办、冷酷无情的态度对待他们是绝对行不通的。良好的关系可以使双方的洽谈更为顺利。

拉美人是享乐至上主义者，即便是谈判做生意，他们也不愿意使一些娱乐活动受到妨碍。因此在商务谈判过程中，常常会由于拉美谈判人员突然休假而使得正在洽谈的谈判活动戛然而止。在谈判中，他们的节奏也常常会慢半拍。拉美人这种处理事务节奏较慢、时间利用率低的情况往往会让急性子的外国人无可奈何。但是，如果想用速战速决的办法和拉美人谈判只会令他们非常恼火，甚至会使他们更加停滞不前。因此，最好的办法还是放慢谈判节奏，始终保持理解和宽容的心境，并注意避免工作与娱乐发生冲突。

（二）拉丁美洲商人的谈判礼仪与禁忌

拉美国家的教育水平相对较低，能够管理业务的经理人才不多，而且有许多商人掌握的国际贸易知识有限，有的商人对信用证付款的观念极为淡薄，甚至还有商人希望同国内交易一样使用支票付款。因此，交易时应注意寻找靠得住的对象，必须与负责管理

的人谈生意,确保谈判成果,降低风险。

在拉丁美洲做生意,至关重要的一点是寻找代理商、建立代理网络。在选择代理商时必须非常慎重,要仔细审查,若不慎选中了一个不合格的代理商,日后想脱离关系就会遇到很大的麻烦。因为大多数拉美国家的法律保护当地的代理商,禁止随便解雇,即使可以解雇,雇主也必须赔偿由于其"任意"解雇而给代理商造成的损失。可见,要解雇一名无能的代理商不是一件容易的事。选定代理商后,必须与其签订代理合同,在合同中明确规定双方的权利和义务,更为重要的是应该详细清楚地规定代理权限,以免日后发生纠纷。

拉美人的工作时间普遍较短而且松懈,一方面是因为工业水平较低,企业家的竞争意识不强;另一方面是由于作息的原因,早上起床晚,午饭后必须午睡,午休时间一般是从中午12点到下午3点。另外,拉美国家的金融界不稳定,罢工时常发生,造成金融活动停顿,这点应当引起注意。

拉美国家经济发展相对落后,产品在国际上缺乏竞争力,造成进口大于出口,既导致外汇紧张,又影响民族工业的发展。因此,大多数拉美国家都采取了奖出限入的贸易保护措施,法律、法规也以此为根本出发点,进出口手续也比较复杂,一些国家还实行进口许可证制度。所以,在进行商务谈判前,必须深入了解这些保护政策和具体执行情况,以免陷入泥潭。

拉美各国的商人有相同点,也有不同点。巴西人酷爱娱乐,他们不会让生意妨碍其享受闲暇的乐趣。他们重视与个人的良好关系,愿意和自己喜欢的人做生意。阿根廷人比较正统,非常欧洲化。阿根廷商人会在商谈中不厌其烦地与对方反复握手。哥伦比亚、智利、巴拉圭人非常保守。他们穿着讲究,谈判时服饰正规,他们也特别欣赏彬彬有礼的客人。厄瓜多尔人和秘鲁人的时间观念不强,他们大多不遵守时间。但作为谈判另一方,在这点上千万不能"入乡随俗",而应遵守时间,准时出席。

第三节　欧洲商人的谈判风格、礼仪与禁忌

一、英国商人的谈判风格、礼仪与禁忌

(一) 英国商人的谈判风格

1. 英国人一般比较冷静和持重

英国商人在谈判初期,尤其在初次接触时,通常与谈判对手保持一定距离,决不轻易表露感情,随着时间的推移才渐渐接近对手。他们精明灵活,善于应变,长于交际,待人和善,容易相处。他们常常在开场陈述时十分坦率,愿意让对方了解他们的有关立场和观点,同时也常常考虑对方的立场和行动,对于建设性意见反应积极。英国商界赞同一句话:"不要说'这种商品我们公司没有',应该说'只要您需要,我们尽量替您想办法'。"这一点,不仅反映了英国商人的灵活态度,也表现了他们十足的自信心。他们的自信心强,还特别表现在讨价还价阶段,如果出现分歧,他们往往固执己见,不肯轻易让步,以显示其大国风范,让人觉得他们持有一种非此即彼、不允许讨价还价的谈判态度。

2. 英国商人十分注意礼仪,崇尚绅士风度

英国人谈吐不俗,举止高雅,遵守社会公德,很有礼让精神,注重个人修养,尊重谈判业务,不会没有分寸地追逼对方。英国人的等级观念非常严格而深厚,因此洽谈生意时,在对话人的等级上,诸如官衔、年龄、文化教育、社会地位上都应尽可能对等,表示出平等和尊重。这对于推进对话、加强讨价还价的力量有一定的作用。英国商人的绅士风度还表现在他们谈判时不易动怒,也不易放下架子,喜欢有很强的程序性的谈判,一招一式恪守规定。谈判条件既定后不愿改动,注意钻研理论并注重逻辑性,喜用逻辑推理表明自己的想法。他们听取意见时随和,采纳意见时却不痛快,处理复杂问题比较冷静。这种外交色彩浓厚的谈判风格常使谈判节奏受到一定制约。但是,采用简单、直截了当又不失礼貌的谈判手法会使他们为证明自己并不拖拉而配合着加快节奏。绅士风度常使英国谈判人员受到一种形象的约束,甚至成为他们的心理压力,对此应充分利用。在谈判中以确凿的论据、有理有力的论证施加压力,英国谈判人员就不会因坚持其不合理的立场而丢面子,从而取得良好的谈判效果。

（二）英国商人的谈判礼仪与禁忌

在商务活动中,英国商人招待客人的时间往往较长,当受到英国商人款待后,一定要写信表示感谢,否则会被视为不懂礼貌。与英国人面谈时,若是过去不曾谋面的,一定要先写信告之面谈目的,然后再去约时间,一旦确定,就必须排除万难,按时赴约。因为英国人做生意颇讲信用,凡事要规规矩矩,不懂礼貌或不重诺守约,以后办事就难以顺利进行。

英国商人在商务活动中也有些明显的缺点。例如,他们经常不遵守交货时间,造成迟延,引起直接的经济损失。这使他们在谈判中比较被动,外国谈判者会利用这点迫使他们接受一些苛刻的交易条件,如索赔条款等。另外,英国商人在商务活动中一般不善于从事日常的业务访问。并且,英国商人都以使用英语为自豪,即使他们会讲第二外语,他们也不愿在谈判中使用,因此,与他们做生意要尽可能地讲英语。

在见面告别时要与男士握手;与女士交往,只有等她们先伸出手时再握手。会谈要事先预约,赴约要准时。若请柬上写有“black tie”字样,赴约时,男士应穿礼服,女士应穿长裙。男士忌讳带有条纹的领带,因为带条纹的领带可能被认为是军队或学生校服领带的仿制品;忌讳以皇家的家事为谈话的笑料;不要把英国人笼统称呼为“英国人”,应该具体地称呼其为苏格兰、英格兰或爱尔兰人。

多数款待在酒店或餐馆举行,若配偶不在场,可在餐桌上谈论生意。社交场合不宜高声说话或举止过于随便,说话声音以对方能听见为宜。英国人招待客人的时间比较长,先喝果汁苏打,接着换成白葡萄酒、红葡萄酒,然后是雪茄烟,再加上一道白兰地酒,大约要花上3个小时。英国人习惯约会一旦确定,就必须排除万难赴约。但是,和英国商人预约不能提前太久,因为让他过早决定就等于难为他。

赠送礼品是普遍的交往礼节。所送礼品最好标有公司名称,以免留下贿赂对方之嫌。如被邀做私人访问,则应捎带鲜花或巧克力等合适的小礼品,要明显表示出对年长者的礼貌。英国人喜欢谈论其丰富的文化遗产、动物等,足球、网球、板球和橄榄球是很受英国人欢迎的体育运动。

英国商人遇到纠纷时，不会轻易道歉，他们自信自己的所作所为是完美的。但体谅旁人是英国人的特点，英国人会考虑到对方的立场以后才开始行动，以免给别人造成不舒服的感觉。

英国由英格兰、威尔士、苏格兰、北爱尔兰四部分组成，虽然是君主制国家，但四个民族在事务上有许多微妙之处。在正式场合提到“英格兰”会显得不妥，因为这样会不自觉地漠视了其他三个民族。所以在正式场合不宜把英国人叫作英格兰人，涉及女王时要说“女王”或正规地说“大不列颠及北爱尔兰联合国女王”，而不应说“英格兰女王”。在和英国人交谈时，话题尽量不要涉及爱尔兰的前途、共和制和君主制的优劣以及大英帝国的崩溃原因等政治色彩较浓的问题。比较安全的话题是天气、旅游和英国的继承制度等。

英国人生活比较优裕舒适，每年夏冬两季有三周至四周的假期，他们多利用这段时间出国旅游。因此，他们较少在夏季和圣诞节至元旦期间做生意。英格兰从1月2日开始恢复商业活动，在苏格兰则要等到4月以后。在这些节假日应尽量避免与英国人洽谈生意。

菊花在任何欧洲国家都只用于万圣节和葬礼，一般不宜送人。白色的百合花在英国象征死亡，也不宜送人。英国人还忌讳交谈时两膝张得过宽和跷二郎腿，站着说话时也不可把手插在口袋中，同时不可以在大庭广众前耳语以及拍打肩背。还应当注意，英国人十分回避“厕所”这个词，一般都使用其他暗示的方法。

二、德国商人的谈判风格、礼仪与禁忌

（一）德国商人的谈判风格

1. 德国商人具有严谨保守的风格

1990年，联邦德国与民主德国合并为统一的德国，虽然统一前由于意识形态的差别，联邦德国人和民主德国人在价值观念、思维方式等方面存在着许多差别，但从整个民族的特点来看，德国人具有自信、谨慎、保守、刻板、严谨的特点，以及办事富有计划性、注重工作效率、追求完美的特征。简而言之，就是做事雷厉风行，有军旅作风。德国谈判人员身上所具有的这种日耳曼民族的性格特征会在谈判桌上得到充分的展现。

德国商人严谨保守的特点使他们在谈判前就准备得十分充分周到。他们会想方设法掌握翔实的第一手资料，他们不仅要调查研究对方要购买或销售的产品，还要仔细研究对方的公司，以确定对方能否成为可靠的商业伙伴。只有在对谈判的议题、日程、标的物的品质和价格，以及对方公司的经营、资信情况和谈判中可能出现的问题及对应策略做了详尽研究、周密安排之后，他们才会坐到谈判桌前。

2. 德国商人非常讲究效率，并且他们的思维富于系统性和逻辑性

德国人不喜欢拖拖拉拉的行为，认为判断一个谈判人员是否有能力，只需看其办公桌上的文件是否被快速有效地处理了。如果文件堆积如山，多是一拖再拖的风格，那就可以断定该工作人员是不称职的。因此，德国商人在谈判桌上会表现出果断、不拖泥带水的作风。他们喜欢直接表明所希望达成的交易，准确确定交易方式，详细列出谈判议题，提出内容详细的报价表，清楚、坚决地陈述问题。他们善于明确表达思想，准备的方

案清晰易懂。因此，在与德国商人谈判时，进行严密的组织、充分的准备、清晰的论述，并有明确鲜明的主题，可以促进谈判效率的提高，在时间的利用以及双方误解的减少等方面都可看到谈判效率的改善。

3. 德国商人自信而固执

德国商人对本国产品极有信心，在谈判中常以本国的产品为衡量标准。德国企业的技术标准相当严格，对于出售或购买的产品他们都要求很高的质量，因此他们只会与产品能够满足交易规定的高标准的公司做生意。德国商人的自信与固执还表现在他们不太热衷于在谈判中采取让步的方式。他们考虑问题周到系统，缺乏灵活性和妥协性。他们总是强调自己方案的可行性，千方百计地迫使对方让步，常常在签订合同之前的最后时刻还在争取使对方让步。鉴于日耳曼民族这种倔强的个性特点，应尽量避免采取针锋相对的讨论方法，而要“以柔克刚”“以理服人”，要以灵活的态度选择攻击点，体现分歧，表明立场，同时始终保持友好和礼貌的态度以扭转其僵硬的态度，不要激起对方的“犟脾气”。大多数德国人虽然固执，但还是很理性的。只要把握住这点，本着合理、公正的精神，就能最终软化其僵硬的立场。

4. 德国商人严守信用，遵时守纪，注重规则

德国人素有“契约之民”的雅称，他们崇尚契约，严守信用，权利与义务的意识很强。在商务谈判中，他们坚持己见，权利与义务划分得清清楚楚，涉及合同任何条款，他们都非常细心，对所有细节认真推敲，要求合同中每个字、每句话都准确无误，然后才同意签约。德国商人对交货期限要求严格，一般会坚持严厉的违约惩罚性条款，外国客商要想保证成功地同德国人打交道，就得严格遵守交货日期，而且可能还要同意严格的索赔条款。德国人受宗教、法律等因素影响，比较注意严格遵守各种社会规范和纪律。在商务往来中，他们尊重合同，一旦签约，他们就会努力按合同条款一丝不苟地去执行，不论发生什么问题都不会轻易毁约，而且签约后，他们对于交货期、付款期等条款的更改要求一般都不予理会。他们注重发展长久的贸易伙伴关系，求稳心理强。

德国人非常守时，无论工作还是其他事情，都是有板有眼，一本正经。因此，与他们打交道，不仅谈判时不能迟到，一般的社交活动也不能随便迟到。对于迟到的谈判人员，德国商人对之不信任的反感心理会无情地流露出来，破坏谈判气氛，令对方处于尴尬的境地。另外，在德国，谈判时间不宜定在晚上，除非特别重要。虽然德国人工作起来废寝忘食，但他们都认为晚上是家人团聚、共享天伦之乐的时间，所以不宜冒昧地请德国人在晚上谈论商务或是在晚上对他们进行礼节性拜访。

（二）德国商人的谈判礼仪与禁忌

德国商人重视礼节，社交场合中，握手随处可见，会见与告别时行握手礼应有力。与德国商人会面要事先预约，务必准时到场。德国谈判者的个人关系是很严肃的，因此不要和他们称兄道弟，最好称呼“先生”“夫人”或“小姐”。他们极重视自己的头衔，当同他们一次次握手、一次次称呼其头衔时，他们必然格外高兴。穿戴也勿轻松随便，有可能的话，在所有场合都穿西装。交谈时不要将双手插入口袋，也不要随便吐痰，他们认为这些是不礼貌的举止。如果德国商人坚持要做东道主，可以愉快地接受邀请。应邀去私人住宅用晚餐或聚会，应随身带鲜花等礼物。习惯上，就餐前说“Cutten appetit”（好胃口）。

主人举杯祝酒后方可喝饮料。如果有人以个人身份向你举杯,你应在随后的就餐期间回敬答礼。就餐期间,双手要放在桌面上,直到最后一位客人用餐完毕并上过咖啡和白兰地后才能吸烟。客人要在晚餐或聚餐会临近尾声时,主动提出告辞,不要逗留过晚。德国人性格刚强,自信心强,他们强调交往中的个人才能。在他们看来,生意场上的成功凭个人本事,公司只不过提供了个人施展才华的舞台而已。公司员工的敬业精神很强,为了取得更大的工作成绩,不惜牺牲自己部分休息、娱乐时间。德国人与人交往之初,常常显得拘谨和含蓄,他们需要时间熟悉对方。

德国商人素来享有讲究效率的良好声誉。他们工作作风果断,厌恶谈判对手支支吾吾、模棱两可和拖拉推诿,忌讳与他们闲聊。

德国人讲究节俭,反对浪费,他们把浪费看作"罪恶"。他们忌讳四人交叉握手,忌讳蔷薇、百合,同时认为核桃是不祥之物。

三、法国商人的谈判风格、礼仪与禁忌

(一) 法国商人的谈判风格

在近代世界史上,法兰西民族在社会科学、文学、科学技术方面有着卓越成就。法国商人具有浓厚的国家意识和强烈的民族、文化自豪感。他们性格开朗、眼界豁达,对事物比较敏感,为人友善,处事时而固执、时而随和。

法国人对本民族的灿烂文化和悠久历史感到无比骄傲。他们时常把祖国的光荣历史挂在嘴边,重视历史的习惯使法国谈判人员也很注意商业与外交的历史关系和交易的历史状况,即过去的交易谈判情况。传统友好国家的谈判者会为双方外交关系的历史所鼓舞或制约,因此利用历史的观念可以排除一定的现实干扰,比如现实中可能出现的第三者的干扰。

法国人为自己的语言而自豪,他们认为法语是世界上最高贵、最优美的语言,因此在进行商务谈判时,他们往往习惯于要求对方同意以法语为谈判语言,即使他们的英语讲得很好也是如此,除非他们是在国外或在生意上对对方有所求。所以,要与法国人长期做生意,最好学些法语,或在谈判时选择一名好的法语翻译。

与法国人洽谈生意时,不应只顾谈生意上的细节,这样做很容易被法国对手视为"此人太枯燥无味,没情趣"。法国商人大多性格开朗、十分健谈,他们喜欢在谈判过程中谈些新闻趣事,以创造一种宽松的气氛。据说,在法国就连杂货店的女老板都能轻松自如、滔滔不绝地谈论政治、文化和艺术。所以,在谈判中除非到了最后决定阶段可以一本正经地只谈生意之外,其他时间可谈一些关于社会新闻和文化艺术等方面的话题来活跃谈判内容。另外,要引起注意的是,法国人在谈判中讲究幽默与和谐,但他们不愿过多提及个人和家庭问题,与他们谈话时应尽量避免此类话题。

与美国商人对议题逐个磋商的方式不同,法国商人在谈判方式上偏好横向式谈判,即先为协议勾画出一个轮廓,然后达成原则协议,最后再确认谈判协议各方面的具体内容。法国商人不如德国商人那么严谨,但法国商人却喜欢追求谈判结果,不论什么会谈、谈判,在不同阶段,他们都希望有文字记录,而且名目繁多,如"纪要""备忘录""协议书""议定书"等,用以记载已谈的内容,为以后的谈判起到实质性作用。对于频繁产生的文

件应予以警惕，慎重行事，对己有利的内容可同意建立文件；对己不利却难以推却的可仅建立初级的纯记录性质的文件，注意各种不同类型文件的法律效力，严格区别“达成的协议点”“分歧点”“专论点”“论及点”等具体问题，否则产生的文件会变得含糊不清，成为日后产生纠纷的隐患。另外，法国商人习惯于集中精力磋商主要条款，对细节问题不很重视，并且在主要条款谈成之后，便急于求成，要求签订合同，而后又常常会在细节问题上改变主意，要求修改合同，这一点往往令人十分为难。因此，签约时要小心从事，用书面文字加以确认，保证最终的文件具有法律约束力，以防止他们不严格遵守，在市场行情不看好的时候撕毁协议。

法国商人谈判时思路灵活，手法多样，为促成交易，他们常会借助行政、外交的手段或让名人、有关的第三者介入谈判。这种承认并欢迎外力的心理和做法可以为我所用。例如，有些交易中常会遇到进出口许可证问题，往往需要政府出面才能解决问题。而当交易项目涉及政府的某些外交政策时，其政治色彩就很浓厚，为达成交易，政府可以从税收、信贷等方面予以支持，从而改善交易条件，提高谈判的成功率。

法国商人大多注重依靠自身力量达成交易，愿以自己的资金从事经营，因而他们办事不勉强。法国人喜欢个人拥有较大的办事权限，在进行商务谈判时，多由一人承担并负责决策，这样谈判效率较高。在法国中小企业中，也有许多法国人不熟悉国际贸易业务的，与他们做生意时，应尽量把每个细节都商定清楚。

法国商人对商品的质量要求十分严格，条件比较苛刻，同时他们也十分重视商品的美感，要求包装精美。法国人从来就认为法国是精品商品的世界潮流领导者，巴黎的时装和香水就是典型代表，因此他们在穿戴上都极为讲究。在他们看来，衣着可以代表一个人的修养与身份。所以在谈判时，稳重考究的着装会带来好的效果。

法国人的时间观念不强，他们在商业往来或社会交际中经常迟到或单方面改变时间，而且总会找一大堆冠冕堂皇的理由。在法国还有一种非正式的习俗，即在正式场合，主客身份越高，来得越迟。所以，要与他们做生意，就要学会忍耐。但法国人对于别人的迟到往往不予原谅，对于迟到者，他们会很冷淡地接待。因此，若有求于他们时，千万别迟到。

（二）法国商人的谈判礼仪与禁忌

见面时要握手，且迅速而稍有力。告辞时，应向主人再次握手道别。女士一般不主动向男士伸手，因而男士要主动问候，但不要主动向上级人士伸手。熟悉的朋友可直呼其名，对年长者和地位高的人士要称呼他们的姓。一般则称呼“先生”“夫人”“小姐”等，且不必再接姓氏。

到法国洽谈生意时，严禁过多地谈论个人私事，因为法国商人不喜欢谈论个人及家庭的隐私。交谈话题可涉及法国的艺术、建筑、食品和历史等。

商业款待多数在饭店举行，只有关系十分密切的朋友才邀请到家中做客。在餐桌上，除非东道主提及，一般避免讨论业务。法国商人讲究饮食礼节，就餐时保持双手（不是双肘）放在桌上，一定要赞赏精美的烹饪。法国饭店往往价格昂贵，要避免订菜单上最昂贵的菜肴，商业午餐一般有十几道菜，要避免饮食过量。吸烟要征得许可，避免在公共场合吸烟。当主要谈判结束后设宴时，双方谈判代表团负责人通常互相敬酒，共祝双方能够保持长期的良好合作关系。受到款待后,应在次日打电话或写便条表示谢意。

法国全国在8月都会放假,很多法国人都度假去了,任何劝诱都难以让他们放弃或推迟假期去做生意,甚至在7月底和9月初,他们的心思都还放在度假和休息上,所以千万注意尽量避免在这段时期与法国人谈生意。

四、意大利商人的谈判风格

与法国人不同,意大利人的国家意识比较淡薄,法国人常为祖国感到自豪,意大利人却不习惯提国名,而更愿意提故乡的名字。虽然如此,意大利商人与法国商人有许多共同之处。在商务活动中,两国人都非常重视商人个人的作用。意大利的商业交往大部分都是公司之间的交往,在商务谈判时,往往是出面谈判的人决定一切,意大利商人个人在交往活动中比其他任何国家的商人都更有自主权,所以,与谈判对手关系的好坏是能否达成协议的决定因素之一。

与法国人相似,意大利商人常常不遵守约会时间,这是他们明显的缺点。有时候他们甚至不打招呼就不去赴约,或单方面推迟会期。他们工作时有点松松垮垮,不讲效率。但是,他们在做生意时是绝对不会马虎的。

意大利人善于社交,但情绪多变,做手势时情绪激动,表情富于变化。他们生气时,简直近于疯狂。意大利人喜好争论,他们常常会为了很小的事情而大声争吵,互不相让,如果允许的话,他们会整天争论不休。在进行合同的谈判和做出决策时,他们一般不愿仓促表态,与日本等国家的谈判人员不同的是,意大利人并非要与同事协商,而是因为他们比较慎重。如果对方给他们一个做出决策的最后期限,他们会迅速拍板决定。这说明他们办事多是胸有成竹而且有较强的处理紧急情况的能力。

意大利人对于合同条款的注重明显不同于德国人,而是接近于法国人。他们特别看重商品的价格,谈判时表现得寸步不让,而在商品的质量、性能、交货日期等方面则比较灵活。他们力争节约,不愿多花钱追求高品质;德国人却宁可多付款来换取高质量的产品和准确的交货日期。

意大利的商业贸易比较发达,意大利商人与外商交易的热情不高,他们更愿意与国内企业打交道。由于历史和传统的原因,意大利人不太注意外部世界,不主动向外国观念和国际惯例看齐,他们信赖国内企业,认为国内企业生产的产品一般质量较高,而且国内企业与他们存在共同性。所以,与意大利人做生意要有耐性,要让他们相信你的产品比他们国内生产的更为物美价廉。还有一点应注意的是,在意大利从事商务活动,要充分考虑其政治因素,了解对方的政治背景,以防由于政局变动而蒙受经济损失。

意大利人追求时髦,他们穿着时尚,潇洒自如,通常在现代化的办公室里工作。与他们谈判时,着装潇洒入时会给他们留下好印象。

五、西班牙商人的谈判风格、礼仪与禁忌

(一) 西班牙商人的谈判风格

西班牙人生性开朗,看过西班牙斗牛舞的人都会为他们奔放的热情所吸引。西班牙人略显傲慢,其商人在谈判时常常怀有一种居高临下的优越感,仿佛自己是世界的主人。

西班牙人考虑问题很注重现实，他们对工作、生活中的各种关系和事务的安排，都是十分严肃认真的。

西班牙人一般不肯承认自己的错误，其商人也是如此，他们即使按照合同遭受了一点损失也不愿公开承认他们在签订合同时犯了错误，更不会主动要求对合同进行修改。这时，如果对方考虑到他们在合同中无意遭受到的损失而帮助他们下台阶的话，就会赢得他们的信任和友谊，为今后更好地与他们进行商务合作奠定坚实的基础。

（二）西班牙商人的谈判礼仪与禁忌

鉴于社交礼仪和传统习惯，西班牙人认为直截了当地拒绝别人是非常失礼的，因此绝不说“不”字。西班牙商人口头上一般也不会说“不”字，所以在与他们洽谈时，不能使用诱导式问句，让他们回答“是”或“否”，否则，即使你得到了肯定的答复，也可能久久得不到回音——实际上他们拒绝了你。遇到这种情况，千万不要性急，只有仔细揣摩他们的真实意图，设法与他们达成相互谅解与信任，才能与他们继续商谈和合作。

西班牙商人强调个人信誉，签订合同后一般都会很认真地履行。但这也不排除其中存在一些投机性的掮客，这些掮客的主要目的是赚钱，一旦出现波折，如市场情况不利时，他们可能会一走了之。所以，与他们做生意要小心谨慎。

西班牙商人与外商洽谈时态度极认真，谈判人员一般也具有决定权。因此，与他们谈判必须选派身份、地位相当的人员前往，否则他们会不予理睬。另外，穿戴讲究的西班牙商人也希望谈判对方衣饰讲究，他们绝不愿意看到穿戴不整或过于随便的人坐到谈判桌前，西班牙商人通常在晚餐上谈生意或庆祝生意成功，他们的晚餐大多从晚上 9 点以后开始，一直到午夜才结束。

西班牙各地区都有不同的政治组织，他们在地方议会和国家议会中都有自己的代表，西班牙商人也有许多是加入这些组织或是支持其中某个组织的，所以，与他们进行商务谈判时要注意避免卷入其地方政治纠纷之中。

西班牙人认为大丽花和菊花与死亡有关，送礼时千万不可送这两种花。要避免和他们谈论宗教、家庭和工作等问题，不要说有关斗牛的坏话。同时，在西班牙，女人上街一定要戴耳环。

六、葡萄牙商人的谈判风格、礼仪和禁忌

葡萄牙位于欧洲西南部伊比利亚半岛的南端，曾经是世界上数一数二的殖民国家。葡萄牙贫富分化较严重，除少数人比较富有外，大多数人比较贫穷。

葡萄牙人善于社交且随和，在初次认识时，就会表现出亲密感来。但是若想进一步接近他们，他们却又退缩回去，因此，难以和他们开诚布公地交谈。

葡萄牙人处理问题常以自我为中心，协调性较差，无法使优秀的个人能力结合起来，发挥团体的效用。

葡萄牙人讲究打扮，即使在很热的天气也穿得西装革履，在工作和社交等场合一般都打领带，这点与他们交往时应注意。葡萄牙商人在工作之余，也与客户进行交际，但共进晚餐的机会不多。

葡萄牙商人做生意没有很强的时间观念，他们在决策时有拖延的习惯。他们喜欢用

汇票作为交易的支付方式,但常常不能爽快履约。比如,约定货款在某日期汇付,而到了约定日期,他们往往不会如数汇付,而是毫无愧意地提出只付其中一部分,剩下部分要延后到某日再汇付。这种要求延迟支付的现象时有发生,因此与他们进行交易时应在合同中严格确定付款日期,并尽可能加入相应的迟付解决条款。

欧洲人普遍忌讳"13"和"星期五",葡萄牙人也不例外。同时他们也忌讳谈论自己的年龄、婚姻状况和家庭收入等问题。

七、希腊商人的谈判风格、礼仪与禁忌

(一) 希腊商人的谈判风格

希腊是欧洲古代文明的发源地,与其他欧洲国家相比,其经济不甚发达。希腊人有着自己传统的价值观,其中一些观念在欧洲其他商业发达的地区早已被摒弃。希腊人敬重有钱的人或是有羊群、土地、橄榄园和房子的人,他们很清楚什么有利可图,怎样才能赚钱,因为古希腊很早就进入商品买卖阶段,商人很多,商业的观念在希腊人头脑中根深蒂固。至今希腊商人做生意的方法还是很传统,讨价还价随处可见。

希腊人在做生意时比较诚实,但是履行义务的效率并不高。他们不珍惜时间,更少遵守时间,在谈判时很少严谨地安排时间,有时提前结束,有时拖延好几天。希腊商人喜欢带客人到熟悉的餐馆,不论午餐安排在什么时候,都会耗掉整个下午,这对于许多视时间如生命的外商简直是不能忍受的,但如果想达成交易的话就必须忍耐。

(二) 希腊商人的谈判礼仪与禁忌

与希腊商人谈话时,尽量不要提及土耳其,因为大多数希腊人对于来自土耳其的军事威胁这一问题非常敏感。

希腊商人不十分讲究穿戴,因此外国商人一定不要以貌取人,不要通过谈判人员的穿戴来判断他们的财富和成就。

还应注意的是,每年的6—8月,希腊的商务活动很少;每星期三下午,很难联系到任何人。

八、荷兰、比利时和卢森堡商人的谈判风格、礼仪与禁忌

(一) 荷兰、比利时和卢森堡商人的谈判风格

荷兰、比利时、卢森堡是三个政治、经济关系密切的国家。这三个国家的人有一些共同特点。例如,办事比较稳重,一般在面谈之后会及时写信给对方提起面谈时的有关内容,目的是确认谈判的内容。他们都喜欢花些时间对商业协定或会谈做出计划,然后才行事,不喜欢对方没有事先约定就去拜访他们。若事先没与对方约好则不能与其见面。

荷兰以农牧业和园艺闻名。田园情调很浓,工业化程度也很高,在轻重工业方面都有相当的成就。荷兰人比较朴素,性格坦率、开诚布公。荷兰人没有比利时人的贵族气息。他们讲究秩序,事先安排计划是他们的习惯。荷兰是靠对外贸易起家的商业国,荷兰国民对贸易的认识非常深刻。荷兰商人擅长赚钱和理财,善于进行贸易谈判和建立国际商务关系,也很会利用自己的经济实力签订对自己有利的合同来获得额外的利益,他

们在国际商贸领域非常有竞争力。

荷兰商人多数会讲多国语言，一般都会英语和德语，但在内部协商时一般都用荷兰语。他们在商务谈判中喜欢时时插入闲谈，还会端出咖啡，边喝边谈。与荷兰商人面谈后要及时写信给他们以确认谈话内容。

比利时是一个发达的工业国家，与荷兰和法国接壤，兼有这两国的一些特征。首都布鲁塞尔是欧盟总部所在地，首都以北居住着佛拉芝人，他们是几个世纪以前来此定居的荷兰人的后裔；首都以南居住着说法语的比利时人。日耳曼血统的荷裔人与法裔人的民族感情相当独立，而且多年来他们之间积怨很深，隔阂很大。因此，在比利时进行商务活动时，要考虑到这点，尽量避免卷入他们的争执中去。例如，在寄送产品目录时，使用英文目录较为保险，不要以为比利时是法裔而寄送法语目录，从而引起荷裔人的不满。同样，在洽谈业务时也不要用法语同荷裔的比利时商人交谈，否则可能会受到严厉的指责。

比利时人喜欢社交，常把做生意和交际娱乐结合在一起，他们喜欢招待客人。比利时人的工作态度现实稳健。公司的上层雇员工作很努力，愿意加班。工作需要时，周末也可以洽谈；若有急事，即使在乡下度假，也会马上赶回来。

比利时人的商业道德水平相当高，做生意讲信誉，很少有让人受骗上当的事情发生，在付款时也很少有纠纷。

卢森堡商人的谈判风格与比利时商人十分接近。

（二）荷兰、比利时和卢森堡商人的谈判礼仪与禁忌

与比利时人谈判时，应注意要十分尊重对方，维护其较强的自尊心，多从正面给予赞许。在谈判中要有韧劲，不要轻易退让，但也不应以硬碰硬，而应心平气和地多举有说服力的事实和令人折服的道理，避其锋芒，因势利导，稳扎稳打。与比利时人打交道，最好直接找高级负责人，首先通过书信或邮件说明洽谈要点并弄清会面的日期。由于比利时人喜爱社交活动，所以要注意在获得谈判成功以前，不要因为过多的社交活动而被拖得筋疲力尽，影响谈判桌上的锐气。

比利时人的贵族气息比较浓厚，他们注重地位、外表和礼节。谈判时，他们总希望对方的地位与自己相当。因此，与他们做交易，己方谈判人员的身份必须与之相当或略高，否则就很难获得见面机会。比利时人注重礼节已到了极端的地步，无论什么时间、什么地点，只要相遇都要握手，只要道别都要握手并说“再见”，即使在离开办公室时，对同事也是如此。可以说，在比利时，握手多多益善。

在荷兰、比利时和卢森堡三国，人们均喜欢花费一些时间预先对会谈做些计划，虽然他们商谈时严肃认真，注重信用，但头脑冲动时也会有失礼的言行。故洽谈时，应以礼相待，以坦诚对坦诚，千万不要要什么手腕，否则对方会十分反感，对谈判不利。要根据对方认真的特点，谈判条款要适应对方要求，循序渐进，逐项讨论，逐项落实，步步为营。还要注意到，他们在谈判中有时是非常不讲情面的。他们会利用自己的经济实力取得额外的收益。因此，在谈判时也不能心慈手软。签约后还应当充分肯定和适度赞扬对方真诚严谨的态度与踏实的经营作风。这样更能获得对方的认同与信任，并有助于合同的顺利履行，为今后的再次合作创造良好前提。

九、奥地利和瑞士商人的谈判风格

奥地利人和蔼可亲,善于交际,容易接近,除非在交易中发生很大纠纷,否则,他们深藏不露的排他性格不易被发现,他们讨厌不检点的行为。

奥地利人喜欢招待客人,一般愿意在自己家中进行,不过上餐馆用餐的机会也不少,而且菜肴丰富。若商务活动需要使谈判人员在奥地利逗留较长时间,则最好在对方招待一两次之后回请对方一次。适于招待的时间是周末下午。

奥地利国有企业工作人员的素质比较高,但人浮于事明显,洽谈中往往难以判断谁是主要负责人。他们重视地位、头衔,所以在写信或平时称呼时应加倍小心,以防弄错头衔。奥地利人比较保守,一般在建立商业关系之前,他们不愿意公开有关公司业务情况的数据。

瑞士在第二次世界大战后成为一个转口贸易中心,经济地位十分特殊。它的精密仪表工业举世闻名,化工、手工艺品、食品加工工业也非常发达,旅游业是其财富的一大来源。作为一个地处内陆的山国,其居民自古以来团结一致,具有强烈的排他性,待人十分严格。与他们做生意,需花相当的时间与他们交朋友,建立信任关系。

十、北欧商人的谈判风格

(一) 北欧商人的谈判风格

一般意义上,北欧指位于日德兰半岛、斯堪的纳维亚半岛上的芬兰、挪威、瑞典、丹麦、冰岛五国。北欧人有着相似的历史背景和文化传统,都信奉基督教,历史上为防御别国的侵扰而互相结盟或是宣布中立以求和平。现代的北欧,国家政局稳定,人民生活水平较高。基于其宗教信仰、民族地位及历史文化等因素,北欧人形成了心地善良、为人朴素、谦恭稳重、和蔼可亲的性格特点。

北欧人是务实型的,工作计划性很强,没有丝毫浮躁的样子,凡事按部就班,规规矩矩。与其他国家商人相比,北欧商人在谈判中显得沉着冷静。他们喜欢谈判有条不紊地按议程顺序逐一进行,谈判节奏较为舒缓,但这种平稳从容的态度与他们的机敏反应并不矛盾,他们善于发现和把握达成交易的最佳时机并及时做出成交的决定。

北欧商人在谈判中态度谦恭,非常讲究文明礼貌,不易激动,善于同外国客商搞好关系。同时,他们的谈判风格坦诚,不隐藏自己的观点,善于提出各种建设性方案。他们喜欢追求和谐的气氛,但这并不意味着他们会一味地顺应对方的要求。实际上,北欧商人在自以为正确时,具有相当的顽固性和自主性,这也是一种自尊心强的表现。

北欧人为保证其竞争力,总是大规模地投资于现代技术,他们出口的商品往往是高质量、高附加值的产品,而进口的商品也多半是自己需要而在国内难以买到的高品质产品。北欧人有着强大的市场购买力,在谈判中,对于高档次、高质量、款式新奇的消费品,他们会表现出很大的兴趣,千方百计想达成交易;而对一般性商品则不屑一顾,常以种种苛刻条件让对方知难而退。

北欧人将蒸汽浴视为日常生活中必不可少的一部分。在北欧,谈判之后去洗蒸汽浴几乎成了不成文的规定。如果北欧谈判者邀请对方去洗蒸汽浴,这充分说明对方是很受欢迎的，因为洗蒸汽浴是受到良好招待的明显标志。到北欧洽谈生意的外国客商也应不失时机地发出邀请或接受邀请，以增加双方接触的机会，增进友谊。

北欧国家所处纬度较高，冬季时间长，所以北欧人特别珍惜阳光。夏天和冬天分别有三周与一周的假期。这段时间，几乎所有公司的业务都处于停顿状态，人们都休假去了。因此，做交易应尽量避开这段时间。当然，也可以以假期将至为由催促对方赶快成交。

（二）北欧商人的谈判礼仪与禁忌

与北欧商人谈判，更多的时候应考虑如何与其配合。首先，以坦诚态度对待来自北欧的谈判人员较好。这可以使谈判双方感情融合、交流顺畅，形成相互信任的气氛，以推进谈判。其次，要以理性的方式对付北欧人固执的态度。北欧人看问题比较固执，这种固执与他们那种具有建设性的积极意愿相呼应。然而，在积极的行动之后，一般是消极的固守。为不使北欧商人使性子，应充分注意论述的理由。不论理由的分量如何，均需有理可说。最后，利用北欧商人追求和谐稳定的心理和善于提建设性方案的长处，可以为谋取较大的利益而有意制造僵局、激化矛盾，让他们提出方案，从中得利。但这样做必须注意火候，一般应在对方刻意追求解决的问题上，或与之关系重大的条件上制造危机，否则便可能达不到目的。

北欧人讲究礼貌，在与外国人交往中也最讲礼仪。瑞典人在社交场合也非常准时，但是在商业问题上却常常不严格，信函和电报可能得不到答复，提出的期限已过，但对方不说明原因。不要把这些问题看得太认真。

北欧商人不喜欢无休止的讨价还价，他们希望对方的公司在市场上是优秀的，希望对方提出的建议是他们所能得到的最好的建议。如果他们看到对方的提议中有明显的漏洞，便会重新评估对方的职业作风和业务能力，甚至会改变对对方企业水平的看法，进而转向别处去做生意，而不愿与对方争论那些他们认为对方一开始就应该解决的琐碎问题。另外，北欧商人性格较为保守，他们更倾向于尽力保护他们现在拥有的东西。因此，他们在谈判中更多地把注意力集中在怎样做出让步才能保住合同，而不是着手准备其他方案以防做出最大让步也保不住合同的情况。

在北欧，代理商的地位很高，尤其在瑞典和挪威，没有代理商的介入，许多谈判活动就难以顺利进行。因此，与北欧人做生意，必须时刻牢记这些代理商和中间商。

北欧人较为朴实，工作之余的交际较少。晚间的招待一定在家里进行而不是在外面餐馆。如果白天有聚餐，一般是在大饭店里预订好座位吃饭，这种宴会也不铺张浪费；如果是私下聚会则往往只有咖啡和三明治。北欧人力戒铺张，他们把简朴的招待视为对朋友的友好表示，即使对待老主顾也是如此。

北欧人普遍喜欢饮酒，为了公众利益，北欧国家都制定了严厉的饮酒法。因此，这些国家的酒价十分昂贵。北欧人特别喜欢别人送些像苏格兰威士忌酒之类的礼物，如果在商务谈判中以酒作为馈赠礼品，他们会十分高兴。

北欧人特别是瑞典人在商业交际中往往不太准时，但他们在其他社交场合中非常守时，遇到他们迟到的情况，只要没有造成什么严重后果，则无须过多计较。

十一、俄罗斯商人的谈判风格、礼仪与禁忌

俄罗斯商人一般显得谨慎、敏感，虽然待人谦恭，却相对缺乏信任感。他们求成心切，求利心切，喜欢谈大额合同，对交易条件要求苛刻，缺乏灵活性。

俄罗斯人办事断断续续，效率较低。他们绝不会让自己的工作节奏适应外商的时间安排。在谈判过程中，如果外商向他们发信或打电话征求意见，他们通常都不会立刻回答，即使最终给出了回答，也常常已没必要了。俄罗斯商人谈判往往喜欢带上各种专家，这样不可避免地扩大了谈判队伍，各专家意见不一也延长了谈判时间，减慢了谈判节奏。因此，与俄罗斯商人谈判时，切勿急躁，要耐心等待。

俄罗斯商人虽有拖拉的作风，但他们却深深承袭了古老的以少换多的交易之道，在谈判桌前显得非常精明。他们很看重价格，会千方百计地迫使对方降价，不论对方的报价多么低，他们都不会接受对方的首轮报价。他们的压价手法多种多样，软硬兼施。例如，他们会"降价求名"，以日后源源不断的新订单引诱对方降价，一旦对方降低了价格，他们就会永远将价钱压在低水平上。另外，他们会"欲擒故纵"，告诉对手其他竞争者的出价都很低，或者使出"虚张声势"的强硬招数，敲桌子以示不满，甚至拂袖而去。这时最好坚守阵地，不为所动。更为灵活的做法是，事先为他们准备好一份标准报价表，所有价格都有适当溢价，为以后的洽谈降价留下后路，以迎合俄罗斯人的心理。

与俄罗斯商人交易还需注意几点：一是要慎重考虑以降低风险，保护自己。不论交易大小或对方以何种理由和心情论证某项交易，在谈判中都应有强烈的风险意识，努力增强保护措施。一般可利用对方求成心切的心理，让其充分介绍风险，并且对交易实施过程中的风险，如陆运的过关手续费用及可能发生的盗窃问题等都要落实，而且保护措施应适应目前独联体的行政和法律状况，切实保证措施的可行性，而不是仅仅停留于表面文字的保护。二是要注意利益均衡，讲求实效。与俄罗斯商人谈判时，可从各个角度要求对方，如谈判人员、程序、文本、条件等以使双方利益相平衡。另外，不论合同金额多少，均应立足实效进行谈判。因为有的交易金额虽小，但先交钱后取货有利可图；有的交易金额虽大，但条件苛刻，实效不大，做成交易后得利很小，没有重要的经济意义。

俄罗斯商人对于研究过俄罗斯文化艺术的外商特别尊重，这会给商务谈判带来友善的气氛。传统上俄罗斯人有四大爱好：喝酒、吸烟、跳舞和运动。俄罗斯人不论男女，几乎人人喜酒，而且大多爱喝烈性酒，如伏特加之类。俄罗斯人吸烟也很普遍，而且爱抽烈性烟。跳舞是俄罗斯人的传统，一般每周末都有舞会。过去人们主要跳民族舞蹈，但现在的年轻人更愿意跳交谊舞。俄罗斯人重视体育运动，许多人都有一两项专长。

俄罗斯人文明程度较高，不仅家中比较整洁，而且注意公共卫生。另外，俄罗斯人很重视仪表，喜欢打扮；在公共场合注意言行举止，比如从不将手插在口袋里或袖子里，即使在热天也不轻易脱下外套。在商务谈判中，他们也注意对方的举止，如果对方仪表不俗，他们会比较欣赏；相反，如果对方不修边幅，他们会很反感。

俄罗斯人忌讳黄色的礼品和手套，忌讳用左手握手和传递东西。在公共场合不能抠鼻子、伸懒腰、大声咳嗽。初次见面时，不要过问他们的生活细节，尤其忌讳问女人的年龄。

十二、东欧商人的谈判风格

东欧诸国一般指捷克、斯洛伐克、波兰、匈牙利、罗马尼亚、保加利亚等。这些国家的政治体制改革和经济体制改革对社会文化的影响很大，国家制度的变化给这些国家人民的思想带来很大冲击。他们的谈判人员在此背景下显得作风散漫，待人谦恭，缺乏自信。在谈判中，他们显得急于求成，注重实利，虽然顾及历史关系，但对现实利益紧抓不放。

一些东欧商人言行比较随意，谈判准备工作懈怠，信誉较差。对此，应在谈判之前就约法三章，在谈判时循章行事，对于无诚意的对方应尽早结束谈判，不要再耗费时间和精力。

现在的东欧商人特别看重别人的尊重。与他们谈判时，应以尊重为前提，以敬换情，通过一系列尊敬对方的措施感动对方，换取信任，促进思想的沟通和信息的交流，以使谈判顺利进行。

现在的东欧商人更为注重现实利益。因此，谈判时，不要过分怀念传统，而应在珍惜传统的同时追求开阔的眼界和更高的利益。对于各种交易条件，都要权衡利弊，以利换利。对已获得口头承诺的利益，应立即用严格的书面形式明确，确保自己的利益。

东欧商人有以上共同特征，也有各自的差异。例如，匈牙利人具有东方人的气质，重视信誉，容易交往；罗马尼亚人精明、开朗，善于察言观色和讨价还价；捷克和斯洛伐克的商人进取心强，反应敏捷，等等。

第四节　亚洲商人的谈判风格、礼仪与禁忌

一、日本商人的谈判风格、礼仪与禁忌

（一）日本商人的谈判风格

现代的日本人兼有东西方观念，具有鲜明的特点。他们讲究礼仪，注重人际关系；等级观念强，性格内向，不轻信人；工作态度认真、慎重，办事有耐心；精明自信，进取心强，勤奋刻苦。这些特征在日本商人身上表现为事前工作准备充分、计划性强，注重长远利益，善于开拓新的市场。

日本商人可谓人际关系的专家。在日本人的观念中，个人之间的关系占据了统治地位。日本商人在同外商进行初次商务交往时，喜欢先进行个人的直接面谈，而不喜欢通过书信交往。对于找上门来的客商，他们则更倾向于选择那些经熟人介绍来的，因此在初访日商时，最好事先托朋友、本国使馆人员或其他熟悉的人介绍。日本商人善于把生意关系人性化，他们通晓如何利用不同层次的人与谈判对方不同层次的人交际，从而探明情况、研究对策、施加影响、争取支持，并且日本谈判人员总是善于创造机会，与谈判对手的关键领导拉拢关系，以奠定发言的基础。重视发展人际关系，是日本商人在商务谈判中屡获成功的重要保证。另外，日本商人很注意交易中人际关系的和谐。他们愿与熟人长期打交道，不喜欢也不习惯直接、纯粹的商务活动。开门见山地直接进入商务问题谈判往往会欲速则不达。与日本人进行第一次洽谈，首先应进行拜访，让本公司地位较

高的负责人拜访对方同等地位的负责人，以引起对方的重视。在拜访中，一般不要谈重要的事项，也不要涉及具体的实质性问题。可以通过一番寒暄，谈谈日本人的各方面，用迂回的方式称赞对方；或是谈谈中国的历史、哲学，特别是儒家文化等。

日本商人的团队精神或集团意识首屈一指。单个日本人不见得出类拔萃，但若结为一个团体，其力量就会十分强大。日本有许多家族式企业，它们使个人、家庭和企业紧密相连，使个人对集体产生强烈的依赖感、归属感和忠诚心，使企业组织内部有高度的统一性和协调性。在日本企业中，决策往往不是由最高领导层武断地做出的，而是要在公司内部反复磋商，凡有关人员都有发言权。企业高层领导通常派某人专门整理所需决策的情况，集中各方面意见，然后再做出决策。与此相适应，日本企业的谈判代表团多是由曾经共事的人员组成，彼此之间互相依赖，有着良好的协作关系，团体倾向性强。谈判代表团内角色分工明确，但每个人都有一定的发言决策权，实行谈判共同负责制。在谈判过程中常常会遇到这样的情形：碰到日方谈判代表团事先没有准备过或内部没有协商过的问题，他们很少当场明确表态，拍板定论，而是要等到与同事们都协商之后才表态。因此，同日本企业打交道，与担任中层领导的人员以及其他有权参加决定的成员之间建立和培养良好的关系，往往有助于交易谈判的展开。集体观念使得日本人不太欣赏信奉个人主义和自我中心主义的人，他们往往率团前去谈判，同时也希望对方能率团参加，并且双方人数大致相等。如果对方没做到这点，他们就会怀疑其能力、代表性及在公司中的人际关系，甚至会认为对方没把他们放在眼里，是极大的失礼。

日本人的等级观念根深蒂固，他们非常重视尊卑秩序。日本企业都有尊老的倾向，一般能担任公司代表的人都是有15—20年经验的人。他们讲究资历，不愿与年轻的对手商谈，因为他们不相信对方年轻的代表会有真正的决策权。日本商人走出国门进行商务谈判时，总希望对方迎候人的地位能与自己的地位相当。在日本谈判代表团内等级意识也很严重，一般都是谈判组成员奋力争取、讨价还价，最后由“头面人物”出面稍做让步，达到谈判目的。还应注意的一点是，日本妇女在社会中的地位较低，一般都不允许参与大公司的经营管理活动，日本人在一些重要场合也是不带女伴的。所以遇到正式谈判，一般不宜让妇女参加，否则他们可能会表示怀疑，甚至流露出不满。利用日本人这种尊老敬长的心理，与日方谈判时，派出的人员最好官阶、地位都比对方高一级，这样从对话、谈判条件、人际相处等方面均会有利于谈判的进行。

日本商人在谈判时表现得彬彬有礼，富有耐心，实际上他们深藏不露，固执坚毅。日本商人在谈判中会显得殷勤谦恭，对长者或对某方面强于自己的人充满崇敬之情。在国外，他们恪守所在国的礼节和习惯，谈判时则常在说说笑笑中讨价还价，这反映了“礼貌在先，慢慢协商”的态度，使谈判在友好的气氛中进行，同时也使对方逐渐放松警惕，便于他们杀价。欧美一些国家的商人称日本人的彬彬有礼是“带刀的礼貌”。要对付极善于“以柔克刚”“微笑谈判”的日本对手，就必须牢记一条：商务谈判中友谊是有价的。如果遇到日方年长者在谈笑中兜售自己的观点，施加个体的影响，或是遇到日方年轻者以尊敬亲近的态度请求关照，加深友谊，以灵活地刺探对手的信息时，都应警惕其隐藏的意图和决心。

许多场合下，日本谈判人员在谈判中显得态度暧昧，婉转圆滑，即使同意对方的观点，也不直截了当地表明，往往给人以模棱两可的印象。他们非常有耐性，一般不愿率先表明自己的意图，而是耐心等待，静观事态发展。他们善于搞“蘑菇战”。一方面，如果预案与事实不符，也可用缓兵之计迅速地研究出新方案，部署新阵地，并会故作镇静、掩盖事实和感情；另一方面，会想方设法了解对方的意图，特别是对方签约的最后期限，这是他们千方百计想打听的事项。如果对方急于求成，他们往往会拼命杀价或一声不吭，将对方折磨得精疲力竭，而在对方最后期限即将来临时突然拍板表态，让对方在毫无思想准备的情况下措手不及。面对日本商人的顽强精明，最好的办法是以阵地战回应。首先要制订好方案，无不论对手是安静沉默还是急风骤雨的攻击，都要依然如故，不乱阵脚。如果预案与事实不符，也可运用缓兵之计迅速地研究出新方案，部署新阵地后再战。

日本人十分通晓“吃小亏占大便宜”和“放长线钓大鱼”的谈判哲理。无论在谈判桌前还是在会场外，他们都善于用小恩小惠或表面的小利去软化对手的谈判立场，从而获取更大利益。面对日方商人的这种做法，应注意避免舍本逐末，要追求根本利益，而不要贪图表面的小利。许多日本商人在谈判战略上都能灵活处理眼前利益与长远利益的关系，比如在整台机械设备上让利，达成交易，从而取得此后的专用零配件的供应权。因此，与日本人谈生意，要对交易利益虑及远近，通盘考虑，以防得今日，失明朝。

日本人刻苦耐劳，他们在商务谈判中常常连续作战、废寝忘食。一旦谈判中发生细节变化，他们会主动整理，形成文字，不管这项工作多么繁重累人。这也是他们的一项重要谈判策略，通过整理过程中使用词语发生的细微变化，尽量使协议有利于自己。因此，对其整理好的文件应小心审阅，保持高度警惕。在签订合同之前，日本商人通常格外谨慎，认真审查全部细节；在订立合同之后，他们一般较重视合同的履行，履约率较高。但这并不排除在市场行情不利于他们时，他们会千方百计寻找合同漏洞来拒绝履约的情况。

（二）日本商人的谈判礼仪与禁忌

日本人待人接物非常讲究礼仪。他们在贸易活动中常有送礼的习惯，并对地位不同的人所送礼物的档次要有所区别，以示尊卑有序。日本人重视交换名片，一般不论在座有多少人，他们都要一一交换。交换时首先根据对象不同行不同的鞠躬礼，同时双手递上自己的名片，然后以双手接对方的名片，在仔细看后微笑点头，两眼平视对方，说上一句“见到你很高兴”之类的客套话。对此，外商也需理解和遵循，否则会被日本人视为不懂规矩、没有礼貌。日本人的谈吐举止都要受到严格的礼仪约束，称呼他人使用“先生”“夫人”“女士”等，不能直呼其名。他们强调非语言交际，鞠躬是很重要的礼节，鞠躬愈深，表明其表达敬意的程度愈深；但与西方人交往时，通常行握手礼。与日本人交换名片时，要向日方谈判班子的每一位成员递送名片，不能遗漏。传递名片时，一般由职位高、年长者先出示。接到名片时，切忌匆忙塞进口袋，最好把名片拿在手里，仔细反复确认姓名、公司名称、电话、地址，以示尊重。日本人的款待大多数在饭店举行，先发邀请书，常招待客商去卡拉 OK 酒吧夜总会，轮流表演唱歌。会面要遵守时间，若到东京等闹市赴会，要预留一点时间以免交通堵塞而迟到。谈论日本饮食、建筑、体育以及世界各地旅游观感是容易引起兴趣的话题。日本公司在与外国客户开始业务联系时，常常会馈赠礼品，收到礼品后，应向东道主表示深切的谢意，并应以公司的名义回赠礼品。

日本商人忌讳在谈判过程中随意增加人数。日本人总是不甘落后，日方的谈判人员总要超过对方，对此要有所准备。日方愿意自己一方人多，除了心理作用——人多会使对方感到紧张外，另一个更直接的原因是，日本人在做出决定时，需要各个部门、各个层次的雇员参加。参加谈判的人越多，那些做出决定的负责人以后也就越容易达成一致意见。

日本商人忌讳代表团中有律师、会计师和其他职业顾问。许多日本人对律师总是抱着怀疑的态度，他们觉得那些每走一步都要先同律师商量的人是不值得信赖的。因此，只要可以不用律师做主要谈判人员，就不要带律师。

对日本人"以礼求让，以情求利"的习惯要胸有成竹，熟谙应付之法，既不能因为言行失礼而影响了谈判，也不要因此放松戒备，而在讨价还价上丧失利益。与日方谈判时，谈吐应尽量婉转，要不动声色，表现出足够的耐心，举止又不失彬彬有礼。谈判前要充分做好准备工作。在谈判中对日方提出的新建议、方案和问题，如果有的情况还把握不准，切勿轻率表态，而要毫不懈怠地认真仔细地了解情况，研究对策。如果一时未能达成协议，宁可暂时休会或约定下次会谈日期。在与日方谈判时，一定要具备敏锐的判断力。我方人员在谈判中的讲话应当缓慢清楚，避免给对方以匆匆忙忙、急于求成的印象。

一旦发出了邀请，就要耐心等待。日本人会通过其信息网络来了解对方情况，他们要核查对方的介绍信，了解对方公司的情况，与哪些公司有贸易往来，直到满意为止。此时不能急躁和没有耐心。在等待时间里，己方也可以同样搞些调查，从别处尽量多地了解日本商人的情况。

虽然日本人自己往往开价高，但是他们不喜欢别人报价高。提高报价会使日本人怀疑对方的诚意。对日本人来说，诚意和一致性比最低标准或最大利润更为重要。他们对对方及对方公司的信誉和信心是谈判能否成功的关键。他们希望对方是值得信赖的贸易伙伴。如果我方做出了某种让步，不要建议日本人也做出相应的让步。这是日本人自己的事，要由他们自己决定。日本人喜欢自己提出一项建议，在谈判时即使主意是我方的，也要显得是他们自己想出来的主意。

日本人非常讲面子，他们不愿对任何事情说"不"字。他们认为直接的拒绝会使对方难堪，甚至恼怒，是极大的无礼。因此，在谈判过程中，他们即使对对方的提议有保留，也很少直接予以反驳，一般是以迂回的方式陈述自己的观点。同样，在和日本人谈判时，语气要尽量平和委婉，切忌妄下最后通牒。不要当面和公开批评日本人。如果他们在同事和对方面前丢了脸，他们会感到羞辱和不安，谈判也会因此终结。另外，不要把日本人礼节性的表示误认为是同意的表示。日本人在谈判中往往会不断点头并说："哈依！"这样子常常是告诉对方他们在注意听，并不是表示"同意"。因此，在洽谈中，必须善于察言观色，仔细体会，才能准确使用日语进行商谈，避免日语中诸多的隐含意思所引起的误解。最好是找一名双方都信任的翻译，不仅有助于了解日方的想法，还可以避免双方因意见不一致而出现难以下台的局面，保住双方的面子。

二、韩国商人的谈判风格、礼仪与禁忌

（一）韩国商人的谈判风格

韩国商人在长期的国际贸易实践中，积累了丰富的经验，他们善于在不利的贸易谈判条件下寻找突破口，从而占据有利地位，让对手甘拜下风。因此，西方发达国家称他们为“谈判的强手”。

韩国商人非常重视商务谈判的准备工作。在谈判前，他们会千方百计地对对方的情况进行咨询了解，如经营项目、生产规模、企业资金、经营作风以及有关商品的市场行情等。了解掌握有关信息是他们坐到谈判桌前的前提条件。一旦韩国商人愿意坐下来谈判，就可以肯定他们早已对这项谈判进行了周密准备。

韩国商人逻辑性强，做事条理清楚，注重技巧。谈判时，他们往往先将主要议题提出讨论。按谈判阶段的不同，主要议题一般分为五个方面：阐明各自意图、报价、讨价还价、协商、签订合同。对于大型谈判，他们更乐于开门见山、直奔主题。韩国商人能灵活地使用两种谈判手法——横向谈判与纵向谈判。前者是先为协议勾画出大体框架，达成原则协议后再逐项确定谈判各方面的具体内容；后者是对双方共同提出的条款逐项磋商，逐条讨论，最后签订一个完整的谈判协议。谈判过程中，韩国商人会针对不同的谈判对象，使用“声东击西”“疲劳战术”“先苦后甜”等策略，不断地讨价还价，显得十分顽强。有的韩国商人直到谈判的最后一刻还会提出降价的要求。但是，韩国商人在谈判时远比日本商人爽快，他们往往在不利的形势下以退为进，稍作让步以战胜对手。在签约时，韩国商人喜欢用三种具有同等法律效力的文字作为合同的使用文字，即对方国家的语言、朝鲜语和英语。

（二）韩国商人的谈判礼仪与禁忌

韩国商人很注重谈判礼仪。他们十分在意谈判地点的选择，一般喜欢在有名气的酒店、饭店会晤洽谈。如果由韩国商人选择了会谈地点，他们定会准时到达，以尽地主之谊；如果由对方选择地点，他们则会推迟一点到达。在进入谈判会场时，一般走在最前面的是主谈人或地位最高的人，多半也是谈判的拍板者。

韩国商人重视在会谈初始阶段就创造友好的谈判气氛。他们一见面总是热情地打招呼，向对方介绍自己的姓名、职务等。就座后，若请他们选择饮料，他们一般选择对方喜欢的，以示对对方的尊重和了解，然后再寒暄几句以创造一个和谐融洽的气氛，之后才正式开始谈判。

韩国人见面时稍鞠躬。呈递与接受名片时都要用双手。他们称呼人的习惯与中国人相同。商业款待中能饮大量酒，韩国人妻子通常不参加活动。交换礼物是常见的交往礼节，收到礼物后不要当面打开，而且一定要回赠食品和小纪念品等礼物。饭店中一般没有收小费的习惯，服务费已包括在账单内，餐桌上传递东西要用左手支托右臂或右腕。韩国人的个性中，既有爱面子、缺乏坦诚的一面，又有独立性强、讲话直率的一面。他们保留了东亚人爱面子的传统。一个韩国人极不愿意说出“不”字来拒绝对方。在阐述己方的情况时，不要过于咄咄逼人、言辞激烈或带有威胁性，应当冷静而有条理地叙述清

楚,这样韩国人才有可能做出有利的反应。韩国人不喜欢高声大笑和做过分的姿态,也不喜欢喧闹的行为。虽然他们直言不讳,但也不喜欢太鲁莽。

一个习惯于同外国人打交道的有礼貌的韩国人,会一直听对方讲话而不打断。但当他急于进入更深一层的会谈或者他忍不住要以自己的理解来阐述某个观点时,他也会打断对方的话。这时候就不太注意面子,也不在意谁处于上风。但打断谈话常常是一个好迹象,意味着其真心希望谈判成功,达成交易。

与韩国商人谈判要非常讲究策略和通情达理,和气和协调也很重要。韩国商人有时会重复性地提出相同问题,因为他们在做出决定前,要确保其正确性,一个大错误会给他们带来麻烦,甚至辞职或被解雇。由于韩国人在交谈中缺乏直接和坦诚,故需要仔细倾听对方的讲话和辨别其真意。有时书面合同会因改变而需要重新谈判,因此要有耐心,结果会很缓慢地取得。

与韩国人谈判时,最好找一个中间人做介绍。韩国是一个组织严密的社会,如果由具有影响力的人物出面介绍与一家韩国公司接触,而不是贸然前去,那就先有了声誉,同时也可以请双方都尊重的第三者出面介绍。

韩国人经常是在不知不觉之中转入业务问题的洽谈,应当予以警惕。开始时可简明扼要地介绍一下将要讨论的问题。如果对方立即向你提出问题,也不要惊慌。这是一个好迹象,表明韩国人很有兴趣。相反,若对方毫无表情地注视,也不要着急,考虑自己是否表达清楚,逐步谈些细节,这些可能会引起对方的反应。在谈判中间也要准备有反复,要做好准备,提供详尽的情况。

韩国人的防卫意识很强,他们不想被人利用,也不希望对方在他们国家里待的时间比他们认为需要的时间长。因此,谈判结束后就应当及时离开。

此外,韩国人忌讳“4”这个数字。对姓李的韩国人不能称作“十八子”李。

三、南亚和东南亚商人的谈判风格、礼仪与禁忌

(一) 南亚和东南亚商人的谈判风格

南亚和东南亚包括许多国家,主要有印度尼西亚、新加坡、泰国、菲律宾、印度、马来西亚、巴基斯坦、孟加拉国等。这些国家与我国贸易往来频繁、互补性强,是我国发展对外经济贸易的重点地区之一。南亚、东南亚人因国别不同而体现出不同的性格特点,从事商务谈判的方式也有所不同。

印度尼西亚(以下简称“印尼”)除了雅加达等大城市使用英语外,一般都使用马来语。印尼的宗教信仰十分坚定,所以与之进行贸易往来必须特别注意他们的宗教信仰。印尼人非常有礼貌,与人交往也十分小心谨慎,绝对不讲别人的坏话。在商务洽谈时,如果双方交往不深,即使表面上十分友好亲密、谈得投机,但心里想的可能完全是另一套。只有建立了推心置腹的交情,才可能听到他们的真心话,这时他们也可以成为十分可靠的合作伙伴。因此,与印尼人打交道需要花时间努力与其建立友谊。另外,印尼人与北欧人有相反的特点,那就是印尼人特别喜欢家中有客人来访,而且无论客人在什么时候来访都很受欢迎,不像北欧人那样如果没有事先约定就不能见面。在印尼,随时都可敲门拜访以加深交情。这样也有利于商务谈判的顺利进行。

新加坡位于连接太平洋和印度洋的咽喉要道，具有十分重要的战略地位。新加坡的经济很发达，被誉为亚洲“四小龙”之一。其种族构成中，华人所占比例最高，约为70%，其次是马来人、印度人、巴基斯坦人、白人、混血人种等。

新加坡华裔有着浓重的乡土观念以及强烈的合作精神。他们的勤劳能干举世公认。他们注重信义、友谊，讲面子。在商业交往中，他们十分看重对方的身份、地位及彼此的关系。对老一辈华侨来说，面子在商业洽谈中具有决定性意义，交易要尽可能以体面的方式进行。交易中，遇到重要决定，新加坡华侨往往不喜欢签订书面字据，但是一旦签约，他们绝不违约，并对对方的背信行为十分痛恨。

泰国是亚太地区新兴的发展中国家。20世纪70年代以来，其经济发展十分迅速，目前的发展重点是农业、机械制造业、交通运输业、水利电力、建筑业、服务业和对外贸易。泰国的国内市场以曼谷和曼谷周围地区为中心，比较集中，市场条件较好，而且泰国政府为外商提供了优惠的投资环境。中泰关系良好，贸易前景光明。

在泰国控制产业的也多为华侨，但泰国华侨已消除了与其他民族之间的隔阂，完全融入了泰国的民族大家庭中，没有形成华侨自成一个社会的现象。泰国商人崇尚艰苦奋斗和勤奋节俭，不愿过分依附别人，他们的生意也大都由家族控制，不信赖外人。同业之间会互相帮助，但却不会形成一个稳定的组织来共担风险。与泰国商人进行商务谈判时，要尽可能多地向他们介绍个人及公司的创业历程和业务开展情况，以获得他们的好感。与他们结成推心置腹的朋友，要费相当的时间和努力，一旦建立友情，便容易获得他们的信任和帮助。他们喜欢的是诚实、善良和富有人情味的人，而不仅仅是精明强干的人。

菲律宾是一个岛国，资源丰富，教育普及，居民中有42个种族，其中马来裔人、印尼裔人占90%以上。菲律宾人天性和蔼可亲，善于交际，作风落落大方。他们在商务活动中应酬颇多，常常举行聚会。聚会大多在家中举行，稍微正式一点的聚会，请帖上会注明“必须穿着无尾礼服等正式服装”，若没有无尾礼服，可以穿当地的正装，即香蕉纤维织成的开襟衬衫式衣服。同菲律宾人做生意，最容易取得沟通的途径是入乡随俗，在社交场合尽可能做到应酬得体，举止有度，言行中表现出良好的修养和十足的信心。

印度是一个古老的国家，印度商人观念传统、思想保守。印度的企业家，包括技术人员在内，一般不愿把自己掌握的技术和知识教给别人。在商务谈判中印度商人往往不愿做出有责任性的决定，遇到问题时也常常喜欢找借口逃避责任。在工作中出现失误受到指责时，他们会不厌其烦地辩解。所以，与他们做交易，要能够拉下面子。合同条款规定务必严密细致，力求消除日后纠纷的隐患。印度商人疑心很重，要在商务往来中建立信任需要很长时间，而且无论如何都不会亲密到推心置腹的地步。在没有利害关系时，他们还是较好相处的；一旦发生利害冲突，他们就会判若两人，层层设防、处处猜疑。印度社会层次分明、等级森严，这与他们古老的宗教教义有关，因此与他们打交道时要注意这点。

印度税率很高，逃税情况相当严重且普遍，因此对印度公司进行资信调查十分困难，调查报告所列数据的真实性也不易分辨。所以，同印度人进行商务往来之前，最好先委托我国驻外机构帮助调查，或亲自进行调查，以免上当受骗。

巴基斯坦和孟加拉国的国民绝大部分是伊斯兰教徒，在从事商务交往时应首先了解这两个国家的社会生活和风俗习惯，否则难免会因为小事而伤了对方的自尊心，妨碍商业活动。

孟巴两国商业活动的对象是处于管理职位上的人，这些人出生于上流社会且以留学欧美者居多。他们不喜欢与对方用电话商谈而希望对方亲自登门造访，这样才能达成交易。与孟巴两国商人做交易，会讲一口流利的英语是至关重要的，否则会被认为没有受过良好教育而遭到蔑视，从而影响商业活动。谈判中还应注意的一点是，任何约定都必须采用书面形式，以防日后产生纠纷。

（二）南亚和东南亚商人的谈判礼仪与禁忌

要与泰国人结成推心置腹的交情，需要经过一段较长的时间。但是一旦建立了友谊，便会获得完全信赖。泰国人常见的问候方式是两手掌合拢，手指伸开置于胸前，微微鞠躬。他们喜欢谈论文化遗产，足球、羽毛球、排球、乒乓球是最受欢迎的体育运动。如果客人表示喜欢某件东西，泰国人会认为有义务将该物赠送给客人。男女间在公开场合一般不表示亲热，并避免身体接触。两脚交叉的坐姿被视为失礼。要避免跺脚及用腿挪动或指点东西，也不能用脚踩住宅或庙宇的门槛，因为他们认为人的灵魂存在于门槛之中。被邀去私人家庭访问，不必送礼物，除非客人要在东道主家待一段时间。谈判事先要预约，而且要准时。尽管幽默感和大笑被认可，但是仍以稳重为宜。与泰国商人谈判，要力求耐心细致，各条款内容具体明确，这样有利于对方准确理解和取得认同，也有利于减少落实中的分歧和扯皮现象。一旦达成协议，要讲究信用，决不能无故食言。

印尼和马来西亚两个国家有许多相似的地方。谈判时必须注意其宗教信仰，每年有一个月的“斋月”，从日出到日落不能吃东西。在这段时期中，印尼人事务性的工作可以勉强支持过去，但体力劳动则难以维持。因为印尼是一个多民族国家，移民较多，所以，不要谈论政治和民族问题。而且，最好不要当着印尼当地人的面夸奖华裔。

这两国人民一般都很讲礼貌，推崇礼让，不喜欢背后讲人家的坏话和评论他人，所以非深交者很难听到他们的心里话。印尼人有礼貌、好客，马来西亚男女之间很少相互握手，在社交场合中，男子应向女士点头或略行鞠躬礼。他们喜欢谈论本国的经济成就、美丽的风景和体育运动。如果马来西亚东道主招待晚餐，次日应送鲜花或写便条以示谢意。商业洽谈之间不常送礼物，但若赠送或接受礼物时要用双手。在餐桌上，也要用双手传递或接受饮料。

与印尼商人的谈判过程一般较为漫长，一定要有足够的耐心。谈判可以在高级行政人员之间或下级具体执行人员之间展开。如果有条件聘用当地代理人，对绕过复杂的印尼政府官僚机构不无帮助。与马来西亚商人谈判也会有较长时间和详尽的讨论，要做好提供大量信息的准备。马来西亚商人处事精细，他们逐步而且小心翼翼地形成自己的观点和立场。因此，对其外交手腕要有思想准备，从字里行间确定其真正意图。

马来西亚人注重面子，看重人的身份地位，谈判时避免提出尖锐而直接的问题，以免使其为难。确立信任关系是谈判成功的前提，他们更重视个人信誉，未必总是把恪守合同放在首位。马来西亚商人往往会有礼貌但却很坚定地不断迫使对方做出让步。

菲律宾受西方影响较深，喜欢模仿美国的生活方式。菲律宾人喜欢别人泛泛地谈论他们的家庭，也喜欢听对方谈家庭情况，但却不喜欢别人谈论他们的国家，因此应当避免谈论政治、宗教、社会状况及腐败等敏感问题。菲律宾人和蔼可亲，善于交际，为人大方，比较重信用，但商业意识不太强，缺乏计划性。菲律宾商人喜欢举行聚会，聚会大都在家里举行，首都马尼拉和周围地区的治安情况不太理想，要小心防范，以免吃亏。与菲律宾商人会晤要准时，哪怕他们自己并非如此。菲律宾人对时间比较随便，会议或约会往往比预定时间要晚到10—20分钟。应以礼相待，避免直接批评。对于菲律宾人来讲，名声是一种重要的德行。公开批评可能会给个人带来耻辱。

印度人日常礼仪不多，传统的问候方式是将两手掌并拢，手指向上置于颔下，微鞠躬，以示尊敬。印度人喜欢谈论其艺术和建筑遗产。进行款待或其他社交活动时，应邀请印度人偕夫人一起参加，但印度穆斯林的妻子则不公开抛头露面。印度教徒不允许外人接触其食物。他们认为牛是神圣的，不吃牛肉，也不使用牛皮，素食很普遍。印度穆斯林则不食猪肉，有的还不饮酒。印度人重视家庭，强调物质生活简朴，自谦被视为美德，受到尊敬。印度是一个宗教气氛很浓的国家，如伊斯兰教、印度教、锡克教等都各有其特殊的教义和礼俗。印度的男女界限较严，如男人一般不能单独和女人讲话，也不同女人握手等。对印度公司的资信调查也很困难，这是因为印度的出口手续繁杂，课税重，而逃税情况严重。有时候在调查报告上所列的数字真伪难辨。因此，与印度公司来往，最好委托我驻外机构或亲自前去调查。尽量做到热情有礼，谈判前应做好充分准备，多以事实和数据说话，设身处地，摆明利益关系，以使其增强信心，打消顾虑，做出决断。由于决策来自上层，所以应尽可能直接与高层人士打交道。合同必须以英文和当地文字书写，还应将合同条款制定得严密细致，以免日后产生纠纷。

巴基斯坦人与孟加拉人大多数信仰伊斯兰教。其社会生活笼罩在宗教生活之中，多数人不抽烟、不喝酒，不让女性见客人和就业。商业上的聚会是清一色的男性。

巴基斯坦人喜欢谈论他们自己的种族群体，以及巴基斯坦所取得的成就。他们盯着人看不是无礼，只是巴基斯坦文化中的一种常见做法。其大多数居民信仰伊斯兰教，因此在从事商业接触时，首先要了解这两个国家的社会生活，特别是要认识其受宗教影响而形成的风俗与习惯。尊重与适应其风俗，如伊斯兰教的教义不准女性公开抛头露面，不准享乐，因此与之商谈时，我方不宜派出女性当谈判负责人；尽量少抽烟，否则可能会引起误解。另外，言谈中也要注意切勿触犯对方教义。在这两个国家，从事活动的人士大多数为处于管理职位上的有权有势的人，这些人生在上流社会，而且以留学欧美者居多。鉴于对方多为有权有势的上层人士，我方谈判者应十分注重礼节，语气要亲切随和，尽量避免因信口开河而失信伤人。在这两个国家，商谈是不能用电话的，必须亲自访问对方，促膝而谈，这样交易才能有所进展。他们在商业习惯上较重视文字契约，而且讲究信用。巴基斯坦官僚机构臃肿，要有耐心，做多次访问，开多次会议，才能进入实质性的商业项目，才能绕过政府内不同层次的机构。出席会议要准时到达。巴基斯坦人和孟加拉人对时间有些随便，不过，他们期待对方准时。与两国做交易，必须会讲一口流利的英语，否则会被人认为没有受过良好的教育而被蔑视，谈判活动也会因此受到影响。根据对方重视文字证据与契约的特点，在商谈中应随时并详细地拟订备忘录，在对每一项合同条款认真讨论时都应做详细、准确的表述与记录。一旦对方认同并记录成交的事项，不可无故废约,要讲究信用。合同应用英文和当地文字书写。

新加坡人也很重感情,重信用。面子问题对新加坡人来讲很重要,公开场合的为难会严重损害(如果不是结束的话)未来潜在的交易。新加坡人一般不喜欢与外国人谈论政治、宗教等问题,而喜欢谈论该国的文明、管理制度和经济发展成就。新加坡人为人友好,但不习惯于开玩笑,不接受西方式的幽默。他们认为西方人伸出手指表示"可以"(OK)是粗鲁之举,人的头部不能随便触摸。如果对方是新加坡私营公司的人员,则几次洽谈后便可款待吃饭,但政府官员不能接受这类邀请。在餐桌上可谈论业务,当地没有给小费的习惯,也没有赠送礼物的习惯。与新加坡人谈判应有的放矢地选择话题,不要伤害他们的自尊心。新加坡的新一代华人采取了许多新的经营方式,强调事实、技术细节及周密的合同。较传统的华人则把生意更多地建立在信誉之上,合同比较简单、笼统,口头达成的协议履约率也很高,对背信弃义行为深恶痛绝。在新加坡进行谈判,要竭力避免任何可能构成贿赂的暗示。在这方面,新加坡政府有着极清白的声誉。在与有中国血统的新加坡人谈判时,要充分利用他们对中华民族与乡土的深厚情感,要努力发扬中华民族的礼仪美德,表现出对华侨、华人的信任与尊重,做到以诚感人,以情动人。但不要把他们等同于中国人,否则会引起其不快与顾虑。与新加坡人谈判,事先要预约,而且要准时,迟到被认为是不礼貌的。新加坡以企业精神和勤奋而闻名,谈判通常是快节奏的。谈判中可直接涉及钱的问题,价格和时间表通常是主要问题。谈判要言必信,行必果,建立起深切的了解和真诚的友谊。这样,就完全有可能成为与对方长期合作的忠实伙伴。

四、阿拉伯商人的谈判风格、礼仪与禁忌

(一)阿拉伯商人的谈判风格

阿拉伯国家主要分布在西亚的阿拉伯半岛和北非。它们经济单一,绝大多数国家盛产石油,靠石油及石油制品的出口维持国民经济。进口商品主要是粮食、肉类、纺织品以及运输工具、机器设备等。

受地理、宗教、民族等问题的影响,阿拉伯人以宗教划派,以部族为群。他们家庭观念较强,性情固执而保守,脾气也很倔强,重朋友义气,热情好客,却不轻易相信别人。他们喜欢做手势,以形体语言表达思想。尽管不同的阿拉伯国家在观念、习惯和经济力量方面存在较大差异,作为整个阿拉伯民族来讲却有较强的凝聚力。

在阿拉伯人看来,信誉是最重要的,谈生意的人必须首先赢得他们的好感和信任。与他们建立友好关系的方法有:由回族人或信仰伊斯兰教或讲阿拉伯语的同宗、同族的人引见;以重礼相待,如破格接待;在礼仪和实际待遇上均予以照顾,使其既有面子又得实惠。阿拉伯人好客知礼的传统使他们不仅对亲友邻居敞开大门,对外国客商同样也是敞开大门的。对远道而来并亲自登门拜访的外国客人,他们十分尊重。如果他们问及拜访的原因,最好的表达是:来拜访他是想得到他的帮助。因为阿拉伯人不一定想变得更加富有,但却不会拒绝"帮助"某个已逐渐被他尊重的人。当合同开始生效时,拜访次数可以减少,但定期重温、巩固和加深已有的良好关系仍非常重要,给他们留下一个重信义、讲交情的印象,这会让客商在以后的谈判中获得意外回报。另外,崇尚兄弟情义的阿

拉伯人不会因为商务缠身而冷落了自己的阿拉伯兄弟。常与他们打交道的外商经常会遇到这样的情况：谈判正在紧张进行，阿拉伯一方的亲友突然到访，他们会被请进屋内边喝茶边聊天，外商则被冷落一旁，直到亲友离去谈判才会继续。在阿拉伯人看来，这不是失礼行为，应对此表示理解和宽容。

阿拉伯人的谈判节奏较缓慢。他们不喜欢通过电话来谈生意。他们往往要很长时间才能做出谈判的最终决策。如果外商为寻找合作伙伴前往拜访阿拉伯人，第一次很可能不但得不到自己期望的结果，有时甚至第二次乃至第三次都接触不到实质性话题。遇到这种情况，要显得耐心而镇静。一般来说，阿拉伯人看了某项建议后，会去证实是否可行，如果可行，他们会在适当的时候安排由专家主持的会谈。如果这时你显得很急躁，不断催促，往往欲速则不达。因为闲散的阿拉伯人一旦感到你把他挤进了繁忙的日程中，他很可能把你挤出他的日程。

阿拉伯人特别重视谈判的早期阶段，在这个阶段，他们会下很大工夫打破沉默局面，制造气氛。经过长时间、广泛、友好的会谈，在彼此敬意不断增加的同时，他们其实已就谈判中的一些问题进行了试探和摸底，并间接地进行了讨论。应注意的是，谈话时的话题要把握分寸，不要涉及中东政治，不要谈论各国石油政策以及宗教上的敏感问题。同时，在交谈时，不能架起腿，更不能将鞋底对着谈话者。这种社交式的、内容泛泛但气氛友好的会谈，可以使正式谈判取得成功的可能性大大增加，随之而来的结果可能是，突然之间协议便达成了。

在阿拉伯国家，谈判决策由上层人员负责，但中下级谈判人员向上司提供的意见或建议却能得到高度重视，他们在谈判中起着重要作用。阿拉伯人等级观念强烈，其工商企业的总经理和政府部长们往往自视为战略家和总监，不愿处理日常的文书工作及其他琐事。许多富有的阿拉伯人是靠金钱和家庭关系获得决策者的地位的，而不是依靠自己的能力，因此他们的实际业务经验少得可怜，有的甚至对公司有关方面的运转情况一无所知，不得不依靠自己的助手和下级工作人员。所以，外商在谈判中往往要同时与两种人打交道，首先是决策者，他们只对宏观问题感兴趣；其次是专家以及技术员，他们希望对方尽可能提供一些结构严谨、内容翔实的资料以便仔细加以论证，与阿拉伯人做生意时千万别忽视了后者的作用。

几乎所有阿拉伯国家的政府都坚持，无论外商的生意伙伴是个人还是政府部门，其商业活动都必须通过阿拉伯代理商来开展。如果没有合适的代理商，很难想象外商能在生意中进展顺利。一个好的代理商会为外商提供便利，这对业务的开展大有裨益。例如，他可以帮助雇主同政府有关部门尽早取得联系，促使其尽快做出决定；快速完成日常的文书工作，加速通过繁冗的文件壁垒；帮助安排货款回收、劳务使用、货物运输、仓储乃至膳食等事宜。

阿拉伯人极爱讨价还价。为适应阿拉伯人讨价还价的习惯，外商应建立起见价即讨的意识，凡有交易条件，必须准备讨与还的方案；凡想成交的谈判，必定把讨价还价做得轰轰烈烈。高明的讨价还价要有智慧，即找准理由，令人信服，做到形式上相随，形式下求实利。

阿拉伯人注重小团体和个人利益，所以他们谈判的目标层次极为鲜明，谈判手法也不相同。在整体谈判方案中,应预先分析他们利益层次的所在范围,了解利益层次要讲究多种形式以及高雅、自然、信任的表达方式。在处理得益层次时,要注意交易的主体利益与小团体和个人利益是成反比的,应以某种小的牺牲换取更大的利益。只有先解决好利益层次的问题,在谈判时才会有合理的利益分配,从而为最终的成功打下基础。

阿拉伯人在商业交往中,习惯使用“IBM”。I是“因夏利”,即“神的意志”;B是“波库拉”,即“明天再谈”;M是指“马列修”,即“不要介意”。他们常以这几个词作为武器,保护自己,以抵挡对方的“进攻”。比如,双方已签订合同,后来情况发生变化,阿拉伯商人想取消合同,就会名正言顺地说这是“神的意志”。在谈判中当形势对外商有利时,他们却耸耸肩说“明天再谈”,等到明天一切又要从头再来。当外商因阿拉伯人的上述行为或其他不愉快的事而恼怒不已时,他们又会拍着外商的肩膀,轻松地说“不要介意”。所以,与阿拉伯人做生意,要记住“IBM”的做法,配合对方悠闲的步伐,慢慢推进才是上策。

(二)阿拉伯商人的谈判礼仪与禁忌

阿拉伯人不轻易相信别人,家庭观念很重。在阿拉伯人的社会里,等级观念森严。他们不喜欢和外人谈论政治和宗教。伊斯兰教徒在每天的祈祷时间内,社会商业活动会暂时停下来。阿拉伯国家的人们,往往在咖啡馆里谈生意,与他们见面时,宜喝咖啡、红茶或清凉饮料,忌讳饮酒、吸烟、谈女人、拍照,也不要谈中东政局和各国石油政策。阿拉伯人中的富有阶层比较好客,常常为了应酬各种朋友和客人而不惜停下公务活动乃至谈判工作。在阿拉伯国家做生意,不可能一通电话就谈妥,为了推销某种货物而访问客户时,头两次是绝对不可以谈生意的,第三次才可稍微提一下,再访问两次后,方可进入商谈。也就是说,要先建立朋友关系,否则,不管条件多么成熟,他们也不会理睬。

谈判时要尊重对方的教义与习俗,如果己方有懂得伊斯兰教义甚至会说阿拉伯语的人参加谈判,将更有利于创造和谐的谈判气氛和取得对方的好感。与伊斯兰教徒交谈时,要注意适当的称谓,切勿乱叫外号。对他们的教义教规,不应妄加评论。切忌用他们认为“不洁”的左手和他们握手,替他们拿食物。

充分利用对方喜欢交际和好客,不习惯谈判一开始就转入正题的特点,在谈判前和谈判开始时,要主动热情地进行广泛友好的交流,选择他们喜欢的话题,甚至先请他们喝上一杯咖啡,使他们高兴。这样既可拉近与对方的关系,获得对方的信任与敬意,又可从中了解一些我方需要的信息,这其实也有助于缩短开局与磋商阶段的时间。

阿拉伯人不欣赏抽象的介绍说明,不愿花钱买原始材料和统计数据。因此,在谈判中可以采用多种形式,如数字、图形、文字和实际产品相结合的方式,形象地向他们说明有关情况。要注意的是,对于确实需要提供的材料,必须请一流的翻译并按照阿拉伯人的习惯进行精细的译解,千万别为了节省成本而随便找人翻译,否则,翻译的失误可能造成灾难性的后果。另外,材料中所附图片也应以从右向左的顺序排列,并且图片内容不得冒犯阿拉伯人的风俗习惯。

受阿拉伯社会宗教意识的影响,妇女地位较低,一般不能在公开场合抛头露面。因此,应该尽量避免派女性去阿拉伯国家谈生意,如果谈判小组中有妇女,也应将其安排在从属地位,以示尊重他们的风俗。在谈话中尽量不涉及妇女问题。

五、犹太商人的谈判风格

犹太人的经商之道令人叹为观止。他们认为：男人赚钱，女人花钱。要做生意，就必须在女人身上动脑筋。他们在世界各地开设商店，经营闪闪发光的钻石，昂贵的戒指、项链、胸针，各式各样的化妆品，高级女用手提包以及华丽的女用时装。做这些生意一般都能获得较高的利润。

犹太人认为如果不经营与女人有关的生意，那么第二条最佳生财之道就是做与“吃”有关的生意。其理由是，“民以食为天”，只要活着，就得吃饭，而且天天必吃就能保证生意源源不断。因此，他们还善于经营餐饮业、食品店、鱼肉蔬菜店以及糖烟酒等杂货店等。

犹太人的关系网广泛而且坚固，他们对外团结一致并善于利用关系网查询谈判对方的情况，对于不守信誉的行为不会宽容。如果他们发现对方曾在与其他人做生意时表现出令他们无法接受的行为，他们就会拒绝继续谈判，即使以前的谈判进展顺利也一样。所以，要同犹太人长期做生意，就必须给他们留下好印象。

犹太人非常精明，并且交易条件比较苛刻，很难讨价还价。他们在谈判中不会轻易接受对方的条件，对于价格简直是锱铢必较。他们对协议条款总是字斟句酌，毫不马虎，千方百计地让措辞有利于自己，以便万一市场行情变化，他们可以做出有利于自己的解释或寻找漏洞而拒绝履行合同。因此，与犹太人做生意、签协议时，必须先充分地了解产品的市场行情，做到心中有数，然后在合同措辞上要绝对严谨，如果不熟悉法律，最好请一名内行的律师，以防犹太人在情况不利时寻由毁约。

犹太人在洽谈商务时友好而坦诚。刚见面会谈，他们会笑容可掬地向对方问候。在谈判过程中，他们从不含糊其辞，如果他们觉得你的建议无法接受，就会明白告诉你“不能接受”，而不会支支吾吾，不置可否。如果还有商量的余地，犹太人也会坦率地告诉对方。他们认为只有明确地答复对方，才能避免谈判中不必要的纠纷。在双方发生争议时，犹太人的态度会非常认真和诚恳，但不会轻易承认自己有失误的地方。除非对方刨根问底，找出确实的证据，他们才会为自己的失误承担责任。

犹太商人善变，并以此控制对方的心理。在洽谈中，他们有时会为了某些条件而争得面红耳赤，而过后不久，他们又会面带笑容地主动向你问好。如果对方的心理承受能力不够强，他们就能很容易抓住对方的心理，及时控制主动权，向对手连连发起进攻。因此，遇到这种情况，应当稳住阵脚，不露声色，以沉着的态度应付。

第五节　大洋洲商人和非洲商人的谈判风格、礼仪与禁忌

大洋洲包括澳大利亚、新西兰、斐济、巴布亚新几内亚等20多个国家和地区。其中，澳大利亚和新西兰是两个较发达也较为重要的国家。其居民70%以上是欧洲各国移民，其中以英国和法国的移民后裔居多，多数国家通用英语。经济上以农业、矿业为主，盛产小麦、椰子、甘蔗、菠萝、羊毛以及铅、锌、锰等多种矿物。主要贸易对象是美、日和欧洲一些国家。出口以农、畜、矿产品为主，进口商品主要是机械、汽车、纺织品和化工品等。

一、澳大利亚和新西兰商人的谈判风格

澳大利亚商人在商务谈判中很重视办事效率。他们派出的谈判人员一般都具有决定权,同时也希望对方的谈判代表也具有决定权,以免在决策中浪费时间。他们极不愿意把时间花在不能做决定的空谈中,也不愿采用开始报价高,然后慢慢讨价还价的做法。他们采购货物时大多采用招标的方式,以最低报价成交,根本不给对方讨价还价的机会。

澳大利亚商人待人随和,不拘束,乐于接受款待。但他们认为招待与生意无关,是两项活动,公私分明。澳大利亚商人在签约时非常谨慎,不太容易签约,一旦签约,也较少发生毁约现象。他们重视信誉,而且成见较重,加上全国行业范围狭小,信息传递快,如果谈判中有不妥的言行会产生广泛的不良反应。所以谈判人员必须给他们留下好的第一印象,才能使谈判顺利进行。

新西兰是一个农业国,工业产品大部分需要进口。国民福利待遇相当高,大部分人都过着富裕的生活。其商人在商务活动中重视信誉,责任心很强,加上经常进口货物,多与外商打交道,他们都精于谈判,很难应付。

二、非洲商人的谈判风格

非洲是面积仅次于亚洲的世界第二大洲,东临印度洋,西濒大西洋,北隔地中海与欧洲相望,东北角的苏伊士海峡与亚洲相连,地理位置十分重要。非洲大陆有 50 多个国家,绝大多数国家属于发展中国家,人民健康水平低,卫生状况差,教育和福利水平落后,经济贸易不发达,加上各国内部的暴力冲突和外部战乱连年不断,天灾人祸使他们在经济上严重依赖大国。

按地理习惯,非洲可分为北非、东非、西非、中非和南非五个部分。不同地区、不同国家的人民在种族、历史、文化等方面的差异极大,因此他们的国籍、生活、风俗、思想等方面也各具特色。

非洲各部族内部的生活,具有浓厚的大家庭色彩。他们认为,有钱人帮没钱人是天经地义的。只要其中有人有职业、有收入,他们的亲戚就会来要钱。这种风俗使得很少有人愿意去积极谋职,努力赚钱,大多数人都将希望寄托在已有职业或家境富裕的族人身上。由此带来的后果就是,非洲人工作效率低下,办事能拖就拖,时间观念极差。谈判时,他们很少准时到会,即使到了也很少马上开始谈论正事,往往要海阔天空地谈论一通。对此,其他国家的谈判人员只能忍耐。

由于历史原因,整个非洲的文化素质较低,有些从事商务谈判的人员对业务并不熟悉,因此与其洽谈时应把所有问题乃至各个问题的所有细节都以书面确认,以免日后产生误解或发生纠纷。另外,在非洲还要避免与那些"皮包商"做生意。他们往往只为骗取必要的许可证再转卖出去,或为了拿到样品而积极谈生意并一口成交,得手后便逃之夭夭。非洲国家的法制不健全,很难依靠法律追究他们的责任。

在非洲各国中,南非的经济实力最强,黄金和钻石的生产流通是其经济的最大支柱。南非商人的商业意识较强,他们讲究信誉,付款守时。他们一般派出有决定权的人负责谈判,并且不会拖延谈判时间。尼日利亚的经济实力也较强,虽以农业为主,但石油储量

丰富，工业发展很快。当权人物都受过高等教育，能巧妙运用关税政策，低价进口物美价廉的外国产品。扎伊尔以农业为主，是重要的矿产国，但其国民缺乏商业知识和技巧。坦桑尼亚、肯尼亚和乌干达三国位于非洲东部，形成共同市场，期望经济合作。三国的地方资本已有所发展，但商人缺乏经验，推销也不可靠，因此与这三国的商人洽谈时，不能草率行事。

非洲各国内部存在许多部族。各部族之间的对立意识很强，族员的思想大都倾向于为自己的部族效力，对于国家的感情则显得淡漠。非洲人有许多禁忌需要注意，比如，他们崇尚丰盈，鄙视柳腰，因此在非洲妇女面前不能提“针”这个字。又如，非洲人认为左手是不洁的，因此尽管非洲人也习惯见面握手，但千万注意别伸出左手来握，否则会被视为对对方的大不敬。

与非洲商人洽谈时，首先要尊重其礼仪风俗，维护对方的自尊心，力求通过日常的交往增进友谊，为谈判顺利进行打下良好的基础。洽谈时不要操之过急，而应适应其生活节奏，尽量按照其生活习惯，使对方感到我方对其的尊重与关照，增进认同感。谈判中要对所有问题乃至各种术语和概念、条款细节逐一阐明与确认，以免日后发生误解与纠纷，否则既伤了感情，又蒙受了损失。

本章提要

1. 影响国际商务谈判风格的文化因素包括语言及非语言行为、风俗习惯、思维差异、价值观、人际关系等。

2. 了解美国商人、加拿大商人、拉丁美洲商人等美洲商人的谈判风格、礼仪与禁忌。

3. 了解英国商人、德国商人、法国商人、意大利商人、西班牙商人等欧洲商人的谈判风格、礼仪与禁忌。

4. 了解日本商人、韩国商人、南亚和东南亚商人等亚洲商人的谈判风格、礼仪与禁忌。

5. 了解澳大利亚商人、新西兰商人、非洲商人的谈判风格、礼仪与禁忌。

讨论与思考

1. 试分析一下美国商人的谈判风格，并说明应当怎样和他们进行谈判？

2. 怎样理解日本商人在谈判过程中不断点头的行为，这是表示他们赞同我方的意见吗？日本商人谈判的特点是什么？

3. 与西欧商人进行谈判要注意哪些文化方面的问题？他们的禁忌主要有哪些？

4. 韩国商人与日本商人的谈判风格有哪些异同点？

案例分析

迪士尼的法国之旅

1979年,日本一家私人公司要建造东京迪士尼乐园。迪士尼公司同意投资250万美元,条件是签署一个为期45年的合约,拿到这个乐园50%的食品销售利润和10%的门票及授权利润。到1985年,当迪士尼公司开始和法国政府谈判的时候,东京迪士尼乐园已经为公司每年赚取4 000万美元,而那家日本公司的利润每年也以千万美元计。

迪士尼公司决定在和法国的谈判中取得一个更好的交易。刚开始看确实是这样,迪士尼和法国建立了个合资公司,并获得来自四家银行约14亿美元的贷款,公司价值达到30亿美元。但是乐园开张后,发现法国游客并不怎么感兴趣。到1992年的时候,法国迪士尼已经出现了严重的经济危机,游客稀少,债台高筑。

其实早在建造乐园之初,迪士尼公司就应该察觉到当地政府和群众的不热情,那里的农民甚至堵住了乐园的入口,导致工程拖延。另外,迪士尼公司还忽略了法国政府的一个限制条件。法国政府考虑到本国文化的主导地位,在合约中规定:这个乐园必须能够描述法国和欧洲文化;乐园采用的语言是法语。但是,所谓的民族优越感(认为你的文化方式是最好的),让迪士尼公司错误地判断了美国流行文化在世界各地的地位,从而在法国市场惨败。这个经验教训让迪士尼公司在后来的异地项目谈判中十分注重文化差异。

问题:思考文化差异对于国际商务谈判可能造成的不利影响。

延伸阅读

中国南车出口阿根廷动车组

2012年2月22日,阿根廷首都布宜诺斯艾利斯城铁事故致死51人,致伤703人。遇难者中包括一名中国乘客。

阿根廷铁路年久失修,20世纪80年代已经是每年巨额亏损,运量暴跌,最终在1991年开始对铁路运营实行私有化,政府只保留车辆及基建的所有权。

到悲剧发生前,阿根廷发生各种铁路故障,事故已经是家常便饭。事故发生后,遇难者家属谴责政府在私有化后放任了铁路进一步恶化,对事故负有责任,并起诉了两名前交通部官员。阿根廷政府表态将考虑逐步收回铁路。

阿根廷面向全球招标,要建现代、安全的铁路,最终中国南车四方股份公司中标。在此前的报道里,给人留下深刻印象的是北车报价每辆车239万美元,南车突然杀出来报价127万美元,以过低的价格拿到了订单。

2013年1月9日和5月23日,中国南车分别与阿根廷政府签订了两项城际电动车组供货合同,共计709辆,总价值近10亿美元。阿根廷的萨缅托线全长约38公里,主要服务于布宜诺斯艾利斯市中心至卫星城市的10个区域。

据了解，由中国南车四方股份公司研制的该批动车组于2014年2月19日陆续抵达阿根廷，并在线路上进行了为期5个月的试验。从合同签订到列车投入运营，中国企业仅仅用了1年半的时间，创造了阿根廷交车、运营的最快纪录，这令阿根廷各界惊喜不已。

据中国南车四方股份公司副总经理倪胜义介绍，该批城际动车组抵达阿根廷后，进行了50多项2 800多公里的线路试验，试验结果表明该城际动车组各项技术性能优良。该批城际动车组的最高运营时速为100公里，每节车辆的最大载客量为310人，采用1 676毫米的宽轨转向架，车辆设计简洁、明快、安全、环保、时尚。

蓝色的车身、白色的线条，清新、明快，具有强烈的动感。车辆的外形设计创意来源于阿根廷国旗和国家足球队队服，彰显了阿根廷的文化特色。客室整体色调采用蓝色和白色，内外呼应。车内设有残疾人专用区域、自行车存放区域，座椅造型符合人体工程学，乘坐舒适。

据了解，该城际动车组的设计以安全可靠为核心。车辆符合最严格的碰撞标准，给予乘客最大程度的保护。车辆采用国际先进的牵引、制动系统，转向架的设计充分考虑了当地的线路条件，安全裕量大。值得称道的是该城际动车组将“人因工程学”的理念应用于车辆，全面优化升级了车辆的警惕系统。“人性化与安全性”并举的警惕系统和完善的监控系统，确保车辆运行安全、可控。

中国南车四方股份公司是我国轨道交通装备制造业的领先企业，近年来，该公司研制的CRH380A等高速动车组产品不仅成为中国高铁外交的新名片，而且该公司在国际市场竞争中也屡有收获。目前，其已向世界20多个国家出口轨道交通装备产品。

2014年7月21日，我国出口量最大的城际动车组首批车辆在阿根廷萨缅托线投入运营。首批投入运营的共6列(54辆)。阿根廷总统克里斯蒂娜出席了中国列车的上线运营仪式，对该城际动车组的设计水平、制造质量给予了高度评价。

为帮助阿方人员自主掌握新型动车组的运维技术，2014年10月，中国南车四方股份公司与阿根廷铁路运营公司签订技术培训和技术支持协议，为期1年，价值达1.5亿元人民币。

2015年3月8日，中国南车四方股份公司派出的一支由30多名技术人员组成的技术服务团队，开始在阿根廷首都布宜诺斯艾利斯开展技术服务。他们将为阿根廷铁路运营公司提供为期1年的城际动车组技术培训和技术支持。这是我国城际动车组的首个海外技术输出项目，也标志着中国南车四方股份公司实现了由向阿根廷输出产品到输出技术的升级。

中国南车四方股份公司负责海外市场的副总经理倪胜义介绍，根据协议，技术服务团队将为阿方人员就动车组技术原理、故障处理和检修维保等提供技术培训。同时，他们还在萨缅托线和麦特线车辆段设置了技术支持中心，为现场的紧急排障提供技术指导和支持。为期1年的技术输出服务后，阿方人员将能自主运用和维护动车组。

“凭借在城际动车组技术领域的领先实力，我们不仅向阿根廷输出高端轨道交通装备，还输出高附加值的技术服务，实现了‘产品+服务+技术’全方位‘走出去’的升级。”倪胜义说。

中国南车四方股份公司出口阿根廷的第二批300辆罗卡线城际动车组，也于2015年9月全部交付。

资料来源：作者根据网络资料整理。

第八章

国际商务谈判中特殊问题的处理

【导语】

谈判双方的利益常常是对立的,事实上谈判达成的目标是谈判双方妥协的产物。只有一方的妥协,才能换取另一方的让步,因此,谈判中的任何一项建议,不论其条件在一方看来有多么优越,总会遇到对方这样或那样的不同意见。如果谈判者不能正确对待对方的不同意见,不能寻找到双方利益的交汇点,就会失去达成交易的机会。一个优秀的谈判者应该如何应对对方的反对性意见?应该采取什么样的策略应对来自外界的干预性意见?应该如何说服对方放弃主观缺陷性意见?又应该如何打破谈判的僵局使谈判起死回生?本章内容将为你指点迷津。

【教学目的】

学习本章后,你应掌握:

- 如何处理反对性意见;
- 如何处理主观缺陷性意见;
- 如何处理外界干预性意见;
- 如何处理谈判僵局;
- 如何处理重新谈判的情形。

【关键词】

反对性意见　主观缺陷性意见　外界干预性意见　谈判僵局　重新谈判

引导案例

柯泰伦的僵局策略

柯泰伦曾是苏联派驻挪威的全权代表。她精明强干,可谓女中豪杰。她的才华多次在外交和贸易谈判上得以展示。有一次,她就进口挪威鲱鱼的有关事项与挪威商人谈判。挪威商人精于谈判技巧,一上来出了个大价钱,想迫使买主把出价抬高后再与其讨价还价。而柯泰伦久经商场,一下就识破了对方的用意,继续坚持出价要低、让步要慢的原则。这样,买卖双方坚持自己的出价,谈判气氛十分紧张。各方都拿出了极大的耐心,不肯调整己方的出价,都希望削弱对方的信心,迫使对方做出让步。于是,谈判进入了僵持状态。

柯泰伦为了打破僵局,决定运用谈判技巧,迂回逼进。她对挪威商人说:"好吧,我只好同意你们的价格了,但如果我方政府不批准的话,我愿意以自己的工资支付差额,当然还要分期支付,可能要支付一辈子的。"柯泰伦的这一番话表面上是接受了对方的价格,但实际上是以退为进,巧妙地拒绝了对方的要求。挪威商人对这样的谈判对手无可奈何,他们怎么能让谈判代表自己出工资支付合同货款呢?最后,他们只好把鲱鱼的价格降了下来。

第一节　应对反对性意见

任何一项谈判协议的达成都不是一帆风顺的,要克服重重困难与障碍。每一项条款的提出,都会遭到这样或那样的反对意见,要经过反复不断的磋商才能确定下来,因此,学会处理各种反对意见的方法与技巧,也是克服谈判障碍的一项重要内容。

一般来讲,每一笔交易都是妥协让步的产物,交易条件也都有好与不好两个侧面,对于当事人双方总是既有利又有弊的。所以,任何一项建议,不论其条件多么优越,总会遇到这样或那样的不同意见,以至于现在人们已经形成一种观念:不经过反对的提议,要么不成熟、不适用,要么就是根本没有考虑的余地。有些时候,由于我们不能正确对待、处理各种不同的反对意见,反而失去了达成交易的机会。

要学会处理不同的反对意见,我们必须清楚了解谈判中可能出现哪些类型的反对意见。

一、反对意见的分类

1. 一般性的不同意见

这是谈判中最常见的反对意见。每当一项提议拿到谈判桌上来,另一方就可能提出不同意见或疑问。有些是由于提议带有明显的偏颇性,但即使是对双方都有利的提议,也会遭到反对,这是由于提的问题越多,越能发现问题的逆反心理。所以,有时会出现一方把提议的好处介绍得越多,越容易引起对方的怀疑,遭到对方反对的情况。

2. 偏见与成见

这是带有较强感情色彩的主观性反对意见，也是最难处理的反对意见。对方可能出于先入为主的印象，片面强调某一点，如购进机器设备必须包括零配件，产品包装只能统一规格，交易一定是强者胜、弱者败，通过中间商做生意不好等。那么，采用摆事实、讲道理的方法则很难改变对方的看法，因为对方的看法带有一定的感情成分，或者是由于不同文化背景形成的根深蒂固的观念。要在不影响磋商合同条款的前提下，尽可能避免讨论由偏见引起的分歧。

3. 借口

借口不是真正的反对意见。它是对方出于某种原因不想说明，但又拒绝对方要求的理由。在有些情况下，对方代表受有限权力的约束，可能对商品价格、购买数量或支付能力不能做最后决策，但又不便公开申明，便要寻找借口。这时，己方不必过多地周旋这一问题，因为即使消除了这些借口，也很难与对方达成最终协议，甚至会使其感到有必要对其借口进行辩护而导致借口转化为真正的反对意见。比较好的处理方法是采取回避的方式，可假装没听见，也可建议对方回头再讨论，随着业务洽谈的进展，对方很可能就不再坚持了。

4. 了解情况的要求

提出这种反对意见的目的是要了解更多的详细情况。一般是以问话的形式提出的，如“这种材料的质量为什么比价格贵的还好呢?”“我们不能同意你们更换这部分材料的做法，除非你们能做出恰当的解释。”这类反对意见是建立在对方有诚意或善意的基础上，比较容易处理。反驳这种意见一定要举出令人信服的、以事实为根据的证据，表达也应婉转客气，要让对方明白己方不同意的理由。有时对方的要求不太高，但却需要己方付出很大代价，对方有可能不会过于坚持自己的意见。

5. 自我表现式的不同意见

谈判一方为表明自己掌握某些情况，或说明其有独到见解，不易被对方说服，喜欢找机会表达自己的某些看法，提出不同意见，并列举其认为正确的有说服力的事例。遇到这种情况，己方最好不要急于驳斥，要让对方把意见讲完，必要时也应予以肯定，并注意一定不能伤害其自尊心，但也不能因为怕失去交易而盲目迎合，可以用事实说服对方，间接指出或暗示其讲得不正确、不全面。

6. 恶意的反对意见

这类反对意见的目的是给对方出难题，有意扰乱视听，甚至对个人进行人身攻击。处理这类反对意见，一定要冷静、清醒，不要鲁莽行事，大动肝火。己方可以假装没听见，也可以义正词严地指出其错误，也可以根据当时的具体情况，采取积极灵活的各种方法消除对方的火气，这样，恶意的攻击会变成一般的意见，事情就简单化了。

二、处理反对意见的技巧

第一，当对方提出反对意见时，要分析其提出的反对意见属于哪一种形式。如果反对意见是从偏见或成见出发的，就不要急于去驳斥，要尽量寻找其偏见形成的根源。然后，以此为突破口，证明对方的见解不符合客观实际。如果对方只是一般性地反对你的提议，或者在找借口，那么，你也不必过于认真，只要恰如其分地解释说明就可以了。

区别对方反对意见最简单的办法就是提问，如“你这样讲的根据是什么呢？”“为什么会这样想呢？”对方提出反对意见的理由越不充分，就会觉得这些问题越难以回答，通过交流更多地了解情况，便越可能发现对方提出意见的真正目的，从而及早对症下药，予以消除。

第二，回答对方反对意见的时机也很重要。这不仅有利于避免矛盾冲突，还会加强说服的效果。若对方在仔细审议某一项条款，可能提出某种意见时，可以抢先把问题指出来，这样便能争取主动，先发制人，避免了纠正对方看法时可能发生的争论，并可以引导对方的想法、思路去理解问题。有时对方提出的问题有一定难度，或是当场回答不合适，则可以把问题岔开，或者感到时机成熟时，再予以回答。否则，匆忙反驳对方的意见，会给对方造成再提出意见的机会。此外，还有些意见会随着业务洽谈的进展逐渐消失，可以先不回答。

第三，回答对方的反对意见时，冷静、清醒的头脑和谨慎平和的态度是十分必要的。如果使用愤怒的口吻回答对方的问题，对方会认为你讨厌他的意见，对他有看法。这样，要想说服他就更困难了，甚至还会遭到对方更强烈的反对。所以，态度平和、友好，措辞得当是十分必要的。有时，运用幽默也具有很好的效果。

第四，回答对方的问题要简明扼要，不要离题太远。啰里啰嗦的长篇大论很可能会引起对方的反感，也给对方进一步反驳的机会。一般来讲，只要回答对方提出的疑问就可以了，必要时，再加以适当的解释和说明。例如，对方问：“你们的交货时间难道不能提前一点吗？”己方可以回答：“前面我们在讨论产品的规格、质量时已经讲了产品的生产周期问题，这里我们是根据这一点来推算的交货期限，恐怕不能提前了。”这就避免了重复双方已经明确了的内容。

第五，间接反驳对方的意见是一种较好的处理方法。有时，直截了当地驳斥对方容易伤害对方，使对方难堪，所以间接地反驳、提示、暗示都比较好。特别是在国际商务谈判中，由于民族文化和习俗差异较大，直接的回答可能会使对方陷入窘境，所以，避免正面冲突，采取迂回前进的办法是很可取的。

三、控制谈判气氛以化解反对意见

任何谈判都是在一定的气氛中进行的。谈判气氛的发展变化直接影响着整个谈判的前途，谁能够控制谈判气氛，谁就能在谈判中占据主动。

谈判气氛贯穿谈判的始终。在谈判的不同阶段中，谈判气氛可能出现各种变化：温和、友好，还是紧张、强硬，沉闷冗长，还是活跃、顺畅，这都会影响谈判双方人员的情绪变化，甚至改变双方在谈判中的地位。所以，良好的谈判气氛是使谈判顺利进行、有效化解双方矛盾和不和谐的保障。

创造一个热烈、轻松、和谐的谈判气氛可以从三个方面入手：

1. 积极主动地创造和谐的谈判气氛

谈判气氛在双方开始会谈的一瞬间就形成了，并会影响以后气氛的发展。因此，在谈判初始阶段形成的气氛十分重要，双方都应重视，力图有一个良好的开端。

会谈伊始，双方见面，彼此寒暄，互相正式介绍，然后开始洽谈。这时的会谈气氛还是客气、友好的，彼此可以聊一些谈判以外的话题，借此使气氛更加活跃、轻松，消除彼此间的生疏感、拘束感，为正式谈判打下基础。在这一期间能否争取主动，赢得对方的好感，很大程度上取决于自身给对方的“第一印象”。第一印象在人们的相互交往中十分重要，如果在初次交往中言行举止、风度、气质比较好，就会使人产生好感、信任，并愿意继续交往，反之就会疏远，而且这种印象一旦形成，就很难改变。因此，要创造相互信任的谈判气氛就要争取给对方留下良好的第一印象。

创造和谐、融洽的谈判气氛，开局阶段是重要的，这就是双方都重视开场白的原因。美国前总统尼克松在其回忆录中，对 1972 年访问中国时与周恩来总理的初次会面有深刻的描述，并把他与江青的会面做了比较。周总理与他见面时的第一句话是：“您从大洋彼岸伸出手来和我握手。我们已经 25 年没有联系了。”而江青见到尼克松的第一句话却是：“你为什么从前不来中国？”同样是简短的见面语，周恩来的机智、高雅、诚挚和友好与江青的平庸、盛气凌人和缺乏幽默感形成鲜明的对照，给人留下的印象也就不同了。但是，并不是说有良好的开端，就可以一劳永逸，会谈气氛就永远是融洽、和谐的。随着谈判的不断深入，分歧也会随之出现，如果不注意维护，不采取积极的措施，会谈气氛也会发生变化，良好的会谈气氛也会转向其反面，形成剑拔弩张、唇枪舌剑的紧张对立气氛，这无疑会阻碍谈判的进行。

值得注意的是，维护和谐的谈判气氛并不是要己方一味迁就、忍让、迎合、讨好对方，这样只会助长对方的无理要求，破坏谈判气氛。和谐的谈判气氛是建立在互相尊重、互相信任、互相谅解的基础上的，己方在谈判中应本着有理、有利、有节的原则，该坚持时坚持，该争取时争取，该让步时也要做适当的让步，只有这样，才能赢得对方的理解、尊重和信任。而如果对方见利忘义，毫无谈判诚意，则必须揭露其诡计，并考虑必要时退出谈判。

2. 随谈判进展调节谈判气氛

会谈一般应在紧张、严肃、热烈、和谐的气氛中进行。但是，在实际谈判过程中，谈判气氛并不能完全随人的意愿变化，这是由于：第一，人是生命的有机体，要受其生理机能的制约，长时间的紧张严肃会使人丧失其承受能力，不利于会谈的进行。第二，谈判的结果随机性特别大，当双方关系融洽时，会谈气氛既热烈又和谐；当双方关系僵化时，会谈气氛就会紧张，这种情况如果持续下去，会严重影响会谈的进行，应想办法调节会谈气氛。而利用幽默是最好的方式。里根总统深受美国人民的爱戴，与他“自我贬损式”的幽默是分不开的。里根总统身边的人在回忆总统时印象最深刻的内容之一就是他年龄偏大，经常遭人挖苦。对于这一点他从来不回避，一次在一个医疗会议上发表演讲时，他对与会者说：“要是我需要做一次移植手术，那么我肯定会碰到一大难题：我所需要的器官他们不再生产了。”结果是其受到了与会者的热烈欢迎。这样做的效果一是可以使演讲者富有人情味，帮助听众们认同他，形成一种融为一体的感觉；二是它还可以让听众感到自己更有尊严、更有价值；三是可以使人们换个角度来看问题，赋予一个普通事件新的含义。

小链接

幽默对缓和谈判双方的僵局也十分有效。卡普尔初任美国电话电报公司负责人时，在一次董事会议上众人对他的领导方式提出了许多批评和责问，会议充满了紧张的气氛，人们似乎都无法控制自己的激动情绪。有位女董事质问："过去的一年中，公司用于福利方面的钱有多少？"她认为应该多花些钱。当她听说有几百万美元时，说："我真要晕倒了！"卡普尔诙谐地回答："我看那样倒好！"会场上爆发了一阵难得的笑声，气氛也随之缓和下来。

3．利用谈判气氛调节谈判人员的情绪

气氛是在谈判双方人员相互接触中形成的，对谈判人员的情绪影响甚大。在紧张、严肃的谈判气氛中，人们会产生各种各样的情绪体验，这是人的大脑对外界刺激信号的接收反应不同造成的。随着正式谈判的开始，谈判人员大脑的运动加快。大脑的运动轨迹有两条：首先，是对外部刺激信号的接收，如谈判各方人员进入会谈室的方式、姿态、动作、表情、目光、谈吐的声调变化等都会对人的大脑产生影响；其次，是大脑对这些信号的反应，反应的方式取决于信号的强弱。有的人会积极反应外部信号，有的人会消极反应外部信号。如内容重要或分歧较大的谈判，会谈气氛是紧张严肃的。积极反应者则情绪振奋，对谈判充满信心；消极反应者则情绪沮丧，信心不足，疑虑重重，这会直接影响双方在谈判中应采取的行动。

人的情绪的形成变化受环境的影响极大。人的情绪，如喜、怒、哀、乐、欲，都是随外界条件变化而产生的种种心理感受。在谈判过程中，双方人员的心理压力较大，如果会谈气氛过于紧张、严肃，就会使一些人难以承受。如有的谈判人员会歇斯底里地爆发情绪，这就是承受不了心理压力的表现。因此，谈判人员应注意谈判气氛不能过于严肃、紧张，至少不能长时间如此。可随时采用各种灵活的形式调节会谈气氛，如休会，查询有关资料，插入一些轻松愉快的话题，提供水果、饮料、点心，改变谈判座位等都有利于舒缓谈判者的心情，营造一个良好的洽谈氛围。

第二节　应对主观缺陷问题

"人非圣贤，孰能无过"，这是古人之言。小的缺点和过失在平常生活或同事之间的相处中均可以不计较。但在国际商务谈判中，小的缺点和过失事关全局、利益攸关。因此，不怕有缺点、有过失，就怕不重视，不研究，不采取弥补措施。

一、语言表达能力不强

在对外贸易谈判队伍中，不少人因为非外贸专业出身、个性内向等原因，语言表达能力不强，甚至不善于进行逻辑性的表达。作为国际谈判人员来说，这是一个很严重的缺陷，此时应注意做好主动表述和响应陈述工作。

（一）主动表述

主动表述指由己方按需要向对方介绍情况、表明观点，旨在说服对方。主动表述应掌握四点，即有观点、有证据、有条理、用词准确。

（1）有观点。在发言前，理顺自己所要讲的问题，让对方同意自己的观点、条件或建议。

（2）有证据。为支持自己陈述的观点准备各种证据，这些证据的出示也要讲策略，或部分或全部，或前或后。

（3）有条理。所有的观点和相应的证据，要针对谈判的议程和对方的要求，即针对性要强，始终围绕谈判目标立论。

（4）用词准确。在陈述观点时用准词，如赞同什么或反对什么，用词表述不应含糊，表达要完整。

（二）响应陈述

响应陈述指听了对方的陈述后做出反应而进行的陈述。这种陈述应谨慎对待，主要掌握听清、记住、列提纲三个环节。

（1）听清。没听明白对方在讲什么是难以响应的，更难以正确地反击。为了听清，可以让对方写在黑板上，或让对方重述，也可以提问题以判断自己的理解是否正确。

（2）记住。要想反驳对方，必须记住对方的观点与论述。为了记住，必须勤做记录，条理分明。

（3）列提纲。要反击时，先将发言列一个小提纲，知道先说哪一点，怎么说。列提纲时，把一时难以评价或来不及驳斥的观点，也列入提纲，稍后再说。

二、业务知识缺乏

承担谈判任务的主谈人，可能在技术上或外贸知识上存在一些欠缺。在谈判组织中可能有两种情况：有人配合与无人配合，这两种情况的处理方式也不同。

（一）有人配合

当有助手协助来弥补自身存在的业务知识不足时，首先要尊重这名助手，其次不包办代替其工作，最后应正确处理可能出现的分歧。

（1）尊重。在承认自己不足的基础上，认识到助手存在的重要性。在具体谈判中，要多听其意见；开准备会，让其多发表见解；汇报工作时，请其前往；谈判到其专业问题时，让其出场。

（2）不包办代替其工作。不代替专业助手的工作，是尊重助手的表现。谈到技术、贸易或法律专业的题目，即由相应专业的助手出场主持该题目的谈判，也由其负责谈判后果。当然，主谈人可以过问谈判。对超过预案的让步或预料之外的新问题要求汇报、讨论商量后再表态，以从全局控制经济、法律、技术条件，防止各个环节脱节而造成损失。

（3）处理好分歧。人的认识总有差异，处理得好，可以消除分歧；反之，则会加剧。与专业助手的分歧，一般可按常规办法处理。但当助手的资历和职位与主谈人相当，甚至比主谈人更强时，处理的方式应以其为主或请示上级，由专业助手决定问题并由他签署达成的专业文件。但当分歧直接与成交的条件、利益相关时,可将分歧提交给上级主管部门或领导来审核。

(二) 无人配合

无人配合时,应抓准备、修改两个环节。

(1) 准备。这是指专业谈判的准备。如以商务人员为主谈人,就应了解清楚商品或技术的各种条件。同时,应尽可能多地学习与其相关的专业知识,以便在谈判中应用。尤其要与采购或销售的委托人谈好这些技术性条件,以作为自己谈判的依据,也是委托双方的一种契约,严防谈判结果不被委托人接受。如以专业技术人员为主谈,应事先充分了解商务、法律知识和相关规定,搜集必要的资料作为支持,千万不可轻视这些知识,更不能跟着感觉走。

(2) 修改。谈判开始后,双方的立场与要求是处在变化发展之中的,新的问题会不断出现,如何修改准备时的条件,不同身份的主谈人有不同要求。一般来说,为本企业谈判的主谈人自主权较大,其请示修改的程序按企业管理而定。受委托谈判的主谈人则必须向委托人请示,无论是技术还是商务条件,均应向委托人详细介绍,主谈人可以提出建议,但由委托人确定是否采用。

三、言词不妥

谈判中说话难免有误,处事不当或出言不妥,这对于谈判来说均会造成影响。原则上讲,主谈人的言行应谨慎,不应犯言行上的错误,但很难完全做到这一点。谈判中的错话可以分为两类:枝节错话与原则错话。

(一) 枝节错话

枝节错话指在次要场合或细节的、分量不重的谈判中说错的话。这些错话又分为待人不当的错话与表态不当的错话。

1. 待人不当

对待谈判的一方或自己一方的人员,由于态度、情绪上的波动而出言过激,造成听者感到不快、受辱。

要避免出现这样的错误首先应该出言三思,即出口之前,想一想效果或者想一想讲这话的目的何在。此外,及时纠正,及时收回错话,适当向听者做检查,并且在行动上收回错话,这样仍可以挽回信誉。

2. 表态不当

表态不当主要是将可以让的条件过早地、向不应讲的对象表了态。一般来讲,这类错话的纠正难度大,最好的办法是“声明有错”,即当意识到错了时,要明示自己的表态错了。谈判中若形成“说话不算数”的局面,谈判就告失败,该主谈人也失去了主谈的能力。

(二) 原则错话

原则错话主要表现为在谈判中涉及的政治话题、商业重大机密、主谈人的人身权利、重大交易条件上有错话。谈判中的原则错话也分为待人错话和表态错话两种。

1. 待人错话

触及谈判人的宗教信仰及人身权利的错话,应十分重视,处理要仔细。因为这种错误可能激起对方的气愤、抗议,造成谈判终止或破裂。问题发生后,首先应承受对方的抨击,决不能火上加油。其次,迅速检讨不适之语,将其尽快局限在“仅说说而已,并无恶意”的程度上。最后,采取必要的安抚措施,如宴请、请双方上级或领导出面调节气氛及对方的情绪等。

2. 表态错话

原则性的表态错话大多影响严重,必须坚决纠正。处理的方法有:自己声明否定,上级出面否定或换人否定。一般来讲,为了公司或国家的利益,只能损害个人名誉,犯了这种错误的谈判人员应有承认错误的勇气和行为,告知对方这是个人的疏忽造成的误会,然后尽快脱身。

上级出面否定原则性表态错话也是常用的方法。无论是客座,还是主座,主谈人的上级均可在当时或事后出面否定原则性的错误表态。理由很简单:“这种表态只能代表他个人的意见”,或者“我从来没有授权给他表态”。在对手仍不能谅解或接受这种纠错的方式时,可以采用更换主谈人的做法,明确表示该主谈人未能贯彻上级部门的意见,不适合承担该项主谈任务。较平缓的做法是增派一名主谈人,原主谈人当助手。

四、中途换将

一般来说,谈判过程中不宜更换主谈人。但可能因为主谈人本身的原因,或者出于谈判谋略的需要,发生更换主谈人的情况。如何处理因此引起的问题,可从对方换将与己方换将来分别对待。

(一) 对方换将

对方更换主谈人时,首先要了解清楚原因,只有掌握了原因,方可“对症下药”地采取措施。从谈判的情况归纳看,对方换将有三种可能的原因:公司内另有任务、公司对其谈判不满、公司机构发生改组等。

1. 另有委任

另有委任是正常的调动,己方应对已谈过的问题予以信守。鉴于此,在对方撤换之前,应将谈判做一个小结,将异同点归纳成文,供新来者遵循。在交接方式上,最好请对方新老主谈人一起来明示交接并确认过去谈判的条件。

2. 不满而换将

由于谈判不力而造成换将的情况是不正常的更换主谈人的情况,应十分小心对待。很显然,换将可能导致否认其过去所言。当然,也可能保持过去所言,力争以后所得。但己方首先要保护过去谈判的成果,可供采用的措施有:

第一,大力宣扬对方所得、己方所失,使对方的上司及同僚充分认识该主谈人的能力及成绩。

第二,当着对方主谈人、上司、同僚的面,列出过去的谈判成果,共同确认已达成的协议与存在的分歧,强调无论双方谁得谁失,一概信守承诺,保证良好的、互相信赖的谈判气氛。

第三，给出警告，若因换人而换态度、食言，将做出相应的反应。

第四，开始可以持冷淡态度，观察新主谈人的态度如何，同时应做谈判不成功的准备，如另寻合作伙伴或销售市场等，以向对方施加压力，争取谈判成交。

3. 公司改组

这种情况不多见，但确实存在。一般来讲，责任在企业，不在主谈人。这种变化纯粹是因法律关系而起。对此，首先要搞清楚对方新的法律关系，即隶属于谁，谈判的权力是否存在，签约的权力及履约的能力如何。在得到肯定的答复及证据后，方可继续谈判。其次，强调谈判的一致性，不能食言。在对原来的谈判无法信守承诺时，应全面审视己方的立场。通常，对方改变了初衷时亦应随之调整己方的初期立场。除非原来的立场已很有利，则可坚持并着力渲染“信誉的形象”。最后，加强谈判的抵抗力，即无论条件大小，一律严格把关，决不做轻易的让步。

（二）己方换将

对于我国的谈判人员来说，这种情况也不多见。通常，一项谈判任务由一名主谈人来完成。只有两种情况才会换人：另有重任或因失误而被撤换。

1. 另有重任

这属于积极更换，因此，在执行时要让对手放心，不会影响谈判，尤其让对手相信不会改变谈判政策，因为对方已习惯原主谈人，若谈判已有进展，其更担心今后的谈判进展及结果。倘若处理不当，势必会造成误会，也会给新的主谈人带来困难。在换人方式上，最好由上级领导出面，说明换人原因，介绍新主谈人，声明谈判原则的一致性，鼓励对方继续与新主谈人合作。当然，最有力的说明还是新的主谈人重申尊重过去的谈判结果和立场，并延续既定的部署谈判。

2. 因失误而被撤换

因为重大失误被迫换人，实在是不得已而为之的事。有时为了挽救损失，必须换主谈人。此时，原主谈人应有正确态度，即敢于在对方面前承认自己的失误，还应明确在什么问题上失误，以便给新主谈人垫个台阶。新主谈人应着重强调自己上任的原因，即纠正原主谈人的失误，同时表明本方谈判的意图。只有针对性十分强、互相衔接得十分巧妙，才有足够的说服力使对方放弃已得到的“许诺条件”。不过应注意的是，不能全盘否定过去，同时态度要诚恳，做法要合情理。比如，出场的人应维持原来的班子，新老主谈人同时在场进行说明；该检查的，要检查；该听对方批评的，要耐心听；在对方反应强烈时，也不宜针锋相对，可以缓一缓或请有影响的人，如自己的上级或对方的领导，或有权威的第三者干预。

第三节　应对外界干预问题

谈判人员无论自身的级别如何，总是一名“一线的战斗员”，在身边、背后、场外一定还存在自然人、法人、行业协会或行政序列设置的“上级或下级”。由于所处的位置和思考的角度不同，或者对问题的认识深浅和处事风格不同，这些外界的意见有时会与谈判人员的想法存在某种分歧。正确处理这种分歧会促进谈判；反之，后果将是严重的。这种后果既危及谈判效益,同时也危及谈判人员同上下级的相互理解与和谐的气氛。从目前谈判的组织看(主要以我国的对外贸易谈判为例),外界的干预主要来自两方面:谈判人员所属或受雇的单位及谈判人员所在地的政府或政府所辖的主管部门。

一、上下级意见不一致

谈判进行中,由于对掌握的信息判断不同,己方阵营内部往往存在意见分歧。这种分歧可能来自所属单位的上级,也可能来自下级或者平级。只要己方阵营内部存在意见分歧,无论来自何方,均会对谈判产生影响,谈判人员应事先熟谙消除这种影响的办法。

(一) 与上级的意见分歧

上级意见具有指导性及权威性,一旦与主谈人的意见发生分歧是很棘手的事情。一般来说,发生这种情况时,主谈人会有两种感觉:自己的意见倾向模糊或明确但不坚定,而上级的意见十分明确时,主谈人会感到解脱与轻松,增强了信心;另一种感觉相反,主谈人因自己十分清楚情况,目标也十分明确、措施完整,而上级的结论正好与这些思路和想法相反或部分相反,从而使谈判方向混乱。

当主谈人对自己的意见不十分坚定时应尊重上级意见,但可以把自己尚不肯定或不够坚定的意见向上级汇报,以供上级判断使用。这样,在服从的被动之中尚有主动的作用,这种作用往往会协助上级更准确地做决定,这也是主谈人的责任。

若主谈人的意见坚定明确,又与上级意见相左时,则首先要避免心中的对立情绪。这是因为主谈人的工作在一线,十分辛苦,如果上级的意见与主谈人的意见不同,主谈人心里极易对截然相反的意见产生本能的抵触,甚至会由着性子瞎指挥。若该上级个性强、自尊心盛时,则可能将问题复杂化。作为主谈人,正确的做法应是:坚持提供信息、证实信息、再提供信息、再证实信息的积极循环。

(1) 提供信息。提供信息指将谈判一线所获得的信息,如对方的、己方的、国际市场的有关资料及评论,系统而简明地向上级报告,在正式的会议上通报,在会下向上级及上级周围的人员做文字报告或口头报告,让参与决策的上级及上级周围的人员均了解一线的实际情况。

(2) 证实信息。在谈判中,如何使提供的信息有说服力,需要证据和实践效果来论证,即要大力推进谈判进程,争取用谈判效果来证明自己的意见是正确的。上级的意见已有但主谈人不执行,这是一个矛盾点。一般来讲,上级与一线主谈人意见截然相反,而主谈人信心十足时,应进行良好的沟通。因种种因素未能实现这种沟通时,两种意见均应暂缓实行。当然,应以上级意见为主,但实施速度可放慢。而原来按过去判断正在进行的谈判应加快进行,以尽快出结果,从而证实两种意见的客观性,也可在尽可能短的时间内全面执行上级意见。

(3) 再提供信息。在证实信息的基础上,进一步提供信息,即把谈判进展如实汇报,让上级有机会重审已做的决议。

(4) 再证实信息。如前所述,加快实行原定的谈判方案,以求早日结束谈判,同时也可证明分歧的是非。再证实的过程是更加紧张的谈判过程。这种循环的基点是:认清自己与上级无根本的分歧,仅为认识角度的差异问题;谈判十分深入时出现的意见分歧,可以在充分沟通信息、加快谈判的进度中证明分歧的是非，上级会有能力承认已被证明的事实，在融洽的气氛下比在互不信任的气氛下更容易接受客观真理。

（二）与下级的意见分歧

谈判中，助手们的意见不一定全顺着主谈人，意见出现分歧在所难免。处理好这种分歧，可保证谈判队伍的活力与团结。原则上应做好两件事，即听取意见与分析意见。

1. 听取意见

对助手的意见应重视。具体表现在：提供机会让其畅所欲言并认真倾听，鼓励他们表达自己观点。这样，保持意见的质量——针对问题，绝无个人情绪。在同心同德的基础上，分歧的本质就容易为他人所了解。

2. 分析意见

重视意见，不等于“一提就采纳”，而是要引导助手们或帮助他们分析提出的意见。在充分论证的基础上，再做出新的结论。该结论也许完全是助手的意见，也许仍然是主谈人的意见。在充分考虑助手们的意见对客观条件的影响后，仍由主谈人做选择。假如选择时，考虑助手的意见较少（经判断认为不适合），要很礼貌地表示感谢及鼓励之意，并将结论留有余地——若谈判发展需要，再重新研究助手的意见。

二、政府干预谈判

民间的商务谈判应着眼在当事人之间，但不少国家的谈判人员善于运用政府的干预来达到预定的效果。

（一）对方运用政府干预

谈判人员常常利用本国政府部门和其所在国驻外的外交代表机构干预谈判，甚至利用谈判对方所在国驻本国的外交机构进行干预。

1. 请求本国政府部门干预

这方面的例子很多，如利用其所在国的政府要员访华，向我国有关部门提出汇报的问题，希望我国有关部门对中方的谈判人员进行干预。实务中发生过不少外国谈判人员利用其贸促会、工商会与中方政府官员的良好关系表示对谈判项目的要求。有时，这种干预很自然、友好、体面，但对商务谈判来说影响巨大。对此，商务谈判人员应予以重视。首先，要尊重政府的权威，认真听取有关部门传达的对方的建议。若可以接受，则应积极配合政府官员的工作；若不可接受，则应认真严肃地汇报全部情况并向主管上级汇报。汇报后，如果主管部门同政府职能部门或传达对手意见的部门意见一致，则照办；若不一致，则按主管上级的意见办。其次，无论按哪个部门的意见办，均会给公司或企业带来重大损失时，则必须在这些政府部门对此做出补偿承诺后按其指示办。否则，主谈人应拒绝执行，即使可能被撤换。

2. 利用外交机构干预

由于驻本国的外交机构是派出国政府的代表，有的谈判人员充分利用我国驻外机构证明其资信，证明当地某些与谈判有关的信息，甚至直接向他们投诉，对我方主谈人提出批评，用各种手段鼓动我国驻外机构代表给国内有关部门行文以压倒我方谈判人员。当然,我国驻外机构的任何文件均具有极大的分量,即使是“中性的意见”,这个“过问”的本身就是影响。对于业务人员来讲,首先要重视本国驻外机构的过问,并及时答复,但并不等于随意服从,关键是必须让他们知道真相,知道国内的态度。一般而言,本国驻外机构代表也不强迫国内的机构或单位执行不利于本国的条件。为此,在发生问题后,应及时将有关材料整理好以正常的渠道反馈给外交机构,以回复对方的投诉或要求。如果忽视,有可能被主管部门批评或通报。

（二）我方利用政府干预

由于我国是社会主义市场经济国家,即使企业与外商的谈判为民间性质,但如果涉及与对方所在国政府交涉,则仍与我国的外交政策紧密相关,故我方在采用利用政府干预的谋略时要慎重。可以分两种情况来处理:对方所在国政府已参与谈判和没有参与谈判。

1. 已参与谈判的情况

有的谈判,对方所在国的政府官员或其驻我国商务处的代表已经介入,那么在谈判中遇到问题时就可以请他们干预,或我方主谈人直接找他们谈,或请上级领导出面找他们谈。在绝大多数情况下,只要不涉及政治,就不必请示主管上级或国家政府职能部门出面干预。

2. 没有参与谈判的情况

在对方政府官员没有参与谈判的情况下,若要找他们干预谈判,一定事关重大。因此,要形成文字报告呈主管上级部门、政府职能部门会审后才能送出。这里首要的是必须遵守报告程序。然后,正确选择要求干预的对象,是对方驻华外交机构,还是其本土的政府部门,这个选择与谈判问题有关。有的问题其驻华使馆介入后便可解决;而有的问题只能由其本土机构才能做出决定。由于在对方眼里,我方谈判人员仅为企业代表,故请求对方政府的干预要有礼、有节。只要按上述规则做了,我方的要求多可得到积极的反应,虽然不一定完全解决问题,但可以有力地推动双方的谈判。

第四节　应对谈判僵局

进入实质的磋商阶段后,各方往往由于某种原因相持不下,这种谈判搁浅的情况称为“谈判僵局”。僵局产生的原因在于,来自国内不同企业以及不同国家或地区的谈判者各有自己的利益。当谈判进展到一定阶段时,这种对各自利益的期望或对某一问题的立场和观点确实很难达成共识,各方又不愿再做进一步的让步,就形成了僵局。

僵局形成后,必须迅速处理,否则会影响谈判的顺利进行。要妥善处理僵局,必须对僵局的性质、产生的原因等进行透彻的了解和分析,只有这样才能正确地加以判断,从而进一步采取相应的策略和技巧,选择有效的方案,重新回到谈判桌上。

一、谈判中僵局的种类

按照人们对谈判本身的理解角度不同,谈判中的僵局分为不同类型。

（一）从狭义上分类

大多数人认为，谈判就是交换意见、达成一致看法、签订协议的过程，这是对谈判的狭义理解。从这种狭义的角度来理解谈判，僵局的种类包括谈判初期僵局、中期僵局和后期僵局三种。

1. 初期僵局

谈判初期主要是双方彼此熟悉、建立融洽气氛的阶段，双方对谈判都充满了期待。但如果由于误解，或由于某一方谈判前准备得不够充分，使另一方在感情上受到很大伤害，就会导致僵局的出现，使谈判匆匆收场。

2. 中期僵局

谈判中期是谈判的实质性阶段，双方需要就有关技术、价格、合同条款等交易内容进行详尽的讨论、协商。在合作的背后，客观地存在着各自利益的差异，这就可能使谈判暂时向着使双方难以统一的方向发展，产生谈判中期的僵局，且中期僵局常常此消彼长、反反复复。有些中期僵局通过双方重新沟通便可迎刃而解；有些则因双方都不愿在关键问题上退让而使谈判时间延长，问题悬而难解。因此，中期是僵局最为纷繁多变的阶段，也是谈判经常发生破裂的阶段。

3. 后期僵局

谈判后期是双方达成协议的阶段。在已解决了技术、价格等关键性问题后，还有诸如项目验收程序、付款条件等执行细节需要进一步商议，特别是合同条款的措辞、语气等易引起争议。但谈判后期的僵局不像中期那样难以解决，只要某一方表现得大度一点，稍做让步便可顺利结束谈判。后期僵局决不容轻视，如掉以轻心，仍会出现重大问题，甚至使谈判前功尽弃。因为到了后期，虽然合作双方的总体利益及各自利益的划分已经通过谈判确认，但只要正式的合同尚未签订，总会有未尽的权利、义务、利益和其他一些细节尚需确认和划分，不可疏忽大意。

（二）从广义上分类

广义上，僵局的发生伴随整个合作过程，随时随地都有可能出现。例如，项目合作过程分为合同协议期和合同执行期，因此谈判僵局分为协议期僵局和执行期僵局两大类。协议期僵局是双方在磋商阶段产生意见分歧而形成的僵持局面，执行期僵局是在执行合同过程中双方对合同条款理解不同而产生的分歧，或出现了双方始料未及的情况导致一方把责任有意推向另一方，抑或一方未能严格履行协议引起另一方的严重不满等而引起的责任分担不明确的争议。

二、谈判中形成僵局的原因

谈判中僵局形成的原因包括以下几个方面：

（一）立场观点的争执

谈判过程中，如果对某一问题双方各自坚持自己的主张，谁也不愿做出让步，往往容易产生分歧。双方越是坚持自己的立场，分歧就会越大。这时，双方真正的利益被这种表面的立场对立所掩盖，为了维护各自的面子，非但不愿做出让步，反而会用顽强的意志来迫使对方改变立场，谈判变成了一种意志力的较量，自然陷入僵局。

经验证明，谈判双方在立场上关注越多，就越不能注意调和双方利益，也就越不可能达成协议。甚至谈判双方都不想做出让步，或以退出谈判相要挟，这就更增加了达成协议的难度，拖延了谈判时间，容易使谈判一方或双方丧失信心与兴趣，最终使谈判以破裂告终。立场观点的争执所导致的谈判僵局比较常见，因为人们最容易在谈判中犯立场观点性争执的错误，这也是形成僵局的主要原因。

（二）一方过于强势

除书面形式的谈判外，交易双方都是面对面通过语言来交流信息、磋商议题的。谈判中的任何一方，不管出于何种欲望，如果过分地、滔滔不绝地论述自己的观点而忽略了对方的反应和陈述的机会，必然会使对方反感，造成潜在的僵局。更严重的情况是谈判中的一方认为自己理由充分，唯恐对方不了解，或认为只有从不同角度反复陈述自己的观点才能取得对方的理解与信任。他们并没有考虑到需要给对方表达观点的机会，剥夺了对方的发言权，最后造成了“曲终人散”的局面。

一方的过于强势还可能表现在偏激的感情色彩上。偏激的感情色彩指谈判者所商谈的议题过分地表现出强烈的个人感情色彩，提出一些不合乎逻辑的意见，形成强烈的个人偏见或成见，引起对方不满，造成僵局，甚至使谈判破裂。如谈判中买方认为供货方的要价过高，便喋喋不休地旁征博引，说××企业的货物如何好，条件又如何优惠等，引起供货方的厌烦，导致谈判陷入僵局。

（三）过分沉默与反应迟钝

谈判中的任何一方，无论出于什么目的，不能或不愿在谈判桌上与对方进行充分交流，过分沉默寡言，看似专注倾听，实际上反应迟钝或不置可否，都会引起对方的种种猜疑和戒备，甚至引起对方的不满，从而给对方造成心理压力，形成难堪局面，造成僵局。

（四）人员素质的低下

人的素质永远是引发事由的重要因素，谈判也是如此。谈判人员的素质始终是谈判能否成功的重要因素，且当双方合作的客观条件良好、共同利益一致时，谈判人员素质的高低往往是起决定性作用的因素。事实上，导致谈判僵局的因素在某种程度上都可归结为人员素质方面的原因。有些僵局的产生，很明显是由于谈判人员的素质欠佳，在使用一些策略时因时机掌握不好或运用不当，导致谈判过程受阻及僵局的出现。无论是谈判人员个人风格方面的原因，还是谈判人员知识经验、策略技巧方面的不足或失误，都可导致谈判陷入僵局。

（五）信息沟通的障碍

谈判本身固然是靠“讲”和“听”进行沟通的，但事实上，即使一方完全听清另一方的讲话内容并予以正确理解，且能够接受这种理解，也并不意味着就能完全把握对方所要表达的思想内涵。谈判双方信息沟通过程中的失真现象是时常发生的。实践中，由于信息传递失真而使双方之间产生误解甚至出现争执，并因此使谈判陷入僵局的情况屡见不鲜。这种失真可能是口译方面的，也可能是合同文字方面的，这都属于沟通方面的障碍。

信息沟通本身,不仅要求真实准确,还要求及时迅速,但谈判实践中却往往由于未能达到这一要求而使信息沟通产生障碍,导致僵局。这种信息沟通障碍是指双方在交流彼此情况、观点,协商合作意向、交易的条件等过程中遇到的理解障碍,具体表现为:由于双方文化背景差异所造成的沟通障碍,由于职业或受教育程度的不同所造成的一方不能理解另一方的沟通障碍,由于心理因素等原因造成的一方不愿接受另一方意见的沟通障碍,等等。

(六)软磨硬抗式的拖延

软磨硬抗虽是商业谈判中常用的手法,但谈判人员为了达到某种不公开的目的,采取无休止的拖延,在拖延中软磨硬抗,使谈判陷入僵局和破裂。例如,谈判人员借口眼下有件急事要处理,将谈判委托给另一代表负责,而接替者又不置可否,致使谈判没有任何实际意义,明显拖延谈判时间。这样不仅不尊重对方,而且隐藏着某些其他含义和动机,使对方反感,造成僵局。

(七)外部环境发生变化

谈判中因环境变化,谈判者对已方所做出的承诺不好食言,但又无意签约,于是采取不了了之的拖延态度,使对方忍无可忍,造成僵局。例如,市场价格突然变化,如按双方洽谈的价格签约,必会给一方造成损失。若违背承诺又恐对方不接受,双方都不挑明议题,形成僵局。这是由谈判人员缺乏应有的坦诚态度,又都企图从对方那里获得需求,造成久拖不决的僵局。

以上是造成谈判僵局的几种因素。实践中很多谈判人员害怕僵局的出现,担心由于僵局而导致谈判暂停乃至最终破裂。其实大可不必如此多虑,谈判经验告诉我们,这种暂停乃至破裂并不绝对是坏事。因为谈判暂停使双方都有机会重新审慎地检查各自谈判的出发点,既能维护各自的合理利益,又会注意寻找双方的共同利益。如双方都逐渐认识到弥补现存的差距是值得的,并愿意采取相应的措施,这样的谈判结果才会真实地符合谈判原本的目的。即使谈判破裂,也可避免非理性合作,即不能同时给双方都带来利益上的满足。有些谈判似乎形成了一胜一负的结局,实际上,失败的一方往往会以各种方式来弥补自己的损失,甚至以各种隐蔽的方式挖对方墙脚,导致双方都得不偿失。所以谈判破裂并不总是以不欢而散而告终的。双方进行谈判,即使没有成交,彼此之间也可以加深了了解,增进信任,为日后的有效合作打下基础。从这一意义上来看,谈判僵局并非坏事,在某种程度上还可以说是一件有意义的好事。

三、谈判中僵局的处理原则

在谈判出现僵局的时候,要想妥善处理好僵局,不仅要分析原因,还要搞清出现分歧的环节及其具体内容。例如,是价格条款问题,还是法律合同问题,抑或责任分担问题,等等。在搞清这些问题的基础上,进一步估计目前谈判所面临的形势,检查自己曾做出的哪些许诺存在不当之处,分析对方为什么在这些问题上不愿意做出让步以及困难所在等。特别是要想方设法找出造成僵局的关键问题和关键人物,认真分析在谈判中受哪些因素的制约,并积极做好相关方面的疏通工作,寻求理解、帮助和支持,通过内部协调,就可对自己的进退方针、分寸做出大致的选择。最后，要认真研究突破僵局的具体策略和技巧，确定整体的行动方案，妥善处理好谈判僵局。

（一）尽力避免僵局的原则

妥善处理谈判僵局的最有效途径是将形成僵局的因素消灭在萌芽状态。为此，应遵循以下几项原则：

1. 坚持闻过则喜

谈判中出现意见分歧是正常的事，反对意见一方面是谈判顺利进行的障碍，同时也是对议题感兴趣或想达成协议的表示。因此，听到对方的反对意见要"闻过则喜"，应诚恳表示欢迎。问题的关键是谈判双方都应坚持正确的谈判态度。提出反对意见者，说话要有充分依据，要尊重对方。被提意见者要谦虚，要欢迎对方畅所欲言。

2. 态度冷静、诚恳，语言适中

谈判人员在解释、回答反对意见时，决不能用针锋相对的口吻来反驳，而应冷静、诚恳，解释时语言适中，既不多讲也不寡言。这样既可以减轻对方的负担，满足对方自尊心，也可以在倾听对方意见的基础上探出对方的真实目的，为制定对策做好准备。同时，也应将自己的看法和对方意见的不实之处反馈给对方，营造谈判的对等局面。

3. 绝不因观点分歧而发生争吵

谈判既是智力的角逐，又是感情的交流。当谈判中分歧较大时，双方都会不同程度地流露出各自的真实感情，即使在理智的控制下，言谈中也难免会冷嘲热讽，甚至发生情绪上的对立。为此，谈判者必须有较强的自控能力，防止变争论为争吵，不要因观点分歧而出言不逊，要注意语言的委婉性、艺术性，以充分的理由来强化说服力，同时注意对方的情绪变化，分析其心理状态，因势利导，寻求解决分歧的途径，使谈判得以顺利进行。

（二）努力建立互惠式谈判

互惠式谈判是谈判双方都要认定自身需要和对方的需要，然后共同探讨满足彼此需要的一切有效的途径与办法，即视对方为解决问题者，而不是敌人。谈判人员对于谈判对方所提供的资料应采取审慎的态度，不要不信任对方；谈判中态度要温和，眼睛紧盯在利益目标上，而非立场上的纠缠；寻求共同利益，而不是单纯从自身利益考虑。为使互惠式谈判有效地开展，可采用"多头并进"的谈判方法，即同时讨论有待解决的各个项目，如价格、付款条件、交货条件及售后服务等。由于各个具体项目之间有较大的伸缩性可以调整，当其中一项遇到难题时可以暂时搁置，移到下一项，或是当某一项不得不做退让时，也可设法从其他项目得到补偿。这种谈判的办法又叫横向谈判。尽管进展缓慢，但可减轻谈判人员的压力，有利于避免僵局。如果采用单项深入式的谈判，每次只集中讨论一个项目，这种谈判方法虽然进度快，但是各个项目之间缺乏呼应，易使谈判双方承受较大的压力，导致谈判陷入僵局。

互惠式谈判的核心是谈判双方既要考虑自己的利益，也要兼顾对方的利益，是平等合作式的谈判。

四、妥善处理谈判僵局的方法

(一) 谈判僵局的一般性解决方案

如果在一次谈判中僵局已明显化,双方又争执不下,谈判毫无进展,则如何妥善处理这种明显的谈判僵局将直接关系到谈判效果。妥善处理已经形成的僵局,关键是设法缓和对立情绪,弥合分歧,使谈判出现转机,推动谈判进行下去。具体的做法主要有以下几种:

1. 采取横向式的谈判

将谈判的视野打开,先撇开争执的问题,谈另一个问题,而不是盯住一个问题不放,不谈妥誓不罢休。例如,在价格问题上双方互不相让时可暂时搁置,改谈交货期、付款方式等问题,如果在这些议题上对方感到满意,再重新谈价格问题,阻力就会小一些,商量的余地也就更大一些,从而弥合分歧,使谈判出现新的转机。

2. 改期再谈

谈判中往往会出现严重僵持、无法继续的局面。这时可共同商定休会,并商定再次谈判的时间、地点。但在休会之前,务必向对方重申己方的意见,引起对方的注意,使对方有充裕的时间进行考虑。

3. 改变谈判环境与气氛

谈判气氛紧张,易使谈判人员产生压抑、沉闷,甚至烦躁不安的情绪。作为东道主可组织谈判双方搞一些活动,如游览观光、文娱活动等,使紧张的神经得到缓解。活动中,谈判双方可不拘形式地就某些僵持问题继续交换意见,在融洽轻松的气氛中消除障碍,使谈判出现新转机。

4. 叙旧情,强调双方共同点

这是通过回顾双方以往的合作历史,强调和突出共同点及以往合作的成果,以此来削弱彼此的对立情绪,打破僵局。

5. 更换谈判人员或者由领导出面协调

谈判中出现僵局,经多方努力仍无效果时,可以征得对方同意,及时更换谈判人员。这是一种迫不得已、被动的做法,必须慎重使用。必要时,可请企业的领导出面,因势利导,以表明对谈判局势的关注,也可达到消除僵局的目的。

(二) 谈判中严重僵局的解决方案

谈判中,尽管双方几经努力,但僵局仍未出现缓解之势,双方都已“被套住”时,僵局就已经相当严重了。特别是在履行协议的过程中,双方对于争议、纠纷之类问题的谈判,涉及双方的权利与义务,致使谈判双方对立情绪十分明显、气氛异常紧张。这类谈判难度大、政策性和专业技术性强,妥善的办法是本着己方利益不受损失,同时顾全对方的自尊与利益,在灵活运用各种策略与技巧的同时,可采取适当让步和调解与仲裁的做法。

1. 适当让步,争取达成协议

对于谈判的任何一方,坐到谈判桌上来主要是为了成功达成协议。当谈判陷入僵局时,应当清醒地认识到,如果合作成功所带来的利益大于坚守原有立场而让谈判破裂所带来的好处,那么有效的退让便是应该采取的策略。

让步的基本原则是以小换大。这就要求谈判者既要经过缜密思考,步子稳妥,又要恰到好处,使对方的利益得到一定的满足,促成协议的签订。这方面的具体做法如下：

（1）不要做无谓的让步。每次让步都要换取对方相应的让步,都要争取己方的利益,也就是说,让步要让得恰到好处,以己方较小的让步换取对方较大的让步。

（2）不要轻易表态接受对方最初的让步,即使对方最初让步的效益高于己方的期望值,也不要轻易表态。因为对方的最初让步通常是有余地的,而且己方推迟表态还可以引出对方的意图。

（3）在己方认为重要的问题上要力求使对方先让步;而在较次要的问题上,己方可根据实际需要,适时、适度地做出让步。

（4）虽然已经做出了让步,但如果考虑到这种让步对己方不利,可提出修正,不要碍于情面而不敢提出要求。

（5）商务谈判中的让步,并不是对等让步,每次让步的幅度不宜过大,让步的次数不可过多,而且要设法让对方感到:己方做出的每一次让步都是重大的让步,以争取达成协议。

在严重僵局的处理过程中运用让步策略,必须通盘谋划,明确用什么方式、在什么时候、在哪些方面让步、让步到什么程度等一系列问题,决不可盲目让步,引起失误,得不偿失。

2. 调解与仲裁

当谈判僵局继续发展,出现严重对峙,双方均无有效方法解决时,可以采取调解与仲裁的办法来处理。

（1）调解

调解是通过第三方的工作来解决僵局的一种做法。调解对谈判双方并不是强制性的,仅是中间人对双方进行调解劝说。

（2）仲裁

仲裁是指通过专门的仲裁机构,按照仲裁规则解决纠纷的一种办法。仲裁必须是双方自愿的,其结果具有强制执行力,对双方都有约束作用。

通过第三方的调解和采用仲裁处理谈判僵局固然有效,但当发现调解和仲裁人员不公正时,谈判人员应及时明确提出,必要时也可以通过诉诸法院的形式对他们的不公正行为予以起诉,以保护自己的合法权益。

第五节　应对重新谈判

商务人士发现,在当今充满变化的时代,签订“静态”的协议已经越来越无法适应变化的压力。每天都有公司在签订协议并希望它符合共同利益,而且可以具有长久性。但是,虽然人们抱有良好的愿望而且合同也已签订下来,但是一旦合同开始履行,意想不到的困难总会出现,使得重新谈判变得非常必要。

一般情况下,在谈判要终止的时候,人们都会认为谈判已经结束,而且双方都可以期盼得到成功的结果了。但现实情况是,谈判也许只是一个开端。如果合约不能被完全履行,那么谈判就还没有完成。全球市场总会发生意想不到的变化,顺利履行合约只能是一种美好的愿望,而不是一种规则。

虽然从事商务谈判的主要目的是获取利润,但是频繁地签约却被证明是徒劳的。对于各自的职责,谈判各方可能还存在不同的理解。因此,对合同的不间断的监控是很重要的。而且当出现困难时,各方应该毫不迟疑地着手重新谈判。

一、重新谈判的原因

各种各样的证据显示,与仅从事国内交易相比,在国际商务环境中,重新谈判更普遍。这是因为国际商务谈判涉及的情况在国内背景下并不存在。如果一方认为由于其无法控制的变化而导致交易变得难以负担或者不合理了,就会要求重新谈判,以寻求另一种可能性,而不是完全拒绝履行合约。下面列出了可能导致重新谈判的情况。

(一)国际商务环境的维度

国际商业事务极易受政治和经济环境变化的影响,这与在本土进行交易有着很大的差异。从政治方面来看,一个国家可能会面临国内冲突,如内战、政变或者政策的根本性变化等。从经济方面来看,货币贬值或自然灾害可能导致环境完全不利于履行已经谈判好的业务。

(二)争端解决机制

如果谈判一方不能有效进入谈判对方国家的法律体系,则谈判对方很可能会认为即使己方不执行难以负担的交易,也不会有任何损失。在这样的环境下,重新谈判就是保证交易继续进行的比较令人满意的解决方法。

(三)政府参与

特别是在发展中国家,从事国际商务时经常需要同政府部门、公共事业部门或者由政府所有和经营的公司打交道。政府可能会拒绝履行其随后认为是负担过重的合约。为了本国人民的利益或者自己的统治权,它们可能会强制要求重新谈判。

(四)国家间的文化差异

在不同的文化背景下经商需要额外当心,以确保对合约的内容完全理解。例如,有些国家的合约很长且很详细,从而只有很小甚至没有灵活操作的空间。在这种情况下,在合约生效期,所有可能影响交易的事项都是确定的,有关的条款也被写入合约。为了避免偏差,有必要设立一些对违约行为的处罚条款,以确保合约被严格执行。

有些文化更倾向于将合约看作良好的商务合作关系的开端。在这样的文化中,重新进行讨论的可能性非常大。由于对谈判过程具有不同的文化观点,对各方面的理解往往也千差万别。在不同文化环境下做生意的谈判者会认真地考虑后续阶段的情况和谈判之后可能出现的异议。

例如,与一家日本公司有业务往来的美国公司可能会认为它们之间订立的合同是业务往来的基础,是从总体上把握其关系的主要规则。但是,日本公司会将交易看作一种合作关系,随着时间的流逝很容易发生合理的变化,这种合作关系使得一方可以避免承担不公平的、由于意想不到的汇率波动或原材料价格突变等纯粹偶然的事件而导致的不利条件。举例来说，假如日元突然升值，对于某个长期依靠从日本进口原材料和部件的美国公司来说，如果其达成的协议是用日元作为支付货币，那么很显然这家美国公司就会提出对支付方式进行重新谈判，因为这个合约不符合美国公司的利益，出乎意料的币值变动会给公司带来损失。

二、降低重新谈判的需求

在当今复杂多变的国际市场上，很难避免对商务协议的重新谈判。尽管如此，谈判人员还是会尽量降低这种事情发生的可能性，比如通过阐明所有主要事项，引进对违约行为的处罚条款，坚持开例会以监测合约的执行，以及研究对未来商务合作机会的消极影响。这些可以提醒双方注意各自的责任和风险。

在世界上不同的地方经商需要有不同的谈判方式。在一些文化中，签订了协议并不意味着谈判的结束，谈判在关系的存续期间一直继续着。所以，商业事务会在这些特定的环境中发生，合约中应包含一些能够早期发现问题的预警信号。与详细而冗长的、没有一点变动空间的合约相比，一个相对较短的合约有最后修订的可能，以使之更加合理。尽管如此，惩罚条款或类似的威慑政策还是应当在合约中有所体现，以避免在合约的关键之处有潜在的违法行为。

例如，如果制造商要求订购一批备用配件，而这些订单的订购数量比供应商预期的要多，则供应商应该考虑这是一个预警信号。当然，实际情况也可能是有些设备使用不当或者保养不够。在这个例子中，供应商应当细读条款，包括质量保证、保修责任、额外配件的提供以及与设备故障相关的一些其他事项。为了更好地使用设备，供应商可以提供对操作员的培训，使操作指南更适应当地情况，将操作说明书翻译成使用者国家的语言，或者在开始的安装阶段参加设备的保养维护。通过提供这些额外的防范措施，双方可以期待在困难最小的情况下执行合约。

在结束谈判的时候，大多数有经验的国际谈判者都会自问的一个问题："这个合同对对方有什么意义？"换句话说，就是问自己"这是谈判的开始还是结束？"在结束谈判时另一个关键的问题是："对方对协议能够承担多少责任？"这些及其他问题的答案可以提醒谈判人员注意在合约有效期内可能出现的潜在问题。这样，结束谈判之前的检查可以帮助降低重新谈判的可能性。

三、预防重新谈判

如果双方可以预期到可能的困难并制定好预防条款，重新谈判是可以避免的（或者至少是可以预防的）。关于重新谈判的另外一个潜在原则是：如果对于对方来说拒绝执行合同比履行合同所付出的成本更低，则拒绝执行或重新谈判的风险就会增加。因此，从战略角度来说，为了使合同更稳定，谈判人员应当确保对方能获得足够的利润，以使交易保持下去。为了贯彻这一战略，谈判人员应该遵循以下一些步骤：

（一）将对方紧紧锁住

这一点可通过加入一些更详细的条款以及确保执行的保证条款来达到。合同中应当有一些内在的机制来降低中断执行和重新谈判的可能性。这样的机制要么增加对方在合同约束之下不履行其义务的代价,要么由谈判人员为因其所订立的合同而造成的利益损失提供赔偿。这两种机制较为常用,通常表现为联动或责任相关的机制。在联动的机制下,如果某一谈判方履行合同失败,这一谈判方或某些相关的第三方(如跨国银行和投资公司等)就要划拨资金和财产给谈判对方。责任相关的机制涉及增加谈判方不履行合约的违约行为的成本。责任相关机制的一个例子是由几家银行组成的联盟对发展中国家进行项目资金支持。发展中国家可能会发现如果不履行合约并因此与整个联盟进行对抗是很困难的。这个国家也会意识到因此而损失自身信誉带来的成本很高,并会对未来的发展计划有不利影响。

（二）权衡交易

成功的交易是对双方都有利的。因此,谈判人员应该确保交易可以获得一种双赢的结果。如果合约对双方都有利,那么任何一方都不会出现违约行为。一个利益均衡的交易通过各方的优势发挥可以分散风险,而不仅仅是依赖谈判时讨价还价的力量。另外,意料之外的收获或损失也要由双方共同承担或分享。

（三）控制重新谈判

这相当于将合同的条款细化,定期对一些关于合同的内部交易中一些容易受变化影响的事项进行重新谈判。换句话说,谈判人员应当对谈判确定的交易进行一些预防性准备,以开展交易并在确定的间隔期内进行谈判。在谈判开始时就意识到有重新谈判的可能性是有好处的,而且可以制订一个详细的计划备用。本章稍后将对内部交易谈判做进一步的研究。

（四）加入重新谈判的成本

有经验的国际商务谈判人员在他们最后的提案中,会考虑到潜在的重新谈判的成本。重新谈判无论在时间上还是在金钱上都是代价高昂的,因此可以提前考虑这种未来的成本,在最初的提案中就建立涉及这种或有的额外成本的条款。

一种可能性是通过几个阶段分步执行合同,并且核算每个阶段成功履行合同后的相关费用。这种类型的协议比较适合签订篇幅较长的复杂合同,如设立合资公司。最有效的准备是对涉及过去所有事务的准确信息进行充分搜集和了解,以帮助谈判人员消除双方因协议条款的分歧而带来的时间上的浪费。

针对违约行为的惩罚条款的引入是使对方消除对最初合同的意见分歧的另外一种方式。但是,一方对惩罚条款的过分重视可能表现出其对对方信心的缺乏,这又会导致不信任和不满情绪。在一个经常变化的竞争环境中,这不是发展稳定合同关系的基础。下面对处理重新谈判的一些关键要点做了一个总结。

重新谈判:需要记住的要点

合同订立之前

- 将谈判看作一个动态过程,并要求不时地监测协议;
- 在合同中建立有关额外成本的条款,以预防与重新谈判有关的未来的费用支出;

● 使执行阶段成为全部谈判战略的一个必要的组成部分；

● 在谈判各方之间建立一种健康的关系，这是一个使协议持续下去的最好保证。

在合同执行期间

● 为可能重新谈判做准备——保留所有交易记录，包括开始讨论阶段到最后实际执行的所有阶段；

● 时刻记住合约对于不同的文化有不同的意义，要具有灵活性、理解力和耐心；

● 在你了解所有事实之前，不要指责对方任何的错误；

● 在考虑重新谈判前，不要坐等小事发展成大事。

如果出现重新谈判的可能性

● 在开始重新谈判之前，要咨询每一个参与初始谈判的人员，以及那些为执行合同负责的人；

● 确保你已经很清楚地理解了导致要重新进行谈判的事实；

● 在相关谈判方之间进行积极的讨论，这要比用法律解决更好；

● 在谈判时，时刻牢记自己的长期商业目标；

● 制定一些措施来保证各方都满意，即使这可能意味着要重新谈判。通过反复的磋商与合作，各方如果都满意就会有更高的收益。

资料来源：Claude Cellich，"Contract Renegotiation，"*Internotianal Trade Forum*，1999，2，p. 15.

四、克服对重新谈判的惧怕心理

有些公司经常会低估潜在的问题，这些问题会引起对合同中涉及的一些具体事项重新讨论。令人惊讶的是，产生问题的一方通常不情愿去寻求改变或修订合同。通常，负责履行合同的人会由于担心被拒绝而不愿主动提出重新谈判的要求。

如果一项商务活动建立在合作精神的基础之上，那么一方可能会认为向对方提出特殊的要求是不合适的，因为这可能会被对方误解为在利用彼此的关系。害怕得到别人的否定回答，有可能使自己失去改善商业关系和实施已达成一致意见的条款的机会。

在某些文化中，由于人们非常害怕尴尬，以至于只会发出一些非直接的信号来暗示自己对合同修订的需要。例如，意外的沟通不畅、含糊不清的答案或者与对方联络的失败，包括长时间的沉默都可能预示着出现了这种问题。

一方一旦发现一个问题（例如，产品质量不合格或者不能满足交货日期要求），就应当主动去与对方取得联系。从开始就识别出问题并提出解决方案，以及采取积极的纠正行动还比较容易。有时候，缺乏国际商务经验或者必须遵守的市场规范知识，意味着供应商可能无法完全掌握生产市场需要的高质量产品所需的具体要求。

严格的交货条款是另一个敏感的问题，因为有的公司对零库存的要求很高。在合同开始的头几年，对交货的考虑很可能比较多，因为越来越多的公司将它们的产品生产或服务进行了外包。为了使这样的问题最小化，管理人员必须保持沟通渠道的畅通，尽早进行接触，并对可能出现的问题进行开放的讨论。

小链接

一个家具进口商在12月收到了一批量很大的货物,但是已经超出了合同规定的期限。这批意料之外的货物导致了额外的储存成本、搬运成本和其他一些间接费用。但是,这家进口商没有一味抱怨或将额外的货物发回,而是立即与供应商取得了联系。后来查明这一大批货物是由出口经理发出的,因为这可以带给他一大笔圣诞节的额外津贴。在了解了供应商的观点后,家具进口商便向他们解释这批货物所带来的经济负担,并要求对以后订货进行补偿。通过这样做,家具进口商不是采取敌对态度或责难对方,而是努力寻找可行的办法,并且还表达了要继续保持长期商业合作关系的意愿。

五、重新谈判的类型

在一个日新月异的全球背景下,奢求合同的稳定是不现实的。虽然谈判人员努力去预测未来,并对随后可能出现的问题在合同中提前做了准备,但是实际上预见每一种可能是不可能的。因此,商务人员在谈判国际合同时也意识到对于成功的结果来说,进行讨论和磋商是非常有必要的。因此,重新谈判是不可避免的。

有四种常见的重新谈判类型:有优先权的谈判、内部交易重新谈判、交易后重新谈判和额外交易重新谈判。每一种类型适用于不同的特定环境,产生不同的问题,要求不同的解决方法。在任何重新谈判中,开放的沟通和持续的监管都是成功的关键所在。灵活性、承诺和对重新谈判必要性的充分认识应当成为谈判者策略的主要部分。

(一) 有优先权的谈判

达成一项交易之后,在其开始执行之前,可能发生一些不可预见的事情,这可能导致谈判协议执行上的困难。比较精明的谈判者通过有优先权的谈判来控制谈判局面。也就是说,在干扰事件发生之前就进行重新谈判。有优先权的谈判要求:① 寻找潜在的问题;② 建立一种机制来处理自发变化;③ 建立一种机制来解决对双方关系造成威胁的分歧和纠纷。

从商务的视角来看,可能出现的问题主要分为三种类型:延期执行、有缺陷的执行和无法执行。

(1) 延期执行。在当今的商业社会中,以截止日期为准已经成为一个普遍接受的准则。货物必须在约定的时间运抵;必须迅速弥补不足;必须按时支付。但是,如果由于后期的意外事件(如工人罢工事件)或外部客观环境(如某一部件失灵)使某公司的执行超过了截止日期,则该公司必须针对延期执行与对方进行重新谈判。

(2) 有缺陷的执行。设想你要针对客户定制的设备进行谈判,并将其运送给海外客户。随后,你订购了各个零部件并完成此次订货。正当货物准备装运时,你发现某一个零部件有问题。这使得你必须与零部件供应商重新谈判,以解决这一问题并基于这些有缺陷的零部件,给予你产品价格上的折扣,或者随后重新提供给你一批新产品。

（3）无法执行。例如，仓库失火，设备生产商可能没有能力来履行合同。这就要求与对方重新谈判，以对合同作无效处理。重新谈判可能会取消合同，而不对对方做出补偿，或者因无法执行而由该公司承担损失。

（二）内部交易重新谈判

在合同生效期内最常见的谈判类型是由于一方不能履行义务而产生的。在这样的情况下，由于是内部交易，该方就会寻求其责任的免除。内部交易重新谈判的另一个例子就是一方由于没有能力履行合约而希望撤销合同。这类重新谈判一般常见于中小型公司在第一次进入国外市场的时候。它们对于满足较高的标准、完成较大的生产量及严格遵守交货时限的能力比较有限，这迫使它们针对合约进行重新谈判，或者要求撤销合约。

如果初始协议包含一些允许他们进行重新谈判的条款，则这种内部交易重新谈判会比较顺利地开展。在谈判开始时就认可那些由于不可预见的事件而需要进行重新谈判的条款，对减轻压力和减少误解大有帮助。在这种情况下，重新谈判被认为是一种合理的行为，双方都可以在良好的相互信任的基础上参与进来。

如果双方事先确定了一个具体的时限和时间框架以对合约进行回顾，则重新谈判的机会也会增加。例如，已经恰当地订立了一个长期合约，则双方可以举行若干次定期会晤，以到目前为止所积累的经验为基础，对交易进行一次审查。通过这些会面也可以对因市场情况变化而出现的情况进行更清楚的研究与分析。

内部交易重新谈判在一些特殊的国家可能使用较多，如将合约看作一种关系而不仅是商务交易。由于有内部交易的条款，因此他们做生意的方式更加正式。也就是说，在变化期间，相关的谈判各方应当见面来决定怎样处理这种变化了的新情况。

这种定期的重新谈判是有价值的，尤其是在交易要持续很长一段时间的情况下，但是它确实也有其不利方面：第一，定期的重新谈判增加了已经达成一致意见的条款的不确定性；第二，它增加了互相的猜疑，因为一方可能将变化的环境作为借口要求重新谈判，以获得对自己更有利的条款；第三，它质疑了合约的有效性，因为合约对重新谈判是开放的。

（三）交易后重新谈判

合同期满后重新谈判仍有可能出现。在开始启动一个全新的谈判之前，可能出现一方或双方决定等待合同期满的情况。交易后重新谈判可能会反映出现存商业战略的变化，或者意味着一方认为继续维持目前这种商务关系不再有利可图。

在某种程度上，交易后重新谈判在过程上有时与初始谈判是相似的，但还会有一些重要的差异：第一，双方有共同的经验，对对方都比较了解，每一方都了解对方的目标、方法、决心和可靠性，这些对于重新谈判来说是重要的信息；第二，很多与交易的风险和机会相关的考虑已经被研究过了，而且不需要在重新谈判时重新进行研究；第三，各方在金钱、时间和义务上都已经做了大量投入，而且如果结果是双方都满意的，他们会有很强的意愿继续维持关系。

（四）额外交易重新谈判

这种类型的重新谈判相当于放弃了目前的合约，邀请对方来进行重新谈判。通常情况下，合同中没有有关重新谈判的特定条款，但是如果一方声明完全不可能执行合约，就有可能出现重新谈判的情况。但对方可能会发现接受重新谈判在心理上有点无法接受，因为自己对预期收益的希望可能就破灭了。更进一步说，额外交易重新谈判通常以一种比较悲观的看法开始。即使在重新谈判是唯一可行选择的情况下，双方也不情愿或勉为其难地参与其中。围绕在额外交易重新谈判周围的环境被打上了一种让人感觉不好和不信任的标志。

谈判的双方都会感到不满。一方会认为另一方应该理解自己的难处，因此，在重新谈判一项交易时应该完全合作；而另一方会觉得原本可以从合同中得到的预期收益被剥夺了，并且会认为自己不得不放弃一些法律和道德上的权利。

额外交易重新谈判对双方来说有着多种含义。寻求重新谈判的一方可能会在商界的圈子里信誉受损。对于重新谈判的合同，对方可能会提出更严格的条款或更严厉的对违约行为的惩罚。而接受重新谈判的一方可能会落下比较弱小和承受不了压力的名声，这可能使得对方在其他合同上也要求重新谈判，提出要求更高的条款。而重新谈判的这种不利影响可能会降低让步的一方与对方在未来继续合作的热情。

六、重新谈判的方法

以下方法也许对开展重新谈判有所帮助。

（一）明确现存合同的不确定之处

这种方法就是给目前存在的合约中的模糊不清之处做一个必要的补充说明，而不是重新签订一个新合同。它承认了目前合同的合理性，也认同情况的改变使得必须做出修订以适应出现的新情况。例如，一个出口商针对通过航空运输运送货物到国外目的地的付款问题进行谈判。几个月后，出现了一个世界范围的能源危机，原油价格以每两周翻一倍的速度上升。出口商发现运输成本的上升已经抵消了自己的利润，无法再继续这项交易，除非进口商同意进行重新谈判以减轻这种因运输成本增加而带来的额外负担。于是对主合同的修改加入了有关进口商承担部分航空运输的额外成本的规定。这种名义上的变更获得了一致同意而且并未质疑原有合同的有效性。

（二）重新理解关键条款

有时候，一项合约中的条款在谈判各方不同的背景下，会产生不同的理解。在这种情况下，重新谈判相当于重新定义这些条款，以使双方对这些条款有一致的理解。例如，一家出口商对一家亚洲进口商承诺，同意为其提供的机器设备在生产中出现的缺陷提供无偿的售后服务。事实上，出口商会惊奇地发现，发往亚洲国家的产品更容易发生故障，而出口商不得不为它们提供服务，并由此产生了一笔很高的成本。在调查这个问题的时候，出口商发现这些机器设备没有被充分利用，这导致了故障的频繁发生。基本的产品并没有缺陷，是不恰当的使用导致了如此频繁的故障问题。通过重新谈判，这种变化加入了合同，并规定只要客户严格地按照说明书进行操作，出口商仍会为有缺陷的设备提供服务。

（三）主动放弃合同中的一条或几条要求

作为重新谈判的一部分，负担过重的一方可以从必须履行的某些合同内容之中解脱出来。例如，一项对外交易中规定了最小交易量，并在此基础上又设定了代理保证金以保证完成交易。由于市场上经济情况的复杂性，这种“最小交易量”的要求往往被主动放弃，则代理经销商就可以赚取这笔保证金。

（四）重新起草协议

如果其他的方法都失败了，则谈判各方可能会被迫宣布现存的合约无效，并重新谈判一项新的交易。

本章提要

1. 反对意见可以分成一般性的不同意见、偏见与成见、借口、了解情况的要求、自我表现式的不同意见、恶意的反对意见等。谈判人员要掌握处理反对意见的技巧，学会控制谈判气氛。

2. 要针对语言表达能力不强、业务知识缺乏、言辞不妥、中途换将等主观缺陷问题采取相应的策略。

3. 外界的干预主要来自谈判人员所属或受雇的单位及谈判人员所在地的政府或者政府所管辖的主管部门。

4. 僵局可以从狭义和广义上来分类。谈判僵局形成的原因多种多样，处理僵局时应遵循尽力避免僵局形成和努力建立互惠式谈判的处理原则，并可择机采取一般性解决方案和严重僵局的解决方案。

5. 有四种常见的重新谈判类型：有优先权的谈判、内部交易重新谈判、交易后重新谈判和额外交易重新谈判。明确现存合同的不确定之处，重新理解关键条款，主动放弃合同中的一条或几条要求以及重新起草协议会对开展重新谈判有所帮助。

讨论与思考

1. 处理反对性意见的策略有哪些？
2. 如何应对外界对谈判进程的干扰？
3. 如何打破谈判僵局？
4. 重新谈判的方法有哪些？

延伸阅读(一)

紫光收购西部数据

紫光股份有限公司（以下简称“紫光公司”）全资子公司紫光联合与美国的西部数据公司签订了《股份认购协议》，投资 3 775 369 185 美元（约合人民币 240 亿元），以 92.50 美元/股的价格认购西部数据公司的新股 40 814 802 股。本次交易完成后，公司将持有西部数据公司约15%的股权。

紫光公司表示，作为软件与系统集成服务提供商，公司近年来持续推进“云服务”战略，优化业务布局，聚焦IT服务领域，向云计算、移动互联网和大数据处理等信息技术的行业应用领域全面深入，打造了一条完整而领先的“云—网—端”产业链，致力于将公司塑造成为集现代信息系统研发、建设、运营、维护于一体的全产业链IT服务提供商。本次战略投资以资本为纽带的方式，进一步提升了公司的产业链整合能力，为公司打造IT服务生态系统创造了有力的条件，进一步增强了公司的行业竞争力。随着公司在IT基础架构领域产业布局的优化，公司将形成控股公司、参股公司协同发展的业务架构，提升公司整体解决方案的部署和一揽子项目部署能力，增强公司在IT行业应用市场的综合竞争力；形成产业价值链多层次战略合作关系，推动公司“云服务”战略的实施。

资料显示，西部数据公司是全球知名的存储解决方案提供商，目前总部位于美国加利福尼亚州，在世界各地设有分公司或办事处。长期以来，西部数据公司一直致力于为全球的企业和个人用户提供从开发、制造到销售、服务的完善的数据存储解决方案。作为全球存储器业内的先驱及领先企业，西部数据公司在为用户收集、管理与使用数字信息的组织方面具有丰富的服务经验和良好的市场口碑。

据研究，按2014年销售收入计算，西部数据公司在机械硬盘市场排名全球第一，在固态硬盘市场排名全球第七。机械硬盘是目前西部数据公司收入占比最大的产品。IDC（国际数据公司）分析报告显示：固态硬盘在个人电脑上的安装比例逐年上升，且随着云存储技术的普及，个人用户对于本地存储容量的需求呈总体下降趋势。数据存储市场结构的变化将有可能对西部数据公司的收入构成产生一定影响。基于对行业趋势的判断，西部数据公司自2013年起通过收购STEC和Virident加快了在固态硬盘领域的布局，商用固态硬盘业务收入从2014年的5.08亿美元增长到2015年的8.11亿美元，涨幅接近60%。

资料来源：作者根据网络资料整理。

延伸阅读（二）

百威英博收购南非米勒

2015年10月13日，全球最大啤酒厂商百威英博啤酒以710亿英镑收购全球第二大啤酒制造商南非米勒公司。这将意味着全球每卖出三瓶啤酒，就有一瓶来自该公司。这一报价较米勒公司9月15日的收盘价高46%。

米勒公司旗下品牌包括Fosters、Peroni、Miller和Grolsch，2015年米勒刚买下位于伦敦的Meantime工艺酿酒厂。百威英博旗下品牌则包括百威、科罗娜、Stella Artois和Becks。百威英博几乎每四年完成一项大收购。

华尔街见闻网站提到，至少有三个重要因素推动这项收购的达成：

第一，全球市场啤酒销量在下滑，不仅因为全球经济整体放缓，啤酒还面临与烈酒、红酒甚至软饮料等的竞争。而全球范围内啤酒销量增长最快的地区是非洲，这是米勒公司的市场腹地，又是百威英博几乎没有覆盖的市场。仅仅依靠非洲市场，米勒公司就成为百威英博最心仪的收购目标。

第二，虽然百威英博占有20%的全球市场份额，但其大部分市场都在美洲，北美市场和南美市场贡献了约70%的销量。但同时，百威英博的旗舰产品百威啤酒在北美市场的增长面临天花板，而包括巴西在内的南美市场也面临增长放缓的窘境。因此，与米勒公司联盟将让百威英博覆盖的市场更加多元化。但与此同时，两家公司在同一市场的竞争可能让收购变得错综复杂。米勒公司通过合资公司米勒康胜在美国拥有30%的市场份额，它与华润集团成立的合资公司也拥有中国23%的市场份额，而百威英博在中国的市场份额也有15%。

第三，百威英博希望通过收购完成扩张。百威英博过去在其他市场依靠自身力量实现增长的表现不错，但更重要的是百威英博有能力降低收购公司的成本并提高利润，这种能力得到了包括巴菲特在内的很多投资者的认可。

资料来源：作者根据网络资料整理。

延伸阅读（三）

中国与印尼签署高铁项目

一度被炒得沸沸扬扬的印尼雅万（雅加达—万隆）高铁项目，终于尘埃落定。2015年10月16日，中国和印尼相关企业成立合资企业协议的签署，标志着雅万高铁项目正式落地。

早在2011年，日方就对雅万高铁项目做了可行性研究，中方则在2015年完成了可行性报告。

中方开出了提供项目总经费55亿美元（含维修费）全额贷款、“无需印尼政府预算及债务担保”的优厚条件，提供2%年利率的贷款，摊还期从40年延长至50年；中方还承诺2018年即可完工，并强调约六成零部件将在当地采购，每年可创造4万个工作岗位等经济衍生效应。

日方则将总工程费压缩至6 000亿日元（约49亿美元），比中方的标价还低，摊还期40年，并提出其中75%可提供0.1%的低利率日元贷款；日方承诺2019年试运营、2021年完工，并努力宣传其高安全性。

面对中日间的激烈竞争，印尼政府于2015年9月突然宣布取消高铁项目，同时退回中日方案，各方愕然。但接下来，该项目又峰回路转，中国最终成为赢家。

中国胜出的几大因素

中方最终能够胜出，是党中央、国务院坚强领导，国家发改委、外交部等部门协调推进，中国铁路总公司、国家开发银行等企业奋力拼搏的结果。

第一，战略对接的重要推动力。过去不到一年时间里，习近平主席和佐科总统三次来、往访，两次通话，贯穿始终的主题就是对接中方“21世纪海上丝绸之路”倡议和印尼“全球海洋支点”战略，深化和拓展各领域的务实合作。两国元首还亲自见证了中国国家发改委与印尼国企部、中国中铁总公司和印尼国有建筑公司等签署雅万高铁合作谅解备忘录和框架安排。

借着这股“东风”,双方有关部门和企业积极跟进,通力配合,最终促成了雅万高铁这一标志性战略项目。

第二,中国高铁的强大硬实力。我们拥有世界上规模最大、速度最快、现代化程度最高、管理经验最丰富的高铁网络,已建成运营近1.7万公里,占全球的55%。时速300公里高铁线路长达9 600公里,占全球的60%。年运送人次高达9.1亿,占全球高铁年运送旅客人次的55%。

中国具有在多种地形地貌和气候条件下建设运营高铁的丰富经验,包括建成了世界最南端、与雅万高铁在气候和地质条件上非常相似的海南高铁。中国的高铁建设能力强大,建设速度全球领先,京沪高铁全长1 300多公里,仅用3年多即建成运营。

特别要指出的是,中国高铁符合国际标准化组织、国际电工委员会、国际铁路联盟的技术标准,并与阿尔斯通、西门子和庞巴迪技术标准兼容。印尼采用中国技术还意味着今后印尼的高铁市场仍将是开放的。

而有些国家的技术与世界其他标准不兼容,一旦采用,将造成市场封闭和垄断。哪个更符合印尼利益,印尼朋友自会做出正确判断。

第三,中国很有诚意。我们视印尼为好邻居、好伙伴、好朋友,自始至终坚持合作共赢的理念和共商、共建、共享的丝路精神。中方理解印尼的实际需求,尊重印尼方提出的不使用政府预算、不提供主权担保的决定,同意与印尼在友好协商、平等互利的基础上进行合资修建,印尼占股60%,中方占股40%,双方作为雅万高铁的共同业主,是名副其实的利益共同体和命运共同体。

中国坚持义利并举、以义为先,承诺向印尼转移高铁技术,进行本地化生产,帮助印尼培训高铁管理和运营人才,在推动中国高铁走出去的同时,将中国高铁技术与经验带到印尼,与印尼人民分享中国高铁的发展成就。这种诚意打动了印尼。

7个月激烈角逐内幕

日本早在2008年就开始跟踪雅万高铁项目,先后做了三次可行性研究报告,印尼政府始终没有做决定。

2015年3月和4月,中国和印尼有关部门与企业分别签署了关于就雅万高铁开展合作的谅解备忘录和框架安排。中日竞争趋于白热化。日本2015年以来先后四次派特使到印尼陈情游说,不断优化可行性研究报告,不遗余力地争夺。

7月上旬,日本特使访问印尼期间提交了优化后的新方案,在贷款利率、配套措施等方面提出更加优惠的条件。印尼政府遂做出进行“选美比赛”的决定。对此我国处变不惊,沉着应对,按照既定方案稳步推进。

8月10日,国家发改委徐绍史主任作为习近平主席特使专程赴印尼向佐科总统面呈中方的可行性研究报告,宣介中方方案的主要内容、突出优势和建设目标,积极回应印尼方重点关切,表达中方与印尼方合作把雅万高铁建设成两国务实合作标志性项目的诚意与信心。为体现公平竞争,我国明确要求印尼方正式关闭可行性研究报告后,再对双方方案进行评审。

但在8月26日，日本再次派特使访问印尼，再次调整、优化方案，降低了要求为贷款提供主权担保的比例，并提出加强两国海洋合作，包括帮助印尼发展东部地区等配套优惠条件。

8月28日和31日，我方分别约见印尼新任经济统筹部长、雅万高铁项目政府评审小组主席达尔敏和小组副主席、海洋统筹部长理查尔，再次就雅万高铁项目做工作。

会见前和会见后，媒体蜂拥而至，追问日方再次优化方案，中方是否要调整方案。我国始终强调，既然是“选美”，就应该遵守规则，不能一改再改，没完没了。中方只有一个方案，而且是最好、最符合印尼方需要的方案，已经递交，相信印尼政府会做出正确选择。

值得一提的是，7、8月间印尼媒体突然集中炒作中国产品质量、高铁安全以及所谓中国劳工“入侵印尼”等问题。

我们立即采取行动，摆事实，讲道理。我们把高铁展办到雅加达商业中心，通过模型、图片、视频、演讲和接受采访，深入细致地介绍中国高铁的技术经验、安全性能以及中方方案的综合优势；邀请三批印尼媒体朋友到中国亲身体验中国高铁的舒适与安全。

资料来源：作者根据网络资料整理。

第九章

谈判力与谈判力策略的应用

【导语】

对于谈判者来说，通过谈判解决冲突并从谈判中获取最大的利益是促使他们坐在谈判桌旁的主要动力。然而谈判代表采取什么方式，能够获取多大的利益，则在很大程度上取决于谈判双方相应的谈判力。谈判力来源于什么？哪些因素影响着谈判力的大小？在谈判处于劣势的情况下，如何正确运用谈判力来获得谈判的成功？这些问题将在学习本章后找到答案。

【教学目的】

学习本章后，你应掌握：

- 谈判力的概念及其影响因素；
- 谈判力的形成及运用；
- 不同谈判形势下谈判策略的应用。

【关键词】

谈判力　时间　信息　动机　依赖　替代　谈判形势　选择　关系　可信度　回避冲突　情感谈判

引导案例

利用最后通牒增强谈判力

美国一家航空公司要在纽约兴建大的航空站，该公司想要求艾迪生电力公司优惠电价。这场谈判的主动权站在艾迪生电力公司一方，因为航空公司有求于它。所以，电力公司推说如果给航空公司提供优惠电价，国家公共服务委员会不会批准，故不肯降低电价，谈判至此相持不下。然后，航空公司突然改变态度，声称若不提供优惠电价，就会退出谈判，自己建厂发电。此言一出，电力公司慌了神，立即请求公共服务委员会给予这种类型的用户优惠电价，委员会批准了电力公司的请求。但是令电力公司惊讶的是，航空公司仍然坚持自己建厂发电。不得已，电力公司只好再度请求公共服务委员会降低价格，最终两家终于达成了协议。

在谈判过程中，谈判人员往往寄希望于未来能有更大利益而对现实的讨价还价不肯放弃。打破对方的奢望，就能击败犹豫中的对方。最后通牒在增强谈判力和关键时刻的强弱转换中十分有效。

第一节　谈判力的概念及其影响因素

一、谈判力的概念

各种各样的社会活动要在各种不同力量的推动下进行。例如，机器需要能量来驱动。一个国家、组织或个人能够运用的实力越大，就越强大。因此，根据定义，实力是一种社会现象，它赋予人们控制他人、事物或者他人行为的能力。实力只有在相互关联的各方之间才会发挥作用。这也就是说，如果各方之间没有任何关系，无论一方力量如何强大和如何有影响力，也谈不上对另一方的控制和影响。谈判力就是谈判中一方拥有的可以影响、控制另一方的决策，解决双方的争端，并实现谈判预定目标的能力。

二、影响谈判力的基本因素

在谈判中，影响谈判力的因素很多，其中一些因素处于谈判者的控制范围内，另一些因素可能没有被很好地理解和认识，还有一些因素是谈判者很难甚至不能控制的。即使这样，谈判者也应该考虑各种影响谈判的实际或心理因素，并判断这些因素是否能使自己在谈判中更有优势。尽管一些因素增强谈判力的作用并不显著或不确切，但有些因素是实际存在的并且可以确切地应用。下面列出了可以考虑的一些影响谈判力的基本因素。

（一）市场情况

影响一方讨价还价能力的一个基本因素就是市场的情况。在交易的初始阶段，谈判者对买方市场或卖方市场的判断会影响他在谈判中的立场。有时，谈判者可以获得市场情况，而且可以得到实际的证据支持他的判断；但有时却没有实际证据的支持，只能根据传闻或者自己的猜测来判断市场的情况。总体来说，商业人士普遍认同的是，当价格上涨时，可能是卖方市场；当价格下跌时，可能是买方市场。但这种信息也会导致错误的发生。

大致说来，价格能够反映市场的总体情况。但价格只是判断市场情况的一个很初级的指标，而市场情况包含了许多因素。而且，市场中价格的涨落可能并不反映真实的情况，因为有人会为了他们的利益操纵这类信息。例如，当房地产市场不景气时，听信各种传言，那么他们的信息来源就是很不可靠的，而且他们的谈判地位也会受到负面影响。

（二）市场份额

市场份额是使买方或卖方获利的一个因素，究竟何方会获利则取决于各方占有的市场份额和具体的市场情况。例如，通过零售渠道销售产品时，卖方一般采用两种战略：第一种是所谓的“推出”战略，即卖方提供好处促使零售商买进自己的产品；第二种是“拉进”战略，即强调在消费者中建立良好的信誉，这样消费者的需求便会促使零售商购进自己的产品。如果一家生产商占有较低的市场份额，一般情况下，它会选择“推出”战略来增加自己的市场份额。零售商由于占据优势地位，仅仅因增加了库存便可要求获得有利的交易条件。换句话说，卖方的谈判力低下。在这种情况下，为了争取市场份额而付出的代价是很大的。

对于那些占有很大市场份额的生产商来说，情况便不同了。市场上消费者的“拉进”效应会对买卖双方的谈判力产生很大影响。实际上，零售商只能选择购进生产商的产品，否则客户便会流失他处。此时谈判的重点不是促使零售商同意购进生产商的产品，而是买卖货物的具体交易条件了。在这种情况下，谈判优势在卖方一边。

（三）信息

信息和谈判力是相辅相成的关系。如果获得的信息不准确，或者理解错误的话，据此做出的判断便会影响谈判力。一个谈判者首先应该从尽可能完善的信息基础出发，然后谈判的进行才会以事实为基础，而不是以猜测、假定或者个人的断言为基础。完善的信息基础应该包含的许多因素已经提及，但仍需要重点说明的是谈判对手的财务结构和生产能力。对方的财务管理能力、现金流、成本结构等都属于基本信息，特别是在做一笔产业大交易时，这些信息尤为重要，因为它们可以显示出一家公司的财力。

同样，谈判对手的经营规模和性质、厂房和设备的利用、质量控制的效果，以及供应合同执行的情况等信息都很有价值。这些信息不仅揭示了谈判对手经营的灵活度和依存度，而且显示了它应付突发事件的能力。如果搜集到这些信息，便可制定进行谈判的战略和战术手段。这些信息还会揭示那些薄弱环节和与另一方建立贸易关系存在的风险。

（四）时间

时间是另一个重要的市场指标，特别对于那些持续生产的制造商来说更是如此，例如石化厂、汽车制造商，或是那些实际上整年连续运行的生产线。对于与此类厂商打交道的买方，对方交货的速度是反映其库存情况的指标。如果市场需求下降，制造商只有三种选择:放缓生产速度(这样,生产规模不会缩小太多);储存生产出来的成品;关闭工厂。后两种选择需付出高昂的代价,制造商会尽可能地避免。所以如果买方发现其现在的供应商能够迅速交付大批量货物,那么很有可能是供应商的库存很多。不幸的是,大多数买方都错误理解了市场发出的信息。他们倾向于感激这样迅速的交货,而不是利用卖方减少库存的需要去赢得更优惠的贸易条件。

(五)公司的规模和结构

无论从哪个角度来看,一个组织的规模在谈判中是一个需要考虑的重要因素。规模暗示着力量,一家拥有很大市场份额的大公司会使一家规模较小的公司很难进入市场。大公司一般能下大订单,从理论上说这为它们增加了讨价还价的筹码。一般来说,大订单有助于买方获取规模效应和更优惠的贸易条件。所以下大订单的能力无疑是一个讨价还价的筹码。对于卖方,道理是一样的。如果与卖方交易的是很多小客户,每个客户保持较小的购买量,这样失去一个买家对于卖方来说影响不大,卖方仍可保持自己的谈判力。然而这种情况的前提是卖方具有市场影响力,但情况并非都是如此。一个制造商如果生产的是单一产品,而且必须持续生产,那么在需求下降时即使拥有雄厚的客户基础,仍很难维持谈判优势。

一旦买方认为卖方提供的产品同其他供应商提供的产品无本质差别,卖方的谈判力便下降了。很明显,卖方应该尽可能地避免这种情况的发生,并尽力使买方认为自己供应的商品和服务是独特的。

(六)声誉

声誉同公司形象和公司在市场中的声望等因素联系密切。尽管声誉本身不是一个可谈判的因素,但是良好的声誉会从两个方面影响谈判:第一,公司良好的市场信息使其更容易获得潜在的贸易伙伴,因为一家受尊敬的企业更能使其他公司愿意与其谈判。第二,商人总是尽量避免风险。如果一项交易具有风险,那么尽管会增加成本,商人也倾向于选择可信赖和可靠的伙伴。因此,谈判力与企业声誉息息相关。

(七)产品的生命周期

市场营销理论的基础是“产品生命周期”这个概念。该理论认为产品的生命周期包含四个阶段,分别为成长期、成熟期、饱和期和衰退期。尽管一些产品似乎有无限的生命周期,但另一些产品(比如电子产品和时尚产品)的生命周期却极其短暂。一般来说,谈判力与产品生命周期有很高的关联度。在产品的成长期,卖方更有谈判力。在衰退期,买方则占有优势。但如果一种产品的生命周期很短暂,谈判力的大小则取决于市场是否看好该产品的前景。如果买方认为该产品的前景良好,则卖方在谈判中就更有优势。如果买方对产品前景不确定,他们在谈判时便会更谨慎,这样卖方讨价还价的优势便被削弱了。

第二节　谈判力的形成及运用

一、谈判力的主要来源

谈判力的核心包括:① 信息和专业知识,即依靠专门的技巧、知识和经验,提供必要的信息来证明一个人观点的正确性或者推翻一个人的观点;② 对资源的控制,即通过对生产要素的控制来对谈判对手造成一定的影响;③ 在组织中所处的位置,即通过显著地提高自身在组织中所处的位置来迫使对方与自己合作。以下几个方面能够形成谈判力,成为一方谈判力的重要来源。

（一）掌握商务活动中各方面的知识

谈判人员对公司业务和行业情况了如指掌以及对所讨论的条款拥有充分的专业知识都会给人以谈判力很强的印象。因为在全球范围内从事商务活动比普通的贸易更复杂,所以掌握各个方面的情况就可以赋予谈判者较强的谈判力。谈判人员在恰当的时候展示一下自己所具有的专业知识不仅有利于提高威望,而且有利于在不断接近自己目标的过程中使自己获得对方的尊重。一个谈判人员所展示的专业知识越多,谈判对方就会认为该谈判人员的谈判力越强。当然这种展示必须是得体的,如果展示过分也会产生反作用。

（二）了解谈判对手

掌握谈判对手的情况可以提高一个人的谈判力。谈判者对于谈判对手的兴趣、动机、谈判风格及对手视为重要的事物了解得越清楚,这个谈判者的谈判力就越强。了解谈判对手的情况是指一方谈判人员对谈判对手的谈判风格以及对手在谈判中是任务取向还是关系取向,有一个全面和清楚的掌握。

（三）了解竞争情况

了解竞争情况是谈判准备工作的关键所在。除非谈判者对自己相对于竞争对手的优势和劣势了如指掌,否则根本不具备强有力的讨价还价能力。有了上述知识储备,谈判者就可以设计出有效的战略战术,以便使自己的利益不受损失,同时还可以争取实现收益最大化。

（四）准备好备选方案

带着准备好的备选方案去参加谈判可使谈判者增强讨价还价的能力,这是谈判力的一种扩展。如果几家公司都愿意与谈判者所代表的公司进行贸易,那么这个谈判者就处于很强势的谈判地位。即使谈判者一方的备选方案不怎么样,只要谈判对手不清楚它是好是坏,那么也已经足够赋予这个谈判者一定的谈判力了。

（五）安排议事日程

安排议事日程的谈判方可自动获得谈判力。基于这一原因,有经验的谈判者常常会主动提出自己安排议事日程。此外,谈判人员在察看对方拟定的议事日程时要格外仔细,因为议程上没有提到的事项往往比提到的更为重要。

（六）在主场环境下谈判

谈判力就是在谈判中影响他人的能力，而影响他人的最佳地点就是主场环境。这就是为什么成功的谈判者往往提议在其主场谈判的原因。主场谈判是有许多优势的，尤其是在世界范围内进行贸易的时候更是如此。其中最主要的好处就是可以控制后勤情况，还可以及时联系员工和专家或查阅有关文件。除此之外，谈判人员也不用经常倒时差，不会因为工作环境的不熟悉而有其他不便之处。还有一个好处就是谈判人员也有机会向对方现场展示公司的设备。

（七）谈判时间充裕

有时间来规划谈判以及与对方社交也可使谈判人员获得宝贵的谈判力。如果谈判一方有谈判时间的限制，而另一方却没有这种限制，那么这种谈判力就变得更为强大。时间充裕的谈判者能获得第一手信息，减少其所做的妥协，从而最终控制整个谈判过程。

（八）倾听

因为谈判实际上就是双方或多方之间的信息交换，所以具有出色的沟通技巧的一方就会获得谈判力。经验表明，大多数谈判的失败是因为拙劣的沟通技巧，特别是因为在谈判中没有积极、持续地倾听造成的。通过提高倾听技巧可以使自己在谈判中处于优势地位，从而能够充分实现在双赢的结果中所获得的最佳收益。

（九）知道底线

如果某一方低估了自己的谈判力，或者对自身谈判力把握不准，那么这一谈判力就会消失。这取决于一个人的抵抗点或底线。了解自己的谈判底线以及能够转而采取更好的备选方案，不仅会影响一个谈判者的全部谈判方法，而且使该谈判者在谈判中处于强有力的地位，进而支配整个谈判过程。

（十）做出决策或承诺

经常会被人们疏忽的一种谈判力就是承诺的权利。当我们在与规模较大的组织进行谈判的时候，这种谈判力无疑是一种优势。随着全球竞争的日趋激烈，对供应商依赖的日益增强以及及时管理的运用，在谈判结束时有权力做出承诺的谈判者更易于赢得交易。

二、提高谈判力的核心要素及其运用

在运用谈判力的过程中，有三个要素起着决定性的作用，即动机、依赖和替代。为了更好地理解并在谈判中更好地运用三变量之间的关系提高自己的谈判力，有必要详细论述三个变量的含义、它们相互之间的关系，以及它们对谈判各方谈判力的提高和降低的影响。

（一）动机

动机可以理解为获取利益的愿望和激励因素。它与谈判力的提高和降低的关系是：A方谈判力的上升伴随着A方愿望的下降；反之，A方的愿望越强烈，其谈判力就越弱。例如，在自由市场上，当你购买某件商品的愿望十分强烈并且让对方了解到这一点时，你的讨价还价能力自然就削弱了。

在谈判中为了增强自己一方的谈判力，或者为了削弱对方的谈判力，人们可以使用各种方法来激发对方的愿望，其中最常用的方法有以下几种：

1. 诱导对方或对方的支持者

诱导对方或对方的支持者的目的是通过给对方一些诱人的条件或利益来引起对方的注意和激发对方的兴趣，并借此来说服对方与你就其感兴趣的内容进行谈判。例如，在商品促销活动中，商家常用的诱导消费者的方式有降价、打折、买一送一等。精明的促销者总能想出各种各样的办法以吸引潜在消费者的注意并激发他们的兴趣。

2. 向对方展示所提供方案的诱人之处

通过向对方展示你的方案的诱人之处或"卖点"，使对方知道并使他们相信你所提供的方案的确具有吸引力。这一步是第一步的继续，你可以借此说服对方接受你的方案并最终达到你的目的。

3. 获取第三方对所提供的诱人方案的支持

当有第三方表示支持你的方案时，第三方的支持会提高你的信用度，并且通过他的榜样可带动其他人模仿。人们一般更信任他们所熟悉的人，如他们的朋友、同事，即便是陌生人，如果他们属于同一群体，也会产生信任感。广告中经常使用的说服术就是通过消费者现身说法，从消费者的角度说明某种产品的好处。例如，一些制药商用患者本人的例子说明某种药物的疗效——该患者服用该药后效果如何显著，以此来说服其他病人。这些都是第三方支持的例证。公众人物如著名的歌星、演员、运动员等，都扮演过第三方的角色。

4. 限定获得所提供好处的时间

最后让人们知道所提供的好处不是永远存在的，也就是说那些好处是有时间限制的，人们必须在规定的时间内与提供利益的一方谈判，否则过期作废。时间限定或最后期限好似一个助推器，可以督促人们立刻采取行动，因为如果没有时间限定，人们等待观望的态度最终会使他们的热情消失殆尽。例如，精明的商家往往在促销价格的后面加上日期限定，因为消费者的热情一般是即时和短期的，随着时间的推移，看到诱人条件时所产生的冲动也会逐渐消逝。由于这一原因，在确定时间限定时，相对较短的时间限定比较长的时间限定会产生更佳的效果。

（二）依赖

依赖指的是人们为了生存或者使自己所从事的工作有效进行而对其他人或事物持续不断和规律性的需求。而在谈判中，依赖指的是谈判一方为实现其利益和目的对另一方的需求。一方的谈判力随着它对另一方依赖程度的增大而降低。例如，在供大于求的市场上，卖方对买方的依赖程度增大，买方的谈判力也大大增强，买方可以利用有利的市场形势获取更多的利益。

如果谈判一方能成功地提高对方对自己的依赖程度，同时降低自己对对方的依赖程度，那么它的谈判力就会大大增强。在这一方面人们能采用的比较有效的方法有：

（1）削弱、延迟或抑制对方希望获得的服务或资源。如果你的谈判对手能够获得它所需要的资源和支持力量，它对你的依赖程度就会大大降低，同时它的谈判力也会相应提高。如果你能切断对方赖以维持的资源供给，迫使对方转而从你那里获得帮助，则你的谈判力就会大大地提高。例如，在生产中，如果原材料供给有限，则厂家与供应商谈判的谈判力会大大下降，除非厂家能找到其他的替代产品。

（2）削弱对方独立工作的能力。当谈判一方能够做到独立自主而不依赖对方的时候，它可以不在乎对方的压力和威胁。因此，为了提高己方的谈判力就需要削弱对方的独立性。在当今世界，各国之间是相互依赖、相互依存的。但是各国间相互依赖和依存的关系是不平衡的。例如，在国际贸易中，进口国依赖出口国的供应来满足本国的需求，但同时出口国也必须依赖进口国以维持本国的持续生产、就业和发展。当然也有例外的情况，当出口国的产品是不可再生的产品（如石油）时，情况则正好相反，进口国对出口国的依赖加深。随着中国吸引外资的速度不断加快，外资总量不断积累，外国投资者对中国市场和中国资源的依赖同时也在加深。在经济上更多地依赖对方时，该国家在与对方打交道时自然就处于劣势。

（3）说服对方的支持者阻止对方的行动。

（4）使对方放弃继续坚持下去的希望。当谈判一方切断了对方支持者的援助时，也就到了说服对方没有必要再坚持下去的时候。说服对方的最好理由就是它已经孤军作战，别无选择，唯一能够依赖的只有它的竞争对手。一旦对方放弃了继续坚持下去的希望，谈判的结局也就十分明朗了。

（三）替代

替代指的是谈判一方所能寻求的其他选择方案，以及它为了降低对对方的依赖程度而采取的行动。显而易见，如果谈判一方有许多其他的办法、出路和支持者，它的独立性就会大大增强，因而它的谈判力也会大大增强。

谈判一方的谈判力在以下情况下会大大增加：

（1）谈判一方具有不需要依赖对方而独自维持下去的替代选择。

（2）谈判一方有能力负担不断升级的冲突成本。例如，在一场买卖纠纷中，双方为了获得更多的对自己有利的支持和维持律师费用等其他开销，不得不花费大量的钱财和精力，在这种情况下谁能坚持下去谁就获得了主动权。

（3）谈判一方在对方向自己的支持者施加不利影响时仍然能够独自坚持下去。

（4）谈判一方有能力利用专家意见、其他人的说服作用和关系，以及法律的、历史的或者道德的先例获得其他的出路。获得专家和有名望人物支持的一方，其谈判力会得到大大的加强；同样，如果一方能从以往的事例中找到对自己有利的证据来支持自己的观点，它也就获得了有利的支持，从而使自己的谈判力增强。

第三节　不同谈判形势下谈判策略的应用

一、谈判力形势概述

在商务谈判过程中，由于谈判人员在素质、经济实力、拥有的信息量、准备的情况等方面存在着许多差异，因此，谈判者在谈判中所处的形势总是因时、因人而异。

谈判者在谈判中处于何种形势、何种地位，归根结底是由其谈判力决定的。谈判力在商务谈判中起着重要作用，双方谈判力的强弱差异决定了谈判结果的差别。对于谈判中的每一方来说，谈判力都来源于八个方面，即 NO TRICKS 每个字母所代表的八个单词——Need，Options，Time，Relationships，Investment，Credibility，Knowledge，Skill。

“N”代表需求（Need）。对于买卖双方来说，谁的需求更强烈一些？如果买方的需要较多，卖方就拥有相对较强的谈判力；卖方越希望卖出产品，买方就拥有越强的谈判力。

“O”代表选择（Options）。如果谈判能最后达成协议，那么双方会有什么选择？如果你可选择的机会较多，对方认为你的产品或服务是唯一的或者没有太多选择余地，你就拥有较强的谈判资本。

“T”代表时间（Time）。这是指谈判中可能出现的有时间限制的紧急事件。如果买方受时间约束，则卖方的谈判力自然会增强。

“R”代表关系（Relationships）。如果与谈判对手之间建立强有力的关系，在同其谈判时就会拥有关系力。但是，也许有的对手觉得对方只是为了利益，因而不愿建立深入的关系。

“I”代表投资（Investment）。在谈判过程中投入了多少时间和精力？为此投入较多、对达成协议承诺较多的一方往往拥有较少的谈判力。

“C”代表可信性（Credibility）。可信性包括产品可信性、企业自身的信誉等。它也是谈判力的一种，是谈判成功的推动力，但并不能决定最后能否成交。

“K”代表知识（Knowledge）。知识就是力量。如果你充分了解谈判对手的问题和需求，并预测到此次谈判能如何满足其需求，你的知识无疑就增强了自身的谈判力；反之，如果对手拥有更多的知识和经验，对手就有较强的谈判力。

“S”代表是技能（Skill）。这是增强谈判力最重要的内容。不过，谈判技巧是综合的学问，包括广博的知识、雄辩的口才、灵敏的思维等。

在商务谈判中，谈判者总是处于下述三种情况之一：处于优势地位、处于劣势地位或处于均势地位。当谈判人员所处的地位不同时，就应选择不同的谈判技巧来实现自己的谈判目的。

二、优势谈判技巧

在商务谈判活动中，经济实力较强、谈判需求程度较弱的一方，往往处于谈判中的优势地位。当处于优势地位时，其核心是争取尽可能多的利益需求，可以考虑以下谈判技巧。

（一）前紧后松的谈判技巧

前紧后松的谈判技巧也被称为“先苦后甜”的谈判技巧。“前紧”是指在谈判前一阶段给对方提出全面苛刻的条件，而且坚持不做任何让步，造成一种艰苦的局面，使对方产生疑虑、压抑、无望等心态，大幅度降低其期望值，使其处于一种很难接受又怕谈判破裂的矛盾紧张的心理状态。“后松”是指在“前紧”这一先决条件下做出退让，逐步优惠或让步，使对方在紧张后产生某种特殊的轻松感，使对方感到欣慰和满足，从而达成有利于满足己方需要的协议。只有在谈判中处于主动地位的一方才有资格使用前紧后松的谈判技巧。

（二）不开先例的谈判技巧

不开先例的谈判技巧,通常是指占据优势的一方坚持自己提出的交易条件,尤其是价格条件,而不愿让步的一种强硬的谈判技巧。当对方所提的要求己方不能接受时,己方谈判者可以解释说:“如果答应了这一次的要求,就等于开了一个交易先例,会迫使我方今后在遇到类似的交易行为时也至少必须提供同样的优惠,而这是我方无法承担的。”不开先例的谈判技巧是一种强化自己谈判地位和立场的最简单、有效的方法。

（三）限定的谈判技巧

在商务谈判活动中,实力强的一方常常会利用谈判中的有利地位,采用限定的谈判技巧。因为在这种情况下,对方特别担心谈判破裂,一旦破裂,对方损失最大。限定可以是多方面的,视谈判的具体情况而定,通常会限定谈判范围或谈判时间。

（四）欲擒故纵谈判的谈判技巧

欲擒故纵谈判的谈判技巧的明显特征是采取逆向行为,向对方传递一个不真实的信息。为了不被识破,谈判者在采用这种谈判技巧时,应是有真有假、真假难辨,而不能全虚全假。

（五）先声夺人的谈判技巧

先声夺人的谈判技巧是一种在谈判开局中借助己方的优势和特点,力图在心理上抢占优势,以求掌握主动的方法。

先声夺人谈判的谈判技巧是一种极为有效的谈判技巧,但运用不当会给对方留下不良印象,有时会给谈判带来负面影响。例如,有些谈判者为了达到目的以权压人、过分炫耀等,会招致对方的反感,激发对方的抵制心理。因此,先声夺人的“夺”应因势布局,顺情合理,可以适当地施加某种压力,但必须运用得巧妙、得体,才能达到“夺人”的目的。

（六）声东击西的谈判技巧

声东击西的谈判技巧,指己方为达到某种目的和需要,有意识地将洽谈的议题引导到无关紧要的问题上,故作声势,转移对方注意力,以求实现自己的谈判目标。具体做法是在无关紧要的事情上纠缠不休,或在自己不成问题的问题上大做文章,以分散对方对自己真正要解决的问题的注意力,从而在对方毫无警觉的情况下顺利实现自己的谈判意图。这种谈判技巧常令对方顾此失彼,防不胜防。它的特点在于具有较大的灵活性,能够避免正面交锋可能带来的不良影响,神不知、鬼不觉地实现自己的目标。

（七）出其不意的谈判技巧

出其不意的谈判技巧指,谈判桌上一方利用突如其来的方法、手段和态度的改变,使对方在毫无准备的情况下不知所措,进而获得意想不到的成果。运用出其不意的谈判技巧要把握两个要领:一是快速,以速制胜;二是新奇,以奇夺人。

三、劣势谈判技巧

在现代瞬息万变的市场环境下,任何企业都不可能永远处于优势,当一时处于极不利的条件下进行商务谈判时，其主要的谈判技巧应以尽可能减少损失为前提，或者变劣势中的被动为主动来争取谈判的成功。

（一）"挡箭牌"谈判技巧

挡箭牌谈判技巧，多少申明自己权力有限，利用"第三者"的力量锁住自己的阵势，避免做出自己难以接受的让步。此时，谈判者会申明没有被授予这种承诺的权利，手持"盾牌"，在自己的立场面前寻找各种借口、遁词。一般是利用"训令、规定、上级、同僚或其他的第三者"作为挡箭牌来向对手要条件，减少自己让步的幅度和次数。这种谈判技巧往往是隐蔽手中的权力，推出一个"假设的决策人"，以避免正面或立即回答对方的问题。

（二）"踢皮球"谈判技巧

踢皮球的谈判技巧是指在谈判桌上遇到难以应付的问题时，谈判的一方借口自己不能决定或者其他理由，转由他人继续谈判，把对方的问题踢来踢去，不予正面答复，对方在万般无奈的情况下只得妥协让步。使用踢皮球谈判技巧时，多处于以下状况：遇到谈判形势对己方不利，想终止谈判而达到出尔反尔的目的；想达到降低对方条件、挽回损失、反败为胜的目的；想达到降低对方期望的程度，使之自动让步的目的。

踢皮球的谈判技巧与挡箭牌的谈判技巧是有区别的，挡箭牌的谈判技巧是以上级、同僚或其他第三者作为挡箭牌来向对手要条件，而踢皮球一般是把"球"踢给上级领导、合伙人或其他关系人，由此来转嫁责任。

（三）"疲劳战"谈判技巧

此种谈判技巧主要是通过软磨硬泡来干扰对方的注意力，瓦解其意志，从而寻找漏洞，抓住时机达成协议。

在商务谈判中，实力较强一方的谈判者常常咄咄逼人，锋芒毕露，表现出居高临下、先声夺人的姿态。对于这种谈判者，疲劳战是一种十分有效的谈判技巧。其目的在于通过许多回合的疲劳战，逐渐消磨谈判者的锐气，同时扭转己方不利和被动的谈判局面。到了对手筋疲力尽、头昏脑涨之时，己方则可借此机会，反守为攻，抱着以理服人的态度，摆出己方的观点，力促对方做出让步。

（四）吹毛求疵的谈判技巧

吹毛求疵的谈判技巧，是指处于谈判弱势的一方，当谈判中处于有利的一方炫耀自己的实力、大谈特谈其优势时，采取回避态度或者避开这些实力，同时寻找对方的弱点，伺机打击对方的士气。这将使处于谈判弱势的一方在交易时充分地争取到讨价还价的余地。

（五）以柔克刚的谈判技巧

在商务谈判中，占主动地位的一方会以一种咄咄逼人的姿态来表现自己，对于这样的谈判者，倘若以硬碰硬，表示反抗或不满，往往容易形成双方情绪的对立，对方会更加骄横，甚至退出谈判，危及谈判最终目标的实现。在这种情况下，对对方的态度不做反应，采取忍耐的态度，以"我方"之静制"敌方"之动，以己方的忍耐磨去对方的棱角，挫其锐气，使其筋疲力尽之后己方再做反应，以柔克刚，反弱为强，伺机反守为攻，才能夺取谈判的最后胜利。如果被动的一方忍耐下来,对方得到默认和满足之后,反而可能通情达理,公平合理地与你谈判。

（六）难得糊涂的谈判技巧

难得糊涂作为一种处理劣势条件时的防御性谈判技巧,是指在出现对谈判或己方不利的局面时,故作糊涂,并以此为掩护来麻痹对方的斗志,以达到蒙混过关的目的。假装糊涂可以化解对方步步紧逼,绕过对己方不利的条款,而把谈判话题引到有利于己方的交易条件上。当对方发现己方误解了其意思时,往往会赶紧解释,在不知不觉中受己方话语的影响,在潜移默化中接受己方的要求。所以,谈判老手们在必要时总会"糊涂"一把。

（七）多问多听少说的谈判技巧

处于被动地位的谈判者,应让对方尽可能地发言,而己方少讲多听。这样做既表示出对对方的尊重,也可以根据对方的要求,确定对付其具体的谈判技巧。对方多谈,可以大大减少对方的逆反心理和戒备心理,也就会因暴露过多而回旋余地较小;而多向对方提出问题,则可促使对方暴露其真实的动机和最低的谈判目标,然后根据对方的动机和目标并结合己方的意图采取有针对性的回答。这是一种有效的防御谈判技巧。

（八）以退为进的谈判技巧

以退为进的谈判技巧是指在输赢未定时,暂时退让,伺机而动,争取主动和成功。在实际商务谈判中,有时谈判双方争执激烈,有时还要坚持继续谈下去,有时要求休会下次再谈,有时要据理力争,有时则要暂时退却、伺机而动。因此,退一步,进两步,也是一种谈判技巧。暂时的退却是为了将来的进攻。

四、均势谈判技巧

在商务谈判中,有时也可能出现谈判双方势均力敌的状态。在双方地位平等的条件下,谈判的基本原则是平等互利,求同存异。按照这个原则,首先要建立一种热情友好的合作气氛与环境,然后双方才能融洽地进行工作。因此,在这种情况下,应以谋求合作和追求互利为前提。

（一）回避冲突的谈判技巧

商务谈判是经济利益的协调过程,合作与冲突并存。不同谈判的合作与冲突的对抗程度不同。在相对平等的条件下,合作的可能性很大,尽可能回避冲突,扩大合作面,是争取谈判成功的重点所在。谈判人员在开谈之前,要明确自己的谈判意图,在思想上进行必要的准备,以创造融洽、活跃的谈判气氛。然而,谈判双方为了谋求各自的利益,必然会在一些问题上发生分歧,冲突总是存在的,在谈判中一旦把握不好,冲突会扩展,形成很强的对抗,甚至出现僵局。为缓和矛盾,打破僵局,引导谈判向成功的方向发展,商务谈判中常采用一些回避冲突的谈判技巧,通常的做法有以下几种:

1. 休会的谈判技巧

休会是谈判人员经常使用的一种基本的谈判技巧。其主要内容是:在谈判进行到一定阶段或遇到某些障碍时,谈判一方或双方提出休会一段时间,以便使谈判双方人员都有机会重新研究、调整对策和恢复体力。这是缓解矛盾、转变气氛的一种有效的谈判技巧。休会的谈判技巧不仅可以避免出现僵持局面和争论发生，而且可以使双方保持冷静，调整思绪，平心静气地考虑双方的意见，达到顺利解决问题的目的。

2. 坦诚的谈判技巧

坦诚的谈判技巧，是指谈判人员在谈判中尽量开诚布公，使对方感到信任友好，促进通力合作，达成交易。

谈判不应该完全从自我立场出发，采取各种技巧谋略，使对方完全按己方设计的轨道运行，这样只会导致双方情感的对立。通过采取开诚布公的态度，坦诚告诉对方己方的某些真实意图，这往往是减少矛盾、回避冲突、促使对方通力合作的良好对策。但要注意的是，商务谈判中的坦诚相见是有技巧的，同时还要警惕对方的欺骗行为。过分“坦率”，有时是一种幼稚而愚蠢的行为。谈判中坦诚的谈判技巧，是以能达到“以心换心”为前提的。

3. 弹性的谈判技巧

弹性的谈判技巧，是指在谈判中遇事留有充分余地，讲话不能太绝对，要有灵活性。无论是陈述介绍，还是报价还价，都要留有余地，否则会导致不必要的对抗。

这种谈判技巧实际上是“留一手”的做法。在商务谈判中，若对方向你提出了某种你可以满足的要求，你应该怎么办？这时应看到，即使你能满足对方的全部要求，也不必痛快地全部或马上都应承下来，而宜首先用诚恳的态度满足其部分要求，然后留有余地，以备进一步讨价还价之用，这也是一些谈判人员经常使用的谈判技巧。比如，在商务谈判实践中，常采用的一种“假设条件模式”就是弹性的谈判技巧的具体应用。

4. 转移的谈判技巧

这是指采用不要死盯在某一具体条款上的谈判对策。当在谈判中某一条款快要出现僵局时，转移谈判具体项目，特别是转移到双方容易统一的条款上，这对缓和气氛、回避冲突具有一定的效果。

（二）情感谈判技巧

人是情感动物。谈判人员间通过多种渠道接触和沟通，不断增进双方的了解和友谊，这对谈判是一种无形的推动力。从国内外商务谈判来看，情感谈判技巧已被广泛应用，其具体做法多种多样，不拘一格。常见的有以下几种：1. 迂回的谈判技巧

迂回的谈判技巧，即通过其他途径接近对方，彼此了解，联络感情，沟通了情感之后再进行谈判。在谈判中利用感情因素去影响对手是一种可取的谈判技巧。此类方法很多，如可以有意识地利用空闲时间，主动与谈判对手聊天、娱乐、谈论对方感兴趣的问题；也可以馈赠小礼品，请客吃饭，提供交通食宿的方便；还可以通过帮助对方解决一些私人的疑难问题等增进了解，联络感情，建立友谊，从侧面促进谈判的顺利进行。

2. 润滑的谈判技巧

谈判人员为了表示友好和联络感情而互相馈赠礼品，以期取得更好的谈判效果的谈判技巧，西方人称之为“润滑的谈判技巧”。

目前，由于东西方文化习俗的差异，世界各国、各地区对馈赠礼品这一行为的评价很不一致。西欧人大多数都信奉基督教，认为谈判与送礼是两种精神相悖的不同行为，故

而往往持不赞成的态度。另一些国家和地区,则把送礼当作谈判工作中的一项重要准备内容,是诚意的表示,认为缺乏这项内容谈判就不会顺利,生意也无从谈起。特别是日本人,他们素有互赠礼品的习惯,并把礼品视为友好、诚恳地表示。

我国是礼仪之邦,在对外贸易活动中向外商适当地馈赠一些礼品,有助于增进双方的友谊,符合社会的正当习俗。在国内商务活动中,馈赠礼品也并非绝对不能使用,但必须把其同行贿受贿区别开来。馈赠礼品的正确做法是,既要考虑到对方的文化习俗、爱好、性别、身份、年龄,又要考虑到礼品本身的思想性、实用性、艺术性、趣味性和纪念意义等,还要注意禁奢脱俗。

3. 双赢式谈判技巧

双赢式谈判技巧是一种合作性的谈判方式,双方都在努力得到一个双方都愿意接受的结果。如果把双方的冲突看作能够解决的,那么就能找到一个创造性的方法解决问题,甚至还会增强双方的关系。双赢式谈判的出发点是在绝不损害别人利益的基础上取得己方的利益,因而又被称为谋求一致法或皆大欢喜法。

在许多情况下,谈判双方的利益不一定都是对立的,如果将谈判焦点由各方都要击败对方转向双方共同击败存在的问题,那么最后双方都会满足自身的需要。然而双方的真正需要是很少显露出来的,因为谈判者都尽量掩盖真情,不承认真情,所以谈判并不都是为了公开谈论的或争论的东西,无论是关于价格、服务、产品、土地特许权、利率等都是如此。讨论的内容和方式是用来满足心理需要的,所有这一切才构成谈判过程。因此,为了达到自己的目的所采用的方式本身就可能满足对方的一定需要,成功的谈判是利益的协调和共沾。

4. 满足需要的谈判技巧

谈判是致力于发现对方需要,表达己方需要的过程。双方的种种行动,无非是为更好地满足双方的需要,从而能够达成协议。

需要的满足是一种双向的活动,想实现自身的需要,必须让对方也实现他们的需要。双方通过一系列的会谈,进行一系列的让步,使双方的目标能够协调和吻合。只有这样,双方的需要才都能够满足,否则,任何一方的需要均不能实现。

需要的满足又是一种系统的整体行为。任何一个层次的需要在谈判中均不可忽视。偏废任何一个层次的需要,哪怕看起来很不起眼的需要,都可能导致谈判的失败。

谈判中需要满足的系统性、整体性不仅包括对各个层次需要的满足,还包括对不同主体需要的满足,即不仅要满足谈判双方组织的需要,还要满足谈判者个人的需要。否则,谈判有半途而废的危险。商务谈判尽管复杂而艰巨,但只要谈判者抓住需要这一核心,善于表达自己的需要,发现和满足对方的需要,就能更好地满足己方的需要,实现谈判目标。

5. 调和折中的谈判技巧

在双方地位平等的情况下,经过双方调和折中后达成协议,这也是商务谈判中经常采用的谈判技巧,即双方互相让步的谈判技巧。在谈判人员向对方做出让步承诺的同时,应该力争使对方在另一个问题上也向自己做出让步。理想的让步应是互惠的让步。

谈判人员对于自己所做出的每一点小的让步,都应试图取得最大的回报,但是在谈判中,要使谈话保持轻松和有伸缩性,否则,对方发觉他处于下风时会更加坚持自己的要求。

6. 抛砖引玉的谈判技巧

抛砖引玉的谈判技巧是指在商务谈判中主动地提出各种问题,但不提解决办法,让对方去解决的一种战术。它一方面可以达到尊重对方的目的,使对方感觉到自己是谈判的主角和中心;另一方面,自己又可以摸清对方底细,争得主动。但该谈判技巧在两种情况下不适用:一是在谈判出现分歧时;二是在对方是一个自私自利、寸利必争的人时,因为对方会乘机抓住有利的因素,使己方处于被动地位。

本章提要

1. 谈判力是谈判中一方拥有的可以影响、控制另一方的决策,解决双方的争端,实现谈判预定目标的能力。

2. 影响谈判力的因素很多,包括市场情况、市场份额、信息、时间、公司的规模和结构、声誉、产品的生命周期等。

3. 掌握商务活动中各方面的知识,了解谈判对方,了解竞争情况,准备好备选方案,安排议事日程,在主场环境下谈判,谈判时间充裕,倾听,知道底线,做出决策或承诺等均能形成一方的谈判力。

4. 在运用谈判力的过程中,有三个要素起着决定性的作用,即动机、依赖和替代。动机可以解释为获取利益的愿望和激励因素。依赖指的是人们为了生存或者使自己所从事的工作有效进行而对其他人或事物持续不断的和规律性的需求。替代指的是谈判一方所能寻求的其他选择方案,以及它为了降低对对方的依赖程度而采取的行动。

5. 在商务谈判中,谈判者总是处于下述三种情况之一:处于优势地位、处于劣势地位或处于均势地位。当谈判人员所处的地位不同时,就应选择不同的谈判技巧来实现自己的谈判目的。

讨论与思考

1. 什么是谈判力? 它在商务谈判中所起的作用是什么?

2. 影响谈判力的基本因素有哪些? 其中了解竞争情况是如何影响谈判力的?

3. 简述动机、依赖和替代这三个谈判力核心要素的含义。

4. 谈判中双方实力相当时经常采用的谈判技巧有哪些? 简述两种做法的区别和共性。

案例分析

市场竞争与谈判力

我国山东省塑料编织袋厂厂长曾经以声东击西的策略在与日本某纺织株式会社的谈判中以最低的价格完成了交易。这位厂长首先与日方代表达成了正式购买编织袋生产线的口头协议,接着就带领厂里的谈判代表团在青岛开始与日方谈判。

在进行了一周的技术交流之后,谈判进入了实质性阶段。对方的主要代表是国际业务部的中国课课长,他起立发言:“我们经销的生产线由日本最受信赖的三家公司生产,具有国际先进水平,全套设备的总价是240万美元。”课长报完价,漠然一笑,摆出一幅不容置疑的神气。编织袋厂的厂长微微一笑,他的内心十分清楚,对方是在漫天要价,因为他们认为自己势在必得。

面对日方代表的嚣张态度,中方厂长起身回应:“据我们掌握的情报,你们的设备性能与贵国××会社提供的产品完全一样,我省另外一个厂家购买的该设备比贵方的开价便宜一半。因此,我提请你重新出示价格。”日方代表当然不愿意轻易让步,于是双方首次谈判宣告结束。

第二天,谈判继续进行,日本方面把各类设备的价格开出了详细清单,又提出了180万美元的报价。中方显然对这个价格仍旧不满意,经过激烈的争论,生产线总价一点一点地被压到了130万美元。此时,日方表示价格无法再压,在后来连续9天的谈判中,双方一直在就价格问题进行谈判,但始终没有成功,而且由于双方互不妥协让步,谈判陷入了僵局。

中方厂长知道自己是需要这套生产线的,但是他又知道日方肯定没到价格底线,所以现在还没到签字的时候,但是如果不做出妥协,对方也不做出让步,那这场谈判很可能就要在双方僵持中破裂。这位厂长苦苦思索着,回顾谈判的整个历程,前一段基本上是日方漫天要价,我方就地还价,处于较被动的地位,如果对方以为中国方面是抱着“过了这个村就没有这个店”的想法与他们进行压价谈判,就难以再叫他们让步了。面对这种情况,这位厂长想到了声东击西的策略——他马上派人和另一家西方公司联系,以机敏而著称的日商自然很快就发现了这件事,总价立即降至120万美元。120万美元的价格其实已经达到了当初厂里预定的目标,可是这位厂长通过其他途径了解到当时正有几家外商同时在青岛竞销自己的编织袋生产线。面对这么有利的形势,他觉得应该紧紧抓住这次机会,迫使对方做出进一步的让价。既然有机会以更低的价格达成协议,为什么不试一试呢?这位厂长开始着手进行他的下一步行动了。

日方当然也知道120万美元的价格对于中国方面的意义,于是他们表示再也不会做出任何让步,而中方则利用有利形势要求对方继续让价,谈判桌上的气氛十分紧张,面对中方代表的步步紧逼,日方代表震怒了:“我们几次请示总公司,4次压价,从240万美元降到了120万美元,比原价已降了50%了,可以说做到了仁至义尽,而如今你们还不签字,实在太苛刻,实在太无诚意了!”说完后他还把公文包甩到了桌上。面对日方代表表现出的愤怒情绪,中方厂长以低沉而不失威严的声音回答道:“先生,你们的价格,还有先生的态度,我们都是不能接受的!”说完,同样怒气十足地把公文包甩在桌上,那公文包有意没拉上锁链，经他这一甩，里面那个西方某公司的设备资料与照片撒了一地。日方代表很快改变了态度，并表示愿意和总公司商量考虑我方提出的条件。最后经过双方的进一步协商，最终以110万美元的价格达成了协议。

问题：请分析上述案例中我方人员是如何增强价格谈判中的谈判力的？市场竞争状况在多大程度上影响了这场谈判？

延伸阅读

中老首个电网合作项目投产 促成3.1亿元设备出口

2015年11月30日从南方电网获悉，中国和老挝首个成功合作的“一带一路”电网项目——230千伏老挝北部电网工程于11月29日在老挝琅勃拉邦举行通电移交仪式。据了解，该项目已促成3.1亿元的电力设备出口，并带动了电力设计、监理、施工、设备制造等方面的中国企业“走出去”。

南方电网公司总经理曹志安在致辞中表示：“南方电网公司和老挝国家电力公司作为战略合作伙伴，一直保持着密切的联系交流，双方合作朝着纵深发展，不断取得新的成果。自2009年南方电网开始向老挝送电以来，送电量年均增长率达38%，截至2015年10月底累计送电8.92亿千瓦时，为老挝北部经济社会的快速发展和人民生活水平的稳步提高提供了坚实的电力保障。目前，公司正在积极推进500千伏中老电力联网前期工作，继续做好老挝国家电网安全稳定运行咨询服务，以及老挝留学生培养计划，希望各位领导、嘉宾能一如既往地给予南方电网大力支持和帮助。”

老挝能源矿产部部长坎玛尼·尹缇拉在仪式上讲话，代表老挝政府对南方电网公司表示感谢。他说：“此项目的竣工，为老挝将足够的电力输送至各省、县、村奠定了基础，为老挝北部各省的经济发展做出了巨大贡献，是老挝由自然型经济转换为生产型经济的关键。此项目还将为即将开工的中老铁路建设提供电力保障。”

230千伏老挝北部电网工程是老挝国家能源战略的关键项目，由老挝国家电力公司投资，南方电网云南国际公司总承包。项目横跨老挝北部4省，包括4条230千伏线路和4座变电站，合同金额为3.02亿美元。工程于2014年开工建设，投产运营后，结束了老挝北部电网孤网运行的历史，形成全国统一的230千伏骨干网架，为老挝经济发展提供了有力支撑。

“水电富国”是老挝的国家经济发展战略。据亚行估算，流经老挝的湄公河蕴藏电力约为1.8万兆瓦，但目前利用率还不到4%。现在老挝还有100多个偏远山区没有用上电，14%的家庭没有用上电，老挝还有很大的电力发展空间。当天，老挝国家电力公司还与南方电网云南国际公司签署了500千伏老挝那磨—勐晖输变电工程EPC框架协议。未来，中国与老挝的电力合作还将进一步加强。

资料来源：作者根据网络资料整理。

第十章

国际商务谈判经典案例分析

【导语】

国际商务谈判既是进攻的艺术,也是妥协的艺术。它是谈判者专业智慧、人文素养、心理素质的综合体现,更是谈判者背后所代表的国家的综合实力的体现。本章选取了近年来发生在国际市场上惊心动魄、扣人心弦的最新经典案例,从中也可看到中国融入世界市场的迅猛步伐。

【教学目的】

体会国际商务谈判的真实场景,找到国际商务谈判的普遍规律。

国际商务谈判案例的研究,是从实践总结、理论深化和指导实践的角度来研究商务谈判,它有着自身特定的含义、特征和构成。因此,我们首先从国际商务谈判案例的基本问题入手展开讨论。

"案例"这一名词的英语表达为"case",尽管我国学者对其含义的界定在表述上存在出入,但基本内容差异不大,公认的含义是指对某一具体现象的描述、总结和分析。

要准确把握和界定"案例"的含义,应遵循下列原则:

(1) 真实性。商务谈判案例应该是已经发生的、关于商务谈判活动的记载,即案例是写实的,是客观发生过的,不能随意杜撰,随机取舍,随意扩大或缩小。

(2) 典型性。案例是对客观存在事件的提炼和精选,既能真正体现出现象与本质、共性与个性的统一,也应使人们在对其进行分析时可以得出一些带有规律性的结论。

(3) 有效性。案例本身要有现实意义。案例分析不是为了分析而分析,而是为了上升提炼为理论后进一步指导实践。

(4) 完整性。一个成功的案例应具备四大要素:主体要素(谈判关系主体与行为主体)、客体要素、背景条件要素和行为要素。只有具备了这些内容,案例才是完整的。

(5) 可读性。案例叙述要有情节,文字应朴素可读,思维闪光点较多,否则就失去了案例的指导作用。

商务谈判案例的研究可以探讨商务谈判实务的规律,探寻商务谈判的现象与本质、形式与内容等诸多联系,具有相当重要的意义。

我们在承认商务谈判案例优势的同时,也不能忽视其局限性,具体表现在以下几个方面:

(1) 由于受具体实践的限制,每一个案例只能从某个角度、某个方面或某一层次反映商务谈判的部分知识,不可能系统完整地提示全部知识。而且,案例与案例之间缺乏一种整体性的系统关联,难以形成严密的内在体系。

(2) 每个案例都有很强的特殊性。每一次谈判都会受特定的主体、客体、背景、行为等因素的制约,因而把通过特定案例分析得到的一些战略和战术作为"封闭型"的定论而简单推广是不可取的。

(3) 商务谈判案例的编写,不可避免地会根据研究者的理解进行取舍。有时为了说明问题,会夸大某一个方面,使原来事实中的相关关系发生变化。这种情况在中外案例使用中比比皆是。

苹果公司入华谈判案例分析
——基于商务谈判策略角度

本文基于案例教学的原理与方法,围绕苹果公司入华谈判一案,从商务谈判策略的视角系统评析苹果公司、移动公司以及联通公司围绕 iPhone 手机展开的系列商务谈判活动,为商务谈判教学创新做出一些有益探索。

(一)“白箱网络”中央区之探讨

1．“白箱网络”理论架构

现代商务谈判理论体系博大精深，谈判活动总体上涉及博弈论、信息论、公平理论以及“黑箱”理论。谈判策略就是依据上述理论展开的，其中“黑箱”理论始终贯穿于每一个谈判活动，可谓是谈判策略的指导思想。在控制论中，通常把未知的区域或系统称为“黑箱”，而把全知的系统和区域称为“白箱”，介于“黑箱”和“白箱”之间或部分可察“黑箱”称为“灰箱”。谈判双方的观点众多，既有相同部分，更多的是相左之处。所以，必须充分把握双方一致的谈判利益，确定哪些是谈判双方不相冲突的。在找准一致性与共性观点后，如何扩大这个“白箱网络”中央区，也就成为谈判双方的重中之重。

2．iPhone 手机谈判中的“白箱网络”中央区

下面四点即是谈判双方心知肚明的“白箱”：

(1) iPhone 手机的音乐下载功能。此功能帮助用户借助于 Windows 系统的 PC 从苹果应用软件商店 App Store 上下载音乐，既有助于实现苹果的增值服务计划，也有助于移动公司实现从“卖产品”到“卖服务”的转型。

(2) iPhone 手机的上网功能。因为 iPhone 手机预先植入了 Wi-Fi 功能，用户可以借此浏览网页、登录网上邮箱等，这与国内目前众多的所谓智能手机完全不同。这一特殊卖点，有助于联通公司吸引商务人士等更多高端用户，在与移动公司的残酷竞争中占据相对有利的位置。

(3) iPhone 手机的名牌效应。移动公司大张旗鼓地进行 OPhone 的布局尚需一个漫长的过程，而 iPhone 是已经经过市场检验的世界名牌，移动公司可以借助这一品牌巩固已有的市场份额，联通公司可以凭借这一品牌在 3G 市场上与移动公司一决高下；苹果公司可以依靠 iPhone 的名牌效应，将苹果产品和服务推广到中国这一个世界最大的消费市场。

(4) 中国手机营运商包销手机。苹果 iPhone 手机在全球开启了触摸式手机的潮流，中国消费者更是喜欢触摸式手机。引入 iPhone 手机对国内营运商来讲是风险很低的买卖，尤其在吸引用户上远胜其他任何一款手机。其结果是：苹果公司借道联通公司进入了全球最大的手机市场，同时挖掘了一个大卖软件应用的市场；App Store 可以为苹果公司带来大量的收入，通过联通公司发展 iPhone 手机用户后，苹果公司这则是则可以大量培育其应用软件在中国的“粉丝”，并在后台收钱，这是一个非常划算的买卖。苹果公司获得了稳定的销售份额，移动公司、联通公司等营运商通过 iPhone 手机的销售获取市场份额，赚取丰厚利润，提高企业效益。在包销手机环节上双方没有分歧，意见是一致的。

如果在“白箱网络”中央区基础上，将双方可谈判的空间扩大，即将共同区尽可能纳入中央区，增大双方的共同利益，这是符合原则性谈判的宗旨，即“把蛋糕做大，使每一方的利益都增加”。对于国内营运商而言，谈判成功有两个作用：一是引入 iPhone 手机可以促进营运商的数据增值业务的发展（尤其是 iPhone 手机所搭载的无线音乐下载平台、上网功能）；二是占据年轻高端用户群体。基于这两点考虑，国内营运商尤其是移动公司、联通公司才爽快答应每年包销数百万部 iPhone 手机。iPhone 手机正式入华后，苹果公司除负责售后维修支持外，还将会继续参与推动产品销售的各项具体事宜，包括形象专区

建立、分销终端的选择以及产品供应链的监控和管理。通过商务谈判,无论与谁合作,苹果公司在中国的“蛋糕”一定会越做越大。

（二）苹果 iPhone 手机谈判策略分析

iPhone 手机入华之说早已沸沸扬扬,期间经多方博弈,明争暗斗。为了压制对方的谈判空间、达到己方的谈判目的,苹果公司与国内营运商之间演绎了一幕幕没有硝烟的谈判大战。细品之余,可以梳理出以下几条谈判策略:

1. 开诚布公

这一策略是指谈判双方在谈判过程中开门见山地亮明自己的真实思想和观点,如实介绍己方情况,客观地提出己方要求,以求得双方合作成功的策略。苹果公司为了及早进入中国市场,首先选择占据中国手机市场份额 70% 以上的移动公司,毫不遮掩地抛出了其酝酿已久的苹果模式——“分成模式 + 增值服务模式”。即每一个 iPhone 手机用户为营运商贡献的收入,苹果将获得 20%—30% 的分成;每销售一部手机,营运商一次性向苹果公司补贴 600 美元,同时必须向用户提供购机补贴的方案;用户可自由购买 iPhone 手机,使用任何的 SIM 卡;iPhone 手机装载在线软件商店 iTunes APP Store,用户需到苹果的软件商店付费购买增值服务。苹果公司立足眼前——收取分成费,赚取未来——掌控增值服务,相对于移动公司以往的合作方案,简直是“狮子大开口”!

2. 声东击西

苹果公司深谙谈判策略,在进入中国市场的马拉松式谈判过程中,频繁地施放“烟幕弹”。2007 年,市场上爆出苹果公司与国内比较大的手机连锁经销商迪信通公司签署协议的消息。大有的气势。先是媒体宣称,迪信通副总裁陈京生曾表示:“迪信通已与 iPhone 签署战略协议,只要 iPhone 进入中国,首先就会进入迪信通的卖场。”他同时信誓旦旦地表示,iPhone 将于 2008 年春节前后进入中国内地市场。鉴于迪信通的网络优势主要体现在二、三级市场,与 iPhone 手机的目标消费群体有很大差异,“结盟迪信通”一说纯属谈判陷入僵局后,苹果公司迫使对方让步的一种谈判策略而已。接着,联通公司执行董事兼副总裁李正茂在澳门出席“GSMA 移动通信亚洲论坛”时向媒体表示,iPhone 手机在一些市场很畅销,联通公司有兴趣与苹果进行相关磋商。李正茂说:“如果有机会,我们也愿意(与苹果)磋商。至于(双方的)洽谈是否会展开,你得去问苹果。”又有消息称,苹果公司已经开始计划在北京开设直销店,绕开营运商与内地一些手机渠道商的合作也在洽谈中。苹果公司在与移动公司谈判中屡屡爆出新的谈判“绯闻”,其目的在于迫使移动公司就范,按照苹果公司模式签订谈判合同。苹果公司导演了一系列谈判,最终与联通公司达成合作协议。联通公司将于 2009 年第四季度开始销售 iPhone 手机,包括 3G 和 3GS 两款型号,双方的合作期限为 3 年。

3. 出其不意

众所周知,苹果公司在美国独家合作伙伴为全美最大移动运营商 AT&T,在英国为 02,德国为 T-Mobile。苹果公司进军中国必定首选占据中国手机市场份额 70% 以上的移动公司。但是,在谈判中移动公司与苹果公司之间是寸利必争。从 2007 年开始,“半路杀出程咬金”的闹剧接连不断,先是迪信通公司自诩已经与苹果结盟,后来又有联通公司主动“伸出橄榄枝”。但移动公司坚守阵地,谈判陷入僵局。苹果公司只透露 2009 年将把 iPhone 带到亚洲,而没有给出进入中国的时间表。出乎意料的是,“新娘要嫁人了,新郎却不是你”。2009 年 9 月突然爆出苹果公司与联通公司正式签约,但是具体内容却半遮半掩,为大众留下悬念。苹果公司在中国市场寻找到了 iPhone 手机的市场“推手”,这是“出其不意”之策初见成效;联通公司尽管可以将 iPhone 变为自己的一个利润增长点,但无法改变目前移动公司独霸手机运营市场的竞争格局,这又在意料之中。

4. 留有余地

苹果公司与联通公司签订的 iPhone 手机在华销售代理合同并非排他性协议,联通公司代理的只是苹果 3G iPhone 和 3GS iPhone 两款机型。显然,苹果公司在中国又留了一条门缝——与移动公司谈判的大门仍然敞开着:苹果公司可能与移动公司联手,推出 TD 制式的 iPhone;移动公司可能代理苹果 3G iPhone 和 2G iPhone 在中国的销售;移动公司和苹果公司可能携手面向未来,由移动公司代理苹果公司的 4G iPhone 在中国市场的销售。移动公司有较大的操作空间,在苹果公司与联通公司的结盟问题上,其极有可能“插足其间,横刀夺爱”,而这恰好正中苹果公司下怀。

综上所述,3G iPhone 入华谈判是商务谈判教学中的典型案例,其中既蕴含着“白箱网络”理论,也体现着丰富多彩的谈判策略与谋略,实属现代商务谈判案例教学中的不朽之作!

资料来源:李明星.商务谈判案例教学研究[J].中国科教创新导刊.2009(31).

微软收购诺基亚　谈判因何失利?

微软收购诺基亚旗下设备业务的谈判失利,似乎折射出微软在移动战略上的转移。

近日,来自《华尔街日报》的消息称,有关微软收购诺基亚设备业务的高级谈判已经破裂。消息称,两家公司的上述谈判因为价格的争议,双方未来可能不再谈判。

目前,诺基亚对此不予置评。微软也不愿对此表态。

事实上,关于微软是否收购诺基亚设备业务部门的评论一直在业内流传。2011 年 2 月,诺基亚与微软宣布广泛的战略合作。在该合作框架中,诺基亚划分为智能设备和移动电话两个事业部。而智能设备事业部开始积极采用微软 Windows Phone 的系统方案。

当时就有业界的评论认为,这是诺基亚在失去手机霸主地位,以及背负较大债务情况下选择的一种折中路线:先通过分拆成两个事业部,为未来的资本运作提供便利条件;同时与微软积极合作,寻找战略大树作为依靠,以此来进行过渡;等财务情况有所好转后,再将智能设备事业部出售给微软。

当时,微软也需要与一家规模较大的手机厂商合作来探索其未来移动领域的各种可能性,以决定到底是通过与一家硬件厂商进行更深层次的产品适配,来引导更多 OEM 厂商加入微软阵营,还是走软硬结合的路线。

但这两年来,诺基亚并没有给微软带来多大的自信。虽然埃洛普一直在推行 Windows Phone 系统,并努力缩减成本,减少亏损。但现实的结果是,诺基亚的智能手机份额已经从15.8%下滑到5.0%。

此外，来自彭博社的数据显示，诺基亚已经从2011年9月底30.4亿美元的现金流，下降至2012年12月31日的-10.7亿美元的现金流。但同期，苹果的现金流增加了447亿美元，三星增加了75亿美元。并且，诺基亚还背负有价值达47.6亿美元的债券，其中16.5亿美元债券在第二年就要到期。

微软在智能手机战略伙伴的选择上，也正在发生改变。去年下半年以来，微软频繁拜访亚洲智能手机厂商，希望与其展开更多广泛的合作。联想、华为等异军突起的中国厂商，也正在积极与微软接触。微软或许清楚，如果要改变现状，三星靠不住，也只能依赖亚洲的合作厂商。

关于此次收购谈判失利消息释放的时间点，也较有意思。就在前日，来自《金融时报》的消息指出，华为对收购诺基亚持开放态度。即使华为方面进行了辟谣，但不可否认的是，华为、联想等中国厂商抱有通过收购来进行海外扩张的强烈愿望，而这也给诺基亚留下了一张牌。

资料来源：赵楠．微软收购诺基亚　谈判因何失利[N]．第一财经日报．2013-6-21.

越洋合作　牵手共赢
——美洲银行成功入资中国建设银行

6月17日，中国建设银行（以下简称“建行”）和美洲银行于北京共同宣布，双方签署了关于战略投资与合作的最终协议，美洲银行成为建行股份的第一家境外战略投资者，这充分说明建行股改取得了实质性的进展，为今后建行股份的发行上市创造了重要前提，同时也为美洲银行在中国市场的发展及其全球化战略的实施带来了历史机遇。下面我们将多角度、全方位地展现这一进程。

（一）两家银行的背景

1．中国建设银行

根据2004年《中国金融年鉴》，建行是中国第二大商业银行，主要向国内的公司客户和个人客户提供全方位的商业银行产品和服务。在全国范围内，建行拥有约14 500家分支机构，约12 500个自动取款机，在国内总贷款中所占份额约为12%，总存款份额约为13%，还是中国最大的住房抵押贷款银行之一。截至2004年年底，建行净资产约为1 947亿元人民币，总资产约为39 100亿元人民币，其资产收益率、资本回报率、不良贷款率、成本收入比等主要指标已达到监管机构设定的标准。

2．美洲银行

美洲银行是全球最大、最成功的金融机构之一，在国际上享有良好的声誉，并在纽约证券交易所挂牌上市。其主要为个人客户、中小型企业、大型公司和机构提供全方位的银行、投资、资产管理以及其他金融和风险管理产品与服务。在美国，美洲银行通过约

5 800 个零售银行中心、16 700 个自动取款机、拥有 1 300 万活跃用户的网上银行等渠道为大约 3 300 万客户提供银行服务。美洲银行是美国排名第一的小型企业贷款银行，以及排名第一的非美国裔小型企业贷款银行。美洲银行的客户来自 150 个国家，包括美国财富 500 强中 96% 的公司以及全球财富 500 强中 82% 的公司。

（二）合作坚持的原则和标准

建行选择战略投资伙伴的标准有四个：

第一，要有足够的诚意，即战略合作不能只顾眼前利益，要讲究深度和长远；其二，要有足够的实力，达不到这个要求，就可能无法满足投资建行的资金要求；第三，要具备业务专长和领先优势，并愿意向建行转让技术和分享管理经验；第四，与建行没有利益冲突。

而建行最终选择美洲银行作为战略投资者，正是因为美洲银行达到了这四条标准。第一，美洲银行是一家著名的国际银行，市场竞争力强，效率水平高，财务表现出色。截至 2004 年年底，美洲银行总资产为 11 104.6 亿美元，净资产为 996.45 亿美元。2004 年美洲银行收入为 496.1 亿美元，净利润为 141.4 亿美元，净资产回报率为 16.8%，在世界上盈利最多的银行机构中排名第二。第二，美洲银行拥有美国最大的全国性零售网络，对小型企业在产品营销、风险管理等方面有着丰富的经验。建行通过与美洲银行的合作，能够有效地提升管理水平，加强公司治理，尽快实现建行成为亚洲一流商业银行的战略目标。第三，两家银行通过战略合作可以优势互补，实现双赢。通过战略合作，一方面建行可以学习先进的国际银行经验，加快自身的发展；另一方面也为美洲银行更好地分享快速增长的中国市场提供了平台和机会。第四，在整个谈判过程中，双方的最高决策者和主要业务部门的负责人都对合作进行过认真细致的交流。双方都感觉建行和美洲银行在经营理念、企业文化等诸多方面非常相似，这也是双方最终能够结为战略伙伴的重要基础。

（三）选择进程十分艰难

综合来看，此次建行股份引进美洲银行作为战略投资者，应当说是迄今中资商业银行引进境外战略投资者案例中困难最大和一次性引进资本金额最大的案例。从 2004 年 9 月建行股份成立以来，建行股份就把引进境外战略投资者作为股改的一个重点，至今已历经 9 个月的时间。在不同阶段，建行股份曾与 6—9 家潜在战略投资者谈判过。中外双方就境外战略投资者购入建行股份的比例、参股价格、人事安排及重要业务合作计划等谈判难点进行了反复的谈判协商。在外界看来最有可能成为建行股份战略投资者的花旗银行，于 6 月初与建行股份谈判时出现意外变故，正式从承销建行股份上市事宜中出局。其间建行还发生了人事变动，即 3 月建行原董事长张恩照因涉嫌违纪辞去董事长职务，该事件在建行内外产生了广泛的影响。因此，建行股份引进境外战略投资者的谈判工作所经历的困难和复杂性远非人们所能想象。“山重水复疑无路，柳暗花明又一村”，最终建行与美洲银行签署了协议。

（四）合作的实质内容

1. 投资分阶段进行

建行股份此次引进美洲银行作为战略投资者，还有一个不同于以前很多中资商业银行引进境外战略投资者的特点，即美洲银行将分三个阶段对建行股份进行投资：第一阶段投资25亿美元购买中央汇金投资有限公司持有的建行股份，占有建行股份的9.1%。购买25亿美元的老股是双方谈判的结果，体现了多赢的原则，因为在IPO前美洲银行购买一部分老股有助于美洲银行尽早开展与建行的合作，对建行的发展有利。第二阶段将在建行股份计划的海外首次公开发行时认购5亿美元的股份，持股份额保持在9%左右。第三阶段是未来数年内美洲银行还可增持建行股份，最终持有股权可达到19.9%。双方为何要设计出这种“分阶段增持股份”的模式，暂时还没有得到双方明确的解释。不过可以看出，这种模式有利于平衡双方的利益，给双方下一步的政策调整和改革创新留出足够的时间。

2. 业务领域合作充分

建行股份引进美洲银行后，将与其在多个业务领域进行合作，这些领域包括公司治理、风险管理、信息技术、财务管理、人力资源管理、个人银行业务（包括信用卡）以及全球资金服务等。尤其在零售业务及全球资金服务的合作，将弥补建行股份的不足，增强其零售业务的竞争力，加大国际化经营程度。这是符合建行股份实际战略安排的。此外，美洲银行还将在众多领域向建行提供战略性协助。美洲银行将提名一名董事进入建行的董事会，该名董事将参加董事会下属的专门委员会，积极参与公司治理。美洲银行还将派出约50名管理或专业人员，以顾问的形式向建行提供一系列的技术援助，帮助建行提高关键领域的管理和经营水平。

3. 公司治理得到极大促进

美洲银行提名的董事将积极地参与建行的公司治理。目前建行已经成立了股东大会、董事会、监事会，以及董事会下属的战略与提名委员会、审计委员会、风险管理委员会、薪酬与考核委员会和关联交易控制委员会等专门委员会，公司治理结构的基本框架已初步形成。美洲银行也将在风险管理方面向建行提供技术援助。建行目前正在建立风险垂直管理体制，将设立首席风险官，负责全行风险管理系统的组织、运行和垂直管理，同时建立首席风险官向董事会及其风险管理委员会、行长的双线汇报机制。为增加内部控制的独立性，建行正在建立直接向董事会及其审计委员会、行长和监事会报告的内部审计架构。此外，建行正在引进先进的风险管理手段以加强对信贷风险和市场风险的衡量、控制和管理，并提高产品定价能力。

（五）重视加强战略伙伴合作

在合作中人们还注意到，在花旗银行从建行股份承销商中撤出后，此次建行股份与美洲银行达成的交易是由摩根士丹利和中国国际金融有限公司（以下简称“中金公司”）担任财务顾问，这两家机构均与建行有紧密的关系。摩根士丹利与前建行均是中金公司的大股东：摩根士丹利持有中金公司34.3%的股份，为其第二大股东；前建行持有（现转由建银投资持有）中金公司43.35%的股份，为第一大股东。显然，像引进境外战略投资者这类大宗交易的好处费不会轻易让外来客拿去。从这起案例看出，当代大型金融机构的大宗交易一般是由具有一定的资本或股权关系为纽带或至少有重要战略合作伙伴关系的金融机构合作来完成的，这往往胜于其他任何关系。这也许是当代市场经济或资本经济下的一条规则。也许，将来建行股份的发行上市还会遵循这样的规则。

（六）合作具有战略意义

1. 有利于公司治理结构的改善

成立股份公司后，建行在公司治理方面有明显改善，但不可否认，其仍缺乏成为国际先进银行的理念和经验。在我国，股份制还是新生事物，不像西方那样有比较长的发展历史。所以，如何构建现代化的商业银行，对参与这一过程的各方来说，都需要学习，需要不断积累经验。而引进境外战略投资者，特别是引进公司治理结构完善、管理经验丰富、经营业绩良好的国际一流金融集团，可以帮助我国银行更快地获得进步。因此，现阶段国有商业银行要实现公司治理结构的改善，就有必要引进境外战略投资者。引进战略投资者还将产生一种倒逼机制，促使国有商业银行加速实现转变，改变单一的股权结构，实现投资主体多元化，在此基础上实现公开上市，提升我国国有商业银行在境内外市场上的形象。

2. 有利于强化经营约束

引进境外战略投资者能够进一步强化国有商业银行的经营约束机制，对国内企业来说，能够有效改变"当局者迷，旁观者清"的状况。境外战略投资者能够促使我们加强管理，加快改进不足之处。例如，建行的许多机构和网点是在过去的历史条件下购置的，当时并不要求有完备的产权手续。但是，要股改，首先产权就必须明晰，就必须完全按法律制度办事，必须有明确的产权，并且经过中介机构的确认。特别是在详尽严格的尽职调查面前，任何问题都会暴露出来，迫使银行完善手续，改进管理。以促使商业银行朝国际水准方向去努力。

3. 有利于金融产品和技术的创新

我国的金融市场还不发达，很多金融服务需求没有得到满足。这一方面是由于长期受金融管制，银行创新的动力不足，银行经营的同质化倾向严重；另一方面是商业银行开发新产品的能力有限。存贷款以外的金融产品不多，有些领域甚至是空白。因此，引进境外战略投资者在这方面能够对我们提供有效地帮助。

4. 有利于增加 IPO 的科学性

引进境外战略投资者，可以为 IPO 的成功增加一个重要的砝码。境外战略投资者的加盟，直接提升了资本市场对我国国有商业银行乃至整个银行业改革发展的信心，同时也有利于提升上市银行的投资价值。

资料来源：伍旭川，胡健. 越洋合作　牵手共赢——美洲银行成功入资中国建设银行[J]. 银行家. 2005(9).

浅谈欧盟国家集体谈判机制

（一）引言

达到力量的均衡、实现劳资关系和谐是雇佣方、劳动者及其工会和政府共同满意的目标。欧洲具有工人运动的传统,集体谈判被社会各方普遍接受并且在战后显示了相当的稳定性(欧洲是集体谈判的起源地)。对工人来说,他们相信集体谈判能纠正雇佣关系中的不平衡,规定雇主的义务,限制雇主新的雇用或解雇策略。同时通过谈判,工会一定程度地参与组织管理,维护群体利益。对雇主来说,同雇员代表的谈判则比跟每个雇员的协商要有效率得多,能保证生产经营活动顺利进行。宏观上看,它有利于促进社会稳定与和平,对整个经济和社会是有利的。

一般而言,集体谈判体系需要以下几个条件:雇主和雇员两个谈判方都有对应的组织;有谈判的规则和程序,谈判方的谈判产生结果,如集体协议,联合声明任何一方都能采取行动,包括工人的罢工和企业关闭工厂。

(二) 欧盟国家集体谈判所处的环境

在组织管理层存在一个如何看待工人利益的代表工会和其行为的问题。如果认为所有者、管理者和员工之间相互合作,为了共同的目标组成一个协调的系统,彼此之间不存在利益冲突,则为单一主义价值观。其中,可能存在的问题是任何利益团体间的冲突和差异都会破坏组织;工会任何表达其要求的行为都会被排除或镇压,这必将导致劳动关系的紧张。如果承认冲突存在的必然性,承认存在利益差别和每个利益团体都有表达其利益的权利,则为复合主义价值观。集体谈判被认为是协调雇主和雇员利益的最好的表达形式。这两种观念在不同组织甚至是相同组织的不同时点上都有不同程度的可接受性。在欧洲大多数国家,雇主根据形势变化和自身利益实质上或形式上都会承认工会并且接受集体谈判。

在欧洲,虽然政府干涉劳动关系的程度不同,但与集体协议有关的基本规则都存在于劳动法律当中,受法律保护,政府政策也是集体谈判的一种指导因素,法律和政策对集体协议的影响是不言而喻的。在芬兰和德国,劳动法律规定只有协议双方在协议范围内覆盖超过一定比率的雇员时,集体协议才被认为具有约束力。奥地利的劳动法律曾经仅允许多层雇主和工会联盟之间签署集体协议。在雇主组织势力范围内,集体协议谈判甚至延伸到没有任何隶属的雇主,因而集体协议覆盖率近乎100%。一些法律延伸条款还鼓励入会,劝阻脱离雇主组织的行为。政府通过定义协议方的权利和职责、制定罢工和停业的权利的规章制度和安全条款等来影响集体协议效力和覆盖率。在行政力量的约束下,单个雇主必须遵守在它经济活动部门内就最低工资、工作条件等达成的协议,因而雇主有动力参加雇主组织以影响协议。

劳动力市场状况影响集体协议的运行。劳动力市场通常是面临分割的。为了避免支付高于市场水平的工资,非正式雇用(如临时工)成为很多部门和行业运用的手段。正式工作的减少不利于集体协议的进行,反过来集体协议的实施可能同时减少正式工作数量。工人利益诉求的多元化也降低了集体谈判的吸引力。运行中的集体协议可能影响劳动力市场的灵活性,不利于劳动力的流动:反之,具有劳动力市场灵活性的国家具有公司层面谈判的特征和低劳动力市场税率,集体谈判的有效性和覆盖率降低。失业率对集体谈判也会产生影响,失业会降低工会成员数量,从而降低工会的谈判能力。

随着经济全球化发展,跨国公司的实力得到增强,这改变了谈判双方的力量对比和结构,削弱了传统行业的雇主协会组织。跨国公司在全球推行的管理制度,在相当程度上影响了集体合同的有效性。此外，不断扩张的服务部门、势力遭到削弱的寡头企业等都进一步妨碍了集体协议的实施。

总之，集体谈判所处的外部社会经济环境对集体谈判的各个方面都具有重要影响。

（三）集体谈判的层次

1. 集体谈判的层次分类

欧洲国家的集体谈判方式多种多样并且复杂，每个国家由于进行薪酬和雇佣条件的谈判水平不同而有不同的层次。通常情况下协商不只在一个层次上发生，并且每个层次并不互相排斥与矛盾，而是达到一种互补，不同的议题在不同的层次上讨论。德国主要实行分地区的行业范围内的谈判；意大利产业、部门的谈判具有国家层次、地区层次和公司层次三种：在英国，甚至车间、组织部门的谈判也有可能发生。总的来看，集体谈判可以分为国家宏观层次、地区或部门层次以及公司层次。由于欧洲一体化的发展和国家间劳动力自由流动的影响，跨国家的集体谈判体系的建立也逐渐形成并成为相关学者研究的焦点。

公司层面的谈判在单个雇佣组织和工人代表之间进行。它在英国变得越来越重要并且在欧洲大陆作为一种补充性的协议而存在。在德国只有小规模的公司才实行公司层面的谈判。20 世纪末，德国东部地区中小企业组成的利益团体认为，快速调整效率工资以接近西部地区的部门协议只考虑了大公司的利益，因而呼吁建立工厂或企业层面的谈判方法。在世界范围内工会面临着被削弱，使得集体谈判具有分散化趋势，即从中央层面的谈判到工厂或当地层面的集体谈判。在公司层面的谈判中，工资与生产力相联系，也有利于团队建设和实现工作场所的民主化，因而有利于保持企业的全球竞争力以及反过来维持较高的就业水平。

部门层次的谈判的主要目标是在一个产业内的薪酬、劳动标准等方面实现标准化。不同集体谈判在行业活动的范围定义、适用地区上存在差异，它可以包括国家范围，也可以是在地区层面上。在欧洲大多数国家，部门层次的谈判都占有十分重要的地位。如在德国，绝大多数集体协议都是运行在分地区的部门层次上。总的来说，产业、地区层次的谈判在整个体系中是基础的框架，为可能在公司层次上继续谈判的工作条件等设置一个底线。

国家宏观层次的谈判在工会联盟、中央雇主组织和政府机构之间进行，主要目的是为低层次的谈判在就业方面打下基础性的架构。它通常考虑的是宏观的经济目标，对于单个微观企业来说，这一层次的谈判并不会产生直接影响。

跨国集体谈判包括多行业跨国谈判、行业跨国谈判以及公司层面集体谈判。多行业性的跨国集体谈判达成的协议既可以作为部门委员会的指导文件或经过一定时间转换成国家法律，又可以在成员国各层次集体谈判中付诸实施。在行业跨国谈判中，欧盟范围内的雇主和雇员代表组织联合起来成立一个部门——社会对话委员会，以达成宣言、联合协定等。公司层面的跨国集体谈判是跨国公司和每个欧盟国家的雇员代表就欧洲工作委员会协议进行谈判。跨国谈判的存在增加了集体谈判体系的复杂性，运行中会面临很多问题。

通常情况下，没有哪个国家的集体协议只存在于一个水平上，而是多个层次的集合。但在一些国家是某个层次的协议占主导，通常是行业层次的多重雇主协议。应当指出，行业层次及更高层次的谈判是在雇主协会和工会联盟之间进行的。这些协会和联盟不仅仅就共同关心的问题进行谈判，在一些情况下还可以凭借自身优势助推企业发展。例如，德国在钢铁和电力行业建立的地方人才共享资源库；英国有组织游说政府对困难企业进行人员税收减免、提供金融帮助等。

2．不同谈判层次的协调

不同层次的谈判具有不同的功能和目标，这必然面临着不同层次的协调问题。可以将这种协调划分为三种：不协作、隐性协作和显性协作。

不协作的谈判通常发生在公司或工厂层次的谈判占主导的国家里。在英国不协作的谈判逐渐成为显著特征。宽松的劳动力市场条件和工会的衰落使得雇主对集中谈判的分散化要求日益强烈，上一层次的部门或地区谈判达成的协议覆盖率逐渐降低。而在瑞士，虽然占主导的是部门层次的谈判，但谈判层次之间表现出很少的协作性。

隐性或间接协作模式的代表国家有德国和奥地利。在德国，虽然协议是分开的，但公司内的谈判却紧紧跟随着部门的协议。这应归功于在地区层面上部门或行业内掌控谈判的雇主组织和工会联盟的协会优势。如在金属加工业中，关键性的部门和地区具有导向性的协议通常被认为是其他部门和地区的模板。而且，部门谈判的实践拥有劳动法律的支持，使得就工资率等进行谈判的补充谈判是非法的，除非是在部门集体谈判中的“开放条款”所允许的范围内。例如，关于降低工作时间及其灵活性的协议细则被无数个补充协议加以细化。实际上，公司层次的谈判总是对部门层次的工资偿付协议进行完善，包括计件工资率以及与表现和工作努力程度相关的奖励等。

奥地利具有国家层次谈判的传统。随着经济增长越来越与全球化相关，中央雇主组织和劳动团体的协商逐渐减少，因而集体协议的关键性舞台被转换到部门层次上。此外，虽然劳动法倾向于排斥公司或工厂层次的谈判，实际上补充性的工资增长协议通常也在这一层次进行。集体谈判的分散化趋势在很多欧洲国家表现得越来越明显。

显性的协作模式被制度化为集体协议的多重系统。在理想中不同协议层次形成一种梯度，处于较低层次的协议是对较高层次协议的补充。不同层次的系统能够明显区别开来。法国、西班牙、瑞典、芬兰、荷兰、挪威等很多国家都是这种模式。在芬兰，中央一级雇主和雇员组织就工资、经济和社会政策等进行协商，其协议被看作部门谈判的指导方针而不是约束条款。芬兰具有相对较高的罢工倾向，因而为了达到较好的谈判结果，部门层级的工会可能违背中央协议，这反过来加剧工会间的竞争。最终，中央和部门协议被公司层次的谈判所完善。虽然一些国家希望能够实现中央层次的协作目标，但实际上往往效果不理想。不完整的中央雇主组织和工会组织之间的合作、一些雇主违背中央协议以及中央谈判的僵持是主要原因。

（四）对我国实践集体谈判体系的启示

由于历史和制度因素，我国实行的是中国特色的劳动关系模式。然而由于全球化和市场经济作用，西方的集体谈判制度对我国具有重要的借鉴意义。我国虽然近几年来集体合同的覆盖率有所提高，但仅仅是合同而鲜有谈判或协商的过程。并且存在着以下问题：合同雷同、流于形式；作为集体谈判一方的工会独立性和代表性存在问题；区域、行业级谈判的雇主组织缺位，企业级谈判雇主角色不明；集体谈判地区发展不平衡，等等。集体谈判制度发挥的作用有限。工人的利益诉求无法实现，资方单边主导，缺乏信息沟通和调节渠道，使得劳资冲突时有发生，工人通过群体罢工来表达权益，甚至出现极端行为。下面结合欧洲集体谈判体系的运作实践和中国实际，提出我国促进有效的集体谈判制度形成的几点设想。

1. 利用“羊群效应”促进劳动方权利意识的形成

“羊群效应”指的是人的从众心理。通常这是一个消极概念，因为从众心理容易导致盲从，而盲从往往会导致失败。但是在信息不对称和预期不确定条件下，“羊群效应”产生的示范学习作用和聚焦协同作用却对弱势群体的成长是有帮助的。在我国，劳动者群体并没有像欧洲国家那样连成一片，为了共同利益协同合作，但近几年发生的劳资冲突事件，从一个侧面显示了劳动者权利意识的形成，而这对推行集体谈判制度是有利的。如南海本田事件产生的罢工潮便是劳动者为争取合法权益而产生的联动行为。政府所应该做的，就是在可控范围内不对这一行为加以限制。通过罢工员工代表和企业的谈判，为搭建一个长效的集体谈判制度构建雏形。

2. 在有步骤地建立多层次谈判体系的同时突出企业层次集体谈判

欧洲发达市场经济国家的经验说明，多层次的集体谈判体系是有必要的，而集体谈判在世界范围内面临着分散化趋势，同时在我国一些地区雇主组织的缺失以及中央层面谈判地位的不对等使得建立企业层次的集体谈判成为有益的尝试。在这方面，国有企业和集体企业具有较高的工会参与率，可以为建立劳资双方协调机制起示范作用，但是只有当这些企业真正实现了集体谈判或协商时才能对其他企业形成一定的压力。另外，应该完善立法，明确谈判主体，增强劳动者的地位，为形成企业层面谈判建立良好的内外部环境。

3. 建立劳资双方利益沟通机制，实现共赢

实行集体谈判或协商的最终目的不是增加企业负担，提高劳动者权益，而是最终实现共赢，企业实现良性健康发展。欧洲的经验表明，不重视劳动者利益的提高将导致两败俱伤。企业所有者和管理者应该转变观念，在采用先进技术和管理方法的同时尊重员工的合理需求。应建立复合主义价值观，提倡利益多元。近来发生的一些罢工事件，多是由于待遇问题所引起的。而政府摆正角色、沟通协商才是解决这些问题的有效途径。

资料来源：袁兴意. 浅谈欧盟国家集体谈判运行及对我国的思考[N]. 长春市委党校学报. 2013(4).

吉利收购沃尔沃谈判

（一）谈判背景

1. 市场背景

全球金融危机爆发，福特汽车出现巨额亏损，不得不卖掉那些不挣钱的品牌。在把捷豹和路虎两个品牌卖给印度塔塔汽车集团以后，2008 年 12 月福特汽车又决定卖掉沃

尔沃。沃尔沃(Volvo)作为一个品牌已经走过了80年的历史。吉利集团在经过多年的发展后具备了相当的实力,为了能充分利用沃尔沃的品牌和技术,提高吉利集团的竞争力,吉利集团决定收购沃尔沃。

2. 谈判背景

为了减少亏损和债务,改善财务状况,福特汽车决定将沃尔沃出售。经过多方接触和谈判,福特汽车于2009年10月28日宣布吉利成为沃尔沃的优先竞购方。

尽管困难重重,但是经过多次谈判,吉利集团和福特汽车在此前的谈判中就以下条框达成了协议:沃尔沃轿车总部仍设在瑞典的斯德哥尔摩;沃尔沃轿车的管理团队将全权负责沃尔沃轿车的日常管理;吉利集团将保留沃尔沃在瑞典和比利时的工厂;本次谈判在上述达成的协议的基础上,就吉利集团收购沃尔沃的价格的相关事宜进行谈判。

3. 谈判双方背景

(1) 我方

浙江吉利控股集团有限公司是一家以汽车及汽车零部件生产经营为主要产业的大型民营企业集团,始建于1986年,经过18年的建设和发展,在汽车、摩托车、汽车发动机、变速箱、汽车零部件、高等教育、装潢材料制造、旅游和房地产等方面都取得了辉煌业绩,资产总额已经超过50亿元;特别是1997年进入汽车制造领域以来,其凭借灵活的经营机制和不断的观念创新,快速成长为中国经济型轿车的主力品牌,2003年企业经营规模居全国500强第331位,“浙江省百强企业”第25位,被评为“中国汽车工业50年发展速度最快、成长最好”的企业之一,跻身中国国内汽车制造企业“3+6”主流格局。吉利汽车控股有限公司(Geely Automobile Holdings Limited,港交所:00175)是一家于香港证券交易所上市的公司,集团主席为李书福,主要业务为制造及分销汽车和汽车零部件。

(2) 对方

福特汽车公司是世界最大的汽车企业之一,1903年由亨利·福特先生创办于美国底特律市。现在的福特汽车是世界超级跨国公司,总部设在美国密歇根州迪尔伯恩市。2009年7月,由于主要竞争对手通用汽车破产重组,出售了8个品牌中的4个,市场份额下降,福特汽车成为全美最大的汽车制造商,但和全球最大的丰田仍有较大差距。福特汽车在2008年爆发的国际金融危机中坚决拒绝了美国联邦政府的注资援助。

福特汽车在中国的历史可追溯到1913年,当时第一批T型车销售到中国。1924年孙中山先生致信亨利·福特,请他帮助建立中国的汽车工业。作为首家于1949年以后在国内开拓业务的外国汽车公司,福特汽车当时的董事长亨利·福特二世于1978年得到了邓小平先生的接见,表达了福特汽车与中国汽车工业合作的愿望。福特汽车(中国)有限公司成立于1995年10月25日。

2001年4月25日,福特汽车和长安汽车集团共同初期投资9800万美元成立了长安福特汽车有限公司,双方各拥有50%的股份,专业生产满足中国消费者需求的轿车。2003年10月,福特汽车和长安汽车集团签署了增加新产品的推出和共同寻求汽车领域新商机的谅解备忘录。内容包括福特汽车和中方伙伴共同出资10亿美元,将长安福特的年产能增加到15万辆,并建立第二个轿车厂和一个发动机厂。2004年2月,长安福特正式宣布第二个轿车厂选址在南京。2003年7月,福特汽车(中国)有限公司将其运动型多功能车(SUV)的杰出代表“翼虎”(Maverick)正式推向中国市场。“翼虎”是福特品牌在中国市场正式推出的第一款SUV,加速了福特汽车拓展中国市场的步伐,成为福特汽车加速完善中国产品线的重要举措。目前,福特汽车在中国发展的比较迅速。

(二) 谈判地点的时间

地点:瑞典斯德哥尔摩。

时间:2009年12月。

(三) 谈判团队的组成

首席执行官,负责重大问题决策;

销售总监,负责销售问题;

技术总监,负责技术问题;

财务总监,负责财务问题;

市场部经理,负责市场调查问题。

(四) 谈判目标

最优目标:16亿美元收购沃尔沃100%的股权。但是在未来两年内接纳中国的汽车技术团队进驻瑞典总部。不裁员,保存现有运作模式。

次优目标:18亿美元收购沃尔沃100%的股权,其中2亿美元以支票支付,16亿美元以现金形式支付。但是在未来两年内接纳中国的汽车技术团队进驻瑞典总部。不裁员,保存现有运作模式。

可接受目标:20亿美元收购沃尔沃100%的股权,其中4亿美元以支票支付,16亿美元以现金形式支付,不裁员,保存现有运作模式。

(五) 双方利益与优劣势分析

1. 我方核心利益

获得对方的核心技术;在知识产权与员工安排上满足我方。

2. 对方利益

顺利收购,获得品牌与技术支持,以更好占有中国高档车市场。

3. 我方优势

我方有很出色的技术与品牌支持;以中国汽车市场为依托。

4. 我方劣势

吉利与沃尔沃的经济实力悬殊,企业发展水平差距大;管理思想存在差异;技术在国际汽车行业还比较落后;面对金融危机,资金短缺;中低档品牌,缺乏高端自主品牌。

5. 对方优势

沃尔沃拥有强大的品牌和一流的技术;沃尔沃品牌走高端路线,品牌形象好;福特是全美最大的制造商。

6. 对方劣势

沃尔沃品牌汽车排量大,不利于环保;沃尔沃连年亏损,急需出手,福特自身需偿还大量债务。

（六）谈判程序及策略

1. 开局阶段

方案一：感情交流式开局策略——通过谈及双方的合作情况形成感情上的共鸣，把对方引入较融洽的谈判气氛中。

方案二：采取进攻式开局策略——营造低调的谈判气氛，强硬地指出我方的优势，并且坚定自己的立场，以制造心理优势，使我方处于主动地位。

方案三：借题发挥的策略——认真听取对方陈述，抓住对方的问题点，进行攻击、突破。

2. 报价阶段

报价策略：向对方提出我方所有要求，抢先报价，打破对方策略，主导谈判进程。

红脸白脸策略：由两名谈判成员中的一名充当红脸，一名充当白脸辅助协议的谈成，适时将谈判话题从定价转移到长远利益上来，把握住谈判的节奏和进程。

层层推进、步步为营的策略：有技巧地提出我方预期利益，先易后难，步步为营地争取利益。

把握让步原则：明确我方核心利益所在，实行以退为进策略，退一步进两步，做到迂回补偿，充分利用手中筹码，适时退让升价，不过升价幅度不大。

突出优势：以资料做支撑，以理服人，强调与我方协议成功给对方带来的利益，同时软硬兼施，暗示对方若与我方协议失败将会有巨大损失。

打破僵局：合理利用暂停，首先冷静分析僵局原因，再可运用肯定对方形式、否定对方实质的方法解除僵局，适时用声东击西策略，打破僵局。

3. 最后谈判阶段

把握底线：适时运用折中调和策略，严格把握最后让步的幅度，在适宜的时机提出最终报价，使用最后通牒策略。

埋下契机：在谈判中形成一体化谈判，以期建立长期合作关系。

达成协议：明确最终谈判结果，出示会议记录和合同范本，请对方确认，并确定正式签订合同的时间。

（七）谈判相关资料准备

1. 福特汽车

(1) 福特汽车的财务状况

福特汽车于2009年1月29日发布财务报告，显示2008年第四季度公司亏损达59亿美元。这样，福特汽车2008年全年亏损为146亿美元，这也是福特汽车连续第三年亏损。相比之下，福特汽车2007年第四季度亏损28亿美元，全年亏损27.2亿美元。

由于金融危机和经济衰退不断深化，福特汽车2008年第四季度汽车销量下跌了近30%，其中12月在美国市场销量降幅为34.4%。福特汽车2008年第四季度的营业收入也大幅减少至292亿美元，而2007年同期为455亿美元。

(2) 福特汽车出售沃尔沃的目的

福特汽车之所以出售沃尔沃，主要原因在于福特汽车今后将主要发展福特品牌。福特汽车的口号是“一个福特，一个团队”。同时，福特汽车出售沃尔沃，并不是只追求一个高的价钱，还希望在买家手里能保持沃尔沃的品牌，让它有好的发展。

2. 沃尔沃

(1) 沃尔沃近年盈利情况

近年来，沃尔沃的盈利状况一直不理想，大致如下：

2005 年沃尔沃轿车公司盈利约 3 亿美元，但此后三年该公司亏损严重。2008 年巨亏 15 亿美元，其销量相比 2007 年降幅达 20% 以上。

(2) 沃尔沃的市场占有量

沃尔沃的市场占有量也在下降。2007 年，沃尔沃的全球销量只有 42 万多辆，2008 年减少为 37 万多辆，连年处于亏损之中。2009 年前 9 个月该公司的销售额同比下降 30%，为 1 590 亿瑞典克朗（约合 154 亿欧元），亏损达 147 亿瑞典克朗（约合 14.3 亿欧元）。连年的亏损使沃尔沃的资产价值从 1999 年福特汽车收购时的 64 亿美元跌到 20 亿美元，十年内资产价值跌幅为 68.75%。商誉的虚估部分还未能准确计入。

(3) 沃尔沃的品牌价值

沃尔沃在 1972 年就向联合国提出了汽车的环保责任，几十年来持之以恒，在汽车环保和安全方面不断实现创造发明，其中包括汽车安全车厢、三点式安全带、安全玻璃、三元催化器、安全气囊、ABS、儿童安全座椅、侧撞保护系统、城市安全系统、全力自动刹车和行人探测的碰撞警示系统等。沃尔沃计划到 2020 年实现零排放、零伤亡。这是一家欧洲汽车公司为全人类做出的卓越贡献。

3. 吉利集团

(1) 吉利集团近年的盈利情况

吉利集团2009 年度净收益额从 2008 年度的 8.79 亿元人民币（合每股净收益 0.14 元人民币）增长至 11.8 亿元人民币（合每股净收益 0.17 元人民币）。而当年公司的销售额也翻了三倍之多，从之前的 42.9 亿元人民币飙升到 141 亿元人民币。

(2) 中国汽车市场的前景

席卷全球的金融危机没有绕过汽车工业，使本来就风雨飘摇的汽车工业更是雪上加霜，预计 2009 年全球汽车销量为 5 810 万辆，下滑 0.3%，而年初的预计为同比上升 3.5%。这是全世界汽车销量 8 年来首次出现下降。经济学家认为汽车行业的不景气，象征着金融危机开始波及实体经济。

(3) 收购沃尔沃的资金来源

吉利集团报价 15 亿美元，最高能接受的价格为 20 亿美元，外加收购后的运营资金约 9 亿美元。所需资金的 50% 左右来自国内，还有 50% 来自海外市场，有美国、欧洲、香港等不同地方。而且国内部分 50% 以上是吉利自己的，只有少量是国内其他一些投资人的，主要是中行浙江分行、伦敦分行和中国进出口银行。

4. 其他竞争对手

日本丰田公司；奇瑞 QQ；瑞典财团。

5. 收购沃尔沃后的初步计划

进一步提高沃尔沃的工程技术和设计品质，提高沃尔沃的全球竞争力。吉利集团支持沃尔沃“双零双强”计划的实施。“双零”指零伤亡,零污染;“双强”指形成强大的竞争力和强劲的企业生命力。正如吉利集团一再强调的:吉利是吉利,沃尔沃是沃尔沃。吉利集团非常清楚,沃尔沃来自北欧,根植于瑞典,离开了这个特定的土壤,沃尔沃将不再是沃尔沃。没有了根基的品牌,自然也失去了它应有的价值。沃尔沃将保留自己的鲜明特征,继续专注在顶级豪华汽车领域的发展。吉利不生产沃尔沃,沃尔沃也不生产吉利。

(八) 应急预案

(1) 对方使用权力有限策略,声称金额的限制,拒绝我方的提议。

应对:了解对方权限情况,“白脸”据理力争,适当运用制造僵局的策略,“红脸”再以暗示的方式揭露对方的权限策略,并运用迂回补偿的技巧,来突破僵局;或用声东击西策略。

(2) 对方使用借题发挥策略,对我方某一次要问题抓住不放。

应对:避免没必要的解释,可转移话题,必要时可指出对方的策略本质,并声明对方的策略影响谈判进程。

(3) 若对方坚持在签订收购合同这一点上,不做出任何让步和积极回应。则我方先突出对方与我方长期合作的重要性,并暗示与我方未达成协议对其恶劣的影响,然后做出最后通牒。

(4) 如果在谈判开始,对方因为蒙受的巨大损失而将谈判局限在一个极其强硬和恶劣的气氛中,我方则应通过回顾双方的友好合作等行为缓和气氛,同时暗示对方这一合作对双方的重要性。

资料来源:作者根据网络资料整理。

我国企业跨文化商务谈判中利益冲突的预防与策略研究
——以进口日本农业机械设备谈判为例

随着世界分工、国际贸易的不断发展,国际商务谈判在国际经济活动中发挥着越来越重要的作用。它不仅是各国企业基于经济利益的交流与合作,也是各方所具有的不同文化之间的碰撞与沟通。因此,在国际商务谈判中了解各国谈判人员的谈判风格,正确把握文化因素至关重要。

以日本为例,在第二次世界大战后短短的几十年中,日本经济迅速发展,跻身于世界经济强国之列,这与日本人特有的民族性和长期在经济发展过程中的实践是分不开的。中国企业面对这样一些“圆桌武士”,在上海著名的国际大厦,围绕进口农业加工机械设备进行了一场竞争与合作、进取与让步的谈判。中日双方在这一谈判中均谋略不凡,使这场谈判成为一个成功的范例。

(一) 步步为营,获得双赢

谈判一开局,按照国际惯例,首先由卖方报价,日方首次报价为1 000万日元。这一

报价比实际卖价高许多，于是中方直截了当地指出，这个报价不能作为谈判的基础。日方见状便转移话题，介绍起产品的特点及其优良的质量，以迂回前进的方法支持己方的报价。中方主谈人员自然深谙谈判上的这一手段，指出日方的产品绝非一家独有，价格过高，与国际行情不符，请日方重新报价。第二轮谈判开始后，日方再次报价为900万日元，同时要求中方还盘。中方分析，日方报价中所含水分仍然不小，弹性很大。基于此，中方确定还盘价格为752万日元。日方立即回绝，认为这个价格很难成交。中方坚持与日方探讨了几次，但无果。于是，中方主谈人员使用了具有决定意义的一招，把中国外汇使用批文和A国、C国愿意合作的电传递给了日方主谈。日方见后大为惊讶，他们坚持继续讨价还价的决心被摧毁了，陷入必须“竞卖”的困境：要么压价握手成交，要么谈判就此告吹。日方一时举棋不定，掂量再三，还是认为成交对己方有利，于是一场双赢谈判落下帷幕。

在这场谈判中，中方能够洞悉日方的策略，采取合理的应对措施予以还击，使日方的“高开盘”、迂回进攻没能奏效；而面对中方步步为营的防守，日方也审时度势地选择成交，是这场谈判圆满成功的重要原因。

（二）中方：洞悉心机，攻守得宜

这场谈判就中方而言，以有限的外汇做成一笔质量不错的设备交易，且仅仅两轮谈判就达成协议，最主要的原因在于中方了解日方的文化和谈判风格，提前做好预防准备工作，才能在谈判中采取适宜的谈判策略，使己方获利。

首先，信息准备工作充分。在谈判前，由于洞悉了日方一定会做大量的市场调查和信息收集，中方投入了大量的精力做行情分析，为谈判做好了充分的准备工作。

其次，谈判过程中，为了准确还盘，对变动不定的市场行情仍时刻注意调查了解，在谈判前和谈判过程中都能做到胸有成竹，进而为掌握谈判的主动权打下坚实的基础。

再次，攻守策略运用得当。在策略的运用上，由于洞悉了日方高开盘的哲学，从谈判一开局，中方就运用信息的力量，成功地摧毁了日方筑起的价格“高台”，并顾虑到日方“爱面子”的因素，适时地使用“给台阶”的方法，提供了使对方让步的机会。到第二轮谈判中，又借助信息慎重地还盘，使还价一步到位。其后，中方面对日方坚持讨价还价的情况，采用“欲擒故纵”“竞卖”等策略，使日方陷入被动局面。

最后，中方再用“泄情”之策向对方亮出了关键性王牌，使日方坚持讨价还价的立场瓦解。上述策略及谈判手段运用巧妙得当，最后使谈判圆满成功。

（三）日方：双赢为本，长远合作

此次谈判中方的成功，绝不意味着日方就失败了。一场成功的谈判，谈判各方都应是胜利者。该谈判作为成功的范例，原因之一在于它达成了双赢结局，为以后的合作交流奠定了良好的基础。

首先，日方实现了实际需求目标。这场谈判从表面上看，日方卖给中方的产品价格的确比原计划低了一些，但由于日本与我国是近邻，运费和风险都比销往其他国家小得多，利润实际上并未减少。当然，谈判的结局与日方的最优期望目标不符，这也是由于日方采用了高开盘策略。

其次，策略运用灵活，成交果断。日方的成功之处还在于他们既设计了一个谈判“高台”，又为这个“高台”设计了下来的台阶——日方采用“踢皮球”策略为己方的高开盘找到了退路，谈判手段非常灵活。另外，日方在这场谈判中不由自主地陷入了“竞卖”的境地，使之在客观上处于劣势，不压价格是谈不成功的。而日方是精明果敢的，他们宁肯低价出手、少得利润，也决不维持高价让竞争者取胜。于是日方及时调整了谈判目标，勇敢选择了成交。

（四）防患未然，策略得当

中日这场双赢谈判值得借鉴之处在于，双方都能够在谈判之前做好准备工作，在谈判过程中亦能够审时度势、运用策略。因此，在跨文化商务谈判过程中，我国企业尤其应该重视预防冲突的发生，而不是发生僵局后才想用策略去化解。这就要求我国企业必须了解各国商务谈判的风格和文化差异，只有防患于未然，并附之适宜的策略，才能在国际竞争中立于不败之地。

1. 熟悉各国商人的谈判风格，采取灵活的谈判方式和策略

跨文化商务谈判因各国文化差异而使各国商人有不同的谈判风格，对于我国企业来说，应该熟悉与我国有主要贸易关系往来的国家和地区的谈判风格，如美国、西欧、日本、韩国等。美国商人办事干脆利落，喜欢使用自我泄露策略，精于讨价还价，因此在谈判中我方应该考虑采取直接的谈判方式，明确目标结果，不宜采用“推太极”的策略去应对。西欧国家中的英国商人比较冷静持重，他们非常看重承诺，而且注重礼仪，不会没分寸地使用惩罚策略，因此我方应考虑采取和谐的谈判方式，不应该擅用“情绪爆发”等过激策略。日本与韩国由于与我国同属亚洲，又是近邻，因此有很多共通之处，但是其特点也很鲜明。比如，日本商人很注重尊卑秩序，团队精神在世界首屈一指，他们看重谈判对手的经历和社会地位，也经常使用推荐的策略来建立关系和信任，因此我方要注意选择合适的谈判人员，同时也应该考虑利用专家结论与推荐的策略进行应对；韩国商人比较注重谈判技巧，经常使用“疲劳战术”“先苦后甜”等策略，他们珍视内在气质，不喜欢警告威胁，因此，我方要注意讲究表达策略和氛围的和谐。

2. 充分收集信息可以预防冲突，应贯穿谈判始末

通过中日农机设备谈判可以总结出一条宝贵经验，就是信息收集已经成为成功进行各种活动的保证。因此，充分收集市场信息、谈判对手的资料、科技信息、有关政策法规、金融等方面的信息是十分必要的，而且要贯穿整个谈判过程，尤其要摸清、筛选最新的市场行情，防止对手浑水摸鱼。在信息收集过程中，要注意两个重要阶段：首先是谈判前，要了解对方的可能策略及谈判对手的个性特质，还可以将己方与对方在此次谈判事项中所占有的优、劣势进行严密周详的列举，以作为己方谈判人员的谈判筹码；其次是还盘阶段，要注意了解国际市场的最新动态，防止对方用特殊时期、特殊国家的特殊情况来报盘，同时，在对方坚持不还价出现僵局时，可以利用最新信息进行反驳说服，从而使己方获利成交。

3. 秉持双赢谈判策略，共谋长远合作

在跨文化商务谈判过程中，可能会出现程序性冲突和人际冲突等问题，各方为了本国的利益发生对峙也是常有现象，但这都不影响谈判人员追求现代式双赢谈判的信心，

因为双方合作的基础就是互利，而传统的输赢式谈判并不能带来长远合作。

在谈判过程中，尤其是磋商阶段，双方采取各种策略迫使对方让步，最容易导致僵局。此时，如果不考虑对方的利益，只会造成谈判的破裂，结果就是两败俱伤。因此，不妨考虑以下两种策略来达成双赢合作：

首先，互惠式策略。可以用直接或间接的方式用己方的让步换取对方的让步，利益互换使双方都受益。例如，己方谈判人员可以说："我们愿意满足贵方的要求，只要贵方在那个问题上与我们取得一致就行。"这种方式需要谈判者有开阔的思想和对全局利益的清楚认识，不能在某个问题上僵持，要灵活地使己方利益在其他方面得到补偿，取得双赢。

其次，予之远利策略。谈判中的让步实际上是心理和现实的满足，直接答应对方的要求是没有技巧的现实满足，而通过予以远利使对方舍弃近惠就是心理的满足。例如，通过分析双方长远合作能够带来的长期利益，向对方说明远利和近利之间的利害关系，使对方对长远利益有所期待，达到心理的满足，从而取得合作。这种方式需要谈判者有高瞻远瞩的谋略，不能信口许诺、不负责任，否则将会危害双方以后的合作，落下不诚信的名声。

资料来源：姜丽，丁厚春. 我国企业跨文化商务谈判中利益冲突的预防与策略研究[J]. 中国商贸. 2010(23).

参 考 书 目

[1] Schaffzin N. R. Negotiate Smart: The Secrets of Successful Negotiation[M]. New York: Random House, 1997.

[2] Shapiro R. M., M. A. Jankowski, J. Dale. The Power of Nice: How to Negotiate So Everyone Wins-Especially You [M]. New York: Wiley, 2001.

[3] 杰勒德 · I. 尼尔隆伯格. 谈判的艺术[M]. 曹景行,陆延泽,译. 上海:上海译文出版社,1987.

[4] 戴维 · A. 拉克斯,詹姆斯 · K. 西本斯. 谈判[M]. 姜范,陈大为,译. 北京:机械工业出版社,2004.

[5] 杰弗雷 · 埃德芒德 · 卡里. 国际商务谈判[M]. 上海:上海外语教育出版社,2000.

[6] 赫布 · 科恩. 谈判天下:如何通过谈判获得你想要的一切[M]. 谷丹译. 深圳:海天出版社,2006.

[7] 盖文 · 肯尼迪. 谈判人[M]. 张丽,译. 北京外文出版社、上海远东出版社,1997.

[8] 埃米尼亚 · 伊瓦拉,德博拉 · M. 科尔布. 谈判[M]. 王旭东等,译. 北京:中国人民大学出版社,2003.

[9] 拉塞尔 · 科罗布金. 谈判的理论与策略[M]. 北京:中信出版社,2003.

[10] 马克斯 · H. 巴泽尔曼,马格丽特 · A. 尼尔. 理性谈判[M]. 魏清江,方海萍,译. 北京:机械工业出版社,2004.

[11] 理查德 · 吕克. 谈判[M]. 冯华,译. 北京:机械工业出版社,2005.

[12] 罗杰 · E. 阿克斯特,礼仪与禁忌[M]. 吕佩英,译. 上海:上海译文出版社,1998.

[13] 大卫 · 罗宾逊. 商务礼仪[M]. 北京:北京大学出版社,1996.

[14] 史蒂文 · J. 布拉姆斯,艾伦 · D. 泰勒. 双赢之道[M]. 王雪佳,译. 北京:中国人民大学出版社,2013.

[15] 冷柏军. 国际贸易实务[M]. 北京:高等教育出版社,2006.

[16] 张伟. 国际贸易[M]. 北京:高等教育出版社,2006.

[17] 刘园. 国际商务谈判[M]. 北京:中国人民大学出版社,2007.

[18] 白远. 国际商务谈判:理论案例分析与实践[M]. 北京:中国人民大学出版社,2008.

[19] 马克态. 商务谈判理论与实务[M]. 北京:中国国际广播出版社,2004.

[20] 方其,冯国防. 商务谈判——理论、技巧、案例[M]. 北京:中国人民大学出版社,2004.

[21] 周忠兴. 商务谈判原理与技巧[M]. 南京:东南大学出版社,2003.

[22] 孙庆和,张福春. 实用商务谈判大全[M]. 北京:企业管理出版社,2005.

[23] 刘必荣. 谈判圣经. 终极谈判策略[M]. 北京:中国社会出版社,1999.

[24] 王海云,隋宇童,许益峰. 商务谈判[M]. 北京:北京航空航天大学出版社,2003.

[25] 宋贤卓. 商务谈判[M]. 北京:科学出版社,2004.

[26] 李品媛. 现代商务谈判[M]. 大连:东北财经大学出版社,2003.

[27] 陈莞. 实用谈判技巧[M]. 北京:经济管理出版社,2003.

[28] 张柱,张炜.知己知彼的谈判技巧[M].广东:广东经济出版社,2004.
[29] 李柠.国际商务礼仪[M].北京:中国财政经济出版社,1995.
[30] 吕维霞,刘彦波.现代商务礼仪[M].北京:对外经济贸易大学出版社,2006.
[31] 刘向丽.国际商务谈判[M].北京:机械工业出版社, 2005.
[32] 许晓明.经济谈判[M].上海:复旦大学出版社,1998.
[33] 比尔·斯科特.贸易洽谈技巧[M].叶志杰,卢娟,译.北京:中国对外经济贸易出版社,1986.
[34] 樊建廷.贸易谈判[M].大连:东北财经大学出版社,2006.
[35] 李柠.国际贸易礼仪[M].北京:中国财政经济出版社,1995.
[36] 菲舍尔.谈判的心理策略[M].张建民,张小安,译.重庆:重庆出版社,1998.
[37] 刘园.谈判学概论[M].北京:首都经济贸易大学出版社,2006.
[38] 国际贸易问题[J].2006—2007 全年刊.对外经济贸易大学学刊编辑部.
[39] 杜焕香.商务谈判[M].北京:北京大学出版社,2009.
[40] 徐卫星. 商务谈判[M]. 北京:经济科学出版社, 2009.
[41] 克劳德·塞利奇,苏比哈什·C.贾殷.全球商务谈判实务操作指南[M].曹宇,孔琳,译. 北京:中国人民大学出版社, 2008.
[42] 李昆益,王峻.商务谈判技巧[M].北京:对外经济贸易大学出版社,2007.

术语中英文对照表

B

报价　Quotation

博弈论　Game Theory

补偿贸易　Compensation trade

C

成交阶段　Transaction stage

澄清式发问　Clarified questioning

磋商阶段　Consultation stage

D

到岸加佣金价　Cost, insurance, freight and commission, C. I. F. C.

到岸价　Cost, insurance and freight, C. I. F.

底盘　Floor offer

电子商务　E-commerce

定金　Down payment

动机　Motivation

独家经销代理　Exclusive distribution agency

多层次式发问　Multi-level questioning

F

发盘　Offer

反对性意见　Dissenting opinion

非理性的升级　Irrational escalation

分期付款　Payment by installment

封闭式发问　Closed questioning

弗洛伊德理论　Freudian Theory

服饰礼仪　Fashion etiquette

G

个人潜意识　Personal unconscious

国际补偿贸易　International compensation trade

国际货物买卖　International sale of goods

国际技术贸易　International technology trade

国际融资租赁　International financial leasing

国际商务礼仪　International business etiquette

国际商务谈判　International business negotiation

H

合作生产　Co-production

互惠式谈判　Reciprocal negotiation

还盘　Counter offer

回避冲突　Avoid conflict

回购　Repurchase

回佣　Return commission

J

集体潜意识　Collective unconscious

技术合作与咨询　Technical cooperation and advisory

技术环境　Technological environment

假性分歧　Pseudo-differences

交叉式让步　Cross-style concession

交谈礼仪　Conversation etiquette

接受　Acceptance

经济开放度　Degree of economic openness

经济全球化　Economic globalization

经营范围　Line/Scope of business

净利润　Net profit

竞争和平等观　Competition and equality

K

开局阶段　Beginning stage

开/收盘　Opening/Closing price

可接受目标　Acceptable target

可信度　Credibility

客场谈判　Away talks
库存有限　Limited stock
馈赠礼品礼仪　Gift etiquette

L

礼仪与禁忌　Etiquette and taboos
理性谈判　Rational negotiation
立场型谈判　Position-based negotiation
零售价　Retail price

M

贸易索赔　Business claim
模拟谈判　Mock negotiation

N

拟定假设　Define assumption

P

排他利益　Exclusive interests
批发价　Wholesale price

Q

签约礼仪　Signing etiquette
强调式发问　Emphasized questioning
倾听的障碍　Listening barriers
情感谈判　Emotion negotiation
区域经济一体化　Regional economic integration

R

让步　Concession
让步型谈判　Concession-based negotiation
日常交往礼仪　Daily interaction rituals
荣格理论　Jung Theory

S

商品交易会　Commodities fair
商务谈判　Business negotiation
时间观　Time concept
实际需求目标　Actual target
实力结构理论　Power structure theory
实/虚盘　Firm/Non-firm offer
实质性分歧　Substantial differences
市场准入　Market access
双赢策略　Win-win strategy

T

谈判　Negotiation
谈判的期限　Deadline for negotiation
谈判风格　Negotiation style
谈判僵局　Deadlock
谈判力　Bargaining power
谈判协议的最佳替代方案　Best alternative to a negotiated agreement,BATNA
谈判信息的传递场合　Transfer occasions of negotiation information
谈判信息的传递时机　Transfer timing of negotiation information
谈判形势　Negotiation situation
探索式发问　Exploratory questioning
特许经营　Franchise
提出索赔　Lodge a claim
替代　Substitute

W

外界干预性意见　External intervention view
网络谈判　Internet negotiation

X

显著性误区　Significant misunderstanding
现货　Spot goods
现金结算　Cash settlement
现/期货价　Spot/Forward price
现实原则　Reality principle
协商式发问　Consultative questioning
信用证结算　Payment by letter of credit(L/C)
行为科学　Behavioral sciences
需求层次　Hierarchy of needs
许可贸易　License trade
询价　Make an inquiry
询盘　Inquiry

Y

宴请礼仪　Dinner etiquette
要求赔偿损失　Claim for a compensation of the

loss/damage
一揽子交易 Package deal
迎送礼仪 Meeting-and-seeing-off etiquette
有形贸易 Visible trade
诱导式发问 Induction questioning
迂回入题 Detour into the problem
语言及非语言行为 Verbal and nonverbal behavior
原则型谈判 Principle-based negotiations

Z

知识产权 Intellectual property rights
制度环境 Institutional environment
中立地谈判 Neutral in the negotiations
中止合同 Terminate the contract
重新谈判 Renegotiation
主场谈判 Home talks
主观缺陷意见 Subjective defect view
转让 Transfer
最低可接纳水平 Minimum acceptable level
最低目标 Minimum target
最优期望目标 Optimal desired target

教师反馈及教辅申请表

北京大学出版社本着“教材优先、学术为本”的出版宗旨，竭诚为广大高等院校师生服务。为更有针对性地提供服务，请您认真填写以下表格并经系主任签字盖章后寄回，我们将按照您填写的联系方式免费向您提供相应教辅资料，以及在本书内容更新后及时与您联系邮寄样书等事宜。

<table>
<tr><td>书名</td><td></td><td>书号</td><td colspan="2">978-7-301-</td><td>作者</td><td></td></tr>
<tr><td colspan="2">您的姓名</td><td colspan="3"></td><td>职称职务</td><td></td></tr>
<tr><td colspan="2">校/院/系</td><td colspan="5"></td></tr>
<tr><td colspan="2">您所讲授的课程名称</td><td colspan="5"></td></tr>
<tr><td colspan="2">每学期学生人数</td><td colspan="3">______人_____年级</td><td>学时</td><td></td></tr>
<tr><td colspan="2">您准备何时用此书授课</td><td colspan="5"></td></tr>
<tr><td colspan="2">您的联系地址</td><td colspan="5"></td></tr>
<tr><td colspan="2">邮政编码</td><td colspan="2"></td><td>联 系 电 话（必填）</td><td colspan="2"></td></tr>
<tr><td colspan="2">E-mail（必填）</td><td colspan="2"></td><td>QQ</td><td colspan="2"></td></tr>
<tr><td colspan="5">您对本书的建议：</td><td colspan="2">系主任签字

盖章</td></tr>
</table>

我们的联系方式：

北京大学出版社经济与管理图书事业部

北京市海淀区成府路 205 号，100871

联 系 人：徐冰

电　　话：010-62767312 / 62757146

传　　真：010-62556201

电子邮件：em_pup@126.com　　em@pup.cn

Q　　Q：5520 63295

新浪微博：@北京大学出版社经管图书

网　　址：http://www.pup.cn